플라톤전집 IV
／
Politeia

플라톤전집 IV
국가
—
제1판 1쇄 2013년 2월 20일
제1판 7쇄 2017년 3월 10일
제2판 1쇄 2017년 9월 10일
제2판 4쇄 2022년 7월 10일
—
지은이 — 플라톤
옮긴이 — 천병희
펴낸이 — 강규순
—
펴낸곳 — 도서출판 숲
등록번호 — 제406-2004-000118호
주소 — 경기도 파주시 돌곶이길 108-22
전화 — (031) 944-3139 팩스 — (031) 944-3039
E-mail — book_soop@naver.com
—
ⓒ 천병희, 2017. Printed in Paju, Korea
ISBN 978-89-91290-49-5 93100
값 38,000원
—
디자인 — 씨디자인
—
잘못 만들어진 책은 구입하신 서점에서 바꿔드립니다.

플라톤전집 IV

/

Politeia
국가

/

플라톤 지음
천병희 옮김

이상 국가를 설계하다

옮긴이 서문

『국가』는 플라톤이 정계에 진출하려는 젊은이들에게 철학을 가르치기 위해 아카데메이아 학원을 개설한 지 얼마 안 되어 쓴 것으로 추정된다. 이 대화편의 그리스어 원제는 politeia이다. 그런데 이것이 라틴어 respublica로 옮겨지면서 지금은 어디서나 으레 '국가'로 옮겨지는데, 그 의미는 오히려 '정체'(政體)에 더 가깝다.

이상 국가(理想國家) 문헌의 원조라 할 『국가』는 처음 발표된 뒤로 서양의 정치철학, 형이상학, 윤리학 등에 줄기차게 영향을 끼쳤고, 지금도 마찬가지이다. 소크라테스가 이전에 나눈 대화를 자신이 다시 이야기해주는 형식으로 제시되는 『국가』의 수많은 주제는 끊임없이 새롭게 해석되고 있음에도 명쾌하게 정리되었다기보다는 여전히 숙제로 남아 있다고 보는 편이 사실에 더 가까울 것이다. 그래서 서양 철학사는 플라톤 철학을 풀어내는 각주의 역사라는 말이 나온 듯하다.

플라톤(기원전 427년경~347년)은 관념론 철학의 창시자로 소크라테스, 아리스토텔레스와 더불어 서양의 지적 전통을 확립했다. 아버지 쪽으로는 아테나이의 전설적인 왕 코드로스(Kodros)로, 어머니 쪽으로는 아테나이의 입법자 솔론(Solon)으로 거슬러 올라가는 부유한 명문가에서 태어난 그는 당시 여느 귀족 출신 젊은이들처럼 정계에 입문할 작정이었다.

그러나 펠로폰네소스 전쟁(기원전 431~404년)에서 아테나이가 패하면서 스파르테가 세운 '30인 참주'의 폭정이 극에 달하고, 이어서 이들을 축출하고 정권을 잡은 민주정체 지지자들에 의해 스승인 소크라테스가 399년에 사형당하는 것을 본 28세의 플라톤은 큰 충격을 받는다. 정계 진출의 꿈을 접고 철학을 통해 사회의 병폐를 극복하기로 결심을 굳힌 그는 철학자가 통치자가 되거나 통치자가 철학자가 되기 전에는 사회가 개선될 수 없다는 확신을 품게 된다.

이 사건이 있은 뒤 이집트, 남이탈리아, 시칠리아 등지로 여행을 떠났던 플라톤은 기원전 4세기 초 아테나이로 돌아와 영웅 아카데모스(Akademos)에게 바쳐진 원림(園林) 근처에 서양 대학교의 원조라고 할 아카데메이아(Akademeia) 학원을 개설한다. 그리고 쉬라쿠사이의 참주들을 다시 두 번 방문한 것 말고는 연구와 강의와 저술 활동에 전념하다가 기원전 347년 아테나이에서 세상을 떠난다.

플라톤은 50년이 넘는 기간에 25편의 철학적 대화편과 소크라테스의 변론 장면을 기술한 『소크라테스의 변론』(*Apologia Sokratous*)을 출판했는데, 이것들은 하나도 없어지지 않고 모두 남아 있다. 그 밖에도 13편의 서한이 있지만 과연 플라톤이 썼는지를 놓고는 논란의 여지가 많다.

그의 저술은 편의상 초기 작품, 중기 작품, 후기 작품으로 구분된다. 초기 대화편은 소크라테스의 철학을 충실하게 기록하고 있고, 후기로 갈수록 스승 소크라테스의 입을 빌려 플라톤 자신의 철학을 말하고 있는 것으로 보인다.

『소크라테스의 변론』, 『크리톤』(Kriton), 『이온』(Ion) 등으로 대표되는 초기 작품에서는 소크라테스가 주역을 맡아 대담자들이 제시하는 견해들을 검토하고 폐기한다. 『프로타고라스』(Protagoras), 『메논』(Menon), 『파이돈』(Phaidon), 『파이드로스』(Phaidros), 『국가』, 『향연』(Symposion) 등으로 대표되는 중기 작품에서는 소크라테스가 주역을 맡지만, 플라톤이 혼불멸론과 이데아(idea)론 같은 자신의 견해를 제시하며 소크라테스의 견해를 해석하고 부연한다. 『필레보스』(Philebos), 『소피스트』(Sophistes), 『티마이오스』(Timaios), 『법률』(Nomoi) 등으로 대표되는 후기 작품에서는 소크라테스와 함께 혼불멸론과 이데아론은 뒷전으로 물러나고 철학적·논리적 방법론에 관심이 집중되고 있다.

플라톤의 저술들이 2천 년 넘는 오랜 세월을 겪고도 모두 살아남을 수 있었던 것은 물론 그의 심오하고 체계적인 사상 덕분이겠지만, 이런 사상을 극적인 상황 설정, 등장인물들에 대한 흥미로운 묘사, 소크라테스의 인간미 넘치는 아이러니 등으로 독자들에게 재미있고 생동감 있게 전하기 때문일 것이다. 플라톤이 그리스의 최고 산문 작가 중 한 사람으로 평가받는 이유도 그 때문이라 하겠다.

나는 이런 플라톤을 더 많은 독자에게 소개하기 위해 난해한 직역과 지나친 의역은 피하고, 원전의 의미를 되도록 알기 쉽게 전달하고자 힘닿는 데까지 노력했다. 그러나 플라톤의 말뜻을 정확히 이해하고 난삽한 문장을 읽기 좋은 우리말로 옮기는 것은 결코 쉬운 일이 아니다. 그런 의미에서 더 나은 이해를 위해 플라톤 번역은 끊임없이 시도되어야 할 것이다. 옮긴이 또한 한 번의 번역으로 만족하지 않고, 다시 한 번 지난 번역을 되돌아보며 첫 번역의 불완전한 부분을 바로잡고자 개정판을 내놓게 되었다. 독자들에게 더 나은 이해를 주기 위해 노력했음을 밝힌다.

2017년 10월

천병희

주요 연대표
(이 연대표의 연대는 모두 기원전)

469년 --- 소크라테스 태어나다
451년 --- 알키비아데스 태어나다
450년경 -- 아리스토파네스 태어나다
445년경 -- 아가톤 태어나다
431년 --- 아테나이와 스파르테 사이에 펠로폰네소스 전쟁이 발발하다
427년경 -- 플라톤 태어나다
424년 --- 델리온에서 아테나이군이 패하다
423년 --- 소크라테스를 조롱하는 아리스토파네스의 희극 『구름』이 공연되다
404년 --- 펠로폰네소스 전쟁이 끝나고 스파르테가 지원하는 '30인 참주'가 아테나이를 통치하다
403년 --- '30인 참주'가 축출되고 아테나이에 민주정체가 부활하다
399년 --- 소크라테스가 재판을 받고 사형당하다
387년경 -- 플라톤이 아카데메이아를 창설하다
384년 --- 아리스토텔레스 태어나다
367년 --- 아리스토텔레스가 아카데메이아에 입학하다
347년 --- 플라톤 죽다

차례

옮긴이 서문_이상 국가를 설계하다 ... 5
주요 연대표 ... 9
일러두기 ... 12
작품 소개 ... 13

제1권 ... 24
제2권 ... 88
제3권 ... 144
제4권 ... 215
제5권 ... 271
제6권 ... 339
제7권 ... 396
제8권 ... 450
제9권 ... 507
제10권 ... 556

참고문헌 ... 613

일러두기

1. 이 책의 대본으로는 옥스퍼드 고전 텍스트(Oxford Classical Texts) 가운데 S. R. Slings(ed.), *Platonis Respublica*, Oxford 2003을 사용했다.
2. 주석은 J. Adam(*The Republic of Plato*, Cambridge ²1963)과 C. Emlyn-Jones(*Plato: Republic 1-2, 368c4*, Aris & Phillips Classical Texts 2007)와 S. Halliwell(*Republic 5*, Aris & Phillips Classical Texts ²1998; *Republic 10*, Aris & Phillips Classical Texts ²2005)의 것을 참고했다.
3. 현대어로 옮겨진 텍스트 중에서는 T. Griffith(Cambridge University Press 2000), D. Lee(Penguin Books ²2007), G. M. A. Grube, rev. C. D. C. Reeve(Hackett Publishing Company Indianapolis 1997), R. Waterfield(Oxford World's Classics 2008), P. Shorey(Loeb Classical Library, Harvard University Press ²1937), 위 C. Emlyn-Jones, S. Halliwell의 영어판과 F. Schleiermacher(Darmstadt 1974), R. Rufener(Deutscher Taschenbuch Verlag ⁶2010), K. Vretska(Philipp Reclam 2000)의 독일어판 그리고 박종현의 한국어판(서광사 2005)을 참고했다.
4. 본문의 좌우 난외에 표시되어 있는 327a, b, c 등은 이른바 스테파누스(Stephanus, Henricus 프랑스어 이름 Henri Estienne, 16세기 프랑스 출판업자) 표기를 따른 것으로 아라비아 숫자는 쪽수를, 로마자는 문단을 나타낸다. 플라톤의 그리스어 텍스트와 주요 영어판, 독일어판, 프랑스어판 등에서는 이 표기가 사용되고 있고, 이 표기가 없는 텍스트나 번역서는 위치를 확인할 수 없어 사실상 참고문헌으로서의 가치가 거의 없다고 해도 과언이 아니다.
5. 설명이 필요하다고 생각되는 부분에는 간단하게 주석을 달았다.
6. [ ]은 후일 덧붙인 것이 확실시되는 부분이다.

작품 소개

대화편에 좀 더 쉽게 다가갈 수 있도록 이 방대한 대화의 주요 주제들, 이를테면 정의란 무엇인가, 이상 국가에서는 왜 철인(哲人)이 치자(治者)가 되어야 하는가, 철학이란 무엇인가, 모방적인 시(詩)는 왜 이상 국가에서 추방되어야 하는가 등등이 어디서 어떻게 논의되는지 스테파누스 표기를 붙여 권별로 간략하게 정리해보았다. 이로써 독자들은 본문을 읽기 전에 주요 주제를 개관할 수 있고, 나중에 특정 주제를 다시 읽고 싶을 때 쉽게 찾을 수 있을 것이다.

제1권

327a 소크라테스와 글라우콘이 벤디스 여신의 축제를 구경하러 페이라이에우스 항에 갔다가 아테나이로 돌아오는 길에 여러 지인의 만류로 그곳에 있는 폴레마르코스의 집에 머무른다**328b**.

328c 소크라테스가 케팔로스 옹과 노년에 관하여**328e**, 부의 이점에 관하여**329e** 대화를 나눈다. 소크라테스가 정의를 화제로 삼기를 제의한다**331c**. 정의란 맡은 것을 정직하게 되돌려주는 것만은 아니다.

331d 소크라테스와 폴레마르코스의 토론. 정의란 빚진 것을 갚는 것인데, 그것은 친구에게 잘하고 적에게 해코지하는 것이다**332c**. 그러나 어떤 맥락에서 그러한가**332d**? 올바른 사람은 불의에도 가장 능하지 않을까**334a**? 그 밖에도 누가 우리 친구이고, 누가 우리 적인가**334c**? 적이라 해도 남을 해코지하는 것이 과연 옳은가**335b**?

336b 트라쉬마코스가 끼어든다. '정의는 강자에게 유익한 것이다.' **338c** 이는 강자가 생각하는 것은 무엇이든 훌륭하다는 뜻인가**339b**? 폴레마르코스는 소크라테스를, 클레이토폰은 트라쉬마코스를 두둔한다**340a**. 강자는 강자인 한 실수할 수 없다고 트라쉬마코스가 우긴다**340d**. 양치기가 추구하는 것은 자기 양떼에게 유익한 것이 아니라고 트라쉬마코스가 이의를 제기한다**343b**. 양치기가 자기 양떼를 배려하는 것과 생계를 위해 양떼에 관심을 갖는 것은 다른 것이라고 소크라테스가 반박한다 **345d**. 소크라테스의 주장에 따르면, 최선의 치자는 마지못해 통치한다**347a**. 소크라테스가 올바른 삶이 올바르지 못한 삶보다 더 나은 세 가지 논거를 제시한다. ①올바른 사람은 현명하고 훌륭하지만 불의한 자는 무식하고 나쁘다**350c**. ②불의는 내분을 조장하여 본래의 기능을 수행할 수 없게 한다**352a**. ③올바른 사람은 불의한 자보다 더 행복한 삶을 산다**352d**. 그렇지만 정의가 무엇인가 하는 문제는 여전히 숙제로 남는다**354b**.

제2권

357a 트라쉬마코스가 항복하자 글라우콘이 그의 주장을 물려받아 반론을 펼친다.

359a 정의에 대한 그의 반론 ①정의는 타협의 산물이다. ②정의는 불가피하기에 마지못해 실행될 뿐이다(귀게스 이야기)**359b**. ③정의가 바람직한 까닭은 그 보답 때문이며, 그런 보답은 겉으로 정의로운 것처럼 보여야만 받을 수 있다**360e**.

362d 아데이만토스가 글라우콘의 주장을 지지한다. 정의에 대한 견해는 크게 두 가지인데, 정의는 그 자체 때문이 아니라 그것이 가져다주는 보답 때문에 바람직하다는 것이고**363a**, 정의는 즐거움이나 행복과는 무관하다는 것이다**364a**. 이 두 가지 견해 모두 젊은이에게 부정적인 영향을 끼친다**365b**. 글라우콘과 아데이만토스 형제가 소크라테스에게 정의가 가져다주는 보답이나 명성은 차치하고, 그 자체 때문에 정의를 찬양해달라고 요청한다**367b**.

368a 그리하여 정의를 옹호하는 데 나선 소크라테스가 정의를 먼저 국가에서 찾고 그런 다음 개인에게서 찾기를 제안하며, 국가의 기원을 펼쳐 보이기 시작한다**369a**.

372c 글라우콘이 그러한 가상 국가는 미개하다고 이의를 제기하자 소크라테스가 사치스러운 국가를 그려 보여준다. 소크라테스에 따르면 국가를 수호하기 위해서는 직업 군대가 필요한데, 군대는 적에게는 사납지만 동포에게는 유순하며**375c**, 특별 교육을 받은**376d** 수호자들로 구성되어야 한다. 신들에 관해 전해오는 이야기는 검열 받아야 한다**377b**. 신은 수호자들에게 선한 존재로, 선의 원인으로만 제시되어야 한다**379a**. 또한 불변의 존재로**381c**, 기만과는 거리가 먼 존재로**381e** 제시되어야 한다.

제3권

386a 수호자들의 교육에 관한 논의가 이어진다. 시(詩)나 이야기는 수호자들의 다음과 같은 자질을 증진시켜야 한다. ①용기**386b**, ②슬픔의 자제**387d**, ③웃음의 자제 **388e**, ④진리에 대한 외경심과, 공동체에 유익할 경우 거짓말도 할 수 있다는 마음가짐**389b**, ⑤절제**389d**.

392d 논의가 이야기의 내용에서 문체로 옮겨간다. 소크라테스는 단순한 서술과 모방을 통한 서술을 구분한다. 소크라테스에 따르면, 수호자들이 모방적인 시와 친숙하거나 그런 시를 연기(演技)하는 것은 바람직하지 않다**394e**. 수호자들은 간결한 문체를 추구해야지 정교하거나 혼합된 문체를 사용해서는 안 된다**396c**.

398c 수호자들을 교육할 때는 음악에도 똑같은 제약이 가해져야 한다.

400e 끝으로, 소크라테스는 훌륭한 성격을 형성하는 데서 훌륭한 예술의 중요성을 개관하며, 예술의 아름다움을 애정을 느끼게 하는 아름다움과 결부한다**402d**.

403c 수호자들의 체력단련 교육으로 되돌아가, 소크라테스는 검소한 식사를 하며 되도록 의사에게 의존하지 말라고 일러준다**404c**. 체력단련 교육은 몸에 유익하기보다는 혼에 유익해야 한다**410b**. 이성과 기개(氣概)가 균형을 이루는 것이 가장 바람직한 상태이다**410d**.

412b 수호자들 중에서 치자를 어떻게 선발할 것인가? 소크라테스는 새로 건설된 국가에서 태어날 후속 세대가 믿어야 할 애국적 신화(神話)를 지어내야 하며**414c**, 수호자들은 사유재산을 소유해서는 안 되는 등 사회적으로 어떻게 처신해야 하는지 간략하게 일러준다**416d**.

제4권

419a 아데이만토스가 이의를 제기한다. 그런 수호자들이 과연 행복할까**419a**? 소크라테스는 국가를 건설하는 목적은 국가 내의 특정 집단이 아니라 국가 전체를 행복하게 만드는 것이라고 답변한다**420b**. 국가 전체가 행복하려면 몇 가지 전제조건이 충족되어야 하는데, 이를테면 국가는 지나치게 부유하다고 해서**421d**, 지나치게 영토가 넓다고 해서**423b** 반드시 좋은 것은 아니다. 소크라테스는 교육의 중요성을 다시금 강조하며**423e**, 법을 개정할 때는 보수적 태도를 취하고**425e**, 종교 의식을 치를 때는 전통적 권위를 존중할 것을 권한다**427b**.

427d 논의는 자연스럽게 국가의 정의로 옮겨간다. 국가의 미덕 가운데 지혜와 용기와 절제가 발견되면 남는 것은 국가의 정의일 것이다**427e**. 국가의 지혜는 치자계급에게 있고**428d**, 국가의 용기는 군대에 있으며**429a**, 국가의 절제는 통치하기에 걸맞은 자들의 지배를 피치자가 기꺼이 받아들이는 데 있다**430d**. 끝으로, 정의는 국가의 각 계급이 다른 계급의 일에 참견하지 않고 제구실을 다하는 데 있다**432b**.

434d 이어서 국가의 미덕과 똑같은 미덕이 개인에게도 있는지 확인한다. 개인과 국가는 대체로 비슷하다**435a**. 국가의 세 계급에 상응하는 혼의 세 부분은 별개의 기능을 수행하는가**436b**? 혼의 이성적 부분의 기능은 혼의 욕구적 부분의 기능과 다르며**439c**, 혼의 기개 높은 부분의 기능은 다른 두 부분의 기능과 다르다**439e**, **440e**. 개인의 미덕이 어째서 국가의 미덕과 일치하는가**441c**? 개인은 자신의 혼에 내재한 부분이 저마다 제구실을 다할 때 올바르게 된다**442d**. 이런 설명은 전통적 관념과도 배치되지 않는다**443a**. 정의는 혼의 여러 부분이 건강한 균형 상태에 있는 것이고, 불의는 건강하지 못한 불균형 상태에 있는 것이다**444e**.

445a 이제 소크라테스는 글라우콘과 아데이만토스 형제가 처음에 물었던 문제로 되돌아간다. 정의와 불의 가운데 어느 쪽이 더 유익한가? 이에 적절한 답변을 하자면 먼저 여러 불의한 국가와 그에 상응하는 불의한 개인을 고찰해야 한다.

제5권

449a 소크라테스가 불의한 국가의 여러 형태를 기술하려는데, 아데이만토스가 그에게 수호자들 사이의 처자 공유(妻子共有) 문제를 더 자세히 설명해달라고 요청한다.

451c 소크라테스는 여자 수호자들도 남자 수호자들과 같은 업무를 수행할 것을 제안한다. 여자는 남자와 본성이 다른 만큼 여자에게는 다른 업무를 맡겨야 한다는 이의 제기에 대해**453b**. 소크라테스는 국가를 경영하는 데는 그런 차이가 중요한 것이 아니라고 대답한다**453e**. 소크라테스는 자신의 제안은 실현 가능할뿐더러 최선책이라고 주장한다**456c**.

457d 소크라테스의 두 번째 제안은 수호자들이 따로 가정을 이루어서는 안 된다는 것이다. 소크라테스는 이 제안의 실현 가능성은 나중에 입증하기로 하고 먼저 그것이 과연 최선책인지 고찰한다**458b**. 수호자들은 우생학적 관점에서 성생활을 조절할 필요가 있다**458c**. 이런 조치는 수호자들 사이에 일체감을 조성할 것이며, 이런 공동체 의식은 모든 시민에게 확산될 것이다**462b**. 그런 생활 태도를 견지하면 수호자들은 누구보다 더 행복할 것이다**465d**. 이 제안의 실현 가능성에 관한 논의는 다시 미루고**466d**, 소크라테스는 수호자들이 어떻게 전쟁을 할 것인지 설명하기 시작한다**466e**. 그러나 글라우콘이 그런 정체가 과연 실현 가능한지, 가능하다면 어떻게 가능한지 설명해달라고 조른다**471c**.

472a 소크라테스는 이상 국가의 이론적 본보기는 설령 그 실현 가능성이 입증되지 않더라도 여전히 유효한 것이라고 운을 떼고 나서, 이상 국가는 철인(哲人)이 왕이 되거나 왕이 철인이 되기 전에는 실현될 수 없다고 주장한다**473c**. 소크라테스는 이 주장을 정당화하기 위해 철인이 어떤 사람인지 분석한다**474b**. 철인 또는 철학자만이 다양한 현상 이면의 실재 또는 이데아를 인식할 수 있다**476a**. 따라서 철인 또는 철학자의 지식은 대중의 단순한 의견과는 본질적으로 다르다**476d**.

제6권

484a 철인 또는 철학자가 실재에 대한 지식에 더하여 실무 경험을 쌓는다면 당연히 국가의 지도자가 되어야 한다. 하지만 그러기 위해 그들은 용기, 정의 같은 미덕을 구비해야 할 뿐 아니라, 배우기를 좋아하고 이해가 빠르고 기억력이 좋고 성실하고 절제 있고 도량이 넓고 우아하고 세련되어야 한다**485a**.

487a 그러나 실제 철학자들은 쓸모없거나 사악하다고 아데이만토스가 이의를 제기한다. 소크라테스는 국가를 배에 견주면서, 철학자들이 무용지물이 된 것은 철학자들 탓이 아니라 철학자를 기용하기를 거부하는 자들 탓이라고 주장한다**488a**. 철학적 품성을 타고난 사람들은 그들의 탁월한 자질을 악용하려는 공동체에 의해 오히려 비뚤어지기 쉽다**489e**. 그러나 철학에 가장 해악을 끼치는 것은 사이비 철학자들이다**495c**. 이들은 온갖 유혹을 이기고 살아남은 소수의 진정한 철학자보다 그 수가 훨씬 많다**496b**. 나라가 망하지 않으려면 어떤 방법으로 철학을 대해야 하며**497d**, 어떻게 해야 사람들이 철학에 대한 편견에서 벗어날 수 있는가**500a**? 그러기 위해서는 철인이 왕이 되거나 왕이 철인이 되는 것이 최선의 방법이며, 이는 불가능한 일이 아니다**502c**.

502d 철인 왕은 어떤 교육을 받아야 하는가? 소크라테스는 그들이 배워야 할 가장 중요한 교과목은 선(善)이라고 주장하며**505a**, 이를 설명하기 위해 세 가지 비유를 든다. ①태양의 비유**507a** ②선분(線分)의 비유**509d**.

제7권

514a 왜 선을 배워야 하는지 설명하기 위해 세 번째이자 마지막으로 ③동굴의 비유를 든다. 교육이란 혼이 자신을 에워싸고 있던 동굴 안의 그림자를 뒤로하고 햇빛 비치는 위쪽 세계로 나와서 그 세계를 이해하도록 이끌어주는 것이다**518c**. 그러나 위쪽 세계를 이해한 뒤에 철인 또는 철학자는 동굴로 돌아가 그곳의 통치자가 되어야 한다**519d**.

521d 소크라테스는 수학 공부가 어떻게 혼을 동굴 밖으로 끌어내는지 설명하며 수학의 여러 교과목을 차례차례 분석한다. ①산수와 수522c ②평면기하학526c ③입체기하학528b ④천문학528e ⑤화성학530d.

531d 철인 치자를 위한 마지막 교과목은 문답법(問答法)이며 이 교과목을 공부해야 선을 이해할 수 있다. 그러나 소크라테스는 문답법이 어떻게 궁극적 경지에 이르게 하는지는 글라우콘에게 명확히 설명해주지 않는다.

535a 대신 그들은 그런 공부를 하려면 어떤 자질이 필요하고, 각각의 공부는 몇 살에 해야 하는지 논의한다536d. 소크라테스에 따르면, 이상 국가가 실현될 수 있는 가장 쉬운 방법은 철인이 치자가 되어 이런 제도를 도입하고 시행하는 것이다541a.

제8권

543a 소크라테스와 글라우콘은 지금까지 논의한 것을 정리하고 제5권 첫머리에서 중단되었던 주제를 다시 논의한다. 불의한 정체(政體)의 네 가지 유형을 그에 상응하는 개인과 대응시키며 체계적으로 기술하되, 먼저 가장 덜 타락한 유형과 개인을 다루고 맨 나중에 가장 심하게 타락한 유형과 개인을 다룬다. 여기에서 소크라테스는 국가와 개인 간의 유사성을 다시 한번 강조한다544c.

545b 소크라테스는 최선자(最善者)정체에서 어떻게 명예지상정체가 생겨나고 명예지상정체의 특징은 무엇인지547d, 이 정체에 상응하는 명예지상정체적 인간의 특징은 무엇이며548d 개인이 어떻게 명예지상정체적 인간이 되는지 분석한다549c.

550c 과두정체. 명예지상정체에서 어떻게 과두정체가 생겨나고 과두정체의 특징은 무엇인지551c, 과두정체에 상응하는 개인이 어떻게 과두제적 인간이 되는지553a, 그 특징은 무엇인지 분석한다554a.

555b 민주정체. 과두정체에서 어떻게 민주정체가 생겨나고 그 특징은 무엇인지557b, 민주정체에 상응하는 개인이 어떻게 민주제적 인간이 되는지558c, 민주제적 인간의 특징은 무엇인지 분석한다561a.

562a 참주정체. 민주정체에서 어떻게 참주정체가 생겨나며, 참주정체의 특징은 무엇인지 분석한다566d.

제9권

571a 참주정체에 상응하는 개인이 어떻게 참주제적 인간이 되며, 그의 특성은 무엇인가**573c**? 소크라테스는 국가와 개인의 유사성을 통해 참주제적 인간의 불행을 설명한다**576a**. 가장 큰 불행은 참주제적 인간이 사인(私人)으로 머무르지 않고 한 나라의 참주(僭主)가 되는 것이다**578b**. 소크라테스는 올바른 사람이 불의한 자보다 더 행복하다는 첫 번째 증거로 각 정체에 상응하는 개인의 행복에 최종 등급을 매긴다**580b**.

580d 올바른 사람이 불의한 자보다 더 행복하다는 두 번째 증거. 소크라테스에 따르면 인간은 지혜를 사랑하는 자, 명예를 사랑하는 자, 이익을 탐하는 자의 세 유형으로 나뉘는데, 이들은 저마다 자신의 생활방식이 가장 행복하다고 주장하지만 우리는 지혜를 사랑하는 자의 판단을 믿어야 한다. 지혜와 경험과 이성에 근거한 그의 판단이 가장 정확하기 때문이다.

583b 올바른 사람이 불의한 자보다 더 행복하다는 세 번째 증거. 소크라테스는 즐거움의 본성을 분석하며 신체적 즐거움은 대개 고통을 멈추게 한 것에 불과하다고 주장한다**584b**. 진실로 우리를 충족시킬 수 있는 즐거움은 지혜가 권하는 즐거움이다**585b**.

586d 혼의 각 부분은 지혜를 사랑하는 부분의 지배를 받을 때 비로소 자기에게 고유한 즐거움을 발견할 수 있다. 소크라테스는 최선의 삶이 최악의 삶보다 얼마나 더 즐거운 것인지 수치화하고 나서**587a**, 혼의 이성적 부분과 기개 높은 부분과 욕구적 부분을 각각 인간과 사자와 여러 형상의 괴물에 비긴다. 그리고는 불의한 삶이 유익하다고 주장하는 것은 바로 인간이 사자와 여러 형상의 괴물을 적절히 통제하는 대신 오히려 이들에게 복종하고 아부하도록 요구하는 것이라고 반론을 제기한다**588b**.

제10권

595a 소크라테스가 제2권과 제3권에서 논의한 시(詩)에 관해 다시 논의한다. 모방이란 무엇인가? 침대에는 세 가지가 있는데, 침대의 이데아, 제작된 침대, 침대의 그림이 그것이다**596a**. 모방의 산물은 진리와는 거리가 멀다**597e**.

598e 시인도 화가와 마찬가지로 모방자이다. 세상 사람들이 생각하듯 시인이 실제로 자신이 묘사하는 사물에 관한 전문지식이 있다면 시인이 되는 것만으로 만족하지 않을 것이다**599b**. 시인 또는 화가의 지식은 제작자의 지식보다 열등하고, 제작자의 지식은 사용자의 지식보다 열등하다**601c**.

602c 시인은 청중에게 어떤 영향을 끼치는가? 모방인 시는 혼의 비이성적 부분을 자극하는 것을 목표로 삼는다**603c**. 모방적인 시는 점잖은 사람마저 타락시킬 수 있다**606c**. 따라서 이상 국가에서는 신을 찬양하는 찬가나 훌륭한 사람을 찬미하는 송가(頌歌)는 받아들이되 모방인 시는 수용해서는 안 된다**606e**.

608a 혼은 불멸한다**608d**. 혼을 몸과 연계해서만 생각하면, 혼의 본성을 이해할 수 없다**611b**.

612b 소크라테스는 끝으로 정의가 받게 되는 보답을 언급한다. 먼저 이승에서 정의가 받게 되는 보답과 불의가 받게 되는 벌을 간단히 살펴본 다음**612d**, 에르의 신화를 통해서 사후에 어떤 보답과 벌이 우리를 기다리고 있는지 그려 보여준다**614a**. 죽은 이의 혼이 초원에서 만나 저승에서 겪었던 일들을 서로 들려준다**614c**. 죽은 이의 혼들은 우주 전체를 개관할 수 있는 곳으로 여행을 계속하여**616b** 내생(來生)의 삶을 선택하고 나서**617d**, 다시 태어나기 위해 밤중에 유성처럼 뿔뿔이 흩어진다. 그러므로 혼의 불멸을 믿고 지혜와 정의를 삶의 목표로 삼자고 말하며 소크라테스가 동석한 사람들에게 당부한다**621c**.

대담자

소크라테스(Sokrates 기원전 469~399년) 대화를 나눌 당시 50세쯤 된 철학자.

케팔로스(Kephalos 기원전 ?~421/415년) 폴레마르코스와 뤼시아스의 아버지. 시칠리아의 쉬라쿠사이(Syrakousai) 시에서 아테나이로 이주해온 거류민(metoikos)으로 방패 공장을 세워 큰 부자가 된다.

폴레마르코스(Polemarchos 기원전 450년경~404년) 케팔로스의 맏아들이며, 아테나이의 유명한 연설문 작성자 뤼시아스의 이복형이다. 기원전 404년 '30인 참주'에 의해 처형당하고 재산이 몰수된다.

뤼시아스(Lysias 기원전 458년경~380년경) 케팔로스의 아들이며 폴레마르코스의 이복동생. 기원전 404년 '30인 참주'의 탄압을 피해 망명했다가 기원전 403년 귀국하여 민주 정부를 다시 세우는 데 한몫 거든다. 나중에 연설문 작성자로 성공한 그의 연설문 다수가 남아 있다.

트라쉬마코스(Thrasymachos 기원전 455년경~?) 흑해 입구 소아시아 쪽에 있는 도시 칼케돈(Chalkedon) 출신의 소피스트로, 제1권에서 소크라테스의 주요 대담자로 나온다.

클레이토폰(Kleitophon 기원전 452~404년경) 뤼시아스와 트라쉬마코스의 친구로, 제1권에서 소크라테스와 트라쉬마코스의 대화(340a~b)에 잠시 끼어든다.

아데이만토스(Adeimantos 기원전 432/428년~382년) 아리스톤(Ariston)의 아들이며 플라톤의 큰형. 작은형으로 보는 이들도 있다.

글라우콘(Glaukon 기원전 445년경~?) 아리스톤의 아들이며 플라톤의 작은형. 큰형으로 보는 이들도 있다. 아데이만토스와 글라우콘 형제는 제2권부터는 사실상 소크라테스의 유일한 대담자들이다.

장소

아테나이의 외항(外港) 페이라이에우스(Peiraieus)에 있는 폴레마르코스의 집

때

기원전 420년 직전

제1권

327a **소크라테스** 어제 나는 아리스톤의 아들 글라우콘과 함께 페이라이에우스[1] 항에 내려갔네.[2] 여신[3]께 축원도 하고, 겸사겸사해서 처음으로 선보이는 축제를 어떻게 치르는지 구경도 하려고 말이야. 아테나이인들의 축제 행렬도 훌륭하지만, 트라케[4]인들이 보여준 축제 행렬도 그에 못지

b 않게 인상적이었네. 우리는 축원과 구경을 마치고 도성[5]으로 출발했네. 그때 케팔로스의 아들 폴레마르코스가 집으로 가고 있는 우리를 멀리서 발견하고는 노예를 시켜 우리를 뒤쫓아와서 자기를 기다려달라고 전했네. 노예가 뒤에서 내 겉옷 자락을 잡으며 말했네. "폴레마르코스 나리의 청인데요, 두 분께서 좀 기다려주십사 하십니다." 나는 돌아서서 그분이 어디 있느냐고 물었네. 그러자 노예가 말하더군. "그분께서는 저 뒤에서 이리로 오고 계세요. 좀 기다려주세요." "그러면 기다리도록 하지요" 하고 글라우콘이 말했네.

c 잠시 뒤 폴레마르코스가 글라우콘의 형 아데이만토스, 니키아스[6]의 아들 니케라토스 그리고 몇몇 다른 사람과 함께 왔는데, 이들도 축제 행렬을 구경하고 오는 길인 듯했네.

폴레마르코스가 말했네. "소크라테스 선생님, 두 분은 이곳을 떠나

도성으로 돌아가시는 길인 것 같군요."

"제대로 알아맞혔네" 하고 내가 말했네.

"여기 있는 저희가 얼마나 많은지 보이시죠?" 하고 그가 물었네.

"물론 보이지."

"그러면 두 분은 이 사람들을 이기시든지, 아니면 이곳에 머무르도록 하세요!" 하고 그가 말했네.

"하지만 또 다른 가능성도 남아 있네" 하고 내가 말했네. "우리가 가도록 내버려두게끔 우리가 자네들을 설득하는 것 말일세."

---

1   Peiraieus. 아테나이(Athenai) 시 남서쪽 약 8킬로미터 지점에 있는 항구도시.
2   듣는 사람이 누구인지 알 수 없다.
3   '여신' 하면 아테나이에서는 대개 아테나(Athena)를 가리키지만, 여기서는 트라케(Thraike) 지방에서 들여온 벤디스(Bendis) 여신을 말한다. 벤디스는 그리스의 아르테미스(Artemis)에 해당하는 트라케의 여신인데, 문맥으로 미루어 두 여신의 축제가 함께 치러진 것으로 보인다.
4   트라케는 그리스 북동부에 접해 있는 지역인데, '트라케인들'이란 여기서 앗티케(Attike) 지방으로 이주해와 살던 트라케 출신 거류민들을 말한다. 거류민(metoikos 복수형 metoikoi)이란 자진하여 타국에 체류해 사는 외국인을 가리키며, 특히 개방적인 국제도시 아테나이에 거류민이 많았다. 그들은 토지를 소유하지 못하고 시민과 합법적으로 결혼하지 못한다는 것 외에는 사실상 모든 시민권을 행사했다. 또한 시민보다 재산세를 좀 더 많이 내고 인두세(人頭稅)도 냈으며 병역의무와 돈이 많이 드는 공공 봉사의 의무도 졌다. 그들은 주로 상업과 공업에 종사했으며 은행가, 선주, 수입업자, 청부인으로서 주요 업무를 수행했다. 그들 중에서 의사, 철학자(아리스토텔레스), 소피스트(프로타고스), 웅변가(뤼시아스), 희극작가(필레몬)가 나오기도 했다.
5   asty. 아테나이 시.
6   Nikias(기원전 470년경~413년). 아테나이의 이름난 장군.

"들으려 하지 않는 사람들을 과연 설득하실 수 있을까요?" 하고 그가 물었네.

"물론 설득하지 못하겠지요" 하고 글라우콘이 말했네.

"그러면 우리가 들으려 하지 않을 것이라고 가정하고 나서 그런 결정을 내리시지요."

328a   그러자 아데이만토스도 한마디 거들었네. "그러니까 두 분은 여신을 위해 저녁때 마상(馬上) 횃불 경주가 열린다는 것도 모르세요?"

"마상?" 하고 내가 물었네. "그건 새로운 건데. 손에 든 횃불을 서로 넘겨주면서 이어달리기를 한다는 것인가? 아니면 무슨 뜻인가?"

"그렇다니까요" 하고 폴레마르코스가 말했네. "그리고 철야 축제도 벌어질 텐데 볼 만할 거예요. 우리는 저녁 식사를 마치고 밖으로 나가 철야 축제를 구경할 참이에요. 우리는 또 그곳에서 많은 젊은이를 만나

b   대화도 할 거예요. 그러니 두 분은 떠나지 말고 이곳에 머무르도록 하세요."

그러자 글라우콘이 말했네. "우리는 머물러야 할 것 같네요."

"자네 생각이 정 그렇다면 머물러야겠지" 하고 내가 말했네.

그래서 우리는 폴레마르코스의 집으로 갔네. 그곳에서 우리는 폴레마르코스의 아우인 뤼시아스와 에우튀데모스 말고도 칼케돈 출신인 트라쉬마코스, 파이아니아[7] 구역 출신인 카르만티데스,[8] 아리스토뉘모스[9]의 아들 클레이토폰을 만났네. 집안에는 폴레마르코스의 아버지 케

c   팔로스 옹(翁)도 있었는데, 뵌 지 오래돼서 그런지 무척 연로해 보였네. 그분은 마침 마당에서 제물을 바친 후 머리에 화관을 쓰고 등받이가

달린 안락의자 같은 것에 앉아 있었네. 그분 주위로 의자가 둥글게 놓여 있어서, 우리는 그분 곁에 앉았네.

케팔레스 옹이 나를 보자마자 반기며 말했네. "소크라테스 선생, 그대는 우리를 만나러 페이라이에우스로는 자주 내려오시지 않는구려. 당연히 그러셔야 하는데도 말이오. 내가 힘들이지 않고 도성으로 올라갈 수 있을 만큼 기력이 여전히 왕성하다면 우리가 그대를 찾아뵐 테니, 그대가 이리 오실 필요가 없겠지요. 그러나 지금 형편으로는 그대가 더 자주 이곳을 찾아주셔야 하오. 잘 알아두시오. 적어도 내 경우에는 몸과 관련된 쾌락이 시들해질수록 그만큼 대화를 향한 욕구와 대화가 주는 즐거움은 더 커지더군요. 그러니 그대는 부디 여기 이 젊은이들과 함께하시오. 그리고 이곳으로 우리를 찾아주시되 우리를 친구로, 아니, 가족으로 대해주시오."

그래서 내가 말했네. "케팔레스 옹, 나는 연로하신 분들과 이야기하기를 좋아해요. 우리는 그분들한테서 배워야 한다고 생각해요. 마치 어쩌면 우리도 지나가야 할 길이 어떠한지, 거칠고 험한지, 아니면 쉽고 순탄한지 우리보다 먼저 그 길을 지나간 사람한테서 배우듯이 말이에요. 그대는 지금 시인들이 '노년의 문턱'[10]이라고 말하는 그런 연세가 되신

---

7 Paiania. 앗티케 지방의 174개 구역(區域 demos) 중 하나.
8 Charmantides.
9 Aristonymos.
10 여기서는 '죽음의 문턱'이라는 뜻이다. 호메로스(Homeros), 『일리아스』(Ilias) 22권 60행, 24권 487행; 『오뒷세이아』(Odysseia) 15권 246·387행, 23권 212행 참조.

제1권　27

만큼, 무엇보다도 어르신의 심경이 어떠한지 듣고 싶어요. 사는 것이 힘드신가요? 아니면 뭐라고 말씀하시겠어요?"

329a   그러자 케팔로스 옹이 말했네. "제우스에 맹세코, 내 심경이 어떠한지 그대에게 말하겠소, 소크라테스 선생. 나는 또래의 늙은이 몇 명과 가끔 모이곤 하는데, 옛 속담[11] 그대로이지요. 만나면 늙은이 대부분은 불평을 늘어놓기 시작해요. 그들은 젊은 시절의 즐거움을 그리워하며, 연애하고 술 마시고 잔치에 참석하던 일 등등을 회상하지요. 그러다가 그들은 자기들이 지금은 더이상 그럴 수 없는 것을 크나큰 상실로 여기고 화를 내곤 하지요. 그때는 잘 살았는데 지금은 살아도 사는 것이 아
b 니라고 생각하는 거예요. 그들 중 몇몇은 자기들이 늙었다는 이유로 가족에게 괄시받는다고 투덜대며, 그래서 온갖 참상이 다 노년 탓이라고 읊어대곤 하지요. 그러나 소크라테스 선생, 이들은 탓해서는 안 될 것을 탓하는 듯해요. 그게 정말 노년 탓이라면, 나도 노년과 관련하여 똑같은 경험을 했을 테고, 다른 노인들도 모두 같은 경험을 하겠지요. 그러나 나는 전혀 그렇게 느끼지 않는 사람도 여럿 만났소. 예컨대 누가 시
c 인 소포클레스[12]에게 '소포클레스 선생, 그대의 성생활은 어떠시오? 그대는 아직도 여자와 동침할 수 있나요?'라고 물었을 때 나도 그 자리에 있었는데, 소포클레스 님은 '예끼, 이 사람. 그런 말 말게. 나는 거기에서 벗어난 것이 얼마나 기쁜지 몰라. 꼭 미쳐 날뛰는 포악한 주인에게서 벗어난 것 같다니까'라고 대답하더군요. 그때도 그분의 대답이 훌륭하다고 생각했지만, 지금도 그때 못지않게 그렇다고 생각하오. 노년이 되면 의심할 여지없이 그런 감정에서 해방되어 마음이 아주 편해지니까.

욕망이 한풀 꺾여 귀찮게 조르기를 멈추면 소포클레스가 말한 그대로 d
우리는 미쳐 날뛰는 수많은 주인에게서 해방된다는 말이오. 이 점에서
나 가족과의 관계에서나 탓할 것은 한 가지뿐인데 그것은 노년이 아니
라 성격이라오, 소크라테스 선생. 사람 됨됨이가 반듯하고 자족할 줄 알
면 노년도 가벼운 짐에 불과하다오. 그렇지 않으면, 소크라테스 선생,
노년뿐 아니라 젊음도 견디기가 힘들다오."

그분의 이런 말에 깊은 감명을 받아 그분이 말을 계속하게 하려고 나
는 이렇게 말했네. "케팔로스 옹, 대부분의 사람은 그 말을 곧이곧대로 e
믿지 않고, 어르신이 노년을 쉽게 견디는 이유는 성격 때문이 아니라 어
르신이 큰 재산을 모았기 때문이라고 생각할 것 같아요. 부자에게는 위
안거리가 많다고들 하니까요."

그러자 케팔로스 옹이 말했네. "옳은 말이오. 그들은 믿지 않을 것이
오. 그리고 그들의 말에도 일리가 있긴 하지만, 그들이 생각하는 만큼
은 아니라오. 이 경우에는 테미스토클레스[13]의 대답이 꼭 들어맞아요.

---

11 "동년배들끼리는 서로 반갑다."(helix helika terpei) 플라톤의 다른 대화편 『파이드로스』(*Phaidros*) 240c 참조. '유유상종'으로 옮길 수도 있다.
12 Sophokles(기원전 496년경~406/5년). 그리스 3대 비극 작가 중 한 명. 그의 작품으로는 『오이디푸스 왕』(*Oidipous tyrannos*), 『안티고네』(*Antigone*) 등 7편이 남아 있다.
13 Themistokles(기원전 524년경~459년경). 아테나이의 정치가이자 장군으로, 기원전 480년 살라미스(Salamis) 해전에서 페르시아 함대를 격파하여 페르시아가 다시는 그리스를 침공하지 못하게 만들었다.

330a 어떤 세리포스¹⁴인이 테미스토클레스를 헐뜯으면서, 그가 유명해진 것은 그 자신의 공적 덕분이 아니라 그의 나라의 공적 덕분이라고 말했소. 그러자 테미스토클레스가 대답하기를, 자기도 세리포스에서 태어났다면 유명해지지 않았겠지만, 그 사람은 아테나이에서 태어났어도 유명해지지 않았을 것이라고 했소.¹⁵ 부자가 아니며 노년을 힘들게 견디는 사람들에게도 이 말은 잘 들어맞아요. 착한 사람이라도 가난하면 노년을 견디기가 쉽지 않겠지만, 나쁜 사람은 부자라도 결코 자신에게 만족하지 못할 테니까요."

그래서 내가 물었네. "케팔레스 옹, 지금 갖고 있는 재산을 어르신은 대부분 물려받았나요, 아니면 대부분 손수 모았나요?"

b 그러자 케팔로스 옹이 말했네. "소크라테스 선생, 그대는 내가 얼마나 모았는지 알고 싶으신 게지요? 사업가로서 나는 할아버지와 아버지의 중간쯤 돼요. 나와 이름이 같으신 할아버지께서는 내가 지금 가진 것만큼 물려받아 몇 배로 불리셨지만, 나의 아버지 뤼사니아스¹⁶께서는 지금 내가 가진 것보다 줄어들게 하셨으니 말이오. 나는 여기 있는 내 아들들에게 내가 물려받은 것보다 더 적게가 아니라, 조금이라도 더 많이 물려줄 수만 있다면 그것으로 만족할 것이오."

c 내가 말했네. "그것을 물은 이유는 어르신이 유난히 돈에 집착하는 것처럼 보이지는 않기 때문입니다. 자수성가하지 않은 사람은 대개 돈에 집착하지 않는데, 자수성가한 사람은 다른 사람보다 갑절이나 더 돈에 집착하지요. 마치 시인이 자신의 시를 사랑하고 아버지가 자기 자식을 사랑하듯, 돈을 모은 사람들은 돈에 애착을 느끼는데, 첫째, 그들도

다른 사람들처럼 돈이 유용하다고 생각하기 때문이고, 둘째, 돈은 그들의 작품이기 때문이지요. 그래서 그런 사람들과는 함께하기가 힘들어요. 그들은 돈 말고 다른 것은 아무것도 칭찬하려 하지 않으니까요."

"옳은 말이오" 하고 그분이 말했네.

"물론이지요" 하고 내가 말했네. "그런데 물어볼 게 또 있어요. 어르신이 큰 재산을 모아서 가장 덕 본 것은 뭐라고 생각하시나요?"

그러자 그가 말했네. "한 가지가 있긴 하지만, 내가 말을 해도 아마 사람들은 대부분 믿지 않을 것이오. 소크라테스 선생, 그대도 명심해두시오. 사람은 자기가 죽을 때가 되었다 싶으면 전에는 아무렇지도 않던 일이 두려워지고 염려되기 시작하는 법이라오. 저승에 관한 이야기들, 이를테면 이승에서 불의를 행한 자는 저승에 가서 그 대가를 치러야 한다는 이야기를 지금까지는 웃어넘겼으나, 죽을 때가 가까워지면 혹시 그런 이야기들이 참말이 아닐까 싶어 마음이 괴로워지기 시작한단 말이오. 노년이 되어 쇠약해졌기 때문이든 저승에 더 가까이 다가가고 있기 때문이든, 저승은 더 또렷이 보이기 마련이라오. 그러면 그는 의심과 두려움으로 가득차 자기가 혹시 누구에게 불의를 행했는지 따져보고 곰곰이 생각하게 된다오. 생전에 자신이 불의를 많이 행한 것을 발견한 사람은 악몽을 꾼 아이처럼 계속 한밤중에 놀라 잠을 깨며 불길한 예감

---

14 Seriphos. 에게 해의 작은 섬.
15 이 일화에 관해서는 헤로도토스(Herodotos), 『역사』(*Histories apodexis*) 8권 125장 참조.
16 Lysanias.

331a 을 지니고 살아가지요. 그러나 양심의 가책을 받을 짓을 하지 않은 사람에게는 언제나 달콤한 희망이 함께하며, 핀다로스[17]에 따르면, 노년의 훌륭한 부양자가 된다오. 소크라테스 선생, 정의롭고 경건하게 살아가는 사람에 관한 핀다로스의 다음 시행은 참으로 옳은 말인 것 같소.

> 달콤한 희망은 인간의 변덕스러운 마음을
> 강력하게 지배하며 인간의 동반자가 되어주고
> 인간의 마음을 즐겁게 해줄뿐더러,
> 인간의 노년을 부양해주노라.[18]

b 얼마나 멋진 표현이오! 또한 내가 재산의 소유를 가장 중요하다고 생각하는 것도 바로 그 때문이라오. 누구에게나 다 그런 것은 아니겠지만 점잖은 사람에게는 그래요. 본의는 아니라 해도 누구를 속이거나 거짓말을 하거나, 신에게 제물을 빚지든 사람에게 돈을 빚지든 누구에게 무엇인가를 빚지고 두려워하면서 저승으로 가는 상황에 놓이지 않으려면, 이런 목적을 위해서는 재산의 소유가 적잖은 기여를 한답니다. 돈은 다른 용도로도 많이 쓰이지요. 하지만 일일이 비교해보면 분별 있는 사람은 그렇게 쓰는 것이 돈의 가장 중요한 용도라고 생각할 것 같소."

c 그래서 내가 말했네. "케팔로스 옹, 참으로 좋은 말씀입니다. 한데 어르신이 기왕 정의(正義)라는 주제를 들고 나왔으니 말인데, 정의란 간단히 말해 진실을 말하는 것이라고, 누구한테서 무엇을 빌렸건 빌린 것을 돌려주는 것이라고 말해도 될까요? 아니면 그렇게 행동하는 것은 때

로는 옳고 때로는 옳지 않을 수도 있나요? 예를 하나 들어볼게요. 어떤 사람이 친구가 정신이 온전할 때 그 친구한테서 무기를 빌렸는데, 그 뒤 친구가 정신 이상이 되어 무기를 돌려달라고 요구한다고 가정해보세요. 그러면 친구에게 돌려주어서는 안 되며 무기를 돌려주는 사람도, 미친 사람을 무조건 정직하게 대하려는 사람도 옳은 일을 하는 것이 아니라는 데에는 분명 누구나 다 동의할 겁니다."

"옳은 말씀이오" 하고 그분이 말했네. d

"그렇다면 정의란 진실을 말하는 것과 빌린 것을 돌려주는 것이라고 정의할 수 없겠네요."

"물론이지요, 소크라테스 선생님" 하고 폴레마르코스가 끼어들었네. "적어도 우리가 시모니데스[19]가 한 말을 믿는다면 말이에요."

"그러잖아도 두 사람에게 토론을 넘기려던 참이었네. 나는 가서 제물 바치는 일을 돌봐야 하니까." 케팔로스 옹이 말했네.

"그러면 제가 아버지의 상속인이 되는 건가요?" 하고 폴레마르코스가 물었네.

케팔로스 옹은 "물론이지"라고 웃으며 말하더니 제물 바치는 곳으로 떠났네.

---

17 Pindaros(기원전 518~446년 이후). 테바이 근처에서 태어난 그리스 서정시인으로, 그리스 4대 경기에서 우승한 자들을 위해 써준 승리의 송시(epinikion)들이 유명하다.
18 핀다로스, 단편(fragment) 214 (Race)(Loeb Classical Library).
19 Simonides(기원전 556~468년). 앗티케 지방 앞바다에 있는 케오스(Keos) 섬 출신의 서정시인.

e 그래서 내가 말했네. "이제 자네가 토론을 물려받았으니 말해주게. 자네는 정의에 관한 시모니데스의 어떤 발언이 옳다고 생각하는가?"

폴레마르코스가 대답했네. "그분은 누구에게든 빚진 것은 갚는 것이 옳다고 했어요. 내가 보기에 그분의 이런 말은 옳은 것 같아요."

그래서 내가 말했네. "하기야 시모니데스는 지혜롭고 신과도 같은 분이니 그분의 말을 안 믿기는 어렵겠지. 그러나 그분의 이 말이 대체 무슨 뜻인지, 폴레마르코스, 자네는 아는 것 같은데 나는 모르겠네. 그는 분명 방금 우리가 말했듯이, A가 B에게 맡긴 것은 설령 그것의 반환을 요구하는 A가 미쳤다 해도 B가 A에게 돌려주어야 한다는 뜻으로 그런

332a 말을 한 것은 아닐 테니 말일세. 하지만 A가 B에게 맡긴 것은 어떻게든 반드시 A에게 돌려주어야 하네. 그렇지 않은가?"

"그래요."

"그러나 반환을 요구하는 A가 미친 경우에는 무슨 일이 있어도 돌려주어서는 안 되네."

"옳은 말씀이에요" 하고 그가 말했네.

"그렇다면 시모니데스는 그와는 다른 뜻으로, 빚진 것은 갚는 것이 옳다고 말하는 듯하네."

"제우스에 맹세코, 분명 다른 뜻으로 그렇게 말하는 것 같아요" 하고 그가 말했네. "친구끼리는 마땅히 서로 잘해주고 서로 해코지해서는 안 된다는 것이 그분 생각인 것 같네요."

그래서 내가 말했네. "알겠네. A가 맡긴 황금을 B가 되돌려줄 때 두
b 사람은 친구 사이이며, 반환하고 돌려받는 행위가 A에게 해로울 경우에

는 B는 당연히 돌려주어야 할 것을 돌려주는 것이 아니네. 자네는 시모니데스의 말이 그런 뜻이라고 주장하는 것 아닌가?"

"물론이지요."

"어떤가? 적에게는 무엇을 빚졌든 반드시 갚아야 하나?"

"물론 적에게 빚진 것은 반드시 갚아야지요" 하고 그가 말했네. "그렇지만 적끼리 서로 빚진 것이라면 각자에게 합당한 것, 그러니까 뭔가 해로운 것이겠지요?"

그래서 내가 말했네. "그렇다면 시모니데스는 옳은 것이 무엇인지에 관해 시인답게 모호하게 정의하는 것 같네. 그는 각자에게 합당한 것을 주는 것이 옳다고 생각하면서도 그것을 '빚진 것'이라고 불렀으니 말일세."

"선생님께서는 그의 말뜻이 무엇이라고 생각하시는데요?" 하고 그가 물었네.

그래서 내가 대답했네. "제우스에 맹세코, 누가 그에게 물었다고 가정해보게. '시모니데스, 예컨대 우리가 의술(醫術)이라고 일컫는 기술은 어떤 빚진 것 또는 어떤 합당한 것을 누구에게 제공하나요?' 그러면 자네는 그가 어떻게 대답할 것이라고 생각하는가?"

"그는, 의술은 몸에 약과 먹을거리와 마실 거리를 제공하는 기술이라고 말할 것이 분명해요" 하고 그가 말했네.

"조리 기술은 누구에게 어떤 빚진 것 또는 어떤 합당한 것을 제공하는가?"

"조리 기술은 음식물에 향기로운 맛을 제공하지요."

"좋네. 그러면 우리가 정의라고 부르는 기술은 누구에게 무엇을 제공하는가?"

"우리가 앞서 정의한 것을 따라야 한다면, 소크라테스 선생님, 정의는 친구에게는 이익을 주고 적에게는 해악을 끼칠 수 있는 기술임이 틀림없어요."

"그러니까 시모니데스의 주장에 따르면, 친구에게는 잘하고 적에게 해코지하는 것이 정의란 말이지?"

"저는 그렇게 생각해요."

"그러면 건강 또는 질병과 관련해서, 몸이 아픈 친구에게는 잘하고 적에게 해코지하는 데 가장 유능한 사람은 누구일까?"

"의사이지요."

e "항해의 위험과 관련해서, 친구에게는 잘하고 적에게 해코지하는 데는 누가 가장 유능할까?"

"선장이지요."

"올바른 사람은 어떤가? 어떤 행동에 의해, 어떤 목적을 위해 그는 친구에게는 잘하고 적에게 해코지하는 데 가장 유능할까?"

"전쟁을 하고 동맹을 맺는 데 그렇다고 저는 생각해요."

"좋네. 그렇지만 친애하는 폴레마르코스, 건강한 사람에게는 의사가 필요 없네."

"옳은 말씀이에요."

"마찬가지로, 항해하지 않는 사람에게는 선장이 필요 없네."

"그래요. 필요 없어요."

"그렇다면 전쟁을 하지 않는 사람에게는 올바른 사람이 필요 없겠구먼?"

"그건 전혀 그렇지 않은 것 같은데요."

"그렇다면 평화로울 때도 정의는 필요하단 말인가?" 333a

"필요하지요."

"농사도 필요하겠구먼. 그렇겠지?"

"네."

"식량 공급을 위해서겠지?"

"네."

"제화술(製靴術)도 필요하겠지?"

"네."

"자네는 아마도 신발을 공급하기 위해서라고 말하겠지?"

"물론이지요."

"어떤가? 자네는 평화로울 때 어디에 쓰기 위해, 무엇을 공급하기 위해 정의가 필요하다고 말할 텐가?"

"계약을 맺는 데 필요하지요, 소크라테스 선생님."

"계약이라니 협력 관계 말인가? 아니면 다른 것을 말하는가?"

"그야 협력 관계를 말하지요."

"그런데 우리의 협력 관계가 장기를 두는 일이라면, 더 쓸모 있고 더 b 나은 협력자는 올바른 사람인가, 아니면 장기를 잘 두는 사람인가?"

"장기를 잘 두는 사람이지요."

"그러면 벽돌이나 돌을 쌓는 일에는 올바른 사람이 벽돌공보다 더 쓸

제1권 **37**

모 있고 더 나은 협력자일까?"

"물론 아니지요."

"어떤 협력 관계에서 올바른 사람이 키타라[20] 연주자보다 더 나은 협력자인가? 마치 악보를 제대로 연주하는 데는 키타라 연주자가 올바른 사람보다 더 나은 협력자이듯 말일세."

"금전 거래에서 그렇다고 저는 생각해요."

c "폴레마르코스, 공동으로 말〔馬〕을 사거나 팔려고 돈을 지출하는 경우는 제외하고 그렇겠지. 그럴 때는 말을 잘 아는 사람이 필요할 테니까. 그렇지 않은가?"

"그럴 것 같아요."

"또한 선박을 사거나 팔 경우에는 배 만드는 기술자나 키잡이가 필요하겠지?"

"그럴 것 같아요."

"그렇다면 어떤 금전적 협력 관계에서 올바른 사람이 다른 사람보다 더 나은 협력자인가?"

"돈을 안전하게 맡길 필요가 있을 때 그래요, 소크라테스 선생님."

d "그러니까 전혀 지출할 필요가 없어서 돈을 맡겨두고 싶을 때 그렇다는 말인가?"

"물론이지요."

"그러니까 정의가 돈과 관련하여 쓸모 있는 것은, 돈이 쓸모없을 때겠구먼?"

"그런 것 같아요."

"그렇다면 다듬가위를 사용하지 않고 안전하게 보관해둘 필요가 있을 때도, 공적으로나 사적으로나 정의가 쓸모 있겠구먼. 하지만 다듬가위를 사용할 필요가 있을 때는 포도 재배 기술이 쓸모 있겠지?"

"그런 것 같은데요."

"그렇다면 자네는 방패나 뤼라를 사용하지 않고 안전하게 보관하고자 할 때는 정의가 쓸모 있지만, 방패나 뤼라를 사용할 필요가 있을 때는 중무장 보병이나 연주자의 기술이 쓸모 있다고 말할 텐가?"

"그렇게 말해야겠지요."

"다른 것들 역시 그것이 사용될 때는 정의가 쓸모없고, 그것이 사용되지 않을 때 정의가 쓸모 있겠구먼?"

"그런 것 같은데요."

"여보게, 그렇다면 정의란 중차대한 것은 못 되네. 만약 사용하지 않는 것들과 관련해서만 정의가 쓸모 있는 것이라면 말일세. 다음 문제를 고찰해보세. 권투든 다른 종류의 투기(鬪技)든 공격에 능한 사람은 방어에도 능하지 않을까?"

"물론이지요."

"그렇다면 병을 퇴치하는 데 능한 사람은 몰래 병을 주입하는 데도 능하겠지?"

"저는 그렇다고 생각해요."

---

20 kithara. 뤼라(lyra)를 개량한 것으로, 둘 다 길이가 같은 7개의 현으로 만들어진 고대 그리스의 발현악기(撥絃樂器)이다.

334a "그러면 병영(兵營)을 지키는 데 능한 자는 적군의 기밀을 빼내어 적군의 작전을 은밀히 무산시키는 데도 능하겠지?"

"물론이지요."

"그렇다면 무언가를 지키는 데 능한 자는 그것을 훔치는 데도 능할 걸세."

"그럴 것 같아요."

"올바른 자가 돈을 지키는 데 능하다면 돈을 훔치는 일에도 능할 것이네."

"당연한 결론이지요" 하고 그가 말했네.

b "그러면 올바른 사람은 일종의 도둑임이 드러났는데, 자네는 이런 견해를 호메로스한테서 배운 것 같구먼. 호메로스는 오뒷세우스의 외조부 아우톨뤼코스[21]를 좋아하여 그가 '도둑질과 거짓 맹세에서 모든 사람을 능가한다'[22]고 말하니 말일세. 그러니까 자네와 호메로스와 시모니데스에 따르면, 정의란 친구는 도와주되 적을 해코지하기 위한 일종의 도둑질인 것 같네. 자네, 그런 뜻으로 말한 것이 아닌가?"

"제우스에 맹세코, 그렇지 않아요" 하고 그가 말했네. "하지만 제가 무슨 말을 했는지 이제는 저도 모르겠어요. 그러나 아직도 생각나는 것은 정의는 친구는 도와주되 적은 해코지한다는 거예요."

c "그런데 자네가 말하는 친구란 각자에게 착해 보이는 사람인가, 아니면 착해 보이지는 않더라도 실제로 착한 사람인가? 자네가 말하는 적 역시 마찬가지인가?"

"사람들은 십중팔구 자기가 착하다고 여기는 사람은 좋아하고 악하다고 여기는 사람은 미워하겠지요" 하고 그가 말했네.

"그러나 그럴 경우 사람들은 잘못 판단하여 실제로는 착하지 않은 많은 사람을 착하다고 여기고, 실제로는 악하지 않은 많은 사람을 악하다고 여기지 않을까?"

"사람들은 잘못 판단하곤 하지요."

"이런 사람들에게는 좋은 사람이 적이 되고, 나쁜 사람이 친구가 되겠지?"

"물론이지요."

"그렇다 해도 이들이 악인을 도와주고 착한 사람을 해코지하는 것이 옳을까?"

"그런 것 같은데요."

"하지만 좋은 사람은 분명 올바른 사람이고, 나쁜 짓을 하지 않는 사람이네."

"옳은 말씀이에요."

"그런데 자네 논리대로라면 나쁜 짓을 하지 않는 사람을 해코지하는 것이 옳다는 것이네그려."

"그건 아니지요, 소크라테스 선생님" 하고 그가 말했네. "사실은 제 주장이 잘못된 것 같아요."

그래서 내가 말했네. "그렇다면 불의한 자를 해코지하고 올바른 자

---

21 Autolykos.
22 『오뒷세우스』 19권 395~396행.

를 도와주는 것이 옳겠구먼?"

"이번 결론이 아까 것보다 더 나은 것 같아요."

"그러면 폴레마르코스, 사람들이 잘못 판단할 경우, 그들에게 사악해 보이는 친구를 해코지하고 착해 보이는 적을 도와주는 것이 종종 옳은 것으로 드러나는 일이 비일비재하겠구먼. 그것은 시모니데스가 말했다고 우리가 주장한 것과는 정반대되는 결론일세."

"분명 그런 결론이 날 것 같네요" 하고 그가 말했네. "우리의 방침을 바꾸도록 해야겠어요. 우리는 친구와 적을 잘못 정의하고 있는 것 같으니까요."

"어떻게 정의했지, 폴레마르코스?"

"우리는 착해 보이는 사람이 친구라고 정의했지요."

"이제는 어떻게 바꿀까?" 하고 내가 물었네.

그러자 그가 대답했네. "착해 보일뿐더러 착하기도 한 사람을 친구라고 부르도록 해야겠어요. 어떤 사람이 착해 보이더라도 실제로 착하지 않으면, 그는 친구처럼 보여도 실은 친구가 아니라고 말해요. 또한 적에 대해서도 같은 논리를 적용하도록 해야겠어요."

"그 논리에 따르면, 착한 사람은 우리의 친구가 되고, 사악한 자는 우리의 적이 되겠구먼."

"네."

"그러니까 우리는 처음에 정의를 정의하면서 친구에게는 잘해주고 적에게는 해코지하는 것은 옳다고 했는데, 자네는 이번에는 우리가 거기에 덧붙여 친구가 착하면 친구에게 잘해주고 적이 나쁘면 적을 해코지하는 것이 옳다고 말하고 싶은 건가?"

"그래요. 그렇게 정의하는 것이 좋을 것 같아요" 하고 그가 말했네.

"하지만 올바른 사람이 상대가 누구든 사람을 해코지할 수 있을까?" 하고 내가 물었네.

"물론이지요" 하고 그가 말했네. "그는 사악하고 적대적인 사람을 해코지해야 해요."

"우리가 말을 해코지하면 말은 더 좋아지는가, 더 나빠지는가?"

"더 나빠져요."

"개의 미덕[23]을 판단하는 기준에 의해서 그런가, 아니면 말의 미덕을 판단하는 기준에 의해서 그런가?"

"말의 미덕을 판단하는 기준에 의해서 그래요."

"개도 해코지당하면 개의 미덕을 판단하는 기준에 의해 더 나빠지는 것이지, 말의 미덕을 판단하는 기준에 의해 그런 것은 아니겠지?"

"당연하지요."

"여보게, 사람의 경우는 어떤가? 사람이 해코지당하면 사람의 미덕을 판단하는 기준에 의해 더 나빠진다고 말해야 하지 않을까?"

"물론이지요."

"한데 정의는 인간의 미덕이 아닐까?"

"그 또한 당연하지요."

"그렇다면 해코지당한 사람은, 친구여, 필연적으로 더 불의한 사람

---

23 arete.

이 될 수밖에 없네."

"그럴 것 같아요."

"시가(詩歌)에 능한 사람은 시가에 의해 사람들을 시가적이지 않게 만들 수 있을까?"

"그것은 불가능해요."

"기수(騎手)는 기마술에 의해 사람들을 서투른 기수로 만들 수 있을까?"

"아니오."

d "올바른 사람이 정의에 의해 사람들을 불의하게 만들 수 있을까? 간단히 말해서, 착한 사람이 미덕에 의해 사람들을 나쁘게 만들 수 있을까?"

"그것은 불가능해요."

"차게 하는 것은 열의 기능이 아니라, 열과 반대되는 것의 기능이라고 나는 생각한다네."

"네."

"습하게 하는 것은 건조함의 기능이 아니라, 건조함과 반대되는 것의 기능일 테고."

"물론이지요."

"해코지하는 것은 올바른 사람의 기능이 아니라, 그와 반대되는 사람의 기능일 테고."

"그런 것 같네요."

"그런데 올바른 사람이 착한 사람이겠지?"

"물론이지요."

"그렇다면 폴레마르코스, 친구나 다른 누구를 해코지하는 것은 올바른 사람의 기능이 아니라 그와 반대되는 사람, 즉 불의한 자의 기능이네."

"지당한 말씀인 것 같아요, 소크라테스 선생님" 하고 그가 말했네.

"그러니 정의란 누구에게든 빚진 것을 갚는 것이라고 말하는 사람이 있다면 그리고 그가 올바른 사람은 적은 해코지하되 친구는 도와주어야 한다는 뜻으로 그런 말을 한다면, 그는 지혜로운 사람이 아닐세. 그의 말은 사실이 아니기 때문이네. 누구를 해코지하는 것은 어떤 경우에도 옳지 않다는 것이 밝혀졌으니 말일세."

"동의해요" 하고 그가 말했네.

"그러면 이것은 시모니데스나 비아스나 핏타코스[24]나 다른 축복받은 현인 가운데 한 분이 한 말이라고 주장하는 사람이 있다면, 그에 맞서 자네와 나는 힘을 모아 함께 싸울 것이네" 하고 내가 말했네.

"그러고말고요" 하고 그가 말했네. "저도 그 싸움에서 선생님과 한편이 될 용의가 있어요."

그래서 내가 말했네. "내가 친구는 도와주되 적은 해코지하는 것이

---

24 비아스(Bias)는 기원전 6세기 초 소아시아의 해안 도시 프리에네(Priene)에서 활동한 정치가이고, 핏타코스(Pittakos)는 기원전 7세기 말부터 6세기 초 에게 해 북동부에 있는 레스보스(Lesbos) 섬의 도시 뮈틸레네(Mytilene)에서 활동한 정치가인데, 둘 다 고대 그리스의 일곱 현인에 포함된다.

옳다는 이 말을 누가 한 말이라고 추측하는지 자네는 아는가?"

"누가 한 말인가요?" 하고 그가 물었네.

"아마도 페리안드로스나 페르딕카스나 크세르크세스나 테바이 사람 이스메니아스[25]나 자신의 권세가 대단하다고 믿었던 어떤 부자가 한 말이겠지."

"지당한 말씀이에요" 하고 그가 말했네.

"좋네" 하고 내가 말했네. "그것도 정의 또는 올바른 것이 아니라는 것이 밝혀졌으니, 그 밖에 뭐라고 정의를 정의할 수 있을까?"

b 우리가 대화를 나누는 동안에도 트라쉬마코스가 여러 차례 끼어들려고 했으나, 옆에 앉아 있던 사람들이 논의를 끝까지 들어보고 싶어 했기 때문에 그때마다 제지당했네. 그러나 우리가 논의를 중단하고 내가 그렇게 묻자, 그는 더이상 가만있지 못하고 야수처럼 몸을 웅크리더니 우리를 갈기갈기 찢으려는 듯 덤벼들었네. 그래서 나도 폴레마르코스도 겁에 질렸지만, 트라쉬마코스는 누구나 들을 수 있도록 소리쳤네. "아까부터 두 분은 무슨 헛소리를 하고 있는 거죠, 소크라테스 선생? 무

c 엇 때문에 두 분은 바보스럽게 서로 양보만 하는 거요? 정의가 무엇인지 진실로 알고 싶다면, 묻기만 하다가 다른 사람이 무슨 대답을 하면 이를 반박함으로써 칭찬받으려 하지 마시오. 그대도 잘 아시다시피 대답하는 것보다는 묻는 것이 더 쉽기 때문이오. 그대가 대답하시오. 정의

d 가 무엇인지 그대가 말하시오. 그리고 정의는 필요하다는 둥, 유익하다는 둥, 유리하다는 둥, 이익이 된다는 둥, 덕이 된다는 둥 말하지 마시오. 나는 그대한테서 그런 시시한 소리는 듣고 싶지 않으니, 그대가 말하고

자 하는 바를 분명하고 정확하게 말해주시오."

그의 말을 듣고 깜짝 놀란 나는 겁에 질려 그를 바라보았고, 그가 나를 보기 전에 내가 그를 보지 않았더라면 말문이 막혔을 것이라는 생각이 들었다네.[26] 그러나 그가 논의에 격분하기 시작하던 순간, 내가 먼저 그를 보았기에 나는 간신히 그에게 대답할 수 있었네. 그래서 약간 떨면서 말했네. "트라쉬마코스, 우리를 가혹하게 대하지 말게. 폴레마르코스와 내가 논의하고 검토하는 과정에서 실수를 저질렀다면, 잘 알아두게, 우리가 일부러 실수를 한 것은 아닐세. 만약 우리가 금을 찾고 있다면, 금을 찾는 일을 일부러 서로 양보함으로써 금을 찾을 기회를 놓치는 일은 결코 없을 것이네. 한데 금 무더기보다 훨씬 값진 정의를 찾고 있는 우리가 어리석게도 서로 양보하느라 정의를 밝혀내기 위해 최선을 다하지 않을 리가 있겠는가! 여보게, 내 말을 믿어주게. 우리는 최선을 다하고 있네. 하지만 우리는 능력이 부족한 것 같네. 그러니 자네처럼

---

25 페리안드로스(Periandros)는 기원전 625년경부터 585년까지 코린토스를 통치한 참주이다. 페르딕카스(Perdikkas) 2세는 기원전 450년경부터 413년까지 마케도니아를 통치한 인물로, 펠로폰네소스 전쟁 때는 아테나이와 스파르테 사이에서 실리 외교를 펼쳤다. 크세르크세스(Xerxes)는 페르시아 왕으로 기원전 480년 그리스를 침공했으나 참패했다. 이스메니아스(Ismenias)는 테바이의 정치가이자 장군으로 반(反)스파르테 파를 이끌었으며, 기원전 403년 아테나이에 다시 민주 정부가 들어서도록 도와주었다. 그는 나중에 그리스 동맹국들을 설득하여 스파르테를 굴복시키기 위해 페르시아의 뇌물을 받고는 그리스의 이익보다 페르시아의 이익을 대변했다고 한다.
26 고대 그리스의 미신에 따르면, 사람이 보기 전에 늑대가 먼저 사람을 보면 그 사람은 말문이 막힌다고 한다.

영리한 사람은 우리에게 화낼 것이 아니라, 오히려 우리를 동정하는 편이 훨씬 더 합당할 걸세."

트라쉬마코스는 내 말을 듣고 차가운 웃음을 터뜨리며 말했네. "맙소사! 소크라테스 선생이 또 무식한 체 시치미를 떼시는군. 내 그럴 줄 알았소. 그래서 내 잠시 전에 여기 이분들에게 예언했소. 누가 무슨 질문을 하면 그대는 대답은 하지 않고 대답을 회피하기 위해 무식한 척 무슨 짓이든 할 것이라고 말이오."

b 그래서 내가 말했네. "트라쉬마코스, 그것은 자네가 지혜롭기 때문일세. 그래서 만약 자네가 누군가에게 12가 얼마인지 물으면서 '여보시오, 12는 6의 두 배라거나, 4의 세 배라거나, 2의 여섯 배라거나, 3의 네 배라고 말하지 마시오. 나는 그런 시시한 대답은 듣고 싶지 않으니까'라고 덧붙인다면 어떤 일이 일어날지 자네는 아는 것이라네. 그런 질문에는 아무도 대답할 수 없다는 것을 자네는 분명히 아는 것 같단 말일세. 자네에게 질문받은 사람은 이의를 제기하겠지. '트라쉬마코스, 도대체 무슨 말을 하는 거요? 나더러 그대가 지적한 대답 가운데 어떤 대답도 하지 말라는 것인가요? 진담이시오? 그 대답 가운데 하나가 사실이라 해도 내가 사실이 아닌 대답을 하기를 원하시오? 대체 나더러 어떡하라

c 는 거요?' 그 사람이 그렇게 이의를 제기한다면 자네는 어떻게 대답할 텐가?"

"좋아요" 하고 그가 말했네. "그대는 두 경우가 같다고 생각하는군요!"

"왜 같지 않은지 모르겠군" 하고 내가 말했네. "설령 같지 않다고 해

도 질문받은 사람에게 같아 보인다면, 우리가 금지하든 말든 그는 자기가 옳다고 생각하는 대답을 할 것이네. 자네는 우리가 그것을 막을 수 있다고 생각하는가?"

"그러니까 그대도 그런 식으로 내가 금지한 대답 가운데 어떤 대답을 하겠다는 것인가요?" 하고 그가 물었네.

"나는 놀라지 않을 것이네" 하고 내가 말했네. "만약 내가 숙고 끝에 그런 결론에 도달한다면 말일세."

그러자 그가 말했네. "만약 내가 정의에 관해 그런 대답과는 전혀 다른 더 나은 대답을 한다면 어찌시겠소? 그대가 어떤 벌을 받아 마땅하다고 생각하시오?"

"그야 당연히 무식한 사람에게 합당한 벌을 받아야겠지?" 하고 내가 대답했네. "무식한 사람은 유식한 사람한테 배워야 한단 말일세. 그러니 나도 그런 벌을 받아 마땅하다고 생각하네."

"그대는 참 순진하시구려" 하고 그가 말했네. "배우려면 수업료도 내셔야죠."

"내야지. 돈이 생기면" 하고 내가 말했네.

"돈은 있어요" 하고 글라우콘이 말했네. "트라쉬마코스, 돈 걱정은 하지 말고 말하시오. 우리 모두가 소크라테스 선생님을 위해 돈을 낼 테니까."

"물론 그러겠지" 하고 그가 말했네. "소크라테스 선생이 여느 때처럼 술책을 부려 자신은 대답을 않고 남이 대답하면 말꼬리를 잡아 반박하시라고 말일세."

그래서 내가 말했네. "여보게, 누군가 첫째, 알지도 못하고 안다고 주장하지도 못한다면, 둘째, 설령 그 주제에 관해 어떤 의견이 있다 해도 결코 만만치 않은 맞상대에 의해 생각하는 바를 말하지 못하도록 금지당했다면, 어떻게 대답할 수 있겠나? 그러니 자네가 말하는 편이 더 합당하네. 자네는 대답을 알고 있다고 주장하는 만큼 우리에게도 알려줄 수 있으니 말일세. 그러니 제발 내 요청을 받아들여 대답을 하고, 글라우콘과 여기 있는 다른 사람들을 가르치는 데 인색하게 굴지 말게."

338a

내가 그렇게 말하자 글라우콘과 다른 사람들도 내가 요청한 대로 해달라고 그에게 부탁했네. 그러자 트라쉬마코스는 자기가 훌륭한 답을 내놓을 수 있다고 믿었기에 박수갈채를 받고 싶어서 말하려 하는 기색이 역력했네. 그러나 그는 내가 대답해야 한다고 우기는 척했네. 결국 그는 양보하며 말했네. "자기는 가르치려 하지 않고 돌아다니며 남한테 배우되 고마워할 줄 모르는 것, 바로 이것이 소크라테스의 지혜라는 것이지."

b

그래서 내가 말했네. "트라쉬마코스, 내가 남한테 배운다는 말은 참말이지만, 내가 고마워할 줄 모른다는 말은 거짓이네. 나는 내가 할 수 있는 만큼의 보답은 하기 때문일세. 내가 할 수 있는 것은 오직 칭찬뿐이네. 나는 돈이 없으니까. 좋은 말을 한다고 생각되는 사람이 있으면, 내가 그를 얼마나 기꺼이 칭찬하는지 자네는 대답하는 순간 당장 알게 될 걸세. 나는 자네가 훌륭한 대답을 할 것이라고 확신하기에 하는 말일세."

c

"그럼 들어보시오" 하고 그가 말했네. "나는 정의가 강자(強者)에게 유익한 것 외에 다른 것이 아니라고 주장하오. 왜 그대는 칭찬해주지 않지요? 칭찬해주고 싶지 않은 게로군요."

그래서 내가 말했네. "먼저 자네가 무슨 뜻으로 그런 말을 하는지 내가 알아야 할 것 아닌가. 지금은 그걸 모르겠기에 하는 말일세. 자네는 강자에게 유익한 것이 정의라고 주장하는데, 트라쉬마코스, 대체 무슨 뜻으로 그런 말을 하는 것인가? 설마 팡크라티온[27] 선수 풀뤼다마스가 우리보다 더 강한데, 만약 쇠고기를 먹는 것이 그의 몸에 유익하다면 그보다 더 약한 우리도 쇠고기를 먹는 것이 유익하고 옳다[28]는 뜻으로 그런 말을 하는 것은 아닐 테니까."

d

"소크라테스 선생, 그대는 정말 넌더리 나는 분이시오" 하고 그가 말했네. "그대는 내 말뜻을 가장 왜곡하기 쉽도록 말꼬리를 물고 늘어지니 말이오."

"여보게, 그건 전적으로 오해일세" 하고 내가 말했네. "자네가 무슨 뜻으로 그런 말을 하는지 더 분명하게 밝혀주게."

그러자 그가 말했네. "그대는 어떤 도시는 참주정체로, 어떤 도시는 민주정체로, 또 어떤 도시는 최선자정체(最善者政體)[29]로 다스려지고 있다는 것도 모르신단 말이오?"

"왜 모르겠나?"

27 pankration. 레슬링과 권투를 합친 격투기.
28 dikaion.
29 aristokratia.

"그러면 각 도시에서 권력을 휘두르는 것은 지배 계층이겠지요?"

"물론이지."

e "그러나 민주정체는 민주적인 법을, 참주정체는 참주적인 법을 제정하는 등 모든 정권[30]은 자신에게 유리하도록 법을 제정해요. 이렇게 법을 제정할 때, 치자는 자기에게 유리한 것이 피치자(被治者)에게 정당하다[31]고 선언하고는, 거기에서 이탈하는 사람이 있으면 범법자나 불의를 행한 자로 처벌하지요. 그러니 소크라테스 선생, 이것이 바로 정의는 모든 도시에서 같은 것이며, 그것은 바로 수립된 정권에 유익한 것이라고 말할 때 내가 뜻하는 바요. 그리고 힘을 행사하는 것은 정권인 만큼, 올바로 추론하는 사람에게 정의는 어디서나 똑같은 것으로, 즉 강자에게 유익한 것으로 귀결되기 마련이오."

내가 말했네. "이제야 자네 말뜻을 알겠네. 그렇지만 자네 말이 옳은지 아닌지 검토해야겠네. 트라쉬마코스, 자네도 정의는 유익한 것이라고—내게는 그런 대답을 하지 말라고 하더니—대답하는구려. '강자에게'라는 말을 덧붙이긴 했지만 말일세."

"사소한 덧붙임이라고 할 수 있겠지요" 하고 그가 말했네.

"그것이 중요한 것인지는 아직은 분명하지 않네. 그러나 분명한 것은, 우리는 자네의 주장이 옳은지 검토해야 한다는 것일세. 나도 정의가 유익한 것이라는 데에는 전적으로 동의하지만 자네는 '강자에게'라는 말을 덧붙이고 있네. 나는 그 점을 모르겠기에 우리는 반드시 그 점을 검토해봐야 하네."

"검토해보시죠" 하고 그가 말했네.

"그러지. 말해보게. 자네는 피치자가 치자에게 복종하는 것도 옳다고 주장하겠지?" 하고 내가 말했네.

"나는 옳다고 주장하오."

"각 도시의 치자들은 절대로 실수하지 않는 사람인가, 아니면 그들도 가끔 실수를 하는가?"

"물론 그들도 실수를 할 수 있겠지요" 하고 그가 대답했네.

"그렇다면 치자가 법을 제정하려 할 때, 어떤 법은 올바르게 제정하지만 어떤 법은 올바르지 않게 제정하겠지?"

"나는 그럴 것이라고 생각하오."

"법을 올바르게 제정한다는 것은 자신에게 유리하도록 제정하는 것을, 올바르지 않게 제정한다는 것은 자신에게 불리하도록 제정하는 것을 의미하겠지? 아니면 자네는 무슨 뜻으로 그런 말을 하는가?"

"바로 그런 뜻이오."

"그러나 치자가 어떤 법을 제정하든 피치자는 거기에 따라야 하며, 그것이 정의란 말이지?"

"물론이지요."

"자네 논리대로라면, 강자에게 유익한 것을 행하는 것도 옳지만, 그와 반대되는 것, 즉 유익하지 않은 것을 행하는 것도 옳겠구먼."

"무슨 말을 하시는 거죠?" 하고 그가 물었네.

30 arche.
31 dikaion.

"자네와 같은 말을 하고 있다고 생각되는데. 면밀히 검토해보세. 치자가 피치자를 위해 법을 제정할 때 무엇이 자신에게 가장 유익한지 잘못 판단하는 경우도 더러 있지만, 그렇다 해도 피치자는 치자가 어떤 명령을 내리든 이행해야 한다는 데 우리는 의견이 일치하지 않았던가? 이 점에 대해 우리는 합의하지 않았던가?"

"합의한 것 같네요" 하고 그가 말했네.

e 그래서 내가 말했네. "그렇다면 자네는 강자인 치자에게 유익하지 못한 바를 행하는 것 역시 옳다고 인정한 셈이네. 치자가 본의 아니게 자신에게 해로운 것을 이행하라고 명령하고, 피치자로서는 치자의 명령을 이행하는 것이 옳다고 자네가 주장한다면 말일세. 더없이 지혜로운 트라쉬마코스여, 그럴 경우 자네가 말하는 것과 정반대되는 바를 행하는 것이 옳다는 결론이 날 수밖에 없네. 약자는 강자에게 유익하지 않은 것을 행하라는 명령을 받았으니 말일세."

340a "제우스에 맹세코, 그건 불을 보듯 분명한 사실이에요, 소크라테스 선생님!" 하고 폴레마르코스가 말했네.

"그럴 테지. 자네가 소크라테스 선생님만 두둔하겠다면 말일세" 하고 클레이토폰이 끼어들었네.

"두둔할 필요가 어디 있겠는가?" 하고 폴레마르코스가 말했네. "치자는 종종 자신에게 해로운 명령을 내리고, 그래도 피치자로서는 그런 명령을 이행하는 것이 옳다고 트라쉬마코스 자신이 시인하는데."

"그렇지, 폴레마르코스. 치자의 명령은 이행하는 것이 옳다고 트라쉬마코스 선생이 규정했으니까."

"클레이토폰, 트라쉬마코스는 또한 강자에게 유익한 것이 정의라고 규정했네. 그는 이 두 가지를 규정하고 나서, 강자가 종종 자기에게 유익하지 않은 것을 행하라고 약자인 피치자에게 명령한다는 데에도 동의했네. 여기에 동의한다면, 강자에게 유익한 것은 강자에게 유익하지 않은 것보다 더 옳은 것이 아닐세."

그러자 클레이토폰이 말했네. "그렇지만 트라쉬마코스 선생이 말한 강자에게 유익한 것이란 강자가 자기에게 유익하다고 생각하는 바를 의미하네. 약자가 행해야 한다고 트라쉬마코스 선생이 주장하는 것도 바로 그것이며, 선생이 정의라고 규정한 것 또한 바로 그것일세."

"하지만 그의 말뜻은 그런 게 아니었네" 하고 폴레마르코스가 말했네.

"폴레마르코스, 그래도 달라질 것은 아무것도 없네" 하고 내가 말했네. "트라쉬마코스의 주장이 지금 그런 뜻이라면 우리는 그런 뜻으로 받아들이도록 하세. 트라쉬마코스, 말해주게. 자네가 정의라고 규정하고 싶었던 것은, 실제로 강자에게 유익하든 유익하지 않든, 강자가 자신에게 유익하다고 생각하는 것이었는가? 우리는 자네가 그런 뜻으로 말한 것으로 이해해야 하는가?"

"천만의 말씀!" 하고 트라쉬마코스가 말했네. "그대는 내가 실수를 범하는 사람을, 그것도 그가 실수를 범할 때 강자라고 부를 것이라고 생각하시오?"

그래서 내가 말했네. "나는 자네가 그런 뜻으로 말하는 것으로 생각했네. 치자는 절대로 실수하지 않는 사람이 아니라, 치자도 가끔 실수를 한다는 데에 자네가 동의했을 때 말일세."

"소크라테스 선생" 하고 그가 말했네. "그대야말로 남의 말을 곡해하는 데는 선수이시군요. 비근한 예를 들면, 그대는 환자를 오진한 사람을 그가 오진한 것에 근거하여 의사라고 부르시오? 또는 계산을 잘 못하는 회계원을 그가 실수할 때 그 실수에 근거하여 회계원이라 부르시오? 아닌 게 아니라 우리는 그런 식으로 '의사가 오진을 했다' '회계원이 실수를 했다' '교사가 실수를 했다'고 말하긴 하지요. 그러나 사실은 이들 가운데 어느 누구도 우리가 부르는 그런 사람인 한은 결코 실수하지 않아요. 따라서 엄밀히 말해—그대도 엄밀히 말하기를 고집하시기에 하는 말인데—전문가는 아무도 실수를 저지르지 않아요. 누군가 실수를 하는 이유는 지식이 달리기 때문인데, 지식이 달리는 한 그는 전문가가 아니니까요. 따라서 어떤 전문가도 어떤 현인도 실수를 범하지 않으며, 어떤 치자도 치자인 한 실수를 범하지 않아요. 비록 너나없이 '의사가 오진을 했다' '치자가 실수를 했다'고 말하긴 하지만. 그러니 그대도 방금 내가 대답한 것을 그런 뜻으로 이해해주시오. 엄밀히 말해서, 치자는 치자인 한 실수하지 않으며, 실수하지 않는 한 자신에게 최선의 법을 제정하며, 피치자는 그 법을 준수해야 하니까요. 그래서 나는 첫머리에서 말했듯이, 강자에게 유익한 것을 행하는 것이 정의라고 주장해요."

"좋네, 트라쉬마코스" 하고 내가 말했네. "자네한테는 내가 곡해하는 것으로 보이나?"

"물론이지요" 하고 그가 말했네.

"자네는 내가 자네의 말을 왜곡하려고 일부러 그런 질문을 했다고 생각하는가?"

"나는 그렇다고 확신하오" 하고 그가 말했네. "그래봤자 그대에게 도움이 되지는 않을 거요. 그대는 나 모르게 나를 속일 수 없을 것이며, 내가 아는 한 토론에서 나를 제압할 수 없을 테니까요."

"여보게, 나는 그럴 생각이 추호도 없네" 하고 내가 말했네. "그러나 우리에게 이런 일이 다시 일어나는 것을 막기 위해, 자네가 이 점을 분명히 해줄 수 있겠나? 강자에게 유익한 것을 행하는 것이 약자에게 옳다고 말할 때, 자네는 통상적인 어법의, 아니면 지금 자네가 말하듯 엄밀한 의미의 치자와 강자를 두고 하는 말인가?"

"가장 엄밀한 의미의 치자를 두고 하는 말이오" 하고 그가 말했네. "이에 대해 왜곡하거나 곡해해보시오. 그러실 수 있다면 말이오. 나는 봐달라고 사정하지 않을 테니까요. 하지만 그대는 그러지 못하실걸요."

그래서 내가 물었네. "트라쉬마코스를 곡해하다니, 자네는 내가 사자의 수염을 깎으려 할 만큼 제정신이 아니라고 생각하는가?"

"방금 그러려고 하셨잖아요" 하고 그가 대답했네. "그래도 소용없었지만 말이오."

"그런 말이라면 그쯤 해두게" 하고 내가 말했네. "말해주게. 자네가 방금 말한 엄밀한 의미의 의사는 사업가인가, 아니면 환자를 치료하는 사람인가? 진짜 의사에 관해 말해주게나."

"환자를 치료하는 사람이오" 하고 그가 말했네.

"선장[32]은 어떤가? 진정한 의미의 선장은 선원들의 통솔자인가, 아니면 한낱 선원인가?"

d "선원들의 통솔자이지요."

"우리는 그가 배를 타고 있다는 점만을 고려해서도 안 되며, 그런 이유에서 그를 선원이라고 불러도 안 되네. 그가 선장이라고 불리는 것은 그가 배를 타고 있기 때문이 아니라, 그가 기술이 있고 선원들을 통솔하기 때문이니 말일세."

"옳은 말이오" 하고 그가 말했네.

"그렇다면 이들[33] 각자에게는 저마다 유익한 것이 있겠지?"

"물론이지요."

그래서 내가 물었네. "그들이 가진 기술도 각자에게 유익한 것을 찾아내어 제공하기 위해 생겨난 것이 아닐까?"

"그것이 기술의 목적이지요" 하고 그가 대답했네.

"그렇다면 각각의 기술에 그것이 최대한 완벽해지는 것 말고 달리 유익한 것이 또 있을까?"

e "무슨 뜻으로 그런 질문을 하시는 거죠?"

그래서 내가 말했네. "예를 들어 자네가 내게 몸은 자족하는 것인지, 아니면 뭔가를 필요로 하는 것인지 묻는다고 가정해보게. 그럴 경우 나는 대답할 것이네. '몸은 분명 뭔가를 필요로 하네. 의술이 발명된 것도 바로 그 때문일세. 몸은 결함이 있고, 결함이 있는 만큼 자족하지 못하니까. 그래서 몸에 유익한 것을 제공하기 위해 의술이 발달한 것이라네.' 내가 이렇게 대답한다면 자네는 내 대답이 옳다고 생각하는가, 아니면 그르다고 생각하는가?"

"옳다고 생각해요" 하고 그가 말했네.

"어떤가? 의술 자체에 결함이 있는가? 아니면 다른 기술도 완벽해지려면 어떤 미덕을 필요로 하는가? 마치 눈은 시력을, 귀는 청력을 필요로 하고, 시력과 청력은 자신들을 위해 유익한 것을 검토하고 제공해줄 다른 기술을 필요로 하듯이 말일세. 그러니까 기술 자체에 어떤 결함이 있어서, 기술에는 저마다 자신에게 유익한 것을 보살펴줄 다른 기술이 필요하고, 이 다른 기술에도 또 다른 기술이 필요한 것과 같은 사태가 끝없이 이어지는 것인가? 아니면 기술은 저마다 무엇이 자기에게 유익한지 스스로 생각하는가? 아니면 기술은 저마다 자신의 결함을 치유하거나 자기에게 무엇이 유익한지 생각하기 위해 자기 자신도 다른 기술도 필요로 하지 않는가? 또한 그것은 어떤 기술에도 결함이나 과오가 내포되어 있지 않기 때문이며, 어떤 기술도 자신이 관여하는 대상 이외의 다른 것에 유익한 것을 추구하는 것은 적절하지 않기 때문인가? 말하자면 기술은 저마다 정확하고 완전하게 그 자체로 남아 있는 한 올바른 까닭에 결함도 없고 순수한 것인가? 이 점을 예(例)의 그 엄밀한 의미로 살펴보게. 내가 말한 대로인가, 아니면 그렇지 않은가?"

"그런 것 같은데요" 하고 그가 말했네.

그래서 내가 말했네. "그렇다면 의술은 의술에 유익한 것을 생각하는 것이 아니라, 몸에 유익한 것을 생각하네."

32 '키잡이'로도 옮길 수 있다.
33 환자들과 선원들.

"네" 하고 그가 말했네.

"승마술은 승마술에 유익한 것을 생각하는 것이 아니라, 말에게 유익한 것을 생각하네. 다른 기술도 자신에게 유익한 것을 생각하는 것이 아니라 ― 필요 없으니까 ― 자신이 관여하는 대상에게 유익한 것을 생각하네."

"그런 것 같은데요" 하고 그가 말했네.

"하지만 트라쉬마코스, 기술들은 분명 자신들이 관여하는 대상을 지배하고 제어하네."

트라쉬마코스는 내키지 않지만 이에 동의했네.

"그러면 어떤 지식[34]도 강자에게 유익한 것을 생각하거나 지시하는 것이 아니라, 자신의 지배를 받는 약자에게 유익한 것을 생각하거나 지시하네."

이에 대해 논쟁을 벌이려 했지만 결국 그는 이 점에도 동의했네. 그가 동의하자 내가 말을 이었네. "그러면 어떤 의사도 의사인 한 의사에게 유익한 것이 아니라 환자에게 유익한 것을 생각하거나 지시하겠지? 우리는 엄밀한 의미의 의사는 몸을 다스리는 사람이지 사업가가 아니라는 데 의견이 일치했으니까. 아니면 의견이 일치하지 않았던가?"

그는 의견이 일치했다는 데 동의했네.

"엄밀한 의미의 선장도 선원들의 통솔자이지 한낱 선원이 아니라는 데 우리는 의견이 일치하지 않았던가?"

"의견이 일치했지요."

"그러면 그런 의미의 선장과 통솔자는 선장에게 유익한 것을 생각하고 지시하는 것이 아니라, 선원과 통솔받는 자에게 유익한 것을 생각하고 지시할 걸세."

그는 마지못해 동의했네.

그래서 내가 말했네. "따라서 트라쉬마코스, 어떤 종류의 치자든 그가 치자인 한 자기에게 유익한 것을 생각하거나 지시하는 것이 아니라, 자신의 통치 대상인 피치자에게 유익한 것을 생각하고 지시할 걸세. 또한 그의 모든 말과 행동은 이 점을, 다시 말해 피치자에게 유익하고 적절한 것을 염두에 둔 것이네."

우리의 논의가 여기에 이르러 정의에 대한 그의 정의가 정반대로 바뀌었다는 것이 누구에게나 명백해지자, 트라쉬마코스는 대답하는 대신 이렇게 말했네. "말해주시오, 소크라테스 선생. 그대에게는 유모가 있나요?"

"그건 왜 묻는가?" 하고 내가 물었네. "자네는 그런 걸 묻는 대신, 대답하기로 되어 있지 않았나?"

그러자 그가 말했네. "그대가 계속 코를 흘리는 것을 유모가 보지 못하고, 급한데도 그대의 코를 닦아주지 않아서, 그런 유모 탓에 그대가 양과 양치기를 구별하지 못하기에 하는 말이오."

"왜 그런 말을 하는가?" 하고 내가 물었네.

"그대는 양치기나 소를 치는 이가 양떼나 소떼의 이익을 생각하며,

343a

b

34 episteme.

그들이 양떼와 소떼를 살찌우고 돌보는 것은 주인과 자신의 이익 외에 뭔가 다른 것을 바라기 때문이라고 생각하시는 것 같구려. 무엇보다 그대는 도시의 치자가 진정한 의미의 치자라면 피치자를 양떼로 여긴다

c 는 사실을, 그리고 그런 치자는 밤낮없이 피치자를 이용할 궁리만 한다는 사실을 모르는 것 같구려. 그래서 옳은 것과 정의, 옳지 않은 것과 불의에 관한 전문가이신 그대도 정의와 옳은 것이 사실은 남에게 좋은 것이고 강자와 치자에게 유익한 것이며, 복종하는 피치자 자신에게는 해로운 것이라는 점을 몰랐던 것이라오. 그러나 불의는 그와 정반대여서, 진실로 착하고 올바른 사람들을 지배해요. 그리고 불의의 지배를 받는 자들은 강자인 치자에게 유익한 것을 행하며 치자에게 봉사함으로써

d 치자를 행복하게 해주지만 자신들은 전혀 행복하게 해주지 못하지요.

더없이 순진한 소크라테스 선생, 그대는 올바른 사람이 어떤 경우에도 불의한 사람보다 더 불리하다는 결론을 피할 수 없어요. 우선 올바른 사람이 불의한 자와 협력 관계를 맺는 상호 간의 계약 체결에 관해 말하자면, 협력 관계가 해지될 때 그대는 올바른 사람이 불의한 자보다 더 유리하기는커녕 더 불리해지는 것을 볼 것이오. 다음, 국가와의 관계에서도 세금을 내야 할 경우에는 수입이 같아도 올바른 사람은 더 내고

e 불의한 자는 덜 낼 것이며, 국가에서 받을 경우에는 올바른 사람은 아무것도 받지 못하고 불의한 자는 큰 이득을 보겠지요. 또한 이들이 저마다 관직을 맡는다면, 올바른 사람은 다른 손해를 보지 않더라도 살림을 소홀히 한 탓에 살림 형편이 더 어려워질 것이며, 올바른 까닭에 공금을 횡령하지도 못할 것이오. 게다가 그는 친척과 친지를 부당하게 도와

주려고 하지 않아 이들한테 미움을 살 것이오. 그러나 불의한 자에게는 모든 것이 그와 정반대이지요. 이는 방금 내가 말한 사람을 염두에 두고 하는 말이오. 자신을 위해 큰 이득을 취할 능력이 있는 사람 말이오. 올바른 것보다 불의한 것이 개인적으로 얼마나 더 유익한지 판단하고 싶다면, 이 사람을 고찰해야 해요.

344a

그러나 그대가 이 점을 가장 쉽게 이해하려면, 그것을 행한 자에게는 최대의 행복을 안겨주지만 그것을 당한 자들과 불의를 행할 의사가 추호도 없는 자들을 가장 비참하게 만드는 불의의 극치인 참주 정치를 떠올려보세요. 참주 정치는 신성한 것이든 세속적인 것이든, 개인의 것이든 공공의 것이든, 남의 재물을 소규모가 아니라 대규모로 훔치고 강탈하오. 그러나 이런 범죄행위를 하나씩 저지르다가 체포되는 자는 처벌받고 가장 심한 치욕을 당하지요. 우리는 그런 못된 짓을 개인적으로 저지르는 자들을 신전털이범, 납치범, 주거침입 강도, 사기꾼, 도둑이라고 부르니까요. 그러나 시민들의 재산을 빼앗을뿐더러 시민들을 납치하고 노예로 삼는 데 성공하는 자가 있다면, 그는 그런 수치스러운 이름으로 불리는 대신 행복하고 축복받았다고 불리지요. 같은 시민들에 의해서뿐만 아니라, 그가 대규모로 부정을 저질렀다고 전해 듣는 다른 사람들에 의해서도 말이오. 그도 그럴 것이, 불의를 비난하는 사람들은 불의를 행하는 것이 두려워서가 아니라 불의를 당하는 것이 두려워서 불의를 비난하는 것이니까요.

b

c

소크라테스 선생, 이렇듯 불의는 대규모로 저질러지면 정의보다 더 강력하고 더 자유로우며 더 주인답다오. 그래서 내가 첫머리에서[35] 말했듯이, 정의는 사실은 강자에게 유익한 것이고, 불의는 자신에게 이롭고 유익한 것이라오."

d 트라쉬마코스는 목욕탕 때밀이가 물을 끼얹듯 이런 말을 우리 귀에 소나기처럼 쏟아붓고 나서 떠나려 했네. 그러나 자리를 같이한 다른 사람들이 그를 떠나지 못하게 하며 그대로 머물러 그가 한 말에 답변하도록 했네. 나도 그에게 머물러달라고 누구 못지않게 간청하며 말했네. "여보게 트라쉬마코스, 설마 자네는 우리에게 그런 주장을 내던져놓고 충분히 설명하거나 그것이 과연 그러한지 아닌지 알아보기도 전에 떠나려는 건 아니겠지. 자네는 우리가 정의하려는 것이 사소한 일이라고 생

e 각하는가? 천만의 말씀! 우리는 우리가 저마다 가장 유익한 삶을 살아가려면 어떻게 살아가야 하는지 정의하려 하고 있다네."

"내가 거기에 동의하지 않는다고 말했나요?" 하고 트라쉬마코스가 물었네.

그래서 내가 말했네. "자네는 동의하지 않거나, 우리에게 관심이 없는 것 같네. 우리가 더 잘 살아가든 아니면 자네가 안다고 주장하는 것을 우리가 몰라서 더 나쁘게 살아가든 자네는 전혀 개의치 않는 것 같다

345a 는 말일세. 여보게, 우리에게도 기꺼이 가르쳐주게. 우리처럼 여럿이 모인 자리에서 자네가 은혜를 베푸는 것은 자네에게도 밑지는 장사는 아닐 걸세. 솔직히 말해서 나는 자네 말이 납득되지 않으며, 설령 누군가 불의가 하고 싶은 대로 하도록 내버려두고 막지 않는다 해도 불의가 정의보다 더 이익이 된다고는 생각지 않네. 여보게, 자네가 말하는 그 불의한 사람에게 몰래 또는 공공연한 전쟁을 통해 불의를 행할 힘이 있다

해도, 여전히 그는 불의가 정의보다 더 이익이 된다고 나를 설득하지는 못할 것이네. 나만 그런 것이 아니라, 여기 있는 다른 사람들도 더러는 나와 동감일 것이네. 그러니 여보게, 자네는 우리가 정의를 불의보다 높이 평가하는 것은 잘못된 것이라고 충분히 납득시켜주게."

"내가 어떻게 그대를 납득시켜요?" 하고 그가 말했네. "내가 방금 말한 것으로 납득되지 않는다면, 나더러 어떡하라는 거죠? 아니면 내 주장을 그대의 혼 안에 집어넣어드릴까요?"

"제우스에 맹세코, 나는 자네가 그러기를 바라지는 않네" 하고 내가 말했네. "하지만 첫째, 자네는 자네가 말한 것을 견지하든지, 수정하고 싶다면 우리를 속이려 하지 말고 공개적으로 수정하게. 트라쉬마코스, 자네가 앞서 말한 것들을 다시 면밀히 검토해보도록 하세. 자네도 알다시피, 자네는 처음에 진정한 의미의 의사를 정의한 다음 나중에 진정한 의미의 양치기와 관련해서는 정확성을 기할 필요가 없다고 생각했네. 자네는 양치기가 양치기인 한 양떼의 최선의 상태를 염두에 두고 양떼를 살찌우는 것이라고 생각하지 않고, 마치 식사에 초대받은 손님처럼 자기가 잘 먹기 위해 또는 양치기가 아니라 사업가인 듯이 내다팔 것을 염두에 두고 그러는 것이라고 생각하니 말일세. 그러나 양치기 기술의 유일한 관심사는 그 기술이 돌보는 양떼에게 최선의 상태를 제공하는 것이며, 그런 기능을 수행하는 데 성공하면 그 기술에도 최선의 상태가

35 338e.

충분히 제공되기 마련일세. 그래서 나는 잠시 전[36]에 공적인 것이든 사적인 것이든 모든 형태의 통치는 그것이 통치인 한 오직 돌보는 피치자의 최선의 상태를 염두에 둔다는 점에 우리가 합의해야 한다고 생각한 것이라네. 한데 자네는 국가의 통치자들, 즉 진정한 의미의 통치자들은 자진해서 통치한다고 생각하는가?"

"제우스에 맹세코, 나는 그렇다고 생각하는 정도가 아니라 확신해요" 하고 그가 대답했네.

"트라쉬마코스, 어떤가?" 하고 내가 말했네. "자네는 다른 형태의 권력도 자진해서 행사하려는 사람은 아무도 없다는 것을 보지 못했는가? 사람들은 보수를 요구하는데, 이는 권력 행사에서 생길 이득이 자기들에게가 아니라 피치자에게 돌아갈 것이라고 믿기 때문일세. 이 점도 말해주게. 우리는 개개의 기술이 서로 다른 이유는 기능이 서로 다르기 때문이라고 말하지 않는가? 제발 신념에 어긋나는 대답일랑 하지 말게. 그래야만 토론이 진척될 테니까."

"그래요. 그래서 서로 달라요" 하고 그가 대답했네.

"그래서 개개의 기술은 우리에게 특수한 혜택을 제공하며, 모든 기술이 같은 혜택을 제공하는 것은 아니겠지? 이를테면 의술은 건강을 제공하고, 조타술은 안전한 항해를 제공하며, 다른 기술은 다른 것을 제공하겠지?"

"물론이지요."

"그렇다면 보수 획득술은 보수를 가져다주겠지? 그것이 보수 획득술의 기능이니까. 아니면 자네는 의술과 조타술이 같은 것이라고 말할 텐가? 또는 자네가 제의했듯이 용어를 엄밀한 의미로 사용하기를 바란다면, 항해가 몸에 좋아서 선장이 건강을 회복한다 해도 그 때문에 조타술을 의술이라고 부르지는 않겠지?"

"물론 그렇게 부르지 않지요" 하고 그가 말했네.

"자네는 아마도 누가 돈을 벌면서 건강을 회복했다고 해서 보수 획득술을 의술이라고 부르지는 않겠지?"

"물론 그렇게 부르지 않지요."

"어떤가? 환자를 치료하면서 돈을 버는 사람이 있다면, 의술을 보수 획득술이라고 부를 텐가?"

"아니요" 하고 그가 대답했네.

c

"그렇다면 우리는 개개의 기술이 특수한 혜택을 제공한다는 데 동의했네. 그렇지 않은가?"

"그렇다고 해두죠" 하고 그가 말했네.

"모든 전문가가 어떤 혜택을 똑같이 누린다면, 그들은 그들 모두에게 혜택을 주는 공통된 무엇인가를 추가로 이용해서 그러는 것이 분명하네."

"그런 것 같네요" 하고 그가 말했네.

"전문가들이 보수를 획득하는 것은 그들이 자신들의 기술에 덧붙여 보수 획득술을 이용해서 혜택을 보는 것이라고 말할 수 있을 걸세."

---

36 342a~e.

그는 마지못해 이에 동의했네.

d "따라서 보수를 획득하는 이런 혜택이 각자에게 주어지는 것은 그의 기술 덕분이 아닐세. 엄밀히 말해 의술은 건강을 제공하고, 보수 획득술이 보수를 제공하네. 건축술은 집을 제공하고, 보수 획득술이 뒤따라서 보수를 제공하네. 다른 기술도 그 점에서는 마찬가지여서, 개개의 기술은 고유한 기능을 하면서 그것이 관리하는 대상에 혜택을 베푼다네. 그런데 기술에 보수가 추가되지 않는다면 전문가가 자기 기술의 혜택을 볼 수 있을까?"

"없을 것 같은데요" 하고 그가 말했네.

e "전문가가 보수를 받지 않고 거저 일해주면 아무런 혜택도 베풀지 못할까?"

"혜택을 베푼다고 나는 생각해요."

"트라쉬마코스, 그러면 이제 어떤 기술이나 통치도 자기에게 유익한 것을 제공하지 않는다는 사실이 분명해졌네. 아까부터 말했듯이 기술이나 통치는 피치자에게 유익한 것을 제공하고 명령하며, 약자에게 유익한 것을 생각하지 강자에게 유익한 것을 생각하지는 않네. 친애하는 트라쉬마코스, 그래서 나는 방금 어느 누구도 자진해서 통치하려 하거나 남의 잘못을 바루려 하지 않으며, 그래서 대가를 요구한다고 말한 것

347a 이라네. 그가 대가를 요구하는 이유는, 자기 기술을 제대로 사용하려는 사람은 자기 기술을 사용함으로써 자기가 아니라 피치자에게 가장 좋은 것을 행하거나 명령하기 때문일세. 그래서 통치하기를 승낙하는 사람에게는 돈이든 명예든 보수가 지급되고, 통치하기를 거절하면 벌

금이 부과되어야 하는 것 같네."

"소크라테스 선생님, 무슨 뜻으로 그런 말씀을 하시는 거죠?" 하고 글라우콘이 말했네. "앞의 두 가지 보수가 무엇인지는 이해되지만, 선생님께서 왜 벌금을 보수와 같은 부류로 분류하시는지 도무지 납득되지 않아요."

"그러니까 자네는 가장 훌륭한 사람들이 받는 보수가 무엇인지 모르고 있군그래" 하고 내가 말했네. "가장 적합한 자들이 통치하기로 결심할 때 그러도록 유인하는 보수 말일세. 아니면 자네는 야심과 탐욕이 창피스러운 것으로 간주되며 실제로 창피스러운 것이라는 점을 모르는가?"

"알지요" 하고 그가 말했네.

내가 말했네. "그래서 훌륭한 사람들은 돈이나 명예를 바라고 통치하려 하지 않는다네. 그들은 돈을 받고 공개적으로 권력을 행사함으로써 고용인이라 불리기를 바라지도 않고, 권력을 이용하여 공금을 몰래 착복함으로써 도둑이라 불리기를 바라지도 않으니까. 또한 그들은 야심이 없는지라 명예를 바라고 통치하지도 않을 것이네. 따라서 그들이 통치하게 만들려면 그들에게 압력을 가하거나 벌받게 하지 않으면 안 되네. 그런 이유에서 어쩔 수 없을 때까지 기다리지 않고 자진하여 관직을 맡는 것이 창피스러운 일로 여겨져왔던 것 같네. 그들 스스로 통치하기를 거부할 때 그들이 받는 가장 큰 벌은 자기들보다 못한 자들에 의해서 통치당하는 것일세. 적격자들이 통치하기로 승낙하는 것은 바로 이 점을 두려워하기 때문인 듯하네. 그렇다 하더라도 그들은 마치 혜택

d 을 누릴 수 있는 좋은 것인 양 권력에 다가가는 것이 아니라, 그들 대신 이 일을 맡아줄 더 훌륭한 사람들이나 대등한 사람들을 발견할 수 없어서 달리 선택의 여지가 없는 것처럼 다가간다네. 혹시 훌륭한 사람들의 도시가 생긴다면, 그곳에서는 지금 우리 사이에서 정권을 맡으려고 경쟁이 벌어지는 것만큼이나 치열하게 정권을 맡지 않으려고 경쟁이 벌어질 터인데, 그것은 진실로 참된 통치자는 본성적으로 자기에게 유익한 것이 아니라 피치자에게 유익한 것을 생각한다는 명백한 증거일세. 따라서 분별 있는 사람이면 누구나 남을 이롭게 하느라 고생하느니 차라

e 리 남의 덕을 보기를 택할 것이네. 이 점에 관한 한 나는 정의는 강자에게 유익한 것이라는 트라쉬마코스와는 전적으로 의견을 달리하네. 그러나 이 문제는 나중에 검토할 걸세.37 내게는 불의한 자의 삶이 올바른 사람의 삶보다 더 낫다는 트라쉬마코스의 조금 전 발언이 훨씬 더 중요한 것 같네. 글라우콘, 자네는 어느 쪽을 선택할 텐가? 어느 쪽 견해가 진실에 더 가깝다고 생각하는가?"

"저는 올바른 사람의 삶이 더 유익하다는 견해를 택할 거예요."

348a 그래서 내가 말했네. "자네는 방금 트라쉬마코스가 불의한 자의 삶의 이점을 죽 늘어놓는 것을 들었겠지?"

"들었지요. 그렇지만 잘 납득되지 않아요" 하고 그가 말했네.

"그럴 수 있는 방법을 찾아낼 수만 있다면, 자네는 그의 말이 사실이 아니라는 것을 우리가 그에게 납득시켰으면 하는가?"

"왜 그러고 싶지 않겠어요?" 하고 그가 말했네.

그래서 내가 말했네. "그런데 우리가 그의 주장에 맞서 반론을 펴며

정의의 이점을 열거하고, 이어서 그가 다시 발언하고, 이어서 우리가 그에게 답변한다면, 우리는 우리 각자가 열거한 이점을 세어보고 재어볼 필요가 있을 것이며, 우리 사이에서 판결을 내려줄 판관이 필요할 것이네. 그러나 우리가 지금까지 그래왔듯이 서로 합의해가며 고찰한다면 우리 자신이 판관이자 동시에 변론인이 될 걸세."

"그야 물론이지요" 하고 그가 말했네.

"자네는 어느 방법이 마음에 드는가?" 하고 내가 물었네.

"나중 방법이요" 하고 그가 대답했네.

"자, 트라쉬마코스!" 하고 내가 말했네. "첫머리로 되돌아가 우리에게 답변해주게. 자네는 완벽한 불의가 완벽한 정의보다 더 이익이 된다고 주장하는가?"

"그것이 내가 주장하는 바이며 왜 그런지는 이미 설명했소" 하고 그가 대답했네.

"정의와 불의와 관련해서 한 가지 더 물어볼 게 있네. 자네는 그중 하나는 미덕이라고, 다른 하나는 악덕[38]이라고 부르는가?"

"왜 아니겠소?"

"그러면 정의를 미덕이라고, 불의를 악덕이라고 부르겠지?"

"그대는 참으로 순진하시오" 하고 그가 말했네. "내가 그럴 성싶소? 불의는 이득이 되고 정의는 이득이 되지 않는다는 것이 내 주장인데 말

---

37 여기에서는 다음 주제로 넘어가기 위한 상투적 표현 같다.
38 kakia.

이오."

"그러면 뭐라고 할 텐가?"

"그와 정반대라고 하겠소" 하고 그가 말했네.

"자네는 정의를 악덕이라고 부르겠다는 것인가?"

"아니요. 고매한 선의라고 부르겠소."

d "그러면 불의는 악의라고 부를 텐가?"

"아니요. 융통성³⁹이라고 부르겠소."

"트라쉬마코스, 자네가 생각하기에는 불의한 자가 현명하고 훌륭한 사람이란 말이지?"

"그래요" 하고 그가 말했네. "그들이 완전한 불의를 행할 수 있고, 도시와 부족을 자신들에게 예속시킬 수 있는 자들이라면 말이오. 그대는 내가 소매치기를 두고 말한다고 생각하는 것 같군요. 하긴 그런 것도 들키지만 않는다면 이익이 되기는 하지요. 그러나 그런 것은 내가 방금 말한 불의에 견주면 언급할 가치도 없어요."

e 그래서 내가 말했네. "자네가 무슨 뜻으로 그런 말을 하는지 알겠네. 하지만 나는 자네가 불의를 미덕과 지혜와 같은 부류로 분류하고, 정의를 그와 반대되는 부류로 분류하는 것에 놀라움을 금치 못했네."

"아닌 게 아니라 나는 그러고 있어요."

그래서 내가 말했네. "여보게, 그것은 훨씬 더 까다로운 문제여서 대답하기도 쉽지 않네. 자네가 불의가 이익이 된다고 주장하더라도 남들처럼 불의가 악덕이고 창피스러운 것임을 인정한다면, 우리는 세간의 견해에 따라 무슨 답변이든 할 수 있을 걸세. 그러나 지금 자네는 불의가 아름답고 강력한 것이라고 주장하며, 우리가 정의에 귀속시키곤 하는 다른 자질을 모두 불의에 귀속시킬 것이 분명하네. 자네가 대뜸 불의를 미덕과 지혜와 같은 부류로 분류하는 것을 보니 말일세."

"제대로 알아맞히셨군요" 하고 그가 말했네.

내가 말했네. "그러더라도 나는 자네가 자네의 견해를 말하는 것으로 확신하는 만큼 우리는 논의를 통해 검토하기를 기피해서는 안 되네. 트라쉬마코스, 내가 보기에 지금 자네는 우리를 놀리는 것이 아니라, 자네가 진실이라고 믿는 바를 말하는 것 같으니 말일세."

"내가 믿고 말고가 그대와 무슨 상관이죠?" 하고 그가 물었네. "그대가 반박하려는 것은 내 말이 아닌가요?"

"전혀 상관없네" 하고 내가 대답했네. "지금까지 물어본 것에 덧붙여 자네에게 한 가지 더 물어볼 게 있네. 자네는 올바른 사람이 다른 올바른 사람을 능가하고 싶어한다고 생각하는가?"

"아니요" 하고 그가 말했네. "그러면 그는 우리가 방금 말한 예의 바르고 착한 사람이 아닐 테니까요."

"어떤가? 올바른 행위는 능가하고 싶어할까?"

"아니요. 올바른 행위도 능가하려 하지 않을 거예요" 하고 그가 말했네.

"올바른 사람은 자신이 불의한 자를 능가할 자격이 있다고 생각할까? 그는 그러는 것이 옳다고 여길까, 아니면 옳지 않다고 여길까?"

---

39 euboulia.

"그는 옳다고 여기고 또한 그럴 자격이 있다고 생각하겠지요. 하지만 그는 그럴 수가 없어요."

c 그래서 내가 말했네. "그러나 내가 묻는 것은 그게 아니라 올바른 사람은 다른 올바른 사람을 능가하는 것은 옳지 않다고 여기고 또한 능가하고 싶어하지도 않지만, 불의한 자를 능가하는 것은 옳다고 여기느냐는 것일세."

"그건 그래요" 하고 그가 말했네.

"불의한 자는 어떤가? 그는 자신이 올바른 사람과 올바른 행위를 능가할 자격이 있다고 여길까?"

"왜 안 그러겠어요?" 하고 그가 말했네. "그는 자기가 모든 사람을 능가할 자격이 있다고 생각하는데 말이오."

"그러면 불의한 자는 불의한 자와 불의한 행위를 능가하려 할 뿐만 아니라, 무엇이든 제가 가장 큰 몫을 차지하려고 싸우겠지?"

"그러겠지요."

"이렇게 정리해보세" 하고 내가 말했네. "올바른 사람은 자기와 같은
d 사람이 아니라 자기와 같지 않은 사람을 능가하려 하지만, 불의한 자는 자기와 같은 사람뿐 아니라 자기와 같지 않은 사람까지 능가하려 한다고 말일세."

"잘 정리하셨네요" 하고 그가 말했네.

"그리고 불의한 자는 현명하고 훌륭한데 올바른 사람은 그 어느 쪽도 아니라는 것인가?" 하고 내가 말했네.

"그것도 잘 정리하셨네요" 하고 그가 말했네.

"그렇다면 불의한 자는 현명하고 훌륭한 사람을 닮았지만, 올바른 사람은 닮지 않았겠지?" 하고 내가 말했네.

"올바른 사람은 현명하고 훌륭한 사람을 닮지 않아도, 불의한 자는 현명하고 훌륭한데 어찌 그런 사람을 닮지 않겠어요?" 하고 그가 말했네.

"좋은 말이야. 그렇다면 이들 각자는 자기가 닮은 사람의 자질을 갖겠구먼?"

"그래서요?" 하고 그가 반문했네.

"좋아, 트라쉬마코스. 자네는 어떤 사람은 시가에 능하지만, 어떤 사람은 시가를 모른다는 데 동의하는가?"

"동의해요."

"자네는 어느 쪽이 지혜롭고, 어느 쪽이 지혜롭지 못하다고 생각하는가?"

"시가에 능한 사람은 지혜롭고, 시가를 모르는 사람은 지혜롭지 못하다고 생각해요."

"그러니 그가 지혜롭다면 훌륭하겠지만, 지혜롭지 못하다면 나쁘겠지?"

"네."

"의술은 어떤가? 의술에도 같은 논리가 적용되지 않을까?"

"적용되지요."

"여보게, 그러면 뤼라를 조율하는 연주자는 현을 조이고 늦추는 일에서 다른 연주자를 능가하고 싶어하거나, 능가해야 한다고 생각할까?"

"나는 그렇게 생각하지 않아요."

"어떤가? 그는 시가를 모르는 사람을 능가하려 하겠지?"

"당연하지요" 하고 그가 말했네.

350a "의사는 어떤가? 그는 음식물을 처방하는 데서 다른 의사들과 그들의 의료 행위를 능가하고 싶어할까?"

"아니요."

"그러나 그는 의사가 아닌 사람들은 능가하고 싶어하겠지?"

"네."

"그러면 모든 지식이나 무지와 관련하여, 자네는 지식이 있는 사람이 말과 행동에서 같은 지식을 가진 다른 사람을 능가하는 쪽을 선택할 것이라고 생각하는가? 오히려 그는 자기와 같은 사람들이 같은 환경에 놓였을 때처럼 말하고 행동하지 않을까?"

"당연히 그러겠지요" 하고 그가 말했네.

b "무지한 사람은 어떤가? 그는 지식이 있는 사람도 무지한 사람도 능가하고 싶어하지 않을까?"

"아마 그러겠지요."

"지식이 있는 사람은 지혜롭겠지?"

"동의해요."

"지혜로운 사람은 훌륭하겠지?"

"동의해요."

"그러면 훌륭하고 지혜로운 사람은 자기와 같은 사람이 아니라, 자기와 같지 않은, 자기와 반대되는 사람을 능가하고 싶어하겠지?"

"그럴 것 같네요" 하고 그가 말했네.

"그러나 나쁘고 무지한 사람은 자기와 같은 사람도, 자기와 반대되는 사람도 능가하고 싶어하겠지?"

"그럴 것 같아요."

그래서 내가 물었네. "트라쉬마코스, 우리의 불의한 자는 자기와 같지 않은 사람도, 자기와 같은 사람도 능가하려 하지 않는가? 아니면 자네는 그렇게 말하지 않았나?"

"그렇게 말했어요" 하고 그가 대답했네.

"그러나 올바른 사람은 자기와 같은 사람을 능가하려는 것이 아니라, 자기와 같지 않은 사람을 능가하려 하겠지?"

"네."

"그러면 올바른 사람은 지혜롭고 훌륭한 사람을 닮고, 불의한 자는 나쁘고 무지한 자를 닮았네."

"그런 것 같네요."

"나아가 우리는 그들 각자가 자신이 닮은 사람의 자질을 지닌다는 데 동의했네."

"동의했지요."

"그래서 우리의 토론에 의해 올바른 사람은 훌륭하고 지혜로운 것으로, 불의한 자는 무지하고 나쁜 것으로 밝혀졌네."

트라쉬마코스는 이 모든 것에 동의하긴 했지만, 내가 방금 말했듯이 쉽게 동의한 것이 아니라 질질 끌어오며 마지못해 동의했네. 때는 바야흐로 여름인지라[40] 땀을 뻘뻘 흘리면서 말일세. 그때 나는 트라쉬마코

제1권 77

스가 얼굴을 붉히는 것도 보았는데, 전에는 그가 그런 적이 없었네. 그리하여 정의는 미덕이자 지혜이지만 불의는 악덕이자 무지라는 데에 우리의 의견이 일치했을 때, 내가 말했네. "좋아. 이 문제는 이렇게 해결된 것으로 하세. 하지만 우리는 불의가 강력하다고도 말했네. 트라쉬마코스, 기억나지 않는가?"

"기억나지 않긴요" 하고 그가 말했네. "하지만 나는 지금 그대가 한 말이 마음에 들지 않으며, 그에 관해 할 말이 더 있어요. 그러나 내가 말을 하면 그대는 틀림없이 내가 연설을 한다고 나무라겠지요. 그러니 그대는 내가 원하는 만큼 말할 수 있게 해주든지, 묻는 게 좋다면 계속해서 물으세요. 그러면 나는 노파들의 이야기를 듣는 사람처럼 '그렇다니까요'라고 대답하며 고개를 끄덕이거나 가로젓기만 하겠소."

그래서 내가 말했네. "자네의 신념에 반해서 그러지는 말게."

"그대를 기쁘게 해주기 위해 그러겠소" 하고 그가 말했네. "나더러 연설을 못하게 하시니 말이오. 그 밖에 또 무엇을 원하시나요?"

"제우스에 맹세코, 아무것도 원하지 않네" 하고 내가 말했네. "그럴 테면 그러게나. 나는 질문을 하겠네."

"질문하시오."

내가 말했네. "우리가 정의와 불의의 관계를 차례차례 논의할 수 있도록 나는 잠시 전과 같은 질문을 하겠네. 우리는 불의가 정의보다 더 효과적이고 더 강하다고 주장했네.[41] 그렇지만 지금 우리가 합의한 바에 따라 정의가 진실로 지혜이자 미덕이라면, 정의가 불의보다 더 강하다는 것도 쉽게 밝혀지리라고 나는 생각하네. 불의는 무지이니까. 그걸 모르는 사람은 아무도 없을 걸세. 그러나 트라쉬마코스, 나는 이 문제를 그렇게 단순하게 논의할 것이 아니라, 이렇게 고찰하고 싶네. 자네는 불의한 방법으로 다른 국가를 종속시키려 하고, 수많은 국가를 종속시킨 다음에는 이들 국가를 속국으로 삼을 만큼 불의한 국가가 있을 수 있다고 주장할 텐가?"

b

"왜 안 그러겠어요?" 하고 그가 말했네. "그리고 완벽하게 불의해서 가장 효과적인 국가일수록 그럴 가능성이 가장 높지요."

"알겠네" 하고 내가 말했네. "그게 자네 주장이었구먼. 그러나 내가 고찰하려는 바는, 다른 국가보다 더 강해진 국가는 정의 없이도 그런 힘을 유지할 수 있는가, 아니면 그러기 위해서는 정의가 필요한가 하는 점일세."

"그대가 방금 말했듯이 정의가 지혜라면 정의가 필요하겠지요. 그러나 내 말이 옳다면 불의가 필요하겠지요" 하고 그가 말했네.

c

그래서 내가 말했네. "트라쉬마코스, 나는 자네가 고개를 끄덕이거나 가로젓지 않고 아주 훌륭한 대답을 해주어 기쁘네."

"그대를 기쁘게 해주려고 그러는 것이라오" 하고 그가 말했네.

"고맙네. 한 번 더 호의를 베풀어 말해주게. 도시든 군대든 강도단이든 도둑 떼든 다른 집단이든 공동으로 뭔가 불의한 짓을 모의한다고 가정해보게. 자네는 만약 그들이 서로에게 불의한 짓을 한다면 뭔가를 이

---

40 벤디스 여신의 축제는 지금의 6월에 개최되었다.
41 1권 343c~e, 347e 참조.

루어낼 수 있을 것이라고 생각하는가?"

"아니요" 하고 그가 대답했네.

"그들이 서로에게 불의한 짓을 하지 않는다면 어떨까? 더 잘해낼 수 있지 않을까?"

"물론이지요."

"트라쉬마코스, 그것은 정의는 화합과 우애를 낳지만, 불의는 그들 사이에 반목과 증오와 다툼을 낳기 때문이 아닐까?"

"그렇다고 쳐요" 하고 그가 말했네. "나는 그대와 다투고 싶지 않으니까요."

"여보게, 고맙네. 그러나 이 점도 말해주게. 어디에 나타나든 증오를 낳는 것이 불의의 기능이라면, 불의가 자유민이나 노예들 사이에서 생겨나면 그들이 서로 미워하고 다투게 만들어 도저히 협력할 수 없게 하지 않을까?"

"당연히 그렇겠지요."

"불의가 두 사람 사이에서 생겨나면 어떨까? 그들은 서로 다투고 서로 미워하여 저들끼리도, 올바른 사람과도 원수가 되지 않을까?"

"그렇게 되겠지요" 하고 그가 말했네.

"그런데 여보게, 불의가 한 사람 안에서 생겨난다면 어떨까? 불의는 그 힘을 잃지 않고 그대로 유지하겠지?"

"그대로 유지한다고 쳐요" 하고 그가 말했네.

"그러니까 불의는 분명 두 가지 힘을 지니고 있네. 불의가 생겨난 곳이 도시든 부족이든 군대든 다른 어떤 단체든, 불의는 첫째, 그 단체가 내분과 다툼에 휘말려 서로 협력할 수 없게 만드네. 둘째, 불의는 그 단체가 자기 자신뿐 아니라 올바른 것을 포함하여 자신과 반대되는 모든 것과 원수가 되게 만드네. 그렇지 않은가?"

"물론이지요."

"그리고 불의는 개인 안에 깃들어도 그것이 본성상 해야 할 기능을 할 것이라고 생각하네. 말하자면 불의는 첫째, 개인이 자신과 반목하고 불화하게 함으로써 행동할 수 없게 할 것이고, 둘째, 불의는 개인이 자신뿐 아니라 올바른 사람과도 원수가 되게 만들 걸세. 그렇지 않은가?"

"그래요."

"여보게, 신들도 올바르겠지?"

"그렇다고 쳐요" 하고 그가 말했네.

"그러면 트라쉬마코스, 불의한 자는 신들의 원수이고, 올바른 사람은 신들의 친구일세."

"마음놓고 그대의 논의를 즐기시죠. 나는 여기 이 사람들의 미움을 사지 않기 위해 그대의 주장을 반박하지 않을 테니까요."

그래서 내가 말했네. "자, 자네가 진심으로 나를 즐겁게 해줄 요량이라면 남은 문제에도 지금까지처럼 대답해주게. 올바른 자는 분명 더 현명하고 더 훌륭하며 더 유능하게 일을 처리할 수 있지만, 불의한 자는 어느 누구와도 협력할 수 없네. 우리가 불의한 자들이 효과적으로 협력했다고 주장한다면, 그것은 전적으로 잘못된 주장이네. 불의한 자들이 전적으로 불의하다면 서로 공격했을 테니 말일세. 그러니 불의한 자들에게 약간의 정의가 깃들어 있어 그들이 자기들끼리 그리고 적대자들에

제1권 **81**

게 불의한 짓을 하는 것을 막았으며, 그러한 정의에 힘입어 그들이 그나마 성공할 수 있었음이 분명하네. 불의한 짓을 시작했을 때 그들은 불의에 의해 반쯤 타락한 것이지. 완전히 불의한 완전한 악당은 아무것도 이루어낼 수 없을 테니까. 나는 지금 이 모든 것이 옳으며, 자네의 처음 주장은 전적으로 잘못된 것이라고 확신하네. 이어서 우리는 올바른 사람이 불의한 자보다 더 훌륭하고 더 행복하게 사느냐 하는 문제를 제기했는데, 이번에는 이 문제를 검토해야 할 걸세. 우리가 여태까지 말한 것에 의해서도 올바른 사람이 그러리라는 것은 분명한 듯하네. 하지만 우리는 이 문제를 더 면밀히 고찰해야 할 것이네. 무엇보다 우리는 사소한 것에 관해서가 아니라, 어떻게 삶을 살아가야 하는지를 놓고 토론하고 있기 때문일세."

"고찰하시죠" 하고 그가 말했네.

그래서 내가 말했네. "고찰하겠네. 나한테 이 점을 말해주게. 자네는 말[馬]에 기능 같은 것이 있다고 생각하는가?"

"그렇다고 생각해요."

"자네는 말이라든가 그 밖의 다른 것의 기능을, 그것의 도움을 받아야만 수행할 수 있거나 가장 잘 수행할 수 있는 그 무엇으로 정의하는가?"

"무슨 말인지 모르겠는데요" 하고 그가 말했네.

"이런 말일세. 자네는 눈 말고 다른 것으로 볼 수 있을까?"

"아니오."

"어떤가? 귀 말고 다른 것으로 들을 수 있을까?"

"결코 들을 수 없어요."

"그렇다면 보고 듣는 것이 눈과 귀의 기능이라고 해도 맞는 말이 겠지?"

"물론이지요."

"어떤가? 자네는 단검이나 조각용 칼이나 또 다른 도구로 포도나무 353a
가지를 칠 수 있을까?"

"왜 칠 수 없겠어요?"

"하지만 그럴 목적으로 만들어진 다듬가위를 사용할 때만큼은 가지치기를 훌륭하게 수행할 수 없을 걸세."

"옳은 말이오."

"그렇다면 우리는 이것이 다듬가위의 기능이라고 정의할까?"

"그래요."

"나는 방금 개개 사물의 기능은 자신만이 수행할 수 있거나 다른 것보다 더 잘 수행할 수 있는 그 무엇이냐고 물었는데, 이제는 아마 자네가 내 말뜻을 더 잘 이해했을 것이네."

"이해하고말고요" 하고 그가 말했네. "그래서 나는 그것이 개개 사물 b
의 기능이라고 생각해요."

"좋네" 하고 내가 말했네. "자네는 어떤 기능을 부여받은 개개의 사물에는 어떤 미덕[42]도 있다고 생각하지 않는가? 앞서 말한 것으로 되돌

---

42 arete. 문맥에 따라 '탁월함' '훌륭함'으로 옮길 수도 있다.

아가, 눈에는 기능이 있다고 우리는 말하겠지?"

"기능이 있어요."

"그러면 눈에는 미덕도 있는가?"

"미덕도 있지요."

"어떤가? 귀에는 기능이 있는가?"

"네."

"미덕도 있는가?"

"미덕도 있어요."

"어떤가? 다른 것들도 모두 마찬가지 아닐까?"

"마찬가지예요."

c "좋네. 눈에 고유한 미덕이 결여되어 있고 그 대신 어떤 결함이 있다면, 눈이 제 기능을 적절히 수행할 수 있을까?"

"어떻게 수행할 수 있겠어요?" 하고 그가 말했네. "그대는 시력 대신 눈먼 상태를 두고 그렇게 말하는 것 같으니 말이오."

그래서 내가 말했네. "그 미덕이 무엇이든 간에 말일세. 내가 묻는 것은 그게 아니라, 어떤 것이 특수한 미덕에 힘입어 제 기능을 잘 수행하느냐, 아니면 특수한 결함 때문에 제 기능을 나쁘게 수행하느냐 하는 것일세."

"옳은 말이오" 하고 그가 말했네.

"그렇다면 귀도 고유한 미덕을 상실하면 제 기능을 나쁘게 수행하겠지?"

"물론이지요."

"그렇다면 다른 것들에도 모두 같은 논리를 적용할 수 있겠지?"

"그렇다고 생각해요."

"자, 그다음으로 이 점을 고찰해보게. 혼(魂)[43]에는 이 세상 다른 어떤 것도 수행할 수 없는 어떤 기능이 있는가? 이를테면 관리하기, 통치하기, 심사숙고하기 같은 것 말일세. 우리가 이런 기능들을 혼이 아닌 다른 것에게 맡기는 것이 옳을까? 그리고 이런 기능들은 혼이 아닌 다른 것의 고유 영역이라고 말할 수 있을까?"

"다른 것에게 맡겨서는 안 되겠지요."

"산다는 것은 어떤가? 우리는 그것이 혼의 기능이라고 말하지 않는가?"

"무엇보다도 혼의 기능이겠지요" 하고 그가 말했네.

"우리는 혼에는 미덕도 있다고 말하지 않는가?"

"그렇게 말해요."

"그러면 트라쉬마코스, 혼이 고유한 미덕을 상실하면 제 기능을 잘 수행할 수 있는가, 아니면 그럴 수 없는가?"

"그럴 수 없지요."

"그렇다면 필연적으로 나쁜 혼은 나쁘게 통치하고 나쁘게 관리하겠지만, 훌륭한 혼은 이런 일들을 훌륭하게 수행할 것이네."

"당연하지요."

"그리고 우리는 정의는 혼의 미덕이지만, 불의는 혼의 악덕이라는 데

---

43 psyche.

동의하지 않았던가?"⁴⁴

"동의했지요."

"그러면 올바른 혼과 올바른 사람은 잘⁴⁵ 살겠지만, 불의한 자는 나쁘게 살 것이네."

"그런 것 같네요" 하고 그가 말했네. "그대의 논리대로라면."

354a "그리고 잘 사는 사람은 축복받고 행복하겠지만, 그러지 못한 사람은 그 반대일 걸세."

"왜 아니겠어요?"

"그러니 올바른 사람은 행복하고, 불의한 자는 비참하네."

"그렇다고 쳐요" 하고 그가 말했네.

"그런데 비참한 것은 이익이 되지 않지만, 행복한 것은 이익이 된다네."

"왜 아니겠어요?"

"그러면 친애하는 트라쉬마코스, 불의는 결코 정의보다 더 이익이 되지 않는다네."

"소크라테스 선생, 이것이 벤디스 여신의 축제일을 맞아 그대를 위해 차린 잔칫상이니 실컷 드시구려" 하고 그가 말했네.

b 그래서 내가 말했네. "그것은 자네 덕분일세. 자네가 더 유순해지며 화내기를 그만두었으니까. 그래도 나는 배불리 먹지 못했는데, 그것은 내 탓이지 자네 탓이 아니라네. 나는 먼저 내온 요리를 충분히 맛보기도 전에 다음에 내온 요리를 맛보려고 낚아채는 대식가처럼 행동했으니 말일세. 우리는 처음에 정의가 무엇인지 검토하기 시작했으나, 해답을

찾아내기도 전에 그 문제는 버려두고, 정의가 악덕이자 무지인지 아니면 지혜이자 미덕인지 서둘러 물었네. 그러다가 잠시 뒤 불의가 정의보다 더 이익이 된다는 주장이 제기되자 먼젓번 논의에서 그 논의로 옮겨가지 않을 수 없었네. 그래서 나는 우리의 논의를 통해 알게 된 것이라곤 아무것도 없다네. 정의가 무엇인지 모르는 한, 정의가 미덕인지 아닌지, 정의를 지닌 사람이 행복한지 아닌지 나로서는 알기가 어렵기 때문일세."

44 350c~d.
45 eu.

제2권

357a 이렇게 말하고 나는 이제 토론에서 벗어났구나 싶었네. 그러나 지금까지 토론한 것은 사실 서막에 불과한 것 같았네. 매사에 대담무쌍한 글라우콘이 이번에도 트라쉬마코스의 항복을 받아들이지 않고 물었기 때문일세. "소크라테스 선생님, 선생님께서는 올바른 것이 불의한 것보다 모든 점에서 더 낫다고 정말로 우리를 설득하고 싶으세요, 아니면 단
b 지 설득한 것처럼 보이고 싶으세요?"

"정말로 설득하고 싶네" 하고 내가 대답했네. "내가 그럴 수만 있다면 말이네."

그가 말했네. "그러시다면 선생님께서는 하고 싶은 일을 하지 않고 계세요. 말씀해주세요. 선생님께서는 우리가 그 결과를 바라서가 아니라 그 자체 때문에 즐겨 갖고 싶어하는 그런 종류의 좋은 것[1]이 있다고 생각하세요? 이를테면 향락이라든가, 즐겼다는 자체 말고는 나중에 아무것도 남지 않는 무해한 즐거움 같은 것 말이에요."

c 그래서 내가 말했네. "나는 그런 종류의 좋은 것이 있다고 생각하네."

"어떠세요? 그 자체 때문에도 그 결과 때문에도 우리가 좋아하는 그런 종류의 좋은 것도 있나요? 사고하는 것, 보는 것, 건강한 것 같은 것

말이에요. 우리는 이런 것을 방금 말한 두 가지 이유로 좋아하니까요."

"그렇다네" 하고 내가 말했네.

"선생님께서 보시기에 체력단련하기, 아플 때 치료받기, 의료 행위와 그 밖의 돈벌이 등이 포함되는 세 번째 부류의 좋은 것도 있나요? 우리는 그런 것들이 부담스럽긴 하지만 유익하다고 말하며, 우리가 그런 것들을 받아들이는 이유는 그 자체 때문이 아니라, 보수와 거기에서 생기는 다른 혜택 때문이지요."

d

"그래, 그런 세 번째 부류도 있지" 하고 내가 말했네. "그래서 어쨌다는 거지?"

"선생님께서는 정의를 이들 가운데 어느 부류에 포함시키세요?" 하고 그가 말했네.

"내 생각에 정의는 앞으로 행복해지기를 바라는 사람이라면 누구든지 그 자체 때문에도 그 결과 때문에도 좋아해야 하는 가장 아름다운 부류에 속하네" 하고 내가 말했네.

358a

"하지만 대중은 그렇게 생각하지 않아요. 그들은 보수를 받거나 사람들에게 인심을 얻기 위해서는 정의를 실행해야 하지만, 그 자체는 어려워서 회피해야 하는 부담스러운 부류에 포함시키니까요" 하고 그가 말했네.

"그것이 대중의 의견이라는 사실은 나도 알고 있네" 하고 내가 말했

---

1   agathon.

네. "그런 이유에서 트라쉬마코스도 아까 정의를 비난하고 불의를 칭찬한 것이지. 하지만 나는 배우는 게 더딘가 봐."

b 그가 말했네. "자, 그러시다면 선생님께서도 동의하시는지 제 말을 들어보세요. 제가 보기에, 트라쉬마코스 선생은 마치 뱀이 뱀 부리는 사람에게 홀리듯, 선생님에게 너무 쉽게 홀렸던 것 같아요. 저는 아직도 정의와 불의에 관한 논의가 충분하지 않았다고 봐요. 제가 듣고 싶은 것은 정의와 불의가 정확히 무엇이며, 그것이 각각 우리 마음속에서 그 자체로 어떤 힘을 발휘하느냐는 것이고, 보수라든가 그 밖에 그것이 유발하는 결과에는 관심이 없으니까요.

그래서 선생님께서 동의하신다면 저는 이렇게 할까 해요. 말하자면
c 저는 트라쉬마코스 선생의 주장을 되살려 첫째, 사람들이 정의의 본성과 기원이 무엇이라고 생각하는지 말할 겁니다. 둘째, 저는 정의를 실행하는 사람들은 정의를 피할 수 없는 것으로 여기고 마지못해 그럴 뿐이지, 정의를 좋은 것으로 여겨서 그러는 것은 아니라고 주장할 겁니다. 셋째, 저는 사람들이 그렇게 행동하는 것은 온당하다고 말할 겁니다. 그들에 따르면, 불의한 자가 올바른 사람보다 훨씬 더 나은 삶을 사니까요. 이것은 전혀 제 자신의 견해가 아니지만 말이에요, 소크라테스 선생님. 하지만 그런 말을 트라쉬마코스 선생과 수많은 다른 분한테서 귀가
d 아프도록 듣다 보니 저는 당황하지 않을 수 없네요. 정의가 불의보다 더 나은 것이라는, 정의를 위한 변론을 아직 어느 누구한테서도 제가 원하는 대로 들어본 적이 없으니 말이에요. 저는 정의가 그 자체 때문에 칭찬받는 것을 듣고 싶으며, 그런 칭찬의 말은 누구보다도 선생님한테서

들을 수 있을 것이라고 생각해요.

그래서 저는 올바르지 못한 삶을 칭찬하는 말을 장황하게 늘어놓을 것이며, 그럼으로써 선생님께서 어떤 식으로 불의를 비판하고 정의를 옹호하시는 것을 제가 듣고 싶어하는지 보여드릴게요. 제 제안이 선생님 마음에 드세요?"

"무엇보다도 마음에 드네" 하고 내가 말했네. "이것은 지각 있는 사람이라면 아무리 자주 말하고 들어도 물리지 않을 주제이니까 말일세." e

"참으로 아름다운 말씀이에요" 하고 그가 말했네. "그렇다면 제가 맨 먼저 말하겠다고 약속한 정의의 본성과 기원을 들어보세요. 사람들이 말하기를, 불의를 행하는 것은 그 본성상 좋은 일이고 불의를 당하는 것은 나쁜 일이지만, 불의를 당하는 쪽의 불이익이 불의를 행하는 쪽의 이익을 능가한답니다. 그래서 사람들은 불의를 행하기도 하고 불의를 당하기도 해보고는 불이익은 피할 수 없고 이익은 취할 수 없다는 것을 359a 알게 되자, 불의를 행하지도 않고 당하지도 않기로 서로 협정을 맺는 것이 자기들에게 이익이 된다고 생각한답니다. 그래서 사람들은 법을 제정하고 협정을 체결하기 시작하며 법으로 정해진 것을 '합법적이다' '올바르다'라고 표현하는데, 이것이 정의의 기원이자 본질[2]이랍니다. 이것은 불의를 행하고도 벌받지 않는 가장 바람직한 경우와 불의를 당하고도 보복하지 못하는 가장 바람직하지 못한 경우의 절충안인 셈이지요. b

---

2   ousia.

그래서 양극단의 절충안인 정의는 좋은 것으로 환영받는 것이 아니라, 우리에게 불의를 행할 능력이 없기에 상대적으로 존중받는 것이지요. 불의를 행할 수 있는 진정한 남자라면 어느 누구와도 불의를 행하거나 불의를 당하지 않기로 협정을 체결하지 않을 테니까요. 협정을 체결한다면 그는 정신 나간 사람이겠지요.

소크라테스 선생님, 이 이론에 따르면 이것이 정의의 본성이며, 이런 것들이 정의의 기원이랍니다.[3] 정의를 행하는 사람들이 불의를 행할 힘이 없어서 마지못해 정의를 행하는 것이라는 주장과 관련하여, 이런 주장이 사실이라는 것을 가장 쉽게 이해할 수 있는 방법은 이런 상황을 상정해보는 거예요. 말하자면 우리가 올바른 사람과 불의한 자에게 각각 그가 원하는 대로 할 수 있는 자유를 준 다음, 그들을 따라가며 각자의 욕구가 각자를 어디로 인도하는지 지켜본다고 가정해보세요. 우리는 올바른 사람이 탐욕에 이끌려 불의한 자와 똑같은 짓을 하는 경우 현행범으로 체포하게 될 텐데, 탐욕이 남의 요구도 존중하도록 법으로 제재받지 않는다면 본성적으로 누구나 다 좋은 것으로서 좇기 마련이니까요.

두 사람은 전에 뤼디아 왕 귀게스[4]의 선조에게 있었다는 능력이 주어진다면 아마도 제가 말하는 '원하는 대로 할 수 있는 자유'를 얻겠지요. 귀게스의 선조는 당시 뤼디아 왕에게 고용된 양치기였는데, 하루는 그가 양떼를 치던 곳에 큰비가 내리고 지진이 일어나더니 땅이 갈라졌답니다. 그는 그 광경에 놀라 땅이 갈라진 틈으로 내려갔답니다. 그리고 전설에 따르면, 그는 그곳에서 여러 가지 다른 놀라운 것들과 작은 창문이 나 있는 속이 빈 청동 말을 봤는데, 그 창문을 통해 들여다봤더니 그 안에 사람 크기보다 더 커 보이는 시신 한 구가 누워 있더랍니다. 그 시신은 몸에 아무것도 걸치지 않은 채 손가락에 금반지를 끼고 있었는데, 그는 이 금반지를 빼어 들고 밖으로 나왔답니다.

그 뒤 양떼에 관해 다달이 왕에게 보고하기 위한 통상적인 양치기 모임이 있을 때 그도 이 반지를 끼고 참석했대요. 그는 다른 사람들 사이에 앉아 있다가 우연히 반지의 보석을 손바닥 쪽으로 돌렸대요. 그러자 그는 동석한 사람들에게 보이지 않게 되어, 이들은 마치 그가 떠나고 없는 것처럼 말하기 시작하더랍니다. 깜짝 놀란 그는 반지를 만지작거리며 반지의 보석을 도로 바깥쪽으로 돌렸는데, 그러자마자 자신이 다시 보였답니다. 이런 사실을 알게 된 그는 과연 반지에 그런 힘이 있는지 알아보려고 실험했는데, 실제로 반지의 보석을 안쪽으로 돌리면 자기가 보이지 않고, 바깥쪽으로 돌리면 도로 보인다는 것을 알게 됐답니다. 이런 사실을 확인한 그는 즉시 왕에게 보고하러 가는 전령 가운데 한 명이 되도록 일을 꾸몄고, 왕궁 안으로 들어가자 왕비와 간통한 다음 왕비의 도움으로 왕을 공격해 살해하고 왕권을 장악했답니다.

그런 반지가 두 개 있어서 하나는 올바른 사람이, 다른 하나는 불의한 자가 꼈다고 가정해보세요. 사람들은 정의를 고집하여 남의 재물에

---

3   일종의 사회계약설이라고 할 수 있다.
4   여기 나오는 귀게스(Gyges)는 헤로도토스, 『역사』 1권 8~13장에 나오는 귀게스와는 다른 인물인 것 같다. 뤼디아(Lydia)는 소아시아 중서부 지방이다.

손대기를 삼갈 만큼 의지가 철석같은 사람은 아무도 없을 것이라고 생각할 거예요. 그는 시장에서 원하는 것이면 무엇이든 들키지 않고 훔칠 수 있고, 아무 집에나 들어가서 누구든 원하는 사람과 교합할 수 있고, 아무나 마음대로 죽이거나 감옥에서 풀어줄 수 있고, 인간들 사이의 모든 일에서 신처럼 행동할 수 있을 테니까요. 그렇게 행동한다면 올바른 사람과 불의한 자 사이에는 아무 차이도 없을 것이며, 두 사람은 같은 곳으로 갈 거예요.

이것이야말로 어떤 사람이 올바르다면 자진해서 그런 게 아니라 마지못해 그렇다는 강력한 증거라고 할 수 있겠지요. 정의가 개인에게 좋은 것이라고 생각하는 사람은 아무도 없으니까요. 그도 그럴 것이, 각자는 불의를 행할 수 있겠다 싶으면 어디서나 불의를 행하니까요. 개인에게는 불의가 정의보다 훨씬 더 이익이 된다고 누구나 다 그렇게 믿고 있답니다. 그리고 이런 견해를 지지하는 사람은 그렇게 믿는 것이 옳다고 여기지요. 우리가 앞서 말한 바 있는 자유가 주어졌는데도 불의한 짓을 하지 않거나 남의 재물에 손대지 않는 사람이 있다면, 그것을 본 사람들은 그를 가장 불쌍한 바보로 여길 테니까요. 물론 그들은 불의를 당할까 봐 두려워 서로 속이며 공개적으로는 그를 칭찬하겠지만 말이에요.

그런 주장에 대해서는 이쯤 해둘게요. 그러나 문제의 두 가지 삶 가운데 어느 쪽을 선택할 것이냐 하는 것과 관련해서는, 가장 올바른 사람과 가장 불의한 자를 대비해봐야 올바르게 판단할 수 있을 겁니다. 대비해보지 않으면 올바르게 판단할 수 없을 겁니다. 어떻게 대비하느냐고요? 다음과 같답니다. 우리는 불의한 자의 불의나 올바른 사람의 정의에서 조금도 감하지 말고, 저마다 자기 생활방식에서 완전하다고 가정합니다. 그럼 먼저 불의한 자부터 시작하지요. 우리는 불의한 자가 능숙한 전문가처럼 행동하게 만듭니다. 예컨대 정상급 선장이나 의사는 자기가 할 수 있는 것과 할 수 없는 것을 구별할 수 있기 때문에 할 수 있는 것은 시도하되 할 수 없는 것은 피하며, 게다가 실수를 하면 이를 바로잡을 수 있어요. 마찬가지로 불의한 자는 완벽하게 불의하려면 본격적으로 불의를 행하고도 들키지 않을 수 있어야 합니다. 붙잡히는 자는 무능한 자로 간주되어야 합니다. 불의의 극치는 올바르지 않으면서 올바른 것처럼 보이는 것이니까요.

361a

따라서 우리는 완벽하게 불의한 자에게 완벽한 불의를 부여하되 거기에서 조금도 감하지 말고, 그가 가장 불의한 짓을 저지르면서도 누구 못지않게 올바르다는 평을 듣게 할 수 있어야 합니다. 또한 그는 실수를 범하면 이를 바로잡을 수 있고, 자신의 불의가 발각되면 언변으로 사람들을 설득할 수 있으며, 폭력이 필요하면 용기나 힘이나 친구의 지원이나 재물을 동원해서 폭력을 휘두를 준비가 돼 있어야 합니다. 우리는 불의한 자를 이런 사람으로 가정하고, 순진하고 고상하며 아이스퀼로스의 말처럼 훌륭한 사람처럼 보이기를 원하는 것이 아니라 훌륭한 사람이기를 원하는[5] 가상의 올바른 사람을 그의 옆에 세워야 합니다.

b

---

5   아이스퀼로스(Aischylos), 『테바이를 공격한 일곱 장수』(*Hepta epi Thebas*) 592행 참조. 아이스퀼로스는 그리스 3대 비극 작가 중 한 명이며, 『아가멤논』(*Agamemnon*), 『제주를 바치는 여인들』(*Choephoroi*) 등 7편의 작품이 남아 있다.

c   우리는 그에게서 '그렇게 보이는 것'은 떼어내야 합니다. 그가 올바른 사람처럼 보인다면, 올바른 사람처럼 보임으로써 여러 명예와 선물이 그에게 주어질 터인데, 그렇게 되면 그가 올바른 까닭이 정의 때문인지, 선물이나 명예 때문인지 분명하지 않을 테니까요. 그래서 우리는 그에게서 정의 외에는 모든 것을 벗기고, 앞서 말한 불의한 자와는 정반대되는 상황에 놓이게 만들어야 합니다. 그는 불의를 행하지 않더라도 가장 불의하다는 평을 들어야 합니다. 그가 나쁜 평판과 그것에 따르는 결과에도 끄떡조차 않는지 봄으로써 우리가 그의 정의의 순수성을 시험할

d   수 있도록 말이에요. 우리는 그가 사실은 올바른 사람이면서 불의한 자처럼 보이는 이런 삶을 죽을 때까지 변함없이 살게 해야 합니다. 그렇게 두 사람이 극단으로 치달으면 우리는 올바른 사람과 불의한 자 가운데 어느 쪽이 더 행복한지 판단할 수 있을 테니까요."

그래서 내가 말했네. "여보게 글라우콘, 정말 놀랍구먼. 자네는 있는 힘을 다해 두 경쟁자를 우리가 판단하기 좋게 조각가처럼 깨끗이 깎아내는군그래."

"최선을 다했어요" 하고 그가 말했네. "두 사람의 성격이 그렇다면, 어떤 종류의 삶이 그들 각자를 기다리고 있는지 기술하기란 어렵지 않

e   을 것 같아요. 제가 말할게요. 소크라테스 선생님, 제 표현이 좀 거칠더라도 제가 말하는 것이 아니라, 정의보다 불의를 더 칭찬하는 자들이 하는 말로 생각해주세요.

그들은 말할 거예요. 올바른 사람이 그런 성격의 소유자라면 태형을

362a   당하고 고문을 당하고 투옥당하고 두 눈이 불에 지져지다가 온갖 고통

을 당한 뒤 마지막에는 책형을 당할 것이며, 그제야 우리가 추구해야 할 것은 올바른 것이 아니라 올바른 것처럼 보이는 것이라는 사실을 알게 되리라고 말이에요. 그러니 제가 앞서 인용한 아이스퀼로스의 말은 더 정확히는 올바른 사람이 아니라 불의한 자에게 적용되는 셈이지요. 불의를 옹호하는 자들에 따르면, 불의한 자는 가상 세계가 아니라 현실 세계에 사는 만큼 사실은 불의한 것처럼 보이는 것이 아니라 불의한 자이기를 원할 테니까요.

> 마음의 깊숙한 밭고랑으로부터
> 그곳에서 싹트는 유익한 계획을 거둬들이면서.[6]

b

그들에 따르면, 그는 올바른 것처럼 보이기에 첫째, 국가를 통치하게 될 것이고, 둘째, 자기가 원하는 집안과 결혼하고, 자식들을 자기가 원하는 사람들과 결혼시키고, 자기가 원하는 사람들과 거래할 수 있어요. 무엇보다도 그는 아무 거리낌없이 불의를 저지르기에 힘들이지 않고 이득을 본답니다. 그래서 모든 공적 또는 사적 경쟁에서 이겨 경쟁자를 제압한 그는 부자가 되어 친구를 도와주고 적을 해코지할 수 있어요. 또한 그는 신들에게 제물과 봉헌물도 더 대규모로 바치며, 신들과 자기가 원하는 사람들을 올바른 사람보다 훨씬 더 잘 섬길 수 있어요. 그래서

c

---

6 『테바이를 공격한 일곱 장수』 593~594행.

사람들은 그가 올바른 사람보다 신들의 사랑을 더 받는 것이 당연하다고 여기지요.

소크라테스 선생님, 그들의 주장에 따르면, 그래서 신들과 인간은 올바른 사람보다는 불의한 자에게 더 나은 삶을 제공한답니다."

d 글라우콘이 말을 마쳤을 때 내가 대답하려 했으나 그의 형 아데이만토스가 끼어들었네. "소크라테스 선생님, 선생님께서는 설마 이 주제가 충분히 논의되었다고 생각하시는 것은 아니겠지요?"

"왜 아니라는 거지?" 하고 내가 물었네.

"가장 중요한 부분이 언급되지 않았기 때문이지요" 하고 그가 대답했네.

그래서 내가 말했네. "피는 물보다 진하다는 말도 있지 않은가. 그러니 글라우콘이 빠뜨린 게 있으면 자네가 보완해주게. 하지만 나는 글라우콘이 한 말에 이미 나가떨어져서, 정의를 구원할 여력이 없다네."

e

"당찮은 말씀!" 하고 그가 말했네. "제 말을 마저 들어주세요. 제가 글라우콘의 논지라고 생각하는 바를 더 분명히 하기 위해, 우리는 그의 견해와 반대되는, 그러니까 정의를 찬양하고 불의를 비난하는 견해도 363a 검토해봐야 해요. 누군가를 돌보는 사람들이 다 그러하듯 아버지들은 아들들에게 올바른 사람이 되어야 한다고 충고하는데, 이는 정의 자체를 높이 평가해서가 아니라 정의가 가져다주는 좋은 평판을 높이 사기 때문이니까요. 그들의 주장에 따르면, 그들이 올바른 것처럼 보이면 그러한 평판은 자신들에게 관직과 혼인과 그 밖에 글라우콘이 열거한 온갖 혜택을 안겨주는데, 이런 것들은 좋은 평판에 따라 올바른 사람에게 주어지는 것이랍니다. 그들이 말하는 좋은 평판의 결과는 그게 다가 아니랍니다. 그들에 따르면, 사람이 신들에게 잘 보이면 신들께서는 경건한 사람에게 좋은 것을 아낌없이 선물한다고 합니다. 고매한 헤시오도스[7]와 호메로스도 그렇게 말하고 있답니다. 헤시오도스에 따르면 신들께서는 올바른 사람을 위해 참나무의 '바깥쪽에는 상수리가 열리게 하고, 줄기에는 꿀벌 떼가 들어 있게 하고, 또한 그들의 털북숭이 양떼는 양털을 잔뜩 지게'[8] 하며, 그 밖에도 그런 혜택이 많대요. 호메로스도 이와 비슷한 말을 하고 있답니다.

b

> 신을 두려워하며 법을 준수하는 나무랄 데 없는
> 왕의 경우처럼 말이오. 검은 대지가 그 왕에게 밀과 보리를
> 넉넉히 가져다주고 나무는 열매로 휘어지고 작은 가축은
> 어김없이 새끼를 낳고 바다는 많은 물고기를 베푼다네.[9]

c

무사이오스[10]와 그의 아들은 신들께서 올바른 사람에게 더 멋진 선물을 주신다고 주장해요. 그들이 전하는 바에 따르면, 신들께서는 올

---

7 Hesiodos. 기원전 700년경에 활동한 그리스의 서사시인이며, 작품으로 『신들의 계보』(Theogonia), 『일과 날』(Erga kai hemerai) 등이 남아 있다.
8 『일과 날』 232~234행.
9 『오뒷세이아』 19권 109~113행. 110행은 생략되었다.
10 Mousaios. 그리스의 전설적 가인으로 '그의 아들'이란 여기서 엘레우시스(Eleusis) 비의(秘儀)의 창시자인 에우몰포스(Eumolpos)를 가리킨다.

바른 사람을 저승으로 인도하여 긴 의자에 반쯤 기대게 한 다음[11] 경건
한 사람을 위한 술잔치를 베풀고는 머리에 화관을 쓰고 언제까지나 술
에 취해서 세월을 보내게 하시는데, 이는 밤낮없이 계속 술 취해 있는
것이 미덕에 가장 아름답게 보답하는 것이라고 여기시기 때문이지요.
그런가 하면 어떤 이들은 신들께서 주시는 보답을 더 늘려, 맹세를 지키
는 경건한 사람은 자식에게서 또 자식이 태어나 대(代)가 끊기는 법이
없다고 주장해요.

　그들은 이런 종류의 이점이 있다고 정의를 찬양하지요. 그러나 신들
은 불경하고 불의한 자를 저승의 진창 같은 곳에 묻히게 하거나 체로 물
을 길어 나르게 하고,[12] 살아 있는 동안에는 악평을 듣게 만들며, 글라
우콘이 불의한 자로 보이는 올바른 사람이 받는다고 열거한 온갖 벌을
받게 만들지요. 그리고 그것들은 그들이 생각해낼 수 있는 벌의 전부
예요.

　이상이 올바른 사람과 불의한 자에 대한 그들의 칭찬과 비난이랍니
다. 소크라테스 선생님, 그 밖에도 선생님께서는 일상의 대화나 시(詩)
에서 마주칠 수 있는 정의와 불의에 대한 논의도 염두에 두세요. 사람
들은 이구동성으로 절제와 정의는 아름다운 것이라고 찬양하면서도
실행하기 어렵고 수고롭다고 여기는 반면, 방종과 불의는 즐겁고 쉽게
좇을 수 있지만 세평과 관습에서만은 수치스럽다고 여긴답니다. 사람
들은 불의한 행위가 올바른 행위보다 대개 더 이익이 된다고 말하며, 사
악한 자들이 재산이 많고 권세가 등등하면 행복하다고 기꺼이 기리면
서 공적으로나 사적으로나 경의를 표해요. 그런가 하면 사람들은 무력

하고 가난한 사람들은 경멸하고 무시해요. 이들이 사악한 자들보다 더 낫다는 것을 인정하면서도 말이에요.

그러나 이와 관련하여 가장 놀라운 것은 인간의 미덕을 대하는 신들의 태도에 관한 이야기들이에요. 그 이야기들에 따르면, 신들께서는 많은 훌륭한 사람에게 불행과 비참한 삶을 배정하시지만, 사악한 자에게는 그와 반대되는 운명을 배정하신대요. 떠돌이 사제나 점쟁이는 부잣집 문을 두드리며, 자기들은 제물을 바치고 주문을 외운 덕분에 신들에게서 신통력을 받았는데, 그 집 부자나 그의 조상이 잘못을 저지른 적이 있으면 연회의 즐거움을 이용해 바로잡을 수 있다고 설득하지요. 그리고 그 집 부자가 적을 해코지하고 싶어하면 그들은 얼마 안 되는 보수를 받고 그 적이 올바른 사람이건 불의한 자이건 주술과 방자로 해코지할 수 있다고 설득해요. 이는 그들이 신들을 마음대로 부릴 수 있다는 뜻이 아니고 무엇이겠어요? 이 모든 주장을 뒷받침하기 위해 그들은 시인을 끌어대지요. 어떤 사람들은 악덕은 행하기 쉽다는 것을 입증하기 위해 헤시오도스를 인용해요.

c

> 나쁜 것은 힘들이지 않고 무더기로 얻을 수 있소.
> 길은 평탄하고, 그것은 아주 가까이 살기 때문이오.
> 그러나 미덕 앞에는 신들께서 땀을 가져다 놓으셨소.[13]

d

---

11 고대 그리스인들은 잔치 때 긴 의자에 반쯤 기대앉아 술을 마셨다.
12 첫날밤에 남편들을 살해한 다나오스(Danaos)의 딸들처럼 길어 나른다는 말이다.

그것은 멀고 험하고 가파른 길이에요. 어떤 사람들은 인간들이 신들의 마음을 돌릴 수 있다는 증거로 호메로스를 인용합니다. 그는 이렇게 말했으니까요.

e
…… 더 위대한 신들의 마음도 돌릴 수 있는 법이오.
그래서 사람들이 죄를 짓거나 잘못을 저질렀을 때는
분향과 경건한 서약과 제물 바치는 구수한 냄새에 의해
기도로써 신들의 마음을 돌릴 수 있는 것이라오.[14]

365a
또한 그들은 셀레네[15] 여신과 무사 여신들[16]의 자손들이라는 무사이오스와 오르페우스[17]가 제물 바치는 의식에 관해서 쓴 책들을 무더기로 제시하며, 제물과 즐거운 놀이가 산 사람도 죽은 사람도 죄를 용서하고 정화해줄 수 있다고 개인뿐 아니라 도시를 설득한다고 합니다. 그들은 이 즐거운 놀이를 입교 의식이라 부르며 이것이 우리를 저승의 고통에서 해방시킨다고, 하지만 제물을 바치지 않는 자에게는 끔찍한 일이 기다리고 있다고 주장해요."

"존경하는 소크라테스 선생님!" 하고 그가 말을 이었네. "미덕과 악덕에 관한 이런 모든 이야기와 신들과 인간이 이런 이야기들을 어떻게 평가하는지 들었을 때, 선생님께서는 젊은이들의 혼이 어떻게 반응하리라고 생각하세요? 훌륭한 재능을 타고나, 말하자면 이런 이야기들을 하나씩 스쳐지나가며 가장 훌륭한 삶을 살기 위해서는 어떤 사람이어야 하고 어떤 길을 가야 하는지 정보를 수집할 능력이 있는 젊은이들 말
b

입니다. 어떤 젊은이는 마치 핀다로스처럼 스스로 묻겠지요. '〈나는 높은 성벽에 어떻게 오르지? 정의가 도움이 될까? 아니면 기만이 도움이 될까?〉 그렇게 해서라도 〈성채 안에서 안전하게 살아갈까?〉[18] 시인들의 말에 따르면, 아무리 내가 올바르다 해도 올바른 자로 보이지 않는다면 그것은 아무 소용도 없고 고통과 형벌만 안겨줄 것이 뻔해. 반면 내가 불의해도 올바르다는 명성을 얻으면 내게는 신과 같은 삶이 약속되어 있어. 현자들이 이렇듯 〈외관이 실체를 압도하며〉[19] 행복을 좌지우지한다고 내게 지적해주니, 나는 전적으로 외관을 추구해야지. 그래서 나는 내 앞쪽과 바깥쪽에는 미덕의 환영을 그리고 다니되, 뒤쪽에는 현명한 아르킬로코스의 〈영리하고〉[20] 교활한 여우를 끌고 다녀야 해.'

그러나 누군가 이의를 제기하겠지요. '사악하면서도 들키지 않기란 쉽지 않지요.' 그러면 우리는 말하겠지요. '큰일치고 쉬운 것은 없어요. 하지만 우리가 행복해지려면 우리의 논의가 가리키는 길을 가야 하오. 들키지 않기 위해서라면 우리는 비밀결사나 압력단체를 결성할 수 있

---

13 『일과 날』 287~289행.
14 『일리아스』 9권 497~501행. 498행은 빠져 있다.
15 Selene. 달의 여신.
16 무사(Mousa 복수형 Mousai)는 시가(詩歌)의 여신이다.
17 Orpheus. 트라케(Thraike) 출신의 전설적 가인으로, 그가 악기를 연주하면 야수들도 유순해졌다고 한다.
18 핀다로스, 단편 201 (Race). 원전을 조금 고치기도 하고 조금 덧붙이기도 한 것이다.
19 시모니데스, 단편 598 (Campbell).
20 아르킬로코스(Archilochos), 단편 185 (Gerber).

을 것이며, 돈을 받고 집회와 법정에서 연설하는 기술을 우리에게 가르쳐줄 설득의 교사들이 있을 것이오. 그들의 도움을 받아 우리는 때로는 설득으로, 때로는 폭력으로 남을 제압하고도 벌받지 않을 것이오.'

'그러나 신들을 속이거나 신들에게 폭력을 쓴다는 것은 불가능해요.'

'그렇지만 신들이 존재하지 않거나, 신들이 인간사에 전혀 관심이 없다면, 우리가 숨기려고 할 이유가 어디 있겠소? 설령 신들이 존재하고 인간에게 관심이 있다 해도, 신들에 관한 우리의 지식은 바로 우리가 전해 들었던 것이나 전승이나 신들의 계보를 제공하는 시인들에게서 비롯된 것이오. 그런데 이 시인들의 말에 따르면, 우리는 〈분향과 경건한 서약〉[21]과 봉헌물로써 신들의 마음을 돌릴 수 있다고 하오. 우리는 양쪽 주장을 다 믿거나 어느 쪽 주장도 믿지 말아야 하오. 그리고 양쪽 주장을 다 믿는다면, 불의를 행하고 불의한 짓을 해서 생긴 소득으로 제물을 바치는 것이 상책이라오. 우리가 올바르다면 신들에게 벌을 받지는 않겠지만 불의로 인한 이득을 놓치게 될 것이고, 우리가 불의하다면 이익을 챙길뿐더러 설령 죄를 짓고 나쁜 짓을 저지르더라도 탄원하면 신들의 마음을 움직여 벌받지 않고 넘어갈 수 있을 테니까요.'

'하지만 우리가 이승에서 불의한 짓을 저지르면 우리 자신이나 우리 자식들의 자식들이 저승에 가서 벌받을 걸.' 그러면 그 젊은이는 심사숙고 끝에 말하겠지요. '이것 보세요, 입교 의식과 사면해주시는 신들에게는 강력한 힘이 있어요. 가장 큰 국가도 그렇게 말하고 있고, 신들의 자녀로 시인이 되고 신들의 대변자가 된 사람도 그렇다고 확언하고 있어요.'

그러면 우리가 가장 완벽한 불의보다 정의를 택할 이유가 어디 있을까요? 우리가 불의를 행하더라도 존경스럽게만 처신하면 살아서나 죽어서나 신들과 인간을 마음대로 부릴 수 있다는 것이 대중과 전문가의 의견이라면 말이에요. 앞서 언급한 이 모든 점으로 미루어, 소크라테스 선생님, 지적 능력과 체력이 뛰어난 부유한 명문가 출신이라면 누가 정의를 칭찬하는 말을 듣고도 웃지 않고 정의를 존중하려 하겠어요? 설령 누가 우리가 한 말이 거짓말이라고 증명하고 정의가 가장 훌륭한 것이라고 확신하더라도 그는 분명 불의한 자에게 성내기보다는 용서해주고 싶은 마음이 더 들 거예요. 그는 신적인 성품을 타고나 불의를 행하기를 싫어하거나 깨달은 바 있어 불의를 행하기를 삼가는 사람들 말고는 아무도 자진하여 올바른 것이 아니라, 용기가 없거나 늙었거나 또 다른 약점 때문에 불의를 행할 수가 없어 불의를 행하는 것을 비난한다는 것을 알고 있으니까요. 그건 불을 보듯 뻔해요. 그런 사람들은 권력을 쥐자마자 당장 최대한 불의를 행할 테니까요.

소크라테스 선생님, 이 모든 것의 원인은 바로 우리 두 형제와 선생님 사이의 긴 토론의 출발점이 되었던 이런 주장이랍니다. '선생님, 어록을 남긴 옛날 영웅부터 요즘 사람에 이르기까지 정의는 찬양받아 마땅하다고 주장하는 여러분 모두 가운데 어느 누구도 평판이나 명예나 거기에서 생기는 선물을 떠나 불의를 비난하거나 정의를 찬양한 적은 없어

---

21 『일리아스』 9권 499행.

요. 정의와 불의 자체가 각각 어떤 것이며, 그것들이 주어졌을 때 신들과 인간 모르게 사람의 마음에 어떤 영향을 끼치는지 시(詩)에서도 사적인 토론에서도 충분히 설명되지 않았어요. 불의가 혼 안에 깃들 수 있는 가장 큰 악이며, 정의가 가장 큰 선(善)이라는 것은 입증되지 않았다는 말이지요. 여러분이 모두 처음부터 그렇게 말하고 우리가 젊었을 때부터 그렇게 설득했더라면, 우리는 불의를 저지르지 못하게 서로 감시할 필요가 없었을 것이며, 불의를 행함으로써 가장 큰 악과 동거하게 될까 두려워서 각자가 자신의 가장 훌륭한 감시자가 되었겠지요.'

367a

소크라테스 선생님, 트라쉬마코스와 다른 사람들은 정의와 불의에 관해 이런 말이나 이와 비슷한 말을 더 할 수 있겠지요. 제가 보기에 그들은 그것들의 의미를 부당하게 왜곡하는 것 같아요. 그러나 저는 솔직히 말해 선생님한테서 그와 반대되는 주장을 듣고 싶어 되도록 자상하게 말씀드렸어요. 그러니 선생님께서는 우리에게 정의가 불의보다 더 낫다는 것만 증명하실 것이 아니라, 정의와 불의가 그 소유자에게 어떤 영향을 주기에 그중 하나는 그 자체로 나쁜 것이고, 다른 하나는 그 자체로 좋은 것인지 설명해주세요. 그러나 글라우콘이 요청한 대로 그것들에 대한 평판은 제외해주세요. 선생님께서 정의와 불의에서 진짜 평판은 제거하고 가짜 평판을 덧붙이는 한, 우리는 선생님께서 올바른 것이 아니라 올바른 것처럼 보이는 것을 칭찬하시고, 불의한 것이 아니라 불의한 것처럼 보이는 것을 비난함으로써 누군가 몰래 불의를 행하도록 격려하시는 것이라고, 또한 선생님께서 정의는 남한테 좋은 것, 즉 강자에게 유익한 것이고, 불의는 자신에게 유익하고 이익이 되지만 약자에

b

c

게는 유익하지 않다는 트라쉬마코스의 주장에 동의하시는 것으로 받아들이게 될 테니까요.

선생님께서는 정의가 그 결과뿐 아니라 그에 못지않게 그 본성 때문에라도 소유할 가치가 있는 최고선의 하나라는 데 동의하시며, 시력, 청력, 지성, 건강 외에도 명성을 가져다주기 때문이 아니라 본성상 우리에게 유익한 다른 자질을 모두 이에 포함시켰어요. 그러니 선생님께서는 정의를 찬양하시되 정의 자체가 그 소유자에게 어떻게 이롭고 불의는 그 소유자에게 어떻게 해로운지 설명해주시고, 그 대가나 평판을 찬양하는 일은 다른 사람에게 맡기세요. 저는 다른 사람들이 그런 식으로 정의와 불의가 가져다주는 대가와 평판을 찬미하거나 폄하함으로써 그런 식으로 정의를 칭찬하고 불의를 비난한다면 받아들일 용의가 있어요. 그러나 선생님께서 그러신다면 저는 받아들이지 않을 겁니다. 받아들이라고 선생님께서 명령하시지 않는 한 말이에요. 선생님께서는 바로 이 문제를 고찰하면서 평생을 보내셨으니까요. 그러니 선생님께서는 우리에게 정의가 불의보다 더 낫다는 것을 논증해주시는 데 그치지 말고, 정의와 불의가 신들과 인간이 알든 모르든 각각 그 소유자에게 그 자체로 어떤 영향을 주기에 한쪽은 좋은 것이고 다른 쪽은 나쁜 것인지 설명해주세요."

나는 평소에도 늘 글라우콘과 아데이만토스의 자질에 감탄을 금하지 못했지만 이번에 그들한테서 이런 말을 듣고 보니 하도 기뻐서 이렇게 말했네. "자네들이 메가라 전투에서 무공을 세웠을 때, 글라우콘의 연인[22]이 자네들을 기리기 위해 다음과 같은 시행으로 운을 떼기 시작한 것은 옳았네.

아리스톤의 아들들이여, 유명 인사에게서 태어난 신과 같은 자손들이여.

여보게들, 잘 맞는 찬사인 것 같네. 불의를 그토록 강력하게 옹호하면서도 여전히 정의가 불의보다 더 낫다고 확신하다니, 자네들이야말로 어떤 신적인 기질을 타고났음이 틀림없기 때문일세. 물론 나도 자네들이 그렇게 믿고 있지는 않다고 확신하네. 자네들의 평소 성격으로 미루어 나는 그렇게 판단하네. 자네들이 실제로 한 말은 좀 미심쩍지만 말일세. 그러나 나는 그렇게 확신할수록 어떻게 해야 할지 그만큼 더 난감하다네. 나는 정의를 구원할 수 없네. 내게는 그럴 능력이 없으니까. 그 증거로, 나는 정의가 불의보다 더 나은 것이라고 트라쉬마코스에게 증명했다고 생각했건만 자네들은 이를 받아들이기를 거부했으니 말일세. 그렇다고 정의를 구원하지 않을 수도 없네. 정의가 모함을 받는데, 아직 숨을 쉬고 말을 할 수 있으면서도 수수방관하며 정의를 구원하기를 거부한다는 것은 불경한 짓이 아닐까 두렵기 때문이네. 그러니 나로서는 있는 힘을 다해 정의를 구원하는 것이 상책일세."

글라우콘과 그 밖의 다른 사람은 온갖 방법을 동원하여 정의를 구원하고 논의를 포기하지 말라고 간청하면서, 정의와 불의가 무엇이며 이 양자가 가져다주는 실제 이익이 무엇인지 면밀히 고찰해주기를 원했네. 그래서 나는 마음에 품은 생각을 말했네. "우리가 탐구하려는 것은 사소한 일이 아니라, 내가 보기에 날카로운 시력이 필요할 것 같네. 그런데 우리는 전문가가 아니므로 이렇게 탐구하는 편이 더 나을 듯하네. 우리는 시력이 좋지 않은데도 멀리 떨어진 곳에서 작은 글자를 읽도록 지시받았는데, 우리 가운데 한 사람이 똑같은 글자가 어딘가 다른 곳에 더 큰 글자체로 더 넓은 공간에 쓰인 것을 발견했다고 가정해보세. 우리는 아마도 먼저 큰 글자를 읽고 나서 같은 내용인지 확인하기 위해 큰 글자를 작은 글자와 비교할 수 있게 된 것을 다행으로 여길 것이네."

"당연하지요" 하고 아데이만토스가 말했네. "하지만 소크라테스 선생님, 그게 정의에 관한 우리의 탐구와 무슨 관계가 있다고 보시는 건가요?"

"내가 말하겠네. 우리는 정의가 개인의 일이자 국가 전체의 일이라고 말하겠지?" 하고 내가 말했네.

"물론이지요" 하고 그가 말했네.

"국가는 개인보다 더 크겠지?"

"더 크지요" 하고 그가 말했네.

"그렇다면 아마도 정의는 더 큰 것 안에 더 큰 규모로 존재할 것이며, 그만큼 더 알아보기 쉬울 걸세. 그래서 자네들만 좋다면, 나는 먼저 국가에서 정의가 무엇인지 고찰하겠네. 그런 다음 개인에게로 나아가 더 작은 것에서도 큰 것에서 발견한 것과 비슷한 것을 발견할 수 있는지 살

---

22 글라우콘을 사랑한 동성애자가 누구인지는 확실하지 않다.

펴볼 것이네."

"좋은 말씀 같아요" 하고 그가 말했네.

그래서 내가 말했네. "국가가 생성된 과정을 이론적으로 고찰하면, 우리는 국가 안에서 정의와 불의가 어떻게 생성되었는지도 볼 수 있겠지?"

"그렇겠지요."

b "그렇다면 우리가 구하는 바를 더 쉽게 찾을 수 있을 것으로 기대해도 되겠지?"

"훨씬 쉽겠지요."

"자네들은 그런 일을 시도해봐야 한다는 데 동의하는가? 내 생각에, 그것은 결코 사소한 일이 아닐세. 심사숙고들 해보게!"

"벌써 심사숙고해봤어요" 하고 아데이만토스가 말했네. "그러니 계획대로 진행하세요."

내가 말했네. "정 그렇다면 내 생각에, 국가가 형성되는 것은 우리 각자가 자족하지 못해 다른 사람들을 많이 필요로 하기 때문인 것 같네. 아니면 자네는 국가가 다른 이유로 형성되기 시작한다고 생각하는가?"

"아니요" 하고 그가 대답했네.

c "우리는 여러 필요를 충족하기 위해 여러 사람과 어울리네. 그리고 우리는 필요한 것이 많기 때문에 우리를 도와줄 많은 협력자와 한곳에 모여 사는데, 이렇게 모여 사는 곳에 우리는 국가라는 이름을 붙였네. 그렇지 않은가?"

"물론 그렇지요."

"그리고 그곳에서 상호 교환이 이루어진다면, 상호 교환하는 사람들은 그렇게 하는 것이 자기에게 더 낫다고 여기기 때문이겠지?"

"물론이지요."

그래서 내가 말했네. "그렇다면 자, 처음부터 시작해서 가상의 국가를 세워보세. 국가는 분명 우리 필요의 산물이네."

"왜 아니겠어요?"

"그런데 필요 중에서 으뜸가는 가장 중요한 것은 생명을 유지하기 위해 먹거리를 마련하는 것이네."

"그렇고말고요."

"두 번째로 중요한 것은 주거를 마련하는 것이고, 세 번째로 중요한 것은 의복 따위를 마련하는 것일세."

"네, 그래요."

그래서 내가 말했네. "우리 국가는 이런 요구 사항을 어떻게 충족할 수 있을까? 그러자면 농부 한 명, 집 짓는 목수 한 명, 직조공 한 명이 필요하겠지? 거기에다 제화공 한 명과 신체적 필요를 충족시켜줄 사람을 또 한 명 추가할까?"

"물론 그래야겠지요."

"그러면 국가에는 최소한 네댓 사람이 필요하네."

"그런 것 같아요."

"어떤가? 이들은 저마다 모두를 위해 자신의 노동을 제공해야 하는가? 예컨대, 농부는 네 사람 모두에게 먹을거리를 제공해야 하는가? 농부는 먹을거리를 제공하기 위해 네 배의 시간과 네 배의 노력을 들인 다음 그 결실을 다른 사람들과 나누어 가질 것인가? 아니면 다른 사람들은 아랑곳하지 않고 자기 시간의 4분의 1을 들여 먹을거리를 4분의 1만 생산하고, 나머지 자기 시간 4분의 3 중에서 4분의 1은 손수 집 짓는 데, 4분의 1은 옷 짓는 데, 4분의 1은 신 만드는 데 써야 할 것인가? 바꿔 말해 농부는 다른 사람들과 나누어 갖는 수고를 아끼고, 자기 노력으로 자기 필요를 충족해야 하는가?"

그러자 아데이만토스가 대답했네. "소크라테스 선생님, 아마도 후자보다는 전자가 더 수월하겠지요."

그래서 내가 말했네. "제우스에 맹세코, 조금도 이상할 것 없네. 자네가 그렇게 말하는 동안 나는 먼저 우리 각자는 비슷한 사람으로 태어나지 않아 적성이 서로 다른 만큼 A는 이 일에 맞고 B는 저 일에 맞는다는 생각이 떠올랐으니 말일세. 자네는 그렇게 생각하지 않는가?"

"저는 그렇게 생각해요."

"어떤가? 어느 쪽이 성공할 가능성이 더 높을까? 한 사람이 여러 직업에 종사할 때일까, 아니면 한 가지 직업에만 종사할 때일까?"

"한 가지 직업에 종사할 때겠지요" 하고 그가 말했네.

"또 한 가지 분명한 사실이 있는 것 같네. 적기(適期)를 놓치면 일을 망친다는 것 말일세."

"분명하다마다요."

"이는 수행해야 할 과제가 그것을 수행하는 사람에게 여가 시간이 나기를 기다려주지 않기 때문이네. 따라서 과제를 수행하는 사람은 거기에 전력을 기울여야지 그것을 취미 활동으로 여겨서는 안 되네."

"당연하지요."

"이로 미루어 더 좋은 제품이 더 많이 더 쉽게 생산되는 것은, 한 사람이 다른 일은 제쳐두고 자기 적성에 맞는 한 가지 일을 적기에 할 때 일세."

"그렇고말고요."

"아데이만토스, 그렇다면 우리가 앞서 말한 필요를 충족시키기 위해서는 네 명보다 더 많은 시민이 필요할 것이네. 농부는 쟁기도 괭이도 그 밖의 다른 농기구도 제 손으로 만들지 않을 테니까. 그것이 제대로 만들어지려면 말일세. 역시 많은 연장이 필요한 집 짓는 목수도 그 연장을 손수 만들지 않을 것이며, 그 점은 직조공과 제화공도 마찬가지라네."

d

"옳은 말씀이에요."

"그래서 목수와 대장장이와 그런 부류의 수많은 일꾼이 우리의 작은 국가에 합류하여 그곳의 인구수를 늘릴 것이네."

"물론이지요."

"그럼에도 그곳은 여전히 그리 크지는 않을 것이네. 설령 농부에게 쟁기질할 소를 대주고, 집 짓는 목수와 농부에게 자재를 운반할 짐 나르는 가축을 대주고, 직조공과 제화공에게 양모와 가죽을 대주기 위해 우리가 그들에게 소 치는 목자와 양치기와 또 다른 목자를 추가한다 해도 말일세."

e

"크지는 않겠지요. 그러나 그 사람들을 다 수용하자면 분명 작은 국가는 아닐 거예요" 하고 그가 말했네.

그래서 내가 말했네. "게다가 수입할 필요가 없는 곳에 국가를 세운다는 것은 사실상 불가능할 걸세."

"불가능하고말고요."

"그렇다면 필요한 물건을 외국에서 들여오기 위해 더 많은 사람이 필요할 것이네."

"필요하겠지요."

371a "그런데 우리의 대리인이 우리에게 필요한 것을 대줄 사람한테 필요한 것을 가져가지 않고 빈손으로 간다면, 빈손으로 돌아올 것이네. 그렇지 않은가?"

"저는 그렇다고 생각해요."

"그러니 우리는 국내에서 우리 자신의 수요를 충족시킬 만큼 충분히 생산해야 할 뿐만 아니라 우리에게 물건을 대주는 외국인에게 필요한 것까지 충분히 생산해야 하네."

"그래야겠지요."

"따라서 우리 나라에는 농부와 다른 일꾼이 더 많이 필요하네."

"더 많이 필요하지요."

"물론 모든 수출입 업무를 관장할 대리인도 더 필요할 테고. 이들이 무역상일세. 그렇지 않은가?"

"그래요."

"그러니 우리에게는 무역상도 필요할 것이네."

"물론이지요."

b "그리고 우리의 무역이 바닷길을 통해 이루어진다면, 그 밖에도 항해

와 관련된 전문가가 많이 필요할 걸세."

"많이 필요하고말고요."

"국내 교역은 어떤가? 각자는 자신이 생산한 것을 어떻게 서로 교환할 것인가? 우리가 국가라는 공동체를 세운 것은 그런 상호 교환을 위해서였네."

"분명 사고팖으로써 서로 교환하겠지요" 하고 그가 말했네.

"그러면 장이 서고 교환의 매개물인 화폐가 생기겠지?"

"물론이지요."

"그런데 농부나 그 밖의 다른 생산자가 손수 생산한 것 가운데 일부를 시장에 내가더라도 그와 물건을 교환하고자 하는 사람이 아무도 없을 때 시장에 도착한다면, 자기가 하는 일을 내팽개치고 하릴없이 시장에 앉아 있을까?"

"그렇지 않아요" 하고 그가 말했네. "이런 경우를 눈여겨보다가 심부름을 자청하는 사람들이 있는데, 이들은 제대로 다스려지고 있는 국가에서는 대개 다른 일에는 쓸모없는, 몸이 가장 허약한 자들이지요. 그들이 하는 일이란 시장 주변에 머무르면서 팔기를 원하는 사람한테는 돈을 주고 물건을 사고, 사기를 원하는 사람에게는 돈을 받고 물건을 파는 것이지요."

그래서 내가 말했네. "이런 필요를 충족시키기 위해 우리 나라에 소매상이 생겨나네. 아니면 우리는 시장에 앉아 사고파는 일을 하는 사람을 소매상이라고 부르지 않는가? 외국을 여기저기 돌아다니는 사람은 무역상이라 부르고."

"물론 그렇게 부르지요."

e "생각건대 우리를 위해 봉사하는 또 다른 집단이 있는데, 이들은 공동체에 기여할 수 있는 지적 능력은 별로 없지만 육체노동에 적합한 체력을 소유하고 있다네. 체력을 제공하고 받는 대가를 임금이라고 하는 만큼 이들은 임금노동자라고 불리네. 그렇지 않은가?"

"[당연히] 그렇지요."

"임금노동자를 끝으로 우리 나라는 충원이 완료된 것 같지?"

"저는 그렇다고 생각해요."

"그러면 아데이만토스, 우리 나라는 이제 클 만큼 컸다고 할 수 있을까?"

"아마도 그런 것 같아요."

"우리 나라 어디에서 정의와 불의를 발견할 수 있을까? 정의와 불의는 우리가 고찰한 주민 가운데 어떤 부류와 함께 흘러 들어오는 것일까?"

372a 그가 말했네. "소크라테스 선생님, 저는 전혀 짐작이 가지 않는데요. 이들 주민 사이의 상호관계에서 생기는 것이 아니라면 말이에요."

그래서 내가 말했네. "아마도 자네 말이 옳은 것 같네. 우리는 이 문제를 주저 말고 고찰해야 할 걸세. 그러면 먼저 그런 여건에서 우리 시민들이 어떻게 살아가는지 살펴보기로 하세. 그들은 곡식과 포도주를 생산하고, 의복과 신발을 만들지 않을까? 그들은 손수 집을 지을 것이네. 여름에는 대개 옷을 입지 않고 맨발로 일하고, 겨울에는 옷을 충분히

b 입고 신을 신고 일할 것이네. 그들은 밀가루와 보릿가루를 먹고 살 텐

데, 이것들을 반죽하거나 구워서 고운 보리개떡이나 밀가루 빵을 만들어 갈댓잎이나 깨끗한 나뭇잎을 받쳐 내놓을 것이네. 그들은 거적에 덩굴과 도금양을 펴고는 기대앉아 자신들도 자식들도 함께 먹을 것이네. 그들은 식후에 포도주를 마실 것이며, 머리에 화관을 쓰고 신들을 찬미하며 행복하게 더불어 살아갈 것이네. 또한 그들은 가난과 전쟁이 두려워서 자식을 부양할 수 있을 만큼만 낳을 것이네."

이때 글라우콘이 끼어들었네. "선생님께서 말씀하시는 그들의 잔칫상에 산해진미는 없는 것 같네요."

그래서 내가 말했네. "옳은 말일세. 내가 잊었네. 그들은 분명 소금, 올리브, 치즈를 쓸 것이며, 시골에서 흔히 볼 수 있듯이 구근(球根)과 채소를 삶아낼 것이네. 후식으로 우리는 그들에게 무화과와 완두콩과 콩을 제공할 수 있으며, 또한 포도주를 조금씩 마실 때 불에다 도금양 열매와 도토리를 구울 것이네. 그들은 이처럼 평화로운 가운데 아마도 건강한 삶을 오래오래 살다가 죽으면서 후손에게 똑같은 생활방식을 물려줄 것이네."

"소크라테스 선생님, 그것은 선생님께서 돼지들의 나라를 세우신다면 돼지에게 먹이실 사료가 아닌가요?" 하고 글라우콘이 말했네.

그래서 내가 말했네. "그렇다면 글라우콘, 우리는 그들에게 어떤 먹을거리를 줘야 하지?"

"평범한 먹을거리를 주세요" 하고 그가 말했네. "그들이 불편해하지 않으려면 침상에 기대앉아 식탁에서 먹되, 요즘 사람들이 먹는 맛있는 음식과 후식을 먹어야 할 것 같은데요."

그래서 내가 말했네. "좋아, 알겠네. 보아하니 우리는 국가가 어떻게 형성되었는지 고찰하는 데 그치지 않고, 사치스러운 국가가 어떻게 형성되었는지도 고찰하고 있는 듯하네. 나쁜 생각은 아닌 것 같아. 우리가 그런 종류의 국가까지 고찰하다 보면 어쩌면 정의와 불의가 국가에 어떻게 뿌리내리는지도 볼 수 있을 테니까. 내 생각에 참된 국가는 우리가 방금 말한 건강한 국가인 것 같네. 하지만 자네들이 원한다면 염증으로 부어오른 국가도 고찰하도록 하세. 우리를 방해할 것은 아무것도 없으니까. 아마도 어떤 사람들은 우리가 앞서 말한 생활수준에 만족하지 못하고, 그에 더하여 침상과 식탁과 또 다른 가구와 여러 부식, 향료, 향수, 창녀, 과자를 가지려 할 걸세. 나아가 우리의 기본적인 요구 사항은 더이상 우리가 아까 말한 집과 의복과 신발에 한정되지 않아서, 우리는 회화와 자수도 도입하고 황금과 상아 같은 것도 사용해야 할 걸세. 그렇지 않은가?"

373a

"네, 그래요" 하고 그가 말했네.

b "그러면 우리는 국가를 또다시 확장해야겠지? 아까 말한 저 건강한 국가로는 더이상 충분하지 못하고, 국가의 필수품과는 무관한 수많은 직업을 수용하려면 국가의 규모를 키워야 할 테니 말일세. 이를테면 우리는 온갖 종류의 사냥꾼과 모방자[23]를 가져야 하네. 모방자 가운데 더러는 모방을 위해 형상과 색채를 사용하고 더러는 시가를 사용할 텐데, 여기에는 시인과 그의 협력자인 음송인, 배우, 무용수, 연출가, 특히 여자들을 아름다워 보이게 만드는 데 쓰이는 각종 물건을 만드는 기술자

c 가 포함되네. 더하여 상당수의 하인도 필요할 것이네. 아니면 자네는 우

리에게 아이를 돌볼 가정교사, 유모, 보모, 시녀, 이발사, 요리사, 푸주한이 필요할 것이라고 생각지 않는가? 그 밖에 돼지를 치는 사람도 필요할 걸세. 그는 앞서 말한 국가에는 없었네. 그곳에서는 그가 필요하지 않았으니까. 그러나 지금 이 국가에서는 돼지 말고도 수많은 가축이 필요하네. 우리가 고기를 먹자면 말일세. 그렇지 않은가?"

"왜 아니겠어요?"

"우리가 그런 식으로 살다 보면 의사가 이전보다 훨씬 더 필요하겠지?"   d

"네, 훨씬 더 많이요."

"전에는 우리를 충분히 먹여 살리던 영토도 이제는 너무 작아질 것이네. 자네 생각은 어떤가?"

"저도 그럴 거라고 생각해요" 하고 그가 말했네.

"우리가 충분한 목초지와 경작지를 가지려면 이웃나라 땅의 일부를 떼어 가져야 할 것이네. 그리고 이웃나라 사람들도 필수품에 국한하지 않고 무한정 부를 축적하려 한다면 우리 땅의 일부를 떼어 갖고 싶어할   e
테고."

"소크라테스 선생님, 그야 당연하지요" 하고 그가 말했네.

"글라우콘, 그렇게 되면 우리는 전쟁을 하겠지? 아니면 어떻게 될까?"

"그렇게 되겠지요" 하고 그가 말했네.

---

23 mimetes.

그래서 내가 말했네. "전쟁의 결과가 나쁜 것인지 좋은 것인지에 관해 지금 당장은 아무 말 말고, 우리가 전쟁의 기원도 발견했다고만 말하기로 하세. 전쟁은 사적으로 공적으로 국가에 불행이 닥칠 때 그렇게 되도록 만드는 것과 같은 원인[24]에서 일어나는 것이네."

"물론이지요."

374a "여보게, 그러자면 우리 나라는 아주 더 커져야 하네. 조금 더가 아니라, 전 재산과 방금 말한 것들을 지키기 위해 침략자에 맞서 싸울 수 있는 전체 군대만큼 말일세."

"어때요? 시민들이 몸소 싸우면 안 될까요?" 하고 그가 물었네.

"그건 안 되네" 하고 내가 대답했네. "우리가 국가를 건설하기 시작할 때 우리 모두 합의한 전제가 옳다면 말일세. 자네도 생각나겠지만, 우리가 합의한 전제란 한 사람이 여러 직업에 제대로 종사하기는 불가능하다는 것이었네."

"옳은 말씀이에요" 하고 그가 말했네.

b "어떤가?" 하고 내가 물었네. "자네는 전투가 일종의 기술이라고 생각지 않는가?"

"일종의 기술이고말고요" 하고 그가 대답했네.

"우리는 신발 만드는 기술이 전쟁과 관련한 기술보다 더 중요하다고 여겨야 하는가?"

"아니요."

"우리는 제화공이 동시에 농부나 직조공이나 집 짓는 목수가 되려는 것을 막고 신발 만드는 일에만 전념하게 했는데, 이는 우리를 위해 신발이 제대로 만들어질 수 있도록 하기 위해서였네. 마찬가지로 우리는 다른 직업에 종사하는 사람들에게도 저마다 한 가지 업무를 배정했는데, 이는 그가 자기 적성에 맞는 이 업무를 다른 업무에서 해방되어 평생 동안 수행하되 적기를 놓치지 않고 양질의 제품을 생산하게 하기 위해서였네. 그렇지만 전쟁을 최대한 효과적으로 수행하는 것이야말로 가장 중요하지 않겠는가? 아니면 전쟁을 수행하는 것은 농부든 제화공이든 그 밖의 다른 직업에 종사하는 사람이든 동시에 전사도 될 수 있을 만큼 쉬운 일인가? 장기 선수나 주사위 선수가 되려고 해도, 어릴 때부터 본격적으로 연습해야지 취미 활동 삼아 해서는 안 되는데 말일세. 그래서야 어떻게 방패나 다른 무구(武具)를 집어 들고 보병전이나 다른 종류의 전투에서 당장 제구실을 다할 수 있겠는가? 다른 도구도 그것을 집어 들기만 한다고 해서 장인이나 선수로 만들어주는 것은 하나도 없네. 도구란 그것을 사용할 줄 알고 그 사용법을 충분히 익힌 사람에게만 쓸모 있는 것이라네."

"도구란 사용할 줄 알아야 진정 값진 것이겠지요."

그래서 내가 말했네. "그렇다면 수호자의 업무는 가장 중요한 것인 만큼 고도의 지식과 훈련이 필요할뿐더러 다른 업무에서 최대한 자유로워야겠지?"

"저는 그렇다고 생각해요." 하고 그가 말했네.

24 탐욕.

"그러면 이 업무에도 적성이 필요하겠지?"

"왜 아니겠어요?"

"그렇다면 우리가 할 일은, 그럴 수만 있다면, 어떤 유형의 사람이 국가를 수호하기에 알맞은 적성을 타고났는지 가려내는 일인 것 같네."

"그건 분명 우리가 할 일이에요."

그래서 내가 말했네. "제우스에 맹세코, 우리는 결코 만만찮은 일을 떠맡았네. 그러나 우리는 몸을 사리지 말고 힘닿는 데까지 최선을 다해야 하네."

375a "몸을 사려서는 안 되고말고요" 하고 그가 말했네.

그래서 내가 말했네. "수호자로서의 활동과 관련하여, 자네는 가문 좋은 젊은이의 성향과 순종 보호견의 성향이 다르다고 생각하는가?"

"무슨 말씀이신지요?"

"이를테면 양쪽 다 감각이 예민하고, 찾아낸 것을 추격하는 데 민첩해야 하며, 따라잡아 싸워야 할 때는 체력이 필요하다는 말일세."

"그들에게는 이 모든 자질이 필요해요" 하고 그가 말했네.

"용기도 필요할 것이네. 잘 싸우려면 말일세."

"왜 아니겠어요?"

b "그런데 말이든 개든 또 다른 동물이든 기개(氣槪)가 없다면 용감할 수 있을까? 자네는 기개야말로 저항할 수 없고 정복할 수 없는 것임을 알아차리지 못했는가? 기개가 있으면 어떤 동물이든 위험에 맞닥뜨려도 겁이 없고 굴복할 줄 모른다네."

"물론 알아차렸지요."

"그러면 우리 수호자에게 신체적으로 어떤 특성이 필요한지 분명하네."

"네, 그래요."

"우리 수호자는 성격상 기개가 높아야 한다는 것도 분명하네."

"그 역시 분명해요."

그래서 내가 말했네. "글라우콘, 타고난 성향이 그러하다면 그들이 어찌 상호 간에 그리고 다른 시민에게 공격적이지 않을 수 있겠는가?"

"제우스에 맹세코, 쉽지 않겠지요" 하고 그가 말했네.

"하지만 그들은 동료 시민에게는 온순해야 하고 적에게만 사나워야 하네. 그렇지 않으면 남이 그들을 파멸시키기 전에 그들 자신이 서로를 파멸시킬 걸세."

"옳은 말씀이에요" 하고 그가 말했네.

"그럼 어떡하지?" 하고 내가 말했네. "온순하면서도 대담한 성향을 어디서 찾을 수 있을까? 온순한 성향과 기개 높은 성향은 정반대이니 말일세."

"그런 것 같아요."

"그러나 이 둘 중 어느 한 가지라도 결여되면 훌륭한 수호자가 될 수 없네. 그런데 이 두 가지를 겸비한다는 것은 불가능해 보이며, 이는 곧 훌륭한 수호자는 존재할 수 없다는 것을 의미하네."

"그럴지도 모르지요" 하고 그가 말했네.

나는 무슨 말을 해야 할지 몰라 당황했지만 조금 전에 한 말을 다시 검토해보고 이렇게 말했네. "여보게, 우리가 당황스러워하는 것은 당

제2권 **123**

연한 일이네. 우리는 앞서 우리 자신이 제시한 비유를 잊고 있었으니 말일세."

"무슨 말씀이신지요?"

"우리는 양립할 수 없다고 생각한 성향을 겸비한 천성이 실제로 존재한다는 사실을 간과했단 말일세."

"어디에 존재하지요?"

"여러 동물, 특히 우리가 수호자와 비교한 바 있는 보호견에게 존재하네. 자네도 알다시피, 혈통 좋은 개가 친숙하거나 아는 사람에게는 최대한 온순하지만 모르는 사람에게는 아주 사나운 것은 타고난 천성 때문이라네."

"알고 있어요."

그래서 내가 말했네. "우리가 그런 수호자를 찾는 것은 가능한 일이며, 자연의 이치에 어긋나는 일도 아닐세."

"그런 것 같네요."

"그렇다면 자네는 우리의 수호자가 될 사람에게는 기개에 더하여 철인(哲人)25의 기질이 필요하다는 데 동의하는가?"

"무슨 말씀이신지요?" 하고 그가 말했네. "저는 이해가 안 돼요."

그래서 내가 말했네. "이 점 또한 개를 보면 알 수 있는데, 개의 놀라운 자질 중 하나이기도 하지."

"어떤 자질 말인가요?"

"개는 모르는 사람을 보면 전에 아무 해코지를 당한 적이 없어도 사납게 구네. 아는 사람을 보면 전에 잘해준 적이 없어도 반기고. 혹시 자네는 그 점을 놀랍다고 생각해본 적이 없는가?"

"사실 지금까지는 그런 생각을 해본 적이 없어요. 하지만 개는 분명 그렇게 행동할 거예요" 하고 그가 말했네.

"그런데 이런 자질은 개가 천성적으로 영리하고, 진실로 지혜를 사랑한다는 것을 말해주는 것 같네."   b

"어떤 의미에서 그렇지요?"

그래서 내가 말했네. "개는 한 사람은 알고 다른 사람은 모른다는 사실에 근거해서만 자기가 보는 것이 친구인지 적인지 식별하기 때문이지. 그리고 개가 지식과 무지에 따라 친구와 적을 구별한다면 어찌 배우기를 좋아하지 않을 수 있겠나?"

"결코 그럴 수 없겠지요" 하고 그가 말했네.

"그런데 배우기를 좋아하는 것과 지혜를 사랑하는 것은 같은 것이겠지?" 하고 내가 말했네.

"같은 것이겠지요" 하고 그가 말했네.

"그렇다면 우리는 사람의 경우에도 친근하거나 아는 사람에게 상냥하려면 지혜를 사랑하고 배우기를 좋아해야 한다고 주장할 수 있겠지?"   c

"주장할 수 있겠지요."

"그렇다면 우리 나라의 진실로 훌륭한 수호자가 될 사람은 천성적으

---

25 philosopos. 문맥에 따라 '지혜를 사랑하는 사람' '철학자'로도 옮길 수 있다.

로 지혜를 사랑하고, 기개가 높고, 민첩하고, 강할 것이네."

"그렇고말고요" 하고 그가 말했네.

"이 문제에 대해서는 이쯤 해두세. 한데 우리 수호자들을 어떻게 양육하고 어떻게 교육할 것인가? 이 문제를 고찰하는 것이 과연 국가에서 정의와 불의가 어떻게 생겨나느냐 하는 우리의 주요 쟁점에 대한 해답을 구하는 데 조금이나마 도움이 되는 걸까? 주요 문제를 빠뜨리는 것도, 너무 장황하게 설명하는 것도 바람직하지 않기에 하는 말일세."

그러자 글라우콘의 형이 말했네. "저는 그에 관해 고찰하는 것이 우리의 주요 쟁점을 해결하는 데 도움이 될 것이라고 확신해요."

그래서 내가 말했네. "제우스에 맹세코, 여보게 아데이만토스, 조금 시간이 걸리더라도 우리는 반드시 이 문제를 고찰해야 하네."

"반드시 고찰해야지요."

"자, 그러면 우리는 시간에 구애받지 않고 이야기를 들려준다고 가정하고, 우리의 수호자들이 받을 교육을 설계해보세."

"당연히 그래야겠지요."

"그러면 그들이 받아야 할 교육은 어떤 것이어야 하는가? 아니면 오랜 세월 계발된 교육체계를 개선하는 것은 어려운 일까? 자네도 알다시피, 그것은 몸을 위한 체력단련[26]과 혼을 위한 시가(詩歌) 교육[27]으로 구성되어 있네."

"그래요."

"우리는 그들에게 체력단련에 앞서 시가 교육부터 시켜야 하지 않을까?"

"왜 아니겠어요?"

"자네는 시가에 이야기도 포함시키는가, 아니면 포함시키지 않는가?"

"저는 포함시켜요."

"이야기에는 두 종류가 있는데, 한 종류는 사실이지만 다른 한 종류는 허구겠지?"

"네, 그래요."

"그들은 두 가지 다 교육받되 먼저 허구부터 교육받아야 하겠지?" 377a

"무슨 말씀인지 모르겠어요" 하고 그가 말했네.

그래서 내가 말했네. "자네는 우리가 아이들에게 이야기를 먼저 들려준다는 것도 모르겠는가? 간혹 사실이 포함되어 있긴 하지만 이들 이야기는 대체로는 허구일세. 어쨌든 우리는 아이들에게 체력을 단련시키기에 앞서 이야기부터 들려주네."

"그건 그렇지요."

"나는 그 점을 염두에 두고 앞서 시가 교육이 체력단련에 선행되어야 한다고 말한 것이라네."

"옳은 말씀이에요."

"자네도 알다시피, 어떤 일이든 처음이 가장 중요하네. 특히 어리고 연약한 것에게는 말일세. 그때는 모든 것이 가장 조형되기 쉽고, 누가 b 어떤 인상을 심어주든 다 받아들이기 때문이네."

26 gymnastike.
27 mousike.

"그렇다마다요."

"그렇다면 우리가 경솔하게 아이들이 아무나 지어낸 아무 이야기나 듣게 할 것이며, 장성했을 때 그들이 지녀야 한다고 우리가 생각하는 것과는 대체로 정반대되는 견해를 마음속에 받아들이도록 내버려둘 것인가?"

"절대 내버려두지 않을 거예요."

c　"그렇다면 맨 먼저 해야 할 일은 우리가 이야기꾼들을 감독해서 그들의 이야기가 훌륭하면 받아들이고 그렇지 못하면 거부하는 것인 듯하네. 우리가 받아들인 이야기를 아이들에게 들려주도록 유모와 어머니를 설득하되, 우리는 그녀들의 손으로 아이들의 몸을 형성하는 것보다 이야기로 아이들의 마음을 형성하는 것이 훨씬 더 중요하다고 일러줄 것이네. 우리는 오늘날 그녀들이 들려주는 이야기는 대부분 거부할 것이네."

"어떤 이야기 말인가요?"

그래서 내가 말했네. "규모가 큰 이야기를 살펴보면 규모가 작은 이야기도 알게 될 걸세. 규모가 크든 작든 원리와 효과는 같을 수밖에 없으니까. 자네는 그렇게 생각하지 않는가?"

d　"저도 그렇게 생각해요" 하고 그가 말했네. "하지만 선생님께서 말씀하시는 규모가 큰 이야기라는 게 어떤 것인지 모르겠네요."

그래서 내가 말했네. "헤시오도스와 호메로스와 그 밖의 다른 시인들이 들려주곤 하는 이야기 말일세. 시인들은 전에도 사실이 아닌 이야기를 지어내 사람들에게 들려주었고, 지금도 들려주니 말일세."

"어떤 이야기 말인가요?" 하고 그가 물었네. "그것들의 어떤 점을 비난하시는 거지요?"

그래서 내가 말했네. "무엇보다 가장 비난받아 마땅한 점은 추악한 거짓말을 한다는 것이네."

"그게 뭔데요?"

"어떤 사람이 신과 영웅들의 본성을 나쁘게 묘사하는 것 말일세. 그것은 화가가 자기가 그리려던 것과 전혀 닮지 않은 것을 그리는 것과도 같네."

"그런 이야기라면 비난받아 마땅해요. 하지만 정확히 무슨 뜻인지 자세히 설명해주세요" 하고 그가 말했네.

그래서 내가 말했네. "먼저, 가장 중요한 일과 관련해 가장 심한 거짓말을 해서는 훌륭한 이야기가 되지 못하네. 헤시오도스가 우라노스는 어떻게 행동했으며, 크로노스는 어떻게 복수했으며, 크로노스는 또 자기 아들에게 어떻게 당했는지[28] 이야기한 것[29]을 두고 하는 말일세. 이런 이야기들은 설령 사실이라 해도 젊고 지각없는 사람들에게 무비판

---

28 우라노스(Ouranos)는 아들들이 싫어지자 아내 가이아의 자궁에 도로 가둔다. 그러나 고통을 참다못한 가이아의 계략으로 막내아들 크로노스(Kronos)가 낫으로 아버지를 거세하고 권좌에서 축출한다. 그리하여 권좌에 오른 크로노스는 자기도 아들에 의해 권좌에서 축출당할 운명임을 알고 자식이 태어나는 족족 삼켜버리지만, 어머니 레아(Rhea)의 기지 덕분에 도주할 수 있었던 막내아들 제우스에 의해 지하 감옥 타르타로스(Tartaros)로 축출된다.

29 헤시오도스, 『신들의 계보』 154~210행, 453~506행 참조.

적으로 들려주어서는 안 되며, 입 밖에 내지 않는 것이 상책일세. 이야기해야 할 부득이한 사정이 있을 때는 소수의 선택된 사람들에게만 은밀히 들려주되, 들은 사람의 수를 최대한 줄이기 위해서, 듣고 싶은 사람들은 새끼 돼지가 아니라 구하기 어려운 큰 가축을 제물로 바치게 해야 하네."

"그래요" 하고 그가 말했네. "그런 이야기들은 확실히 듣기가 거북하지요."

b 그래서 내가 말했네. "그러니 아데이만토스, 우리 나라에서는 그런 이야기를 들려주게 해서는 안 되네. 젊은이들이 듣는 앞에서는, 설령 그들이 극악무도한 범행을 저지르거나 못된 짓을 하는 아버지를 무자비하게 응징한다 해도 그것은 상궤(常軌)에서 벗어난 짓을 하는 것이 아니라, 전에 신들 중에 으뜸가는 가장 위대한 분들이 한 짓을 되풀이하는 것뿐이라고 말해서는 안 된단 말일세."

"제우스에 맹세코, 그런 이야기는 젊은이들에게 들려주기에 적절하지 않은 것 같아요" 하고 그가 말했네.

c 그래서 내가 말했네. "또한 우리는 신들끼리 서로 전쟁을 하고 음모를 꾸미고 싸움질을 한다는 이야기도 사실이 아닌 만큼 허용해서는 안 되네. 만약 우리 나라를 수호할 사람들이 까닭 없이 남과 사이가 나빠지는 것을 가장 수치스러운 일로 여기기를 바란다면, 우리는 그들이 신들과 기가스족[30] 사이의 전쟁이나 그 밖에 신들과 영웅들이 친족과 가족에게 보인 온갖 적대행위를 듣거나 겉옷에 수놓지[31] 못하도록 각별히 조심해야 하네. 우리가 그들에게 시민끼리는 서로 다툰 적이 없으며 그것

은 불경한 짓이라고 설득하려 한다면, 우리 노인들은 남녀 불문하고 우리 아이들에게 처음부터 그런 취지의 이야기를 들려주어야 하며, 아이들이 장성하면 그와 비슷한 이야기를 들려주도록 시인들을 강요해야 하네. 그러나 헤라 여신이 아들에게 포박됐다는 이야기나,[32] 얻어맞게 생긴 어머니를 편들다가 헤파이스토스가 아버지에 의해 내던져졌다는 이야기나,[33] 호메로스가 들려주는 신들끼리의 전투들은,[34] 비유로 말한 것이냐의 여부를 떠나 우리 나라에서 받아들여서는 안 되네. 아이들은 비유인지 비유가 아닌지 구별할 수 없고, 어린 나이에 받아들인 견해는 대개 지울 수도 바꿀 수도 없기 때문일세. 그래서 우리는 아이들이 미덕

d

e

---

30 기가스(Gigas 복수형 Gigantes)들은 우라노스가 아들 크로노스에게 남근이 잘릴 때 그 피가 대지에 쏟아져 잉태된 거한(巨漢)들로 신과 인간이 동시에 공격해야만 죽일 수 있었다. 이 가운데 몇 명은 땅 위에 있는 한 죽일 수 없었다고 한다. 엄청나게 힘이 센 데다 다리가 거대한 뱀인 이 털북숭이 거한들은, 제우스가 10년간의 전쟁 끝에 티탄 신족을 지하 감옥 타르타로스에 가두자 대지의 여신이 제우스를 혼내주려고 낳은 괴물들이다. 이들에 관한 전설은 주로 올림포스 신들과의 전쟁(gigantomachia)과 관련이 있다. 올림포스 신들은 처음에 고전했지만, 제우스와 아테나의 분전과 헤라클레스의 협력 덕분에 이들을 제압하는 데 성공한다.

31 아테나이 처녀들은 해마다 아테나 여신에게 바치는 겉옷에 그런 장면을 수놓았다고 한다.

32 불과 금속공예의 신 헤파이스토스(Hephaistos)는 절름발이로 태어난 자기를 어머니 헤라 여신이 외면하자, 교묘하게 만든 황금 옥좌를 선물해서 그녀가 사슬에 포박당해 일어날 수 없게 만들었다고 한다.

33 제우스와 헤라가 말다툼을 할 때 헤파이스토스가 어머니 편을 들자 화가 난 아버지 제우스는 아들을 하늘에서 땅으로 내던진다. 『일리아스』 1권 586~594행 참조.

34 『일리아스』 20권 1~74행, 21권 385~513행 참조.

향상에 도움이 될 만한 미담을 맨 먼저 듣는 것을 가장 중요한 일로 여겨야 할 듯하네."

"일리가 있네요" 하고 그가 말했네. "하지만 우리에게 도대체 그게 어떤 이야기냐고 묻는 사람이 있다면, 뭐라고 대답하지요?"

그래서 내가 말했네. "아데이만토스, 나나 자네나 지금은 시인이 아니라 국가의 창건자일세. 국가의 창건자가 할 일은 시인들이 창작할 이야기의 유형을 알고 그 유형에 알맞지 않은 이야기를 거부하는 것이며, 이야기를 직접 창작할 필요는 없네."

"옳은 말씀이에요" 하고 그가 말했네. "그런데 신들에 관한 이야기를 위한 지침은 정확히 무엇이지요?"

그래서 내가 말했네. "다음과 같네. 서사시에서건 서정시에서건 비극에서건, 신을 언제나 사실 그대로 묘사해야 하네."

"그래야겠지요."

"신은 진실로 선하니까 선하게 묘사되어야겠지?"

"물론이지요."

"선한 것은 그 어떤 것도 해롭지 않네. 해로운가?"

"아니라고 저는 생각해요."

"해롭지 않은 것이 해칠 수 있을까?"

"결코 해칠 수 없지요."

"해롭지 않은 것이 나쁜 짓을 할 수 있을까?"

"할 수 없지요."

"나쁜 짓을 하지 않는 것이 어떤 악의 원인일 수 있을까?"

"어찌 원인일 수 있겠어요?"

"어떤가? 선한 것은 이롭겠지?"

"네."

"그렇다면 행복의 원인이겠지?"

"네."

"그렇다면 선은 모든 것의 원인이 아니라 좋은 것의 원인이고, 나쁜 것의 원인은 아닐세."

"전적으로 동의해요."

그래서 내가 말했네. "그러면 신은 선하기에, 많은 사람이 주장하듯 모든 것의 원인이 아니라, 인생의 일부만이 신의 책임이고 대부분은 신의 책임이 아닐세. 인생에는 좋은 것이 나쁜 것보다 훨씬 적기에 하는 말일세. 신만이 좋은 것의 원인이고, 나쁜 것의 원인은 신이 아닌 다른 데서 찾아야 하네."

"지당한 말씀이라고 생각해요" 하고 그가 말했네.

그래서 내가 말했네. "그러면 우리는 호메로스와 다른 시인이 신들에 대해 무식하게 이런 실언을 하는 것을 용납해서는 안 되네.

두 개의 항아리가 제우스의 궁전 마룻바닥에 놓여 있는데,
하나에는 좋은 선물이, 하나에는 나쁜 선물이 가득 들어 있지요.[35]

---

[35] 『일리아스』 24권 527~528행.

제우스께서 이 두 가지를 섞어주시는 사람은

때로는 궂은일을, 때로는 좋은 일을 만나기도 하지요.[36]

그러나 제우스께서 섞어주지 않고 나쁜 것만 주시는 사람은

심한 궁핍에 쫓겨 신성한 대지 위를 떠돌아다니지요.[37]

e 또한 우리는 제우스를 다음과 같이 묘사하는 것도 용납해서는 안 되네.

좋은 것도 나쁜 것도 분배해주는 이.[38]

380a 또한 우리는 누가 판다로스가 맹약과 휴전 조약을 어긴 것은 아테나와 제우스 탓이라거나,[39] 여신들끼리 서로 다투다가 재판받게 된 것[40]은 테미스와 제우스 탓이라고 말하는 사람이 있다면, 그에게 동조하지 않을 것이네. 또한 우리는 젊은이들이 다음과 같은 아이스퀼로스의 말에 귀를 기울이는 것도 용납해서는 안 되네.

신께서 어떤 가문을 송두리째 망치고 싶으시면
사람들 속에 화근을 심으신다.[41]

위 시행이 인용된 비극에서처럼 만약 니오베의 수난⁴²이나 펠롭스가(家)⁴³나 트로이아 전쟁에 관해 글을 쓰는 사람이 있다면, 우리는 그가 그런 일들이 신의 소행이라고 말하는 것을 용납해서는 안 되네. 또는 시인이 그런 일들이 신의 소행이라고 주장한다면, 그는 지금 우리가 요구하는 것과 비슷하게 해석해 신의 행위는 정당하고 선하며 이들이 벌받

b

---

36 『일리아스』 24권 530행.
37 『일리아스』 24권 532행.
38 출전은 밝혀지지 않고 있다.
39 트로이아 전쟁 때 그리스군과 트로이아군이 휴전협정을 맺고 전투를 중단하자, 트로이아가 파괴되기를 원하는 헤라와 아테나가 제우스에게 간청한 끝에 휴전협정이 파기되어 전투가 재개되게 해도 좋다는 허락을 받아낸다. 『일리아스』 4권 30행 이하 참조.
40 헤라와 아테나와 아프로디테가 서로 자신이 더 예쁘다고 다투다가 트로이아 왕자 파리스(Paris)를 찾아가 재판받았다는 이른바 '파리스의 심판'을 말한다. 이때 파리스는 아프로디테에게 유리한 판정을 해주고 그 대가로 헬레네(Helene)라는 절세미인과 결혼하지만, 헤라와 아테나의 미움을 사 트로이아가 멸망하고 만다. 이 말을 신들끼리 편을 갈라 싸우는 『일리아스』 20권 1~74행, 15권 12~217행을 가리킨다고 보는 이도 있다.
41 아이스퀼로스, 『니오베』(*Niobe*), 단편 160 (Nauck).
42 탄탈로스(Tantalos)의 딸 니오베(Niobe)는 테바이 왕비가 되어 슬하에 아들딸을 일곱 또는 여섯 명씩 두고 행복하게 살았다. 그러나 아들딸을 한 명씩밖에 낳지 못했다고 여신 레토(Leto)를 폄하하다가 여신의 아들딸인 아폴론과 아르테미스 여신이 쏜 화살에 자식들이 모두 죽고 만다. 그러자 니오베는 슬픔을 이기지 못해 돌이 된 뒤에도 계속 눈물을 흘렸다고 한다.
43 펠롭스(Pelops)는 탄탈로스의 아들로, 아트레우스(Atreus)의 아버지이자 아가멤논의 할아버지이며 이피게네이아(Iphigeneia)와 엘렉트라(Elektra)와 오레스테스(Orestes)의 증조부이다. 이 가문 사람들은 아버지가 아들을, 형이 아우와 조카를, 아버지가 딸을, 아내가 남편을, 아들이 어머니를 죽이는 등 끔찍한 악행을 저지른 탓에 대를 이어 엄청난 고통을 받다가 신의 은총 덕에 구원받는다.

은 것은 이들에게 유익하다고 말해야 하네. 우리는 시인이 벌받은 자들은 비참하며 그 책임은 신에게 있다고 말하는 것을 용납해서는 안 되네. 하지만 시인이 만약 사악한 자들이 비참해진 까닭은 벌받을 필요가 있었기 때문이라고, 또한 사악한 자들은 벌받음으로써 신에게 도움을 받는 것이라고 말한다면, 그것은 용납해야 하네. 그러나 선한 신이 누군가에게 나쁜 것의 원인이 될 수 있다는 주장에는 우리가 온갖 방법으로 맞서 싸워야 하네. 나라가 제대로 통치되려면 우리 나라에서는 어느 누구도 그런 주장을 펴지 못하게 해야 하며, 운문으로 쓴 것이든 산문으로 쓴 것이든 노소 불문하고 어느 누구도 듣지 못하게 해야 하네. 그런 주장은 불경하고 우리에게 유익하지도 않으며 서로 모순되네."

"저는 선생님의 법률이 마음에 드니 찬성표를 던질 겁니다" 하고 그가 말했네.

그래서 내가 말했네. "그러면 그것이 이야기꾼이나 시인이 준수해야 하는 신들에 관한 법률과 지침 가운데 하나일 것이네. 신은 모든 것의 원인이 아니라 좋은 것의 원인이라는 것 말일세."

"저는 대만족이에요" 하고 그가 말했네.

"그럼 이런 두 번째 법률은 어떤가? 자네는 신이 일부러 때로는 자신의 본래 형상을 다른 형상으로 바꾸고, 때로는 그러는 것으로 믿도록 우리를 속임으로써 수시로 다른 모습으로 나타나는 일종의 마술사라고 생각하는가? 아니면 신은 단일하여 자신의 본래 모습을 가장 덜 바꿀 것 같은가?"

"당장에는 대답할 수가 없네요" 하고 그가 말했네.

"이것은 어떻게 생각하는가? 뭔가가 본래의 형상을 바꾼다면, 이는 필연적으로 그것이 자신을 바꾼 것이거나, 아니면 다른 것에 의해 바뀐 것이 아닐까?"　e

"당연하지요."

"최선의 상태에 있는 것은 다른 것에 의해 바뀌거나 변동될 가능성이 가장 적지 않을까? 예컨대 가장 건강하고 강한 몸은 음식과 훈련에 의해 가장 덜 바뀌고, 가장 건강하고 강한 식물은 해와 바람 등에 의해 가장 덜 바뀌지 않을까?"

"왜 아니겠어요?"　381a

"가장 용감하고 가장 지혜로운 혼도 외부 영향에 동요하거나 바뀔 가능성이 가장 적지 않을까?"

"네, 그래요."

"그와 마찬가지로 가구, 집, 의복 같은 일체의 제작품도 제대로 만들어져 좋은 상태를 유지하는 것은 시간이나 또 다른 것의 영향을 받아 바뀔 가능성이 가장 적겠지?"

"네, 그렇지요."

"그렇다면 자연에 의해서든 기술에 의해서든 둘 다에 의해서든 좋　b 은 상태를 유지하는 것은 무엇이든 외부 요인에 의해 바뀔 가능성이 적네."

"그런 것 같아요."

"그런데 신과 신에 속하는 것은 모든 점에서 완벽하네."

제2권　**137**

"왜 아니겠어요?"

"그렇다면 신이 여러 형상을 띨 가능성은 가장 적네."

"가장 적지요."

"그렇다면 신은 스스로 자신을 변화시키고 바꿀까?"

"분명 그러겠지요" 하고 그가 말했네. "신이 바뀐다면 말이에요."

"그러면 신은 자신을 더 낫고 더 아름다운 것으로 변화시키는가, 아니면 자신보다 더 못하고 더 추한 것으로 변화시키는가?"

c 그가 말했네. "필연적으로 더 못한 것으로 변화시키겠지요. 만약 바뀐다면 말이에요. 설마 우리가 신의 아름다움과 미덕이 불완전한 것이라고 말하려는 것은 아닐 테니까요."

"자네 말이 옳네" 하고 내가 말했네. "그렇다면 아데이만토스, 자네는 신이건 인간이건 누가 일부러 자신을 어떤 방법으로든 자기보다 못하게 만들 것이라고 생각하는가?"

"그건 불가능해요" 하고 그가 말했네.

그래서 내가 말했네. "그렇다면 신이 자신을 바꾸기를 원하는 것도 불가능하네. 신들은 가장 아름답고 가장 선하기에 저마다 늘 변함없이 본래 형상을 견지하는 것 같으니 말일세."

"제 생각에 그것은 피할 수 없는 필연인 것 같아요" 하고 그가 말했네.

그래서 내가 말했네. "여보게, 그래서 우리는 이렇게 말하는 시인은
d 아무도 원하지 않네.

신들은 온갖 모습을 하시고는 낯선 나라에서 온

나그네인 양 도시들을 떠돌아다니시오.⁴⁴

또한 우리는 프로테우스와 테티스⁴⁵에 관한 시인들의 거짓말도 원하

지 않으며, 헤라 여신을

아르고스 지방의 하신(河神) 이나코스의 생명을 주는 자식들을 위하

여⁴⁶

동냥질하는 여사제로 변장시켜 무대에 올리는 비극이나 다른 시도
원하지 않네. 그 밖에도 그런 이야기는 허다하네. 또한 우리는 신들이
낯선 나라에서 온 나그네 모습을 하고 밤에 돌아다닌다는 고약한 이야
기들을 곧이듣고 어머니들이 그런 이야기들로 아이들을 겁주는 것을
막아야 하네. 그런 이야기들은 신들을 모독하는 동시에 아이들을 겁쟁
이로 만들기 때문일세."

"당연히 막아야지요" 하고 그가 말했네.

---

44 『오뒷세이아』 17권 485~486행.
45 프로테우스(Proteus)는 자유자재로 변신할 수 있는 바다의 신이다. 아킬레우스의 어머니인 테티스는 인간인 펠레우스(Peleus)와 결혼하기 싫어서 온갖 형상으로 변신한 적이 있다.
46 아이스퀼로스, 단편 168 (Nauck). 여기서 '자식들'이란 이 강의 지류들을 말하는 것 같다. 헤라가 왜 이나코스(Inachos)의 자식들을 위해 동냥질을 하는지는 알 수 없다.

그래서 내가 말했네. "그러나 신들이 자신을 변화시키지 않는다 해도, 자신들이 온갖 모습으로 변장하고 나타나는 것처럼 보이게끔 우리를 속이고 마법을 거는 것일까?"

"아마 그럴지도 모르지요" 하고 그가 말했네.

382a "어떤가?" 하고 내가 말했네. "신이 자신을 위장함으로써 말이나 행동으로 우리를 속이기를 원할 수 있을까?"

"모르겠어요" 하고 그가 말했네.

그래서 내가 말했네. "진짜 거짓은, 그런 표현을 써도 된다면, 신도 인간도 모두 미워한다는 것을 자네는 모르겠는가?"

"무슨 말씀이신지요?" 하고 그가 물었네.

그래서 내가 말했네. "자신의 가장 중요한 부분에서 가장 중요한 것과 관련하여 고의로 거짓말하기를 원하는 자는 아무도 없을 것이라는 말일세. 어느 곳보다 그곳에서의 거짓을 그는 가장 두려워하네."

"여전히 이해가 안 돼요" 하고 그가 말했네.

b 그래서 내가 말했네. "그 이유는 자네가, 내가 심오한 말을 한다고 생각하기 때문일세. 내가 말하고자 하는 바는 바로 존재와 관련하여 자기 혼이 속임을 당해 거짓과 무지의 제물이 됨으로써 혼 안에 거짓을 지니고 소유하는 것은 누구나 가장 피하고 싶어한다는 것이네. 그곳의 거짓은 사람들이 가장 싫어하니까."

"전적으로 동의해요" 하고 그가 말했네.

"방금 말한 바 있는 속임을 당한 자의 혼의 무지는 진짜 거짓이라고 불리는 것이 백 번 옳을 걸세. 한데 거짓말은 혼의 이런 상태를 모방한 것에 지나지 않네. 그것은 나중에 생겨난 영상이며 순수 거짓은 아니네. 그렇지 않은가?"

"물론 그렇지요."

"그러니까 진짜 거짓은 신들뿐 아니라 인간에게도 미움 받네."

"그런 것 같아요."

"거짓말은 어떤가? 거짓말은 언제 누구에게 유익해서 미움을 사지 않을 만한가? 적에게 거짓말하는 것은 유익하지 않을까? 또한 우리 친구라고 불리는 사람들이 광기나 무지에 사로잡혀 뭔가 나쁜 짓을 하려고 할 때 이를 막는 데도 유익하지 않을까? 이런 상황에서는 거짓말이 예방약으로서 쓸모 있지 않을까? 우리는 잠시 전에 논의한 이야기들의 경우에도 거짓말을 유용하게 써먹을 수 있네. 과거의 사실을 모르기 때문에 사실 같은 허구를 지어낼 수 있으니 말일세."

"그렇다마다요" 하고 그가 말했네.

"그렇다면 거짓은 이 가운데 어떤 방법으로 신에게 유익할까? 신은 과거사를 몰라 허구를 지어낼 필요를 느낄까?"

"그건 우스운 말이지요" 하고 그가 말했네.

"그렇다면 신에게 시적 허구 따위는 없네."

"저는 없다고 생각해요."

"그러면 적이 두려워 신이 거짓말을 할까?"

"그럴 리 없어요."

"아니면 친구들의 무지와 광기 때문에?"

"아니요" 하고 그가 말했네. "무지와 광기에 사로잡힌 자는 어느 누구

제2권 **141**

도 신들의 친구가 아니에요."

"그렇다면 신이 거짓말할 이유는 하나도 없네."

"없어요."

"그렇다면 초자연적인 것과 신적인 것에는 어디에도 거짓이 없네."

"전적으로 그렇지요" 하고 그가 말했네.

"그렇다면 신은 분명 단일하며 말과 행동이 진실하네. 신은 자신을 바꾸지도 않으며, 꿈에든 생시에든 환영(幻影)이나 말이나 신호를 보내 남을 속이지도 않네."

383a "선생님 말씀에 전적으로 동의해요" 하고 그가 말했네.

그래서 내가 말했네. "신들에 관한 이야기를 하거나 시를 지을 때는 다음이 두 번째 원칙이 되어야 한다는 데에 자네는 동의하는가? 신들은 자신의 모습을 바꾸는 마술사가 아니며, 말로든 행동으로든 우리를 그릇된 길로 이끌지 않는다는 것 말일세."

"동의해요."

"그러면 우리는 호메로스의 많은 것을 칭찬하더라도 제우스가 아가멤논에게 꿈을 보냈다는 이야기[47]는 칭찬하지 않을 것이네. 우리는 또
b 한 아이스퀼로스가 테티스로 하여금 그녀의 결혼식 때 아폴론이 그녀의 자식 복을 축하했노라고 말하게 하는 것도 칭찬하지 않을 것이네.

> 그분은 그 아이들에게 무병장수와 온갖 축복을
> 약속했으며, 내가 신들의 사랑을 받을 것이라고
> 칭찬했지요. 그래서 나는 마음이 흐뭇했어요.

포이보스[48]는 신이고, 예언이 넘쳐흐르는
그분의 입은 거짓을 모를 것이라고 나는 믿었어요.
그러나 몸소 하객으로 참석하여 축혼가를
부르고 자기 입으로 그런 말을 해놓고
이제 와서 그분이 손수 내 아들을 죽이다니![49]

신들에 관해 이따위 말을 하는 자가 있다면 우리는 분개하여 그에게 합창가무단을 대주지 않을 것이네.[50] 또한 우리는 교사들이 젊은이들의 교육을 위해 그의 작품을 사용하는 것도 용납하지 않을 것이네. 우리의 수호자들이 인간으로서 가능한 범위 내에서 최대한 신을 두려워하는 신과 같은 인간이 되게 하려면 말일세."

"저는 선생님의 원칙들에 전적으로 동의하며 그런 원칙들이라면 법률로 삼았으면 좋겠어요" 하고 그가 말했네.

---

47 제우스가 아가멤논에게 꿈을 보내, 전쟁을 다시 시작하면 그리스군이 이길 것이라고 속인 이야기는 『일리아스』 2권 1~34행 참조.
48 Phoibos. 아폴론의 별칭.
49 아이스퀼로스, 단편 350 (Nauck). 아킬레우스는 파리스가 쏜 화살을 맞고 죽는데, 일설에 따르면 그 화살이 아킬레우스의 발뒤꿈치를 맞히게 한 것은 아폴론이라고 한다.
50 비극이나 희극 경연에 필요한 합창가무단(choros)의 의상과 훈련 비용은 국가가 지정하는 부유한 시민(choregos)이 댔다. '합창가무단을 대주지 않는다'는 것은 극을 공연하지 못하게 하겠다는 뜻이다.

제3권

386a 내가 말했네. "사람들이 신들과 부모를 공경하고 서로 간의 우애를 경시하지 않으려면, 이런 것들이 신들에 관해 들어야 할 이야기와 듣지 말아야 할 이야기라네."

"이에 관한 우리의 견해는 옳은 것 같아요."

"그들이 용감해지려면 어떻게 해야 할까? 우리는 그들에게 죽음의
b 공포를 최소화할 이야기를 들려주어야 하지 않을까? 자네는 속으로 죽음을 겁내는 사람이 용감해질 수 있다고 생각하는가?"

"제우스에 맹세코, 그렇게 생각지 않아요" 하고 아데이만토스가 말했네.

"어떤가? 저승에서 일어나는 무서운 일들을 믿는다면, 죽음도 겁내지 않고 싸우며 전쟁에 패하여 노예가 되느니 차라리 죽음을 택할 사람이 있을까?"

"아니요."

"그런 점에서 우리는 그런 이야기들을 들려주려는 자들을 감독하고, 그들이 저승에 관해 부정적으로 이야기하기를 그만두고 긍정적으로 이
c 야기하라고 요구해야 할 것 같네. 그들이 지금 하고 있는 이야기는 사실

도 아니거니와, 전사(戰士)가 될 사람들에게 도움이 되지도 않기 때문일세."

"당연히 감독해야지요."

그래서 내가 말했네. "그러면 우리는 다음 시구(詩句)를 비롯하여 그와 같은 시구들을 모조리 삭제할 것이네.

나는 세상을 떠난 모든 사자(死者)들을 통치하느니
차라리 지상에서 머슴이 되어 농토도 없고 재산도 많지 않은
가난한 사람 밑에서 품이라도 팔고 싶소.¹

다음 시구도.

신들조차 싫어하는 무시무시하고 곰팡내 나는 그의 거처가
인간과 신들 앞에 드러나지 않을까 염려되었기 때문이다.²

다음 시구도.

---

1 『오뒷세이아』 11권 489~491행. 살아서 저승을 찾아간 오뒷세우스에게 아킬레우스의 혼백이 한 말이다.
2 『일리아스』 20권 64~65행. 여기서 '그의 거처'란 저승의 신 하데스의 거처, 즉 저승을 말한다.

아아. 그러고 보니 하데스의 집에도 혼백과 그림자가 있음이
분명하구나. 비록 그 안에 전혀 생명이 없긴 하지만.³

다음 시구도.

오직 그에게만 죽은 뒤에도 분별력을 주었고, 다른 혼백들은 그림자
처럼 쏘다녀요.⁴

다음 시구도.

그의 혼백은 남자의 힘과 젊음을 뒤로하고 자신의 운명을
통곡하며 그의 사지를 떠나 하데스의 집으로 날아갔다.⁵

387a 다음 시구도.

…그의 혼백이 희미하게 비명을 지르며
…연기처럼 땅속으로 사라졌기 때문이다.⁶

다음 시구도.

마치 박쥐들이 떼 지어 바위에 높다랗게 매달려 있다가
그중 한 마리가 떨어지면 불가사의한 동굴 맨 안쪽에서

찍찍거리며 날아다닐 때와도 같이,

꼭 그처럼 혼백들은 찍찍거리며 그와 동행했다.[7]

이런 종류의 시구들을 우리가 모두 지워버리더라도 화내지 말라고 호메로스와 그 밖의 다른 시인들에게 부탁할 것이네. 그런 시구들이 열등하거나 인기가 없어서가 아니라, 훌륭한 시구일수록 자유민으로서 노예가 되는 것을 죽음보다 더 두려워해야 할 아이들이나 어른들이 듣기에는 더 부적절하기 때문이라고 그 이유를 설명할 것이네."

"물론 그래야지요."

"나아가 우리는 저승과 관련된 섬뜩하고 무시무시한 이름들도 모두 버려야 하네. 코퀴토스, 스튁스,[8] 유령, 시신, 그 밖에 이름만 들어도 소

---

3 『일리아스』 23권 103~104행. 아킬레우스가 죽마고우 파트로클로스(Patroklos)의 혼백을 잡으려다 실패하자 탄식하는 말이다.
4 『오뒷세이아』 10권 495행. 오뒷세우스는 귀향길을 묻기 위해 저승으로 테바이의 유명한 예언자 테이레시아스(Teiresias)를 찾아간다. 저승의 여왕 페르세포네(Persephone)가 이 예언자에게만은 죽은 뒤에도 분별력을 주었기 때문이다.
5 『일리아스』 16권 856~857행. 헥토르(Hektor)의 손에 죽은 파트로클로스를 그린 것이다.
6 『일리아스』 23권 100~101행. 이 역시 파트로클로스의 혼백이 아킬레우스에게 잡히지 않고 빠져나가는 장면을 그린 것이다.
7 『오뒷세이아』 24권 6~9행. 오뒷세우스의 손에 죽은 구혼자들의 혼백이 헤르메스(Hermes) 신을 따라 저승으로 가는 장면을 그린 것이다.
8 코퀴토스(Kokytos '통곡의 강')와 스튁스(Styx '증오의 강')는 둘 다 저승을 흐르는 강이다.

제3권 147

름 끼치는 것들 말일세. 그런 것들은 다른 목적에는 쓸모 있을지 모르겠으나, 이런 종류의 전율로 우리 수호자들이 너무 조급하고 유약해지지 않을까 우려되네."

"우리가 우려하는 건 당연한 일이지요" 하고 그가 말했네.

"그렇다면 그런 것들은 지워버려야겠지?"

"네."

d "그러면 우리 작가와 시인은 그와 정반대되는 원칙을 따라야겠지?"

"분명하지요."

"그러면 우리는 저명인사들이 통곡하고 비탄하는 구절들도 지워야겠지?"

"당연하지요" 하고 그가 말했네. "앞서 말한 것도 당연하다면요."

그래서 내가 말했네. "하지만 우리가 그런 시구들을 지워버리는 것이 정당한지 아닌지 자네는 살펴보아야 하네. 훌륭한 사람은 자신의 친구인 다른 훌륭한 사람에게 죽음이 닥치더라도 이를 재앙으로 여기지 않는다는 것이 우리의 주장이네."

"그렇지요. 그게 우리의 주장이지요."

"그렇다면 그는 친구가 끔찍한 일을 당하기나 한 것처럼 친구 때문에 통곡하지는 않을 걸세."

"그는 통곡하지 않을 거예요."

"또한 우리는 훌륭한 사람은 훌륭하게 살아가는 데서 가장 자족할
e 수 있으며 누구보다 남에게 가장 덜 의존한다고 말하네."

"옳은 말씀이에요" 하고 그가 말했네.

"그렇다면 훌륭한 사람은 아들이나 형제나 재산 등을 잃어도 누구보다 덜 두려워할 것이네."

"누구보다 덜 두려워하겠지요."

"그렇다면 우리가 유명한 남자들이 비탄의 노래를 읊지 못하게 하는 것은 당연할 것이네. 그런 노래라면 덜 존경스러운 여자들이나 못난 남자들이 읊게 할 수 있을 것이네. 그렇다면 우리가 나라의 수호자들로 기르려는 사람들은 그들을 모방하기를 부끄러워할 걸세." 388a

"옳은 말씀이에요" 하고 그가 말했네.

"그렇다면 우리는 호메로스와 그 밖의 다른 시인에게 여신의 아들인 아킬레우스를 다음과 같이 묘사하지 말라고 요구할 것이네.

그는 때로는 모로 누웠다가 때로는 바로 누웠다가
때로는 엎드리기도 하면서… 그러다가 벌떡 일어나
수확할 수 없는 바다의 기슭을 정처 없이 거닐었다.⁹ b

또한 우리는 그가 이렇게 울며 비탄하는 모습을 묘사하지 말아달라고 요구할 것이네. '그는 두 손에 검은 먼지를 움켜쥐더니 머리에 뿌려….'¹⁰ 또한 신들의 가까운 후손인 프리아모스¹¹가 다음과 같이 애원하

---

9 『일리아스』 24권 10~12행. 아킬레우스가 죽은 파트로클로스를 생각하며 잠 못 이루는 장면을 그린 것이다. '수확할 수 없는'이라는 표현은 원전에 없다.
10 『일리아스』 18권 23~24행. 파트로클로스가 전사했다는 소식을 듣고 아킬레우스가 보인 반응을 그린 것이다.

는 모습을 보여주지 말라고 그에게 요구할 것이네.

…(노인은) 더러운 먼지 위를 뒹굴면서
각자의 이름을 부르며….[12]

무엇보다도 우리는 신들이 울면서 다음과 같이 말하는 모습을 보여주지 말라고 그에게 요구할 것이네.

c 아아, 가련한 내 신세여! 가장 훌륭한 자식을 낳은 어미의 슬픔이여![13]

다른 신들은 몰라도 그가 다음과 같이 말하게 함으로써 가장 위대한 신을 감히 잘못 그려서는 안 될 것이네.

아아! 내가 사랑하는 인간이 성벽 주위로 쫓기는 꼴을
내 두 눈으로 봐야 하다니. 헥토르 때문에 나는 마음이 아프구나.[14]

또는

아아, 슬프도다! 내가 가장 사랑하는 인간인 사르페돈을
d 운명이 메노이티오스의 아들 파트로클로스의 손으로 제압하다니![15]

여보게 아데이만토스, 우리 젊은이들이 이런 시구들을 무가치한 것

으로 비웃지 않고 진지하게 귀담아듣는다면, 그들도 인간인 이상 그렇게 처신하는 것을 자신에게 걸맞지 않은 것으로 여기지 않거나 그와 비슷한 말이나 행동을 하고 싶은 유혹을 이겨내기가 어려울 걸세. 그들은 부끄러운 줄도 모르고 참을성도 없이 사소한 고통만 당해도 푸념과 비탄을 늘어놓을 것이네."

"지당한 말씀이에요" 하고 그가 말했네.

"그러나 그것은 방금 우리의 논의가 요구한 태도가 아닐세. 그리고 우리는 누가 더 나은 논의를 제시할 때까지는 우리의 논의를 믿어야 하네."

"그래요. 우리의 논의가 요구한 태도가 아니지요."

"그렇다고 해서 우리 수호자들은 웃음을 너무 좋아해서도 안 되네. 웃음이 헤프면 으레 심한 심적 변화가 뒤따르기 마련이니까."

"그런 것 같아요" 하고 그가 말했네.

"따라서 언급할 가치가 있는 사람들을 웃음에 제압된 것으로 묘사하

---

11 Priamos. 트로이아의 마지막 왕으로 제우스의 7대손이다. 프리아모스는 죽은 아들 헥토르의 시신을 몸값을 주고 찾아올 수 있도록 아킬레우스를 찾아가는 것을 허락해달라고 백성들에게 애원하고 있다.
12 『일리아스』 22권 414~415행.
13 『일리아스』 18권 54행. 아들 아킬레우스가 파트로클로스의 죽음을 슬퍼한다는 소식을 들은 테티스 여신은 이제 아킬레우스도 살날이 얼마 남지 않았다는 것을 직감하고 비탄에 빠진다.
14 『일리아스』 22권 168~169행. 헥토르가 곧 아킬레우스의 손에 죽을 것임을 알고 제우스가 탄식하는 말이다.
15 『일리아스』 16권 433~435행. 사르페돈(Sarpedon)은 제우스의 아들로 파트로클로스의 손에 죽는다.

389a 는 자가 있다면, 우리는 이를 용납해서는 안 되네. 신들의 경우에는 더더욱 그래서는 안 되네."

"더더욱 안 되지요" 하고 그가 말했네.

"그러니 우리는 호메로스가 신들에 관해 다음과 같이 말하는 것을 용납하지 않을 것이네.

헤파이스토스가 궁전 안을 분주히 돌아다니는 모습을 보고
축복받은 신들 사이에 꺼질 줄 모르는 웃음이 일었다.[16]

자네 논리대로라면 우리는 이런 것을 용납해서는 안 되네."

b "좋으시다면, 제 논리라고 하세요" 하고 그가 말했네. "아무튼 우리는 어떤 경우에도 그런 것을 용납해서는 안 돼요."

"그런데 우리는 진실성도 높이 평가해야 하네. 방금 우리가 한 말[17]이 맞다면, 그리하여 실제로 거짓말이 신들에게는 쓸모없지만 인간에게는 오직 약으로서 쓸모 있는 것이라면, 거짓말하는 것은 의사에게 맡겨야지 문외한이 관여해서는 안 되네."

"분명히 그래요" 하고 그가 말했네.

"그러니 거짓말할 자격이 있는 사람이 있다면, 그는 바로 국가의 치자이네. 그는 적이나 시민의 행위에 따라 국가 이익을 위해 거짓말을 해도 되니까. 그 밖의 다른 사람은 아무도 거짓말을 해서는 안 되네. 그래서 일반 시민이 치자에게 거짓말을 한다면, 우리는 이것을 환자가 의사에게 거짓말하는 것보다, 또는 체력단련을 하는 사람이 자신의 몸 상태

와 관련하여 체육 교사에게 거짓말하는 것보다, 또는 선원이 배나 승무원과 관련하여 그리고 자신과 동료 선원의 상태와 관련하여 선장에게 허위 보고를 하는 것보다 더 중대한 위법행위로 간주할 것이네."

"지당한 말씀이에요" 하고 그가 말했네.

"따라서 우리 나라에서 거짓말을 하다가 발각되는 사람이 있다면   d

예언자든 질병을 고칠 의사든 재목을 다룰 목수든[18]

치자는 그를 국가라는 배를 전복하고 파괴할 수 있는 행위를 도입하는 자로서 처벌할 것이네."

"그러겠지요" 하고 그가 말했네. "치자가 말한 대로 시행되자면요."

"어떤가? 우리 젊은이들에게 절제도 필요하지 않을까?"

"왜 필요하지 않겠어요?"

"대중에게 절제란 대개 치자에게는 복종하되, 먹고 마시고 성교하는   e
즐거움에서는 자신이 치자가 되는 것이 아닐까?"

"저는 그렇다고 생각해요."

"따라서 우리는 호메로스에서 디오메데스가 다음과 같이 한 말은 훌륭하다고 인정할 만한 것으로 생각되네.

---

16 『일리아스』 24권 599~600행.
17 382c 참조.
18 『오뒷세이아』 17권 383~384행.

제3권 **153**

여보게, 자네는 잠자코 내가 시키는 대로 하게.¹⁹

이어지는 다음 시행도.

한편 아카이오이족은 노여움을 몰아쉬며 앞으로 나아갔고…
하나 그들은 지휘관들이 두려워 말없이 따라가고 있었다.²⁰

그리고 그것과 비슷한 다른 시행들도 모두 말이네."
"그래요. 우리는 훌륭하다고 인정할 거예요."
"어떤가? 이런 시행은?

그대 주정뱅이여. 개 눈에 사슴의 심장을 가진 자여!²¹

390a 그리고 이어지는 말은? 우리는 그런 말과 산문이나 운문에서 일반 시민이 치자에게 건네는 모욕적인 말을 모두 훌륭하다고 인정할 수 있을까?"
"훌륭하다고 인정할 수 없어요."
"우리 젊은이들을 절제 있게 만들자면 그들이 그런 말들을 듣게 하는 것은 적절하지 않은 듯하네. 비록 그런 말들이 다른 관점에서는 듣기 재미있을지 모르지만 말이야. 자네는 어떻게 생각하는가?"
"저도 그렇다고 생각해요."
"어떤가? 시인이 가장 지혜로운 사람으로 하여금 다음과 같은 광경이 세상에서 가장 아름답다고 말하게 하는 것은?

> 그들 앞의 식탁에는 빵과 고기가 그득하고,
> 술 따르는 사람은 포도주 섞는 동이에서   b
> 술을 퍼 가지고 와서 술잔에 따르고 있소.²²

자네는 이런 말을 듣는 것이 젊은이가 자제력을 키우는 데 도움이 될 것이라고 생각하는가? 다음 시행은 어떤가?

> 굶어 죽어서 운명을 맞는 것이야말로 가장 비참할 것이오.²³

> 그리고 다른 신들과 인간들은 모두 잠들었는데 제우스만이 잠 못 이루고 무슨 궁리를 하다가 애욕이 발동하자 궁리하던 것마저 그만 잊어

---

19 『일리아스』 4권 412행. 디오메데스가 동료 장군 스테넬로스(Sthenelos)를 꾸짖는 말이다.

20 이 두 시행은 앞의 시행에 이어지는 것이 아니라 각각 『일리아스』 3권 8행과 4권 431 행이다. 아카이오이족(Achaioi)은 트로이아 전쟁 때 가장 강력했던 그리스인 부족이며, '그들'이란 그리스군을 가리킨다.

21 『일리아스』 1권 225행. 화가 난 아킬레우스가 아가멤논을 모욕하는 말이다.

22 『오뒷세이아』 9권 8~10행. 오뒷세우스가 귀향 도중 알키노오스(Alkinoos) 왕의 궁전에서 융숭한 대접을 받고 나서 한 말이다.

23 『오뒷세이아』 12권 342행. 배가 고파도 참으라고 오뒷세우스가 간곡히 부탁했건만, 그의 전우 에우륄로코스(Eurylochos)가 굶어 죽을 바엔 태양신의 신성한 소떼를 잡아먹자고 일행을 부추기는 말이다.

c 버리고, 헤라를 보자 넋이 나가 집안으로 들어갈 생각도 않고 그 자리에서 교합하려는 모습을 보여주는 것은 어떤가? 그러면서 제우스는 부모님 몰래 둘이 잠자리로 가서 처음으로 사랑의 동침을 했던 그때도 자신이 이토록 애욕에 사로잡히지는 않았다고 말하고 있네.[24] 또한 우리는 아레스와 아프로디테가 비슷한 행동을 하다가 헤파이스토스에게 포박당하는 꼴[25]을 보여주기를 원하지 않네."

"제우스에 맹세코, 그런 것들은 보여주기에 적절하지 않은 것 같아요" 하고 그가 말했네.

d 그래서 내가 말했네. "그러나 이름난 사람들의 말이나 행동 가운데 참을성의 본보기가 될 만한, 온갖 역경에 맞서는 것이 있다면, 그런 것은 보고 들어야겠지. 이를테면 다음과 같은 시구 말일세.

그러나 그는 가슴을 치며 이런 말로 마음을 꾸짖었다.
'참아라, 마음이여! 너는 전에 더 험한 꼴을 보고도 참았느니라.'"[26]

"그러고말고요" 하고 그가 말했네.

e "또한 우리는 우리 시민들이 부패하거나 탐욕스러워지게 해서도 안 되네."

"안 되고말고요."

"그러면 우리 시민들이 다음과 같이 음송하는 것을 듣지 못하게 해야 할 것이네."

선물은 신들도 설득하고, 선물은 존엄한 왕들도 설득하노라.[27]

또한 우리는 아킬레우스의 스승 포이닉스가, 선물을 받고 나서야 아카이오이족을 구원해주고 선물을 가져오지 않으면 노여움을 풀지 말라고 아킬레우스에게 말할 때 건전한 조언을 한다고 칭찬해서는 안 되네. 또한 우리는 아킬레우스를 아가멤논한테서 선물을 받거나,[28] 몸값을 받지 않으면 헥토르의 시신을 내주지 않을 만큼[29] 돈을 밝히는 인물로 간주하는 데 동의하지 않을 것이네."

"그런 태도를 칭찬한다는 것은 당치도 않지요" 하고 그가 말했네.

그래서 내가 말했네. "그렇게 말하는 것을 내가 불경한 짓이라고 하지 않는 이유, 또는 아킬레우스에 관해 그런 말을 하는 사람들에게 귀를 기울이는 유일한 이유는 내가 호메로스를 높이 평가하기 때문일세. 또한 아킬레우스는 아폴론에게도 이렇게 말했네.

---

24 쫓기는 그리스군에게 숨 돌릴 틈을 주기 위해 헤라가 한껏 치장하고서 남편 제우스를 찾아가 동침하는 이야기는 『일리아스』 14권 292~353행 참조.
25 아내 아프로디테(Aphrodite)가 전쟁의 신 아레스(Ares)와 바람피우는 것을 알고 헤파이스토스가 자기 침상에 눈에 보이지 않는 그물을 쳐서 이 둘이 꼼짝없이 포박당하게 하는 이야기는 『오뒷세이아』 8권 266~366행 참조.
26 『오뒷세이아』 20권 17~18행. 오뒷세우스가 구혼자들에게 복수하기 전날 밤 하녀들이 구혼자들과 놀아나는 모습을 보고, 화가 치밀어도 지금은 참아야 한다고 스스로를 타이르는 말이다.
27 헤시오도스의 시행이라고 하지만 출전은 밝혀지지 않았다.
28 『일리아스』 9권 515~523행 참조.
29 『일리아스』 24권 501~502행, 552~562행, 592~595행 참조.

멀리 쏘는 이여, 모든 신 중에 가장 잔혹한 이여!
내게 그럴 힘만 있다면 내 진정 그대에게 복수하고픈 심정이오.³⁰

b 또한 아킬레우스는 하신(河神) 스카만드로스에게 복종하지 않고 싸우려고 덤비는가 하면,³¹ 또 다른 강 스페르케이오스에게 바치겠다고 서약한 자기 머리털을 이미 고인이 된

영웅 파트로클로스에게 주어 가져가게 할 것이오.³²

라고 말하고 있네. 우리는 아킬레우스가 그런 짓을 했다고 믿어서는 안 되네. 아킬레우스가 헥토르의 시신을 끌고 파트로클로스의 무덤을 돌았다느니,³³ 포로들을 무참히 죽여 파트로클로스를 화장하는 장작더미에 던졌다느니³⁴ 하는 이야기를 우리는 모두 사실로 인정하지 않을 것이네. 아킬레우스의 어머니는 여신이고, 아버지는 가장 절제 있는 인간이자 제우스의 손자인 펠레우스이며, 스승은 가장 현명한 케이론³⁵이었네. 우리는 그런 아킬레우스가 비열한 탐욕과 신과 인간에 대한 오만불손이라는 상반되는 두 가지 결점을 가질 만큼 마음이 혼란스러웠다고 우리 시민이 믿는 것을 용납하지 않을 걸세."

"옳은 말씀이에요" 하고 그가 말했네.

그래서 내가 말했네. "따라서 우리는 다음과 같은 이야기 역시 믿어서도 안 되고, 사람들이 이야기하는 것을 허용해서도 안 되네. 포세이돈의 아들 테세우스와 제우스의 아들 페이리투스가 끔찍한 납치 행위

를 시도했다느니,[36] 그 밖의 다른 신의 아들이나 영웅이 오늘날 그들이 했다고 잘못 전해지는 끔찍하고 불경한 짓을 감행했다느니 하는 이야기 말일세. 우리는 시인에게 그들은 그런 짓을 하지 않았다고 말하거나, 아니면 그들은 신들의 아들이 아니라고 말하도록 요구해야 하네. 시인은 이 두 가지가 다 사실이라고 주장해서는 안 되며, 신들은 악의 근원이라고, 영웅은 사람보다 조금도 나을 게 없다고 우리 나라 젊은이를 설득하려 해서는 안 되네. 앞서 말했듯이, 그렇다고 믿는 것은 불경할뿐더러 그건 사실이 아닐세. 신들에게서 나쁜 것이 생겨날 수 없다는 것을

e

---

30 『일리아스』 22권 15·20행. 도망치던 트로이아군이 무사히 성벽 안으로 들어갈 수 있도록 속임수를 썼다고 아킬레우스가 아폴론을 원망하는 말이다.

31 『일리아스』 21권 222행 이하 참조. 스카만드로스(Skamandros)는 트로이아 근처를 흐르는 강이다.

32 『일리아스』 23권 151행. 아킬레우스의 아버지 펠레우스(Peleus)는 아들이 무사히 귀국하면 길러준 보답으로 고향에 있는 스페르케이오스(Spercheios) 강에게 아들의 머리털을 잘라 바치겠다고 서약했다. 그러나 아킬레우스는 자기가 트로이아에서 죽을 운명임을 알고는 자기 머리털을 죽은 죽마고우 파트로클로스에게 애도의 표시로 바치겠다고 말하는 것이다.

33 『일리아스』 24권 14~21행 참조.

34 『일리아스』 23권 175~176행 참조.

35 Cheiron. 상반신은 사람이고 하반신은 말인 켄타우로스(Kentauros) 가운데 한 명으로 의술, 음악, 사냥, 예언술에 능했다. 의술의 신 아스클레피오스(Asklepios), 흑해 동쪽 기슭에서 황금 양모피를 가져온 영웅 이아손(Iason)도 그의 제자이다.

36 그리스 신화에 따르면, 아테나이의 건국 영웅 테세우스(Theseus)와 그의 친구 페이리투스(Peirithous 또는 Peirithoos)는 제우스의 딸과 결혼하기로 서로 맹세하고 어린 헬레네(Helene)를 납치했다. 그러나 하데스의 아내 페르세포네(Persephone)를 납치하러 저승에 갔다가 붙잡혔는데, 테세우스만 헤라클레스의 도움을 받아 탈출했다고 한다.

제3권 159

우리는 이미 증명했기에 하는 말일세."[37]

"당연하지요."

"게다가 그런 거짓 이야기를 믿는 것은 듣는 사람에게 해롭다네. 그런 일이 신들의 친척들에 의해 지금도 자행되고 전에도 자행되었다고 믿는다면, 누구나 자신의 결점에 관대해질 테니 말일세.

　그들은 제우스의 가까운 친척들이에요. 이데 산 정상에는
　선조이신 제우스를 모시는 제단이 하늘 높이 솟아 있고,
　그들의 혈관에는 아직도 신의 피가 마르지 않았어요.[38]

그래서 우리 나라 젊은이들이 듣고 부당하게 악에 관대해지기 전에 우리는 이런 이야기에 제동을 걸어야 하네."

"당연히 그래야지요" 하고 그가 말했네.

그래서 내가 말했네. "우리는 어떤 종류는 들려주어도 되고 어떤 종류는 들려주면 안 되는지 규정하고 있거늘, 아직 어떤 종류의 이야기가 남았는가? 신들과 수호신들과 영웅들과 사후 세계에 관한 이야기는 벌써 다루었으니 말일세."

"그런 이야기는 다 다루었어요."

"그러면 마지막으로 남은 것은 인간에 관한 이야기겠지?"

"분명 그래요."

"하지만 여보게, 현재로서는 우리가 그 주제를 다룰 수 없네."

"왜죠?"

"그건 시인과 산문 작가가 가장 중대한 인간사에 관해 잘못 말하고 있다는 것을 우리가 발견할까 염려스럽기 때문이네. 그들은 불의한 자는 대개 행복하고 올바른 사람은 비참하다고, 불의는 들키지만 않으면 이익이 되고 정의는 남에게는 좋지만 자기에게는 손해라고 말하니 말일세. 우리는 이런 취지의 이야기는 금지해야 하며, 그들에게 그와 정반대되는 시와 이야기를 짓도록 명령해야 하네. 자네는 그렇게 생각하지 않는가?"

b

"그래야 한다고 확신해요" 하고 그가 말했네.

"내 말이 옳다고 자네가 동의한다면, 우리가 지금까지 논의한 것에 자네가 동의한 것으로 여겨도 되지 않을까?"

"그렇게 여기셔도 돼요" 하고 그가 말했네.

c

"그러면 우리는 정의가 어떤 것이며, 올바른 사람으로 보이건 보이지 않건 올바른 사람에게 정의가 본성상 어떻게 이익이 되는지 밝혀내기 전에는, 인간에 관해 어떤 이야기를 들려주어야 하는지 합의해서는 안 되네."

"지당한 말씀이에요" 하고 그가 말했네.

"이야기의 내용에 관해서는 이쯤 해두세. 다음에는 이야기의 문체를

---

37 379a~380c 참조.
38 아이스퀼로스의 단편만 남아 있는 비극 『니오베』에서 인용한 것으로 추정된다. 니오베의 아버지 탄탈로스는 제우스의 아들이다. 이데(Ide)는 트로이아 근처의 높은 산이다. 탄탈로스의 아들 펠롭스에 관해서는 2권 주 43 참조.

고찰해야 하네. 그래야만 무엇을 들려주어야 하고 어떻게 들려주어야 하는지 우리가 완전하게 고찰한 셈이 될 테니까."

그러자 아데이만토스가 말했네. "무슨 말씀인지 모르겠어요."

그래서 내가 말했네. "그건 자네도 알아야 하네. 아마 내가 다음과 같이 말하면 자네가 더 잘 이해할 걸세. 이야기나 시는 어떤 것이든 옛날에 일어난 일이나 지금 일어나고 있는 일이나 앞으로 일어날 일을 들려주는 것이 아닐까?"

"그게 아니면 무엇이겠어요?" 하고 그가 말했네.

"이야기나 시는 단순한 서술이나, 모방을 통한 서술이나, 이 둘을 합친 것에 의해 소기의 목적을 달성하지 않을까?"

"그에 대해서도 더 자세한 설명이 필요해요" 하고 그가 말했네.

그래서 내가 말했네. "나는 똑 부러지지 못한 우스꽝스러운 교사인가 보군. 그러니 말을 잘할 줄 모르는 사람처럼 일반화는 피하고 일부만 떼내어 그것으로 내가 말하고자 하는 바를 설명하겠네. 자네는 『일리아스』의 첫 대목을 알고 있겠지? 크뤼세스가 아가멤논에게 딸의 방면을 간청하지만 아가멤논이 화를 내며 거절하자, 아폴론 신이 아카이오이족에게 재앙을 내려주도록 크뤼세스가 기도한다고 호메로스가 말하는 부분 말일세."[39]

"알고 있어요."

"그러면 자네도 알다시피,

… 그리고 그는 모든 아카이오이족,

특히 백성의 통솔자인 아트레우스의 두 아들[40]에게 간청했다.[41]

라는 시행에 이를 때까지는 시인이 직접 말하고, 말하는 사람이 자기 말고 다른 사람이라고 믿게 하려고 시도하지 않네. 그러나 이어지는 행들에서 그는 자기가 크뤼세스인 양 말하며, 말하는 사람이 호메로스가 아닌 노(老)사제인 것으로 생각하게 만들려고 최대한 노력하고 있네. 또한 그는 그 밖의 모든 이야기, 즉 일리오스[42]에서 일어난 일뿐 아니라 이타케[43]에서 일어난 일에 관한 이야기와 『오뒷세이아』 전체도 거의 이런 방법으로 구성하고 있네."

"물론이지요" 하고 그가 말했네.

"그렇다면 그의 이야기는 발언과, 발언과 발언 사이에 그가 말하는 것으로 이루어져 있겠지?"

"물론이지요."

"또한 그가 다른 인물인 것처럼 발언할 때 우리는 그가 자신의 문체를 관련 인물의 문체에 최대한 동화시킨다고 말할 수 있지 않을까?"

"말할 수 있고말고요. 한데 그건 왜 물으세요?"

---

39 『일리아스』 1권 8~42행 참조. 포로로 잡혀 있는 딸을 구해오기 위해 몸값을 갖고 아가멤논을 찾아간 아폴론의 사제 크뤼세스(Chryses)는 아가멤논이 화를 내며 쫓아내자 제발 그리스군에게 재앙을 내려달라고 아폴론에게 간청한다.
40 아가멤논과 메넬라오스(Menelaos).
41 『일리아스』 1권 15~16행.
42 Ilios. 트로이아의 별칭. '일리오스에서 일어난 일'이란 트로이아 전쟁을 말한다.
43 Ithake. 오뒷세우스의 고향 섬.

"그런데 말이나 태도에서 자신을 다른 인물에 동화시킨다는 것은 자신이 동화되려는 그 인물을 모방하는 것 아니겠는가?"

"그야 그렇지요."

"그렇다면 그런 구절에서 호메로스와 그 밖의 다른 시인은 분명히 모방에 의해 이야기를 구성하는 것 같네."

"물론이지요."

d "만약 시인이 어떤 구절에서도 자신을 숨기지 않는다면, 그의 시와 이야기는 모방 없이 생겨날 걸세. 자네가 이번에도 어떻게 그것이 가능한지 모르겠다고 말하는 것을 미리 막기 위해 설명해주겠네. 크뤼세스가 딸의 몸값을 가지고 탄원자로서 아카이오이족, 특히 두 왕을 찾아갔다고 말하고 나서 호메로스가 크뤼세스로서가 아니라 여전히 호메로스로서 말했다고 가정해보게. 그러면 자네도 알다시피 모방은 없고 단순한 서술만 있게 될 것이네. 이야기는 이렇게 진행되겠지. 나는 시인이 아

e 니니 산문으로 말하겠네. '사제는 가서 아카이오이족이 트로이아를 함락하고 무사히 귀향하도록 신들께서 허락해달라고 기도한 뒤, 아폴론 신을 공경하는 마음에서 몸값을 받고 딸을 방면해달라고 간청했다. 그가 이렇게 말하자 다른 아카이오이족은 모두 그에게 경의를 표하며 그의 요청을 들어주려 했다. 그러나 아가멤논은 화를 내면서 당장 물러가고 다시는 오지 말라고 으름장을 놓으며, 사제의 홀(笏)도 신의 화관[44]도 그를 보호해주지 못할 것이라고 했다. 아가멤논은 또 사제에게 그의

394a 딸은 방면되기 전에 아르고스[45]에서 자기와 함께 늙어갈 것이라며, 무사히 돌아가고 싶으면 어서 물러가고 더이상 부아를 돋우지 말라고 명

령했다. 노인은 아가멤논의 위협에 주눅 들어 말없이 물러났다. 그러나 일단 군영에서 물러난 노인은 아폴론에게 잇달아 기도하며 신의 별명들을 불렀고, 지난날 자기가 신에게 봉사한 일을 상기시키며 일찍이 신전을 지어드리거나 제물을 바쳐 신의 마음을 즐겁게 해드린 적이 있다면, 그 보답으로 신의 화살을 쏘아 아카이오이족이 자신의 눈물 값을 치르게 해달라고 간청했다.' 여보게, 이것이 바로 모방 없는 단순한 서술일세."

b

"알겠어요" 하고 그가 말했네.

그래서 내가 말했네. "그러면 이 점도 알아두게. 어떤 사람이 발언과 발언 사이에 시인이 말한 것을 빼버리고 대화만 남겨둔다면 그와 정반대되는 일이 벌어진다는 것 말일세."

"그것도 알겠어요" 하고 그가 말했네. "그런 일은 이를테면 비극에서 일어나지요."

그래서 내가 말했네. "자네, 제대로 이해했구먼. 내가 앞서 설명할 수 없었던 것을 이제는 자네에게 설명할 수 있을 것 같네. 시와 이야기가 세 유형으로 나뉜다는 것 말일세. 그중 한 유형은 전적으로 모방에 의존하는데, 자네 말처럼 비극과 희극이 여기에 속하네. 다른 유형은 시인 자신이 말하는 것인데, 가장 좋은 본보기는 디튀람보스[46]에서 발견

c

---

44 탄원자의 화관.
45 Argos. 펠로폰네소스 반도 북동부의 도시로 아가멤논의 고향.
46 dithyrambos. 주신(酒神) 디오뉘소스(Dionysos)에게 바치는 합창서정시.

할 수 있을 것이네. 모방과 서술을 모두 사용하는 또 다른 유형은 서사시와 그 밖의 여러 종류의 시에서 발견할 수 있네. 알겠는가?"

"선생님께서 무슨 말씀을 하시려 했는지 이제야 알겠어요" 하고 그가 말했네.

"그전에 우리가 무슨 말을 했는지 기억해보게. 우리는 어떤 이야기를 들려주어야 하는지는 결정했으나, 어떻게 들려주어야 하는지는 아직도 고찰해봐야 한다고 말했네."

"네, 기억나요."

d "그러면 내가 말하려고 한 것은 바로 이런 것을 결정해야 한다는 것이라네. 우리는 시인이 작품에서 모방을 사용하게 할 것인가? 아니면 일부는 모방을, 일부는 서술을 사용하게 할 것인가? 그럴 경우 시인은 언제 모방을 사용하고, 언제 서술을 사용해야 할 것인가? 아니면 시인은 모방을 일절 사용해서는 안 되는가?"

"짐작컨대 선생님께서는 우리 나라에 비극과 희극을 받아들여야 할지 말지 묻고 계신 것 같군요" 하고 그가 말했네.

그래서 내가 말했네. "아마 그럴지도 모르지. 어쩌면 이것은 훨씬 더 심각한 사안일지도 몰라. 나도 아직 모르겠기에 하는 말일세. 그래도 우리는 논의가 이끄는 방향으로 나아가야 하네."

"좋은 말씀이에요" 하고 그가 말했네.

e "그렇다면 아데이만토스, 자네는 우리 수호자들이 모방자가 되어야 하는지 아닌지 숙고해보게. 아니면 전에 적용한 것과 같은 원칙[47]이 여기에도 적용될까? 그 원칙이란 한 사람은 한 가지 일만 잘할 수 있다는

것이었네. 한 사람이 여러 일을 할 수는 없네. 한 사람이 여러 일을 시도하면 노력이 분산되어 어느 일에도 탁월할 수 없을 걸세."

"당연히 적용되겠지요."

"이 원칙은 모방에도 적용될까? 한 사람이 한 가지를 모방할 때만큼 훌륭하게 여러 가지를 모방할 수는 없겠지?"

"없고말고요."

"따라서 한 사람이 훌륭한 직업에 종사하면서 여러 가지를 모방하는 다재다능한 모방자가 되기는 어려울 걸세. 비극과 희극처럼 서로 아주 가깝다고 생각되는 모방 형식에서도 같은 사람이 두 가지 모두에 능할 수는 없네. 아니면 자네는 방금 비극과 희극을 모방의 유형으로 분류하지 않았던가?" 395a

"그렇게 분류했지요. 선생님 말씀이 옳아요. 같은 사람이 두 가지 일에 모두 능할 수는 없어요."

"같은 사람이 동시에 음송자와 배우가 될 수도 없네."

"옳은 말씀이에요."

"같은 사람이 희극배우도 되고 비극 배우도 될 수는 없네. 한데 희극과 비극은 둘 다 모방의 형식이네. 그렇지 않은가?" b

"맞아요. 모방의 형식이에요."

"게다가 아데이만토스, 인간의 본성은 이보다 더 세분화되어 있는 것

---

47 369e~370c, 374a~d 참조.

같네. 이는 곧 인간이 실제 생활에서든 무대 위에서 그것을 모방하는 일에서든 여러 역할에 동시에 능할 수 없다는 것을 의미하네."

"지당한 말씀이에요" 하고 그가 말했네.

c "그러니 만약 우리가 우리 수호자들은 모든 다른 직업에서 해방되어야 하고, 우리 나라를 위한 자유의 진정한 실현자가 되어야 하며, 그들의 모든 행위는 이에 기여해야 한다는 우리의 원래 계획을 고수한다면, 그들은 그 밖의 다른 것을 행하거나 모방해서는 안 되네. 만약 그들이 모방한다면, 그들이 모방하기에 적절한 것들, 말하자면 용감하고 절도 있고 경건하고 자유민답고 그 밖에 그와 자질이 비슷한 사람을 어릴 때부터 곧장 모방해야 하네. 그들은 자유민답지 못한 짓이나 그 밖의 다른 수치스러운 태도는 행해서도 안 되고, 그런 짓이나 태도를 모방하는 데 능해서도 안 되네. 그런 태도를 모방하다가 실제로 좋아하는 일이 없

d 도록 말일세. 아니면 자네는 모방이 어릴 때부터 계속되면 습관화되어 성격의 일부가 되고 몸짓과 말과 생각에 영향을 주는 것을 알아차리지 못했는가?"

"그야 알아차렸지요" 하고 그가 말했네.

그래서 내가 말했네. "우리는 우리 수호자들을 돌봐야 하고 그들이 훌륭한 사람이 되기를 바라는 만큼, 남자인 그들이 여자가 노소를 불문하고 남편에게 욕설을 퍼붓거나 신들에게 대들거나 행복하다고 우쭐대거나 불운을 슬퍼하고 비탄하는 모습을 모방하도록 허용하지 않을

e 것이네. 우리는 그들이 병들었거나 사랑에 빠졌거나 분만 중인 여자를 모방하도록 허용해서는 더더욱 안 되네."

"전적으로 동의해요" 하고 그가 말했네.

"또한 그들은 노예답게 행동하는 남녀 노예를 모방해서도 안 되네."

"네, 그것도 안 돼요."

"나쁜 사람을 모방해서도 안 될 것 같네. 겁쟁이와 그들이 모방해야 한다고 방금 우리가 말한 것과 정반대되는 태도를 취하는 사람 말일세. 그런 사람들은 서로 모욕하거나 조롱하며, 술에 취해서건 맑은 정신에 서건 상스러운 말을 쓰며, 그런 사람들이 택할 법한 이런저런 방법으로 말이나 행동을 통해 자신들이나 남을 해코지한다네. 생각건대, 그들은 미친 사람의 행동이나 말을 모방하는 버릇을 들여서도 안 되네. 우리 수호자들은 미치고 사악한 남자와 여자를 알아볼 수는 있어야겠지만, 이들이 하는 짓을 행하거나 모방해서는 안 되네."

"지당한 말씀이에요" 하고 그가 말했네.

"어떤가? 대장장이나 그 밖의 다른 장인(匠人)이나 삼단노선[48]의 노꾼들[49]이나 이들에게 구령을 붙여주는 사람이나 이런 종류의 일에 종사하는 사람들을 우리 수호자들이 모방하는 것은 허용해도 될까?"

"어떻게 허용할 수 있겠어요?" 하고 그가 말했네. "우리 수호자들은 그런 일에는 일절 관심을 기울여서는 안 되는데요."

"어떤가? 울어대는 말이나 울부짖는 황소나 요란하게 흘러가는 강물이나 부서지는 파도 소리나 천둥소리 등등은 우리 수호자들이 모방하

---

[48] trieres. 당시 가장 빠른 전함으로, 노꾼 170명을 포함해 모두 200명이 승선했다.
[49] 노를 젓는 힘든 일은 최하층민이 도맡아 했다.

게 될까?"

"안 되지요. 우리는 이미 그들에게 미친 짓을 하는 것도, 미친 사람처럼 행동하는 것도 금했는데요" 하고 그가 말했네.

그래서 내가 말했네. "내가 자네 말뜻을 제대로 이해하는 것이라면, 문체와 서술 방식에는 진실로 아름답고 훌륭한 사람이 무엇인가를 말하고 싶을 때 택할 법한 종류가 있는가 하면, 그와 정반대의 성격을 타고나 정반대의 양육을 받은 사람이 자신을 표현하기 위해 택할 법한 다른 종류가 있네."

"그게 어떤 것들이지요?" 하고 그가 물었네.

그래서 내가 말했네. "생각건대, 절제 있는 사람은 이야기하는 도중에 훌륭한 사람의 말과 행동과 마주치면 마치 자신이 그 사람인 것처럼 말하고 싶어할 것이며, 그런 모방을 부끄러워하지 않을 것이네. 그는 훌륭한 사람이 꿋꿋하고 슬기롭게 행동할 때 가장 많이 모방할 것이고, 훌륭한 사람이 병이나 욕정이나 취기나 그 밖의 다른 불행으로 말미암아 정도에서 벗어날 때 가장 덜 그리고 가장 소극적으로 모방할 것이네. 그러나 자기에게 어울리지 않는 하찮은 성격과 마주치면 그는 아마도 자기보다 못한 자를 닮으려고 진지하게 노력하지는 않을 것이네. 그런 성격이 뭔가 훌륭한 일을 할 때 잠깐 모방하는 것 말고는 말일세. 오히려 그는 그런 성격을 닮는 것을 부끄러워할 것이네. 그도 그럴 것이, 그는 이런 종류의 사람을 모방하는 훈련이 되어 있지 않을뿐더러, 자기보다 못한 성격을 본받는 것에 거부감을 느끼기 때문일세. 그는 마음속으로 이런 태도를 그답지 못하다고 생각할 것이네. 재미 삼아 그렇게 할 때 말고는."

"그런 것 같아요" 하고 그가 말했네.

"따라서 그는 잠시 전 우리가 호메로스의 서사시를 논할 때 언급한 문체를 사용할 것이네. 그는 모방과 서술을 결합할 것이며, 긴 이야기라도 모방의 비중은 작을 것이네. 아니면 내 말이 틀렸는가?"

"아니요." 하고 그가 말했네. "그렇게 이야기하는 사람의 문체는 그럴 수밖에 없겠지요."

그래서 내가 말했네. "그렇게 이야기하지 않는 사람은 하찮은 사람일수록 그만큼 더 무엇이든 모방하려 들 것이며,[50] 그가 그답지 못하다고 여기는 것은 아무것도 없을 걸세. 그래서 그는 방금 우리가 말했던 것을 공연장에서 진지하게 모방하려 할 것이네. 그리하여 우리는 천둥소리, 바람 소리, 우박 소리, 차축 소리, 차바퀴 소리, 나팔과 피리와 목적(牧笛)[51] 등 온갖 악기 소리는 물론이고 심지어 개 짖는 소리, 양의 울음소리, 새 우는 소리까지 들을 것이네. 그리하여 이런 문체는 주로 소리와 몸짓에 의한 모방에 의존할 것이고, 서술은 전체의 일부에 불과하겠지?"

397a

b

"그것도 당연해요" 하고 그가 말했네.

그래서 내가 말했네 "바로 이것을 두고 내가 문체에는 두 가지가 있다

---

50 원전의 diegesetai('이야기하려 들 것이다')를 애덤(J. Adam)에 따라 mimesetai로 읽었다.
51 syrinx. 목자(牧者)들이 불던 원시적 악기이며, 영어로는 대개 panpipe로 옮긴다.

고 말한 것이라네."

"그래요. 두 가지가 있어요" 하고 그가 말했네.

"이 두 문체 가운데 하나에는 사소한 변화만이 수반되네. 그래서 누가 그것에 맞는 선법(旋法)[52]과 리듬을 사용하면 그것을 제대로 이야기할 경우 변화가 적기에, 하나의 선법만 사용함으로써 음악적 일관성을 유지할 수 있겠지? 그 점은 리듬에서도 마찬가지겠지?"

c "그건 분명 그래요" 하고 그가 말했네.

"다른 문체는 어떤가? 거기에는 무한한 변화가 내포되어 있어 그것이 제대로 표현되려면 앞서 말한 문체와는 정반대로 온갖 선법과 온갖 리듬이 필요하지 않을까?"

"그렇고말고요."

"그러니 시인은 물론이요 무슨 말을 하는 사람이면 누구나 이 두 문체 가운데 어느 하나나 이 둘을 혼합한 것을 택하겠지?"

"당연하지요" 하고 그가 말했네.

d "그렇다면 우리는 어떻게 할까? 우리 나라에 이것들을 모두 받아들일까, 아니면 혼합되지 않은 것 가운데 어느 하나를 받아들일까, 그것도 아니면 혼합된 것을 받아들일까?"

"제 의견이 먹힌다면 훌륭한 사람을 모방하는 혼합되지 않은 문체만을 받아들이겠지요" 하고 그가 말했네.

"그렇지만 아데이만토스, 혼합형도 즐거운 것이라네. 아니, 아이나 가정교사나 일반 대중에게는 자네가 택한 것과 정반대되는 문체가 가장 즐겁다네."

"그렇겠지요."

그래서 내가 말했네. "하지만 자네는 그것이 우리 정체에는 적합하지 않다고 말할 걸세. 우리 나라에서는 저마다 한 가지 일만 하므로, 두 가지 또는 여러 가지 역할을 하는 사람은 아무도 없기 때문이네."

"네, 적합하지 않아요."

"그런 이유에서 우리는 오직 우리 나라에서만 제화공일 뿐 제화공이자 선장은 아닌 제화공과, 농부일 뿐 농부이자 재판관은 아닌 농부와, 전사일 뿐 전사이자 사업가는 아닌 전사 등등을 발견하겠지?"

"옳은 말씀이에요" 하고 그가 말했네.

"그렇다면 무엇이든 모방할 수 있는 다재다능한 사람이 우리 나라를 찾아와서 자신의 작품을 몸소 연출하기를 원한다고 가정해보게. 우리는 그를 신성하고 놀랍고 즐거운 사람으로 경배하되 우리 나라에는 그와 같은 사람이 없는 만큼 그와 같은 사람이 우리 나라에 있는 것은 불법이라고 설명해주어야 할 걸세. 우리는 그의 머리에 몰약을 붓고 화관을 씌워주며 다른 나라로 보내야 하네. 우리 자신의 이익을 위해 우리는 더 엄격하고 덜 재미있는 시인과 이야기 작가로 만족할 것이네. 훌륭한 사람의 말투를 모방할 수 있고, 우리가 우리 전사들의 교육에 착수할 때 정한 원칙[53]에 따라 이야기를 들려줄 수 있는 시인과 이야기 작가 말일세."

---

52 harmonia.
53 379a~392a 참조.

"우리는 당연히 그래야겠지요" 하고 그가 말했네. "우리한테 달려 있는 일이라면요."

그래서 내가 말했네. "여보게, 우리 시가(詩歌) 교육에 사용되어야 할 말과 이야기에 관한 논의는 이상으로 완결된 것 같네. 우리는 이미 어떤 이야기를 어떻게 들려주어야 할지 정했으니 말일세."

"저도 그렇게 생각해요" 하고 그가 말했네.

c 그래서 내가 말했네. "그러면 노래와 음악의 양식을 논의하는 일이 남았겠지?"

"네, 그래요."

"앞서 말한 것과 모순되지 않으려면 우리가 어떤 성격의 노래와 음악을 요구해야 할지는 모두 알 수 있을 것이네."

그러자 글라우콘이 웃으며 말했네. "소크라테스 선생님, 저는 그 '모두'에 포함되지 않는 것 같아요. 지금 당장은 그것들의 성격과 관련해서 무슨 말을 할 자신이 없으니까요. 짐작되는 바가 없는 것은 아니지만 말이에요."

d 그래서 내가 말했네. "하지만 자네는 노래가 세 요소, 즉 노랫말과 선법과 리듬으로 이루어진다는 점은 자신 있게 말할 수 있을 것이네."

"네, 그것은 말할 수 있어요" 하고 그가 말했네.

"그렇다면 노랫말은 곡을 붙이지 않은 말과 다를 것이 없는 만큼, 우리가 방금 규정한 원칙에 따라 같은 방법으로 읊어야 하지 않을까?"

"옳은 말씀이에요" 하고 그가 말했네.

"그리고 선법과 리듬은 노랫말에 맞아야 하네."

"당연하지요."

"그리고 우리는 우리 이야기에는 애도나 비탄은 필요 없다고 합의했네."[54]

"필요 없고말고요."

"어떤 선법이 애도에 적합하지? 말해보게. 자네는 음악에 조예가 깊으니까."

"혼성 뤼디아 선법[55]과 고음 뤼디아 선법[56] 같은 것들이지요."

그래서 내가 말했네. "그렇다면 이런 것들은 배제해야겠지? 이것들은 남자는 말할 것도 없고, 여자가 훌륭해지는 데에도 아무 쓸모가 없으니까."

"물론이지요."

"술 취한 것, 유약한 것, 나태한 것 역시 우리 수호자들에게는 가장 부적절하네."

"당연하지요."

"선법 가운데 유약해지게 하거나 권주가에 적합한 것은 어떤 것인가?"

---

54 387d 이하 참조.
55 혼성 뤼디아 선법(meixolydisti) b − c − d − e − f − g − a − b. 뤼디아는 소아시아 중서부 지방이다. 고대의 뤼디아 선법이 근대의 뤼디아 선법과 정확히 일치하는지는 모르지만, 베토벤은 자신의 현악사중주 작품 132번의 제3악장에서 이 선법을 사용했다.
56 고음 뤼디아 선법(syntonolydisti) a − b − c − d − e − f − g − a.

"느슨하다고 불리는 몇몇 이오니아 선법과 뤼디아 선법이지요"[57] 하고 그가 말했네.

"여보게, 이런 것들이 전사를 훈련시키는 데 쓸모가 있을까?"

"전혀 쓸모없어요" 하고 그가 말했네. "이제 선생님께 남은 것은 도리스 선법과 프뤼기아 선법[58]인 것 같군요."

그래서 내가 말했네. "나는 선법에 관해서는 잘 모르네. 하지만 전투 중이거나 큰 위기에 맞닥뜨린 용감한 사람의 어조와 억양을 제대로 모방할 수 있는 선법은 나를 위해 남겨두게나. 그는 일이 잘못되어 부상을 당하든 죽음을 맞든 또 다른 위기에 봉착하든, 이런 모든 상황에서도 끝까지 침착하고 꿋꿋하게 버틸 것이네. 더하여 평화롭고 자발적이고 스스로 선택한 활동에 종사하고 있는 사람을 위한 다른 선법도 나를 위해 남겨두게나. 그는 누구에게 뭔가를 설득하거나, 무슨 부탁을 하거나, 신에게 기도하거나, 인간에게 지시하거나 조언해줄 것이네. 아니면 그와 정반대로 그는 누가 부탁을 하거나 설명하거나 그의 마음을 바꾸려고 시도하면 참을성 있게 귀를 기울이며 가장 훌륭하다고 판단하는 대로 행동하되, 이런 모든 상황에서도 거만하기는커녕 절제 있고 침착하게 행동할 것이며 결과에 만족할 것이네. 강제적이고 자발적인 이 두 선법은 나를 위해 남겨두게나. 불운한 사람과 행복한 사람의 음조와, 절제 있고 용감한 사람의 음조를 가장 잘 모방할 수 있는 선법들 말일세."

"선생님께서 남겨두라고 요구하시는 두 선법은 바로 제가 조금 전에 언급한 것들이에요" 하고 그가 말했네.

그래서 내가 말했네. "우리 노래와 서정시에는 현이 많거나 모든 선법을 연주할 수 있는 악기가 필요하지 않을 것이네."

"필요하지 않을 것 같군요" 하고 그가 말했네.

"그렇다면 우리는 삼각 하프나 보통 하프[59]나 현이 많고 여러 선법을 연주할 수 있는 또 다른 악기를 제작하는 장인을 먹여 살릴 필요가 없어질 걸세."

d

"그럴 것 같군요" 하고 그가 말했네.

"어떤가? 자네는 피리[60] 제작자나 피리 연주자를 우리 나라에 받아들일 것인가? 피리는 음역이 가장 넓은 악기가 아닌가? 그래서 여러 선법을 연주할 수 있는 악기들은 사실상 피리를 모방한 것이 아닌가?"

"분명 그래요" 하고 그가 말했네.

---

57 느슨한(chalara) 뤼디아 선법 f-g-a-b-c-d-e-f. 느슨한 이오니아 선법 g-a-b-c-d-e-f-g. 이오니아(Ionia)는 소아시아 서해안 지방과 그 부속 도서이다.

58 도리스 선법(doristi) e-f-g-a-b-c-d-e. 프뤼기아 선법(phrygisti) d-e-f-g-a-b-c-d. 도리스란 스파르테를 중심으로 펠로폰네소스 반도에서 세력을 떨치던 도리에이스족(Dorieis)에서 유래한 이름이다. 프뤼기아(Phrygia)는 소아시아 서북부 지방이다. 선법에 관해서는 S. Michaelides, *The Music of Ancient Greece: An Encyclopaedia*(London: Faber and Faber, 1978) 'tonos' 항목 참조. 고대 그리스 음악 일반에 관해서는 S. Hornblower & A. Spawforth, *Oxford Classical Dictionary*(Oxford ^{3}1996) 'music' 항목 참조.

59 각종 하프는 뤼디아 지방에서 유래한 것이라고 한다.

60 '피리'로 옮긴 아울로스(aulos)는 지금의 오보에나 클라리넷에 가까운 관악기인데, 디튀람보스, 비극과 희극 코로스의 반주악기로 사용되었다. 또한 잔치 때나 제물을 바칠 때나 장례 때도 연주되었다.

그래서 내가 말했네. "그렇다면 우리 나라에서 쓸 수 있는 악기로는 뤼라와 키타라[61]가 남았네. 농촌에는 목자를 위한 목적 같은 것이 있겠지만 말일세."

"그것은 우리 논의의 당연한 결론인 듯하네요" 하고 그가 말했네.

그래서 내가 말했네. "여보게 글라우콘, 우리가 마르쉬아스[62]와 그의 악기보다 아폴론과 그분의 악기를 선호한다고 해서 결코 새삼스러운 짓을 하는 것은 아닐세."

"제우스에 맹세코, 결코 새삼스러운 짓이 아니라고 저는 확신해요" 하고 그가 말했네.

그래서 내가 말했네. "개에 걸고 맹세하건대,[63] 우리가 너무 사치스럽다고 말한 나라를 우리는 그런 줄도 모르고 정화한 셈이네."

"그것은 우리가 절도를 지키기 때문이지요" 하고 그가 말했네.

그래서 내가 말했네. "자, 나머지 것도 정화하도록 하세. 선법 다음에 우리의 관심사는 리듬인데, 우리는 미묘하거나 다양한 운율을 추구해서는 안 될 것이네. 오히려 우리는 어떤 것이 절제 있고 용감한 사람의 삶에 맞는 리듬인지를 알아낸 다음, 운율과 멜로디를 그런 사람의 말에 맞춰야지 그의 말을 운율과 멜로디에 맞춰서는 안 될 것이네. 하지만 선법의 경우에도 그랬듯이, 그것들이 어떤 리듬인지 말하는 것은 자네 몫이네."

"제우스에 맹세코, 저는 말할 수가 없어요" 하고 그가 말했네. "마치 모든 선법이 네 가지 소리[64]에서 유래하듯, 운각(韻脚)은 세 가지 리듬[65]으로 구성된다는 것은 경험을 토대로 말할 수 있지만, 어떤 리듬이 어떤 삶을 모방하기에 적합한지는 말할 수 없어요."

그래서 내가 말했네. "이에 관해서는 다몬[66]에게 물어볼 수 있을 걸 b
세. 그러면 그는 우리에게 어떤 운각이 비열함과 오만과 그 밖의 다른 성
격적 결함을 표현하기에 적합하며, 그와 반대되는 성격을 표현하기 위
해 우리가 어떤 리듬을 남겨두어야 하는지 말해줄 수 있을 것이네. 확
실하진 않지만 나는 그가 '복합적인 에노플리온'[67]이라는 용어를 사용
하는 것을 들은 것 같네. 그는 또 닥튈로스[68]와 영웅시 운율[69]을 불가사

---

61 뤼라(lyra)는 활을 사용할 줄 몰라 손가락으로 뜯거나 채 따위로 켜던 발현악기(撥絃樂器)인데, 현의 길이가 모두 같다는 점에서 하프와 다르다. 피리와 더불어 고대 그리스의 주요 악기인 뤼라는 주로 서정시 반주에 사용되었다. 키타라(kithara)는 소리가 더 잘 울리도록 뤼라를 개량한 것이다.

62 마르쉬아스(Marsyas)는 피리의 발명자라고도 하고, 아테나 여신이 버린 피리를 주워서 피리를 자유자재로 연주할 수 있게 되었다고도 한다. 반은 인간이고 반은 짐승인 사튀로스(satyros)인 그는 아폴론 신에게 연주 경연을 자청했다가 지는 바람에 산 채로 가죽이 벗겨졌다고 한다. 아폴론의 악기는 뤼라였다.

63 당시 그리스인들은 대개 제우스에 걸고 맹세했지만, 맹세할 때 신의 이름을 함부로 부르는 것을 피하려고 플라타너스나 양배추 따위의 식물 또는 거위, 개, 양 따위의 동물에 걸고 맹세하기도 했다.

64 '네 가지 소리'가 무엇인지는 여전히 논란의 대상이다.

65 '세 가지 리듬'이란 2:2 (단-단: 단-단, 또는 장: 장, 또는 장: 단-단, 또는 단-단: 장), 3:2 (장-단: 장), 2:1 (장: 단), 또는 1:2 (단: 장)의 비율을 말한다.

66 Damon. 기원전 5세기 말에 활동한 아테나이의 음악 교사.

67 enoplion. 행진가에 사용되던 리듬.

68 daktylos. 장단단격(−∪∪) 운각.

69 영웅시 운율(heroion)이란 호메로스의 서사시에서 사용된 닥튈로스 헥사메터(hexameter)인데, 닥튈로스는 스폰데이오스(spondeios − −) 운각으로 교체될 수 있다.

의한 여러 방법으로 정돈하고 높낮이를 고르며 장단을 표시했네. 그는
c 또 어떤 운각은 이암보스라고 부르고, 다른 운각은 트로카이오스라고
부르며, 이 두 운각에 장음과 단음을 배정한 것 같네.[70] 그는 리듬 자체
뿐 아니라 운각의 속도까지 비난하거나 칭찬한 것 같네. 그가 비난하거
나 칭찬한 것은 이 둘의 결합이었는지도 모르지만 나로서는 단언할 수
없다네. 아무튼 이 모든 문제는, 아까 내가 말했듯이, 다몬에게 맡기기
로 하세. 이를 자세히 구분하려면 긴 논의가 필요할 테니 말일세. 아니
면 자네는 우리가 시도해봐야 한다고 생각하는가?"

"제우스에 맹세코, 저는 그렇게 생각하지 않아요."

"하지만 자네는 좋은 리듬에는 우아함이, 나쁜 리듬에는 추함이 따
른다는 것쯤은 당장이라도 구분할 수 있겠지?"

"물론이지요."

"잠시 전에 말했듯이, 리듬과 선법이 말을 따르고 말이 리듬과 선법
d 을 따르지 않는다면, 좋은 리듬은 좋은 말을 따르며 모방하고, 나쁜 리
듬은 나쁜 말을 따르기 마련일세. 좋은 선법과 나쁜 선법에 대해서도 같
은 말을 할 수 있을 것이네."

"리듬과 선법은 말을 따르기 마련이지요" 하고 그가 말했네.

그래서 내가 말했네. "말씨와 말의 내용은 어떤가? 그것들은 말하는
사람의 성격에 달려 있지 않을까?"

"왜 아니겠어요?"

"다른 것들은 말씨에 달려 있고?"

"네."

"그렇다면 좋은 말씨, 조화, 우아함, 좋은 리듬은 모두 좋은 성격에 달려 있네. 내가 말하는 좋은 성격이란 세상 물정에 어두운 호인을 점잖게 이르는 말이 아니라, 진실로 훌륭하고 아름다운 성격을 갖춘 지성을 의미하네."

"그야 물론이지요" 하고 그가 말했네.

"그렇다면 우리 젊은이들이 맡은 바 임무를 제대로 수행하자면 어디서나 그런 것들을 추구해야 하지 않을까?"

"추구해야지요."

"그림은 분명 그런 것들로 가득차 있으며, 그런 종류의 모든 기술도 그 점에서는 마찬가지라네. 직조, 자수, 건축, 온갖 가재도구를 만드는 것이 그렇고, 우리 몸과 모든 생물의 본성 역시 그렇다네. 그 모든 것 안에 우아함과 추함이 내재하기 때문일세. 그리고 추함과 나쁜 리듬과 부조화는 나쁜 말과 나쁜 성격의 형제자매이고, 그와 반대되는 것들은 그와 정반대인 절제 있고 좋은 성격의 형제자매이자 모방물이라네."

"전적으로 동의해요" 하고 그가 말했네.

"그러면 우리는 시인들만 감시하며 그들이 자신들의 시에서 좋은 성격을 그리든지, 아니면 우리 나라에서는 아예 시를 짓지 말라고 요구해야 할까? 우리는 다른 장인(匠人)들도 감시하며 생명체의 그림이나 조각이나 건축이나 다른 예술 작품에서 나쁜 성격과 무절제와 야비함과

---

70 이암보스(iambos)는 단장격(∪−) 운각이고, 트로카이오스(trochaios)는 장단격(−∪) 운각이다.

추함을 그리지 못하게 막아야 하며, 우리의 이러한 지시를 따르지 못하겠다면 그들이 우리 나라에서 장인으로 활동하는 것을 금지해야 하네. 그러지 않으면 우리 수호자들은 나쁜 것의 상(像)이라는 유해한 풀밭에 둘러싸여 성장하는 동안 여기저기서 날마다 야금야금 뜯어 먹다가 자기도 모르는 사이에 그들의 혼 안에 큰 악이 쌓일 것이네. 우리는 아름답고 우아한 것을 알 수 있는 재능을 타고난 장인을 찾아내야 하네. 그러면 우리 젊은이들은 건강한 환경에서 살게 되어 혜택을 받을 것이네. 그들이 보고 듣는 모든 예술 작품이 몸에 좋은 곳에서 불어오는 미풍처럼 그들에게 좋은 영향을 주며, 어릴 때부터 곧장 자기도 모르는 사이에 아름다운 말을 닮고 사랑하고 공감하도록 그들을 이끌어줄 것이기 때문이네."

"우리 젊은이들을 그렇게 기르는 것이 최선의 방법인 것 같군요" 하고 그가 말했네.

그래서 내가 말했네. "글라우콘, 시가 교육이 그토록 중요한 것은 다음 두 가지 이유 때문이 아닐까? 첫째, 리듬과 선법은 그 무엇보다 더 깊숙이 혼의 내면으로 침투하며 우아함을 가져다줌으로써 혼에 가장 큰 영향을 끼치네. 그것들은 어떤 사람이 좋은 교육을 받는다면 그를 우아하게 만들고, 나쁜 교육을 받는다면 그를 그와 반대되는 사람으로 만드네. 둘째, 이 분야에서 제대로 교육받은 사람은 예술 작품이나 자연의 결점을 가장 분명히 알아볼 것이네. 그러면 그는 그것의 추함이 역겨워 아름다운 것을 칭찬하고 반길 것이며, 아름다운 것을 그렇게 혼 안으로 받아들이면 그 자신도 아름답고 훌륭해질 것이네. 그는 아직 젊어서 이성적 사고를 할 수 있기 전에도 추한 것이면 무엇이든 올바르게 비판하며 싫어하다가, 이성이 다가오면 이렇게 교육받은 덕분에 이성을 알아보고는 절친한 친구로 환영할 걸세."

"제가 보기에, 그게 바로 시가 교육의 목적인 것 같아요" 하고 그가 말했네.

그래서 내가 말했네. "그것은 읽기를 배우는 것과도 같네. 우리는 소수의 문자가 모든 단어에서 되풀이된다는 점을 알기 전에는 읽을 수 없네. 그래서 우리는 짧은 단어에서건 긴 단어에서건 문자에 주의를 기울일 필요가 없다고 생각하지 않고, 문자를 알기 전에는 읽을 수 없다고 믿고 어디서나 문자를 알아내려고 노력한다네."

"옳은 말씀이에요."

"그렇다면 문자의 상이 물이나 거울에 반사되어 나타나더라도 우리는 문자 자체를 알기 전에는 그 상을 알아볼 수 없겠지? 이 둘을 알아보려면 똑같은 전문 기술과 훈련이 필요할 것이네."

"그렇고말고요."

"그렇다면 시가 교육도 그와 마찬가지 아닐까? 우리가 어디에서나 나타나는 여러 형태의 절제, 용기, 자유민다움, 고매함에 더하여 그와 유사한 그리고 그와 반대되는 온갖 자질을 알아보기 전에는 우리 자신도, 우리가 우리의 수호자로 교육해야 한다고 말하는 사람들도 제대로 교육될 리가 만무하다는 말일세. 그래서 우리는 그런 자질이 나타나는 모든 사물에서 그런 자질 자체뿐 아니라 그런 자질의 상을 보되, 관련 상황의 중대성 여하를 떠나 과소평가하지 말고 똑같은 전문 기술과 훈련

제3권 **183**

의 일부로 간주해야 한다는 말일세."

"당연히 그래야지요" 하고 그가 말했네.

d 그래서 내가 말했네. "그런데 누가 좋은 성격이 깃든 혼에 더하여 그러한 성격과 조화를 이루는 외모를 타고나 이 둘이 같은 모형에 따라 만들어져 있다면, 이것이야말로 이것을 볼 수 있는 사람에게는 가장 아름다운 광경이 아닐까?"

"그렇고말고요."

"그리고 가장 아름다운 것은 가장 사랑스럽겠지?"

"왜 아니겠어요?"

"그렇다면 시가 교육을 받은 사람은 그런 사람을 가장 사랑할 것이고, 혼과 몸이 조화를 이루지 못하는 사람은 사랑하지 않을 것이네."

"결함이 성격적인 것이라면 사랑하지 않겠지요" 하고 그가 말했네. "그렇지만 결함이 신체적인 것이라면 받아들이고 사랑하려 하겠지요."

e 그래서 내가 말했네. "알겠네. 자네에게 그런 연동(戀童)이 생기거나 아니면 생겼던 게로구먼. 그건 그렇고, 나는 자네 말에 동의하네. 다음 질문에 대답해주게나. 절제와 지나친 즐거움은 양립할 수 있을까?"

"어떻게 양립할 수 있겠어요?" 하고 그가 말했네. "지나친 즐거움은 심한 고통 못지않게 정신을 잃게 만드는데요."

"다른 미덕과는 양립할 수 있을까?"

403a "아니요."

"어떤가? 오만과 무절제와는?"

"가장 잘 양립하겠지요?"

"자네는 성적인 즐거움보다 더 강하고 더 자극적인 즐거움을 생각할 수 있는가?"

"생각할 수 없어요" 하고 그가 말했네. "더 광적인 즐거움도 생각할 수 없고요."

"올바른 사랑이란 본성상 조화롭고 아름다운 것을 시가 교육에 의해 절제된 방식으로 사랑하는 것이겠지?"

"그렇고말고요" 하고 그가 말했네.

"따라서 올바른 사랑은 광적인 것이나 무절제와 관련된 것과는 관계 맺어서는 안 되겠지?"

"네, 안 돼요."

"그러면 올바른 사랑은 성적 즐거움과는 무관해야 하며, 올바르게 사랑하는 연인도, 올바르게 사랑받는 연동도 성적 즐거움에 탐닉해서는 안 되네."

b

"소크라테스 선생님, 제우스에 맹세코, 그래서는 안 되고말고요" 하고 그가 말했네.

"자네는 우리가 건설 중인 이 나라에서 이런 취지의 법안을 통과시킬 것 같네. 연인은 연동이 허락하면 마치 자식을 대하듯 선의에서 입도 맞춰주고 같이 있어도 주고 어루만져주기도 하되, 남에게 연동과의 관계가 그 선을 넘어섰다는 의심을 사서는 안 된다는 법안 말일세. 그 선을 넘어선다면 그는 시가 교육을 받지 않은, 아름다운 것이 뭔지도 모르는 사람이라는 비난을 받게 될 것이네."

c

"그래요. 저는 그런 취지의 법안을 통과시킬 거예요" 하고 그가 말했네.

그래서 내가 말했네. "자네가 보기에도 그것으로 시가 교육에 관한 우리의 논의가 끝난 것 같은가? 아무튼 우리의 논의는 끝날 만한 곳에서 끝났네. 시가 교육의 목적은 아름다운 것을 사랑하도록 가르치는 것이니까 말일세."

"동의해요" 하고 그가 말했네.

"시가 교육이 끝나면 우리 젊은이들은 체력단련 교육을 받아야 하네."

"물론이지요."

d "여기에서도 우리 젊은이들은 어릴 때부터 평생 동안 정확한 교육과정을 이수해야 하네. 내 의견은 다음과 같네만, 자네도 살펴봐주게나. 내가 보기에, 몸의 상태가 좋다 하더라도, 몸이 자신의 탁월함으로 혼까지 훌륭하게 만드는 것은 아닐세. 그와 반대로 훌륭한 혼은 자신의 탁월함으로 몸을 최대한 훌륭하게 만드네. 자네는 어떻게 생각하는가?"

"저도 그렇게 생각해요" 하고 그가 말했네.

"그러면 우리가 마음을 충분히 훈련시켰다고 가정하고, 체력단련을 위한 자세한 처방은 마음에 맡기고, 우리 자신은 장황한 논의를 피하e 기 위해 대략적인 지침만 제시하는 것으로 만족하는 것이 옳은 방법이 겠지?"

"물론이지요."

"우리는 이들이 술에 취하는 일은 피해야 한다고 말했네.[71] 술에 취해서 자기가 어디에 있는지도 모른다는 것은 어느 누구보다도 수호자에게는 허용될 수 없기 때문일세."

"수호자가 수호자를 필요로 한다는 것은 우스운 일이지요" 하고 그가 말했네.

"음식과 관련해서는 어떤가? 우리 수호자들은 가장 중요한 경기에 출전하는 운동선수들이네. 그렇지 않은가?"

"그렇지요."

"그렇다면 그들에게는 체력단련 중인 운동선수에게 처방되는 식이요법이 적합할까?" 404a

"그럴 것 같아요."

그래서 내가 말했네. "하지만 그런 식이요법은 졸리게 만들고 건강에 좋은지도 의심스럽네. 자네는 이 운동선수들이 대부분의 시간을 잠으로 보내며, 처방된 식이요법에서 조금만 벗어나도 심한 중병에 걸리는 것을 보지 못했는가?"

"봤어요."

그래서 내가 말했네. "우리 전사 선수들에게는 더 정교한 체력단련이 필요하네. 그들은 보호견처럼 깨어 있어야 하고, 시력과 청력이 최대한 예민해야 하며, 출진 중일 때는 물과 음식과 기온이 바뀌어도 건강이 b 나빠지지 않고 견뎌낼 수 있어야 하네."

---

71 398e 참조.

"그런 것 같아요."

"그렇다면 가장 훌륭한 체력단련은 우리가 조금 전에 기술한 시가 교육과 어떤 의미에서는 자매지간이겠지?"

"무슨 말씀이신지요?"

"무엇보다도 전사들을 위한 단순하고 적절한 체력단련을 두고 하는 말일세."

"단순하고 적절하다니, 어떻게요?"

c 그래서 내가 말했네. "그런 것은 호메로스한테서도 배울 수 있네. 자네도 알다시피, 원정 중인 영웅들이 회식할 때 호메로스는 그들이 헬레스폰토스[72] 해협의 바닷가에 자리 잡고 있는데도, 물고기나 삶은 고기가 아니라 전사들이 가장 구하기 쉬운 구운 고기를 먹게 했네. 그것은 조리 도구를 들고 다니는 것보다는 그냥 불만 사용하는 편이 어디서나 더 쉽기 때문일세."

"훨씬 더 쉽지요."

"내가 기억하기로는, 호메로스는 양념도 언급한 적이 없네. 몸이 훌륭한 상태를 유지하려면 양념 따위는 일절 삼가야 한다는 것쯤은 다른 운동선수도 알고 있겠지?"

"그들이 그런 줄 알고 삼간다는 것은 옳은 일이지요."

d "그러는 것이 옳다고 생각한다면 자네는 쉬라쿠사이식 식탁이나 시켈리아[73]식 미식은 칭찬하지 않을 것 같구먼."

"저는 칭찬할 생각이 없어요."

"그렇다면 자네는 몸 상태를 훌륭하게 유지하려는 남자들이 코린토스⁷⁴ 아가씨를 친구로 삼는 것도 비난하겠구먼."

"그러고말고요."

"자네는 이른바 맛있는 앗티케 과자의 즐거움도 비난하는가?"

"당연하지요."

"그렇다면 아마도 이런 음식과 생활방식 전체를 모든 선법과 모든 리듬을 사용하는 음악과 노래에 비기는 것은 옳은 것 같네."

e

"왜 아니겠어요?"

"그렇다면 다채로운 음악은 무절제를 낳고, 다채로운 음식은 병을 낳네. 그러나 음악에서 단순함은 혼 안에 절제를 낳고, 체력단련에서 단순함은 몸을 건강하게 해주겠지?"

"지당한 말씀이에요" 하고 그가 말했네.

"그리고 나라에 무절제와 병이 넘쳐나면 수많은 법정과 병원이 문을 열지 않을까? 그리고 수많은 자유민마저 법정 연설(dikanike)과 의술에 심하게 열을 올린다면, 법정 연설과 의술이 으스대기 시작하지 않을까?"

405a

---

72 Hellespontos. 에게 해에서 흑해로 들어가는 어귀에 있는 지금의 다르다넬스 (Dardanelles) 해협. 트로이아는 이 해협의 아시아 쪽 언덕에 위치해 있다.

73 Sikelia. 시칠리아의 그리스어 이름. 쉬라쿠사이(Syrakousai)는 시칠리아 섬의 동해안에 있는 도시이다. 시칠리아, 특히 쉬라쿠사이 참주 디오뉘시오스(Dionysios)의 궁전은 미식으로 유명했다고 한다.

74 펠로폰네소스 반도 초입에 자리 잡고 있던 상업도시 코린토스(Korinthos)는 당시 색향(色鄕)으로 유명했다. '코린토스 아가씨'란 여기서 일본의 게이샤와 비슷한 고급 창녀 헤타이라(hetaira)를 말한다.

"어찌 그렇게 되지 않을 수 있겠어요?"

"그리고 나라의 교육이 부끄러울 정도로 잘못됐다는 증거로, 평범한 육체노동자뿐 아니라 명색이 자유민으로서의 교육을 받았다는 사람에게도 숙련된 의사와 재판관이 필요한 것보다 더 명확한 증거를 찾을 수 있을까? 아니면 자네는 스스로 문제를 해결할 능력이 없어 주인이든 재판관이든 남에게서 정의를 구해야 하는 것은 부끄러운 일이며, 교육이 잘못됐다는 명확한 증거라고 생각하지 않는가?"

"더없이 부끄러운 일이지요" 하고 그가 말했네.

그래서 내가 말했네. "하지만 자네는 다음과 같은 경우가 이보다 더 부끄럽다고 생각하지 않는가? 어떤 사람이 인생의 대부분을 피고 아니면 원고로 법정에서 보낼뿐더러, 무엇이 훌륭한 것인지 몰라 교묘하게 범죄를 저지르고도 요리조리 핑계를 대며 법의 허점을 이용해서 유죄 판결을 피하고 벌금을 물지 않는 자신의 재주를 자랑스럽게 여기는 것 말일세. 그는 사소하고 하찮은 일들을 위해 이런 짓을 하는데, 이는 법정에서 졸고 있는 재판관이 필요하지 않도록 자신의 인생을 정돈하는 것이 얼마나 더 아름답고 훌륭한지를 모르기 때문일세."

"네, 이것이 앞의 경우보다 더 부끄럽지요" 하고 그가 말했네.

그래서 내가 말했네. "그리고 의술이 상처나 계절병 때문이 아니라 우리가 앞서 말한 나태한 생활을 한 결과 우리 몸을 마치 늪지처럼 가스와 분비물로 가득 채운 탓에 이런 병들에 '헛배 부름'이니 '이상 분비'(異常分泌)니 하는 병명을 지어내도록 아스클레피오스의 후예[75]들에게 강요했기 때문에 필요하다면, 자네는 이 또한 부끄러운 일이라고 생각하지 않는가?"

"부끄럽다마다요" 하고 그가 말했네. "그런 병명은 정말로 처음 듣는 생소한 이름일 테니까요."

그래서 내가 말했네. "나는 그런 것들이 아스클레피오스 시대에는 있지도 않았다고 생각하네. 부상당한 에우뤼퓔로스[76]에게 여인이 보릿가루와 강판에 간 치즈를 듬뿍 뿌린 프람네산(産) 포도주를 마시라고 건넸는데,[77] 오늘날에는 이것이 염증을 유발하는 것으로 생각되는데도 아스클레피오스의 아들들[78]은 그것을 권하는 여인도, 마시도록 처방한 파트로클로스[79]도 나무라지 않았다는 사실을 그 증거로 들겠네."

e

406a

"부상당한 사람에게 그런 음료를 권한다는 것은 분명 이상한 처방이네요" 하고 그가 말했네.

그래서 내가 말했네. "이상할 것도 없지. 사람들이 말하듯, 헤로디코스[80] 시대까지는 아스클레피오스의 후예들이 병을 응석받이로 기르는

---

75 의사.
76 『일리아스』 11권 580행 이하 참조. 에우뤼퓔로스(Eurypylos)는 트로이아 전쟁 때 그리스군 장수이다.
77 『일리아스』 11권 624~650행 참조.
78 트로이아 전쟁에 참가했던 의사 포달레이리오스(Podaleirios)와 마카온(Machaon)을 말한다.
79 『일리아스』 11권 828~836행 참조. 이 대목은 오늘날 우리가 알고 있는 『일리아스』와는 내용이 조금 다르다. 플라톤이 이와 다른 텍스트를 알고 있었거나 다른 대목과 혼동한 듯하다.
80 Herodikos. 기원전 5세기에 활동한 트라케 지방 출신 의사로, 체력단련을 통한 건강 증진을 이론적으로 설명했다고 한다.

현대 의술을 쓰지 않았다는 점을 자네가 상기한다면 말일세. 헤로디코스는 건강을 잃은 체육 교사인데, 체력단련을 의술과 접목함으로써 처음에는 자신의 인생을 비참하게 만들기 시작하더니 나중에는 수많은 다른 사람의 인생까지도 비참하게 만들었네."

"어떻게요?" 하고 그가 물었네.

그래서 내가 말했네. "자신의 죽음을 오래 끎으로써 그랬지. 헤로디코스는 자신의 불치병을 정성껏 간호했으나 치료할 수 없자 평생 동안 자신을 간병하는 일에 전적으로 매달렸네. 그리고 몸에 밴 섭생에서 조금만 벗어나면 녹초가 되었지만, 그는 자신의 기술 덕분에 좀처럼 죽지 않고 노인이 될 때까지 살았다네."

"그의 기술에 대한 훌륭한 포상이로군요." 하고 그가 말했네.

그래서 내가 말했네. "그것은 아스클레피오스가 이런 종류의 의술을 후계자들에게 알려주지 않은 까닭은 무지하거나 경험이 부족해서가 아니라는 점을 몰랐던 자에게 합당한 포상이지. 그가 알려주지 않은 까닭은, 잘 통치되고 있는 국가에서는 시민 각자에게 수행해야 할 기능이 부여되어 어느 누구도 환자로서 치료받으며 평생을 보낼 여유가 없다는 점을 알았기 때문이네. 우리는 우습게도 이 점이 일꾼에게 적용된다는 것은 아는데, 부유하고 행복하다고 여겨지는 사람에게도 적용된다는 것은 모른다네."

"무슨 말씀이신지요?" 하고 그가 물었네.

그래서 내가 말했네. "목수는 병이 들면 병을 치료하기 위해 의사한테서 약을 타거나, 토하게 하는 약이나 지짐술이나 수술로써 병에서 벗어나기를 기대하지. 그러나 그에게 장기 치료를 처방하며 머리를 펠트 모자로 싸매고 있으라는 식으로 말하는 사람이 있다면, 목수는 대뜸 자기는 아플 시간이 없으며 본업을 소홀히 하고 자신의 간병에 모든 시간을 바쳐야 하는 삶은 살 가치가 없다고 말할 것이네. 그러고는 그런 처방을 내린 의사와 작별하고 몸에 밴 섭생으로 되돌아갈 것이네. 그리하여 그는 건강을 되찾아 본업에 종사하든지, 아니면 몸이 너무 허약해져서 생을 마감함으로써 고통에서 벗어날 걸세."

e

"그런 사람에게는 그것이 의술을 대하는 올바른 태도인 것 같아요" 하고 그가 말했네.

그래서 내가 물었네. "그에게는 수행해야 할 기능이 있는데, 그 기능을 수행하지 못하면 그에게는 삶이 살 가치가 없기 때문이겠지?"

407a

"네, 그래요" 하고 그가 대답했네.

"그러나 부자에게는 그것을 포기하도록 강요받으면 삶이 살 가치가 없어지는 기능이란 전혀 없다는 것이 우리의 생각이네."

"아무튼 사람들은 그렇게 말해요."

그래서 내가 말했네. "자네는 일단 생계 수단이 확보되면 미덕을 닦아야 한다는 포퀼리데스[81]의 말도 들어보지 못했는가?"

"그러기 전에도 미덕을 닦아야 한다고 저는 생각해요."

그래서 내가 말했네. "우리는 그에 관해 포퀼리데스와 다투지 말기로

---

81 Phokylides. 기원전 6세기에 활동한 그리스 서정시인.

하세. 그러나 다음 문제는 우리 스스로 해결할 수 있네. 부자는 반드시 미덕을 쌓아야 하는가, 그래서 미덕을 쌓을 수 없는 부자에게는 삶이 b 살 가치가 없는 것인가? 아니면 병구완이 목수 일이나 또 다른 직업에 전념하는 것에 지장을 주긴 해도 포퀼리데스의 조언을 따르는 것을 방해하지는 못하는가?"

"분명 방해해요" 하고 그가 말했네. "체력단련을 넘어서서 지나치게 건강을 보살피는 것이야말로 사실은 가장 큰 장애물이지요. 그것은 집안일을 돌볼 때도, 전사로서 출진 중일 때도, 앉아서 공무를 볼 때도 성가신 일이니까요."

c "그러나 가장 나쁜 점은 (⋯⋯[82]) 그것이 종류를 가리지 않고 학습이나 사고나 자기 계발을 어렵게 한다는 것이네. 사람은 몸에 지나치게 관심을 쏟으면 언제나 두통이 나고 어지럽다고 생각하며, 지혜에 대한 사랑에 그 탓을 돌리기 마련이네. 그래서 몸에 대한 지나친 관심은 어디서나 미덕을 쌓고 공부하는 데 방해가 된다네. 그것은 사람들로 하여금 자신들이 늘 아프다고 생각하게 하여 자기 몸에 계속 관심을 쏟게 만들기 때문이네."

"그런 것 같군요" 하고 그가 말했네.

"그렇다면 우리는 아스클레피오스가 그 점도 알고 있었다고 말할 수 있겠지? 그래서 좋은 체질을 타고나 건강한 생활을 하다가 병에 걸린 d 사람들을 위해 그가 자신의 의술을 소개한 것이라고. 또한 약이나 수술로 그런 사람들을 치료한 다음 국가에 쓸모없는 존재가 되지 않도록 평상시의 일상생활로 돌아가도록 지시했다고. 그러나 그는 속속들이 병든 사람들을 위해서는 처방하지 않았으며, 여기서 조금씩 뽑아내고 저 기에 조금씩 주입하여 그들의 비참한 삶을 연장함으로써 그들이 십중 팔구 자신들을 닮을 자식을 낳게 하려고 시도하지 않았다고. 그래서 그 는 정상적인 생활을 할 수 없는 사람은 자신에게도 국가에도 도움이 되 지 않으므로 치료해서는 안 된다고 생각했다고 말일세."

e

"선생님 말씀에 따르면 아스클레피오스는 정치가 같네요" 하고 그가 말했네.

그래서 내가 말했네. "물론이지. 그가 그랬기에, 자네도 알다시피 그 의 아들들은 트로이아에서 훌륭한 전사였으며, 의술도 내가 말한 대로 사용했네. 아니면 자네는 메넬라오스가 판다로스에게 입은 상처를 그 들이 어떻게 치료해주었는지 기억나지 않는가?

408a

피를 빨아내고 그 위에 고통을 멎게 하는 약을 솜씨 있게 붙이니.[83]

그러나 그들은 메넬라오스가 치료받은 뒤 무엇을 먹고 마셔야 하는 지 에우뤼필로스에게 그랬듯이 전혀 지시하지 않았으니, 이는 부상당 하기 전에 건강하고 절제 있는 생활을 한 사람들은, 치료받은 직후 보릿 가루와 치즈를 뿌린 포도주를 마셔도, 자기들이 붙여준 약으로 충분히 치유될 것이라고 생각했기 때문일세. 그러나 그들은 타고난 체질이 병

b

---

82 "그래서 내가 말했네"라는 문구가 없어진 것으로 추정된다.
83 『일리아스』 4권 218행.

약한 데다 무절제한 생활을 하는 사람의 삶은 자신에게도 남에게도 도움이 되지 않는다고 생각했네. 그들은 자기들의 기술이 그런 사람을 위한 것이 아니라고 믿고는, 설령 그런 사람이 미다스[84]보다 더 부자라 해도 치료해주기를 거절했네."

"선생님께서 말씀하시는 아스클레피오스의 아들들은 아주 영리하군요."

그래서 내가 말했네. "당연히 그래야지. 그러나 비극 작가와 핀다로스[85]는 우리에게 동의하지 않고, 아스클레피오스는 아폴론의 아들로다 죽은 부자를 돈을 받고 치료해준 까닭에 벼락을 맞고 죽었다고 말한다네.[86] 하지만 우리는 앞서 말한 원칙에 따라 그들의 말을 믿지 않고, 만약 그가 신의 아들이라면 돈을 밝히지 않을 것이고, 만약 그가 돈을 밝힌다면 신의 아들이 아니라고 말할 것이네."

"지당한 말씀이에요" 하고 그가 말했네. "그런데 소크라테스 선생님, 여쭤볼 게 있어요. 우리 나라에도 훌륭한 의사가 필요하지 않을까요? 그리고 건강한 사람과 병든 사람을 가장 많이 다루어본 사람이 가장 훌륭한 의사겠지요. 마치 온갖 성격의 사람과 사귀어본 사람이 가장 훌륭한 재판관이 되듯 말이에요."

그래서 내가 말했네. "우리에게도 분명 훌륭한 의사가 필요하겠지. 그런데 자네는 내가 어떤 의사를 훌륭하다고 생각하는지 알겠는가?"

"말씀해주신다면 알겠지요" 하고 그가 말했네.

그래서 내가 말했네. "말해보겠네. 하지만 자네는 한 가지 질문으로 서로 다른 두 가지를 묻고 있네."

"어째서요?"

그래서 내가 말했네. "가장 유능한 의사가 되려면 어릴 때부터 의술을 습득해야 할뿐더러 중병에 걸린 사람을 되도록 많이 접촉해봐야 하며, 자신도 건강한 체질을 타고나지 못해 온갖 병에 걸려봐야 하네. 왜냐하면 내 생각에, 의사는 남의 몸을 자신의 몸으로 치료하는 것이 아니라—그렇다면 그는 자신의 건강이 나쁘거나 나빠지는 것을 용납해선 안 되겠지—자신의 혼으로 치료하기 때문일세. 그래서 병들었거나 병들어 있는 혼이 무엇을 잘 보살핀다는 것은 불가능한 일이네."

"옳은 말씀이에요" 하고 그가 말했네.

"반면, 여보게, 재판관은 자신의 혼으로 남의 혼을 다스리네. 그래서 혼에게는 어릴 때부터 사악한 혼과 한데 어우러져 자라거나, 마치 의사가 자기 경험을 토대로 남의 몸을 치료하듯, 자신의 경험으로 남의 범죄 행위를 판단할 수 있도록 스스로 온갖 범죄를 섭렵하는 것이 허용되지 않는다네. 오히려 혼이 아름답고 훌륭하여 옳고 그름을 건전하게 판단하려면 어린 시절에 사악한 성격을 경험하거나 접촉하지 말아야 하네. 그래서 훌륭한 사람들은 젊어서는 순진해 보이며, 불의한 자들에게 쉽

---

84 Midas. 프뤼기아(Phrygia) 지방의 전설적 왕으로, 그가 손으로 만지는 것은 무엇이든 황금으로 변했다고 한다.
85 핀다로스에 관해서는 1권 주 17 참조.
86 아이스퀼로스의 『아가멤논』 1022행 이하 에우리피데스(Euripides)의 『알케스티스』(Alkestis) 3행; 핀다로스의 『퓌토 경기 우승자들에게 바치는 송시』(Pythionikai) 3가(歌) 55~58행 참조.

b   게 농락당한다네. 그들의 마음속에는 사악한 자들의 행동을 감지할 수 있는 본보기[87]가 없기 때문일세."

"그래요. 그들은 그렇게 당하기 십상이지요" 하고 그가 말했네.

그래서 내가 말했네. "그래서 훌륭한 재판관은 젊은 사람이 아니라, 늦게야 불의의 본성을 알게 되는 나이 지긋한 사람이라야 하는 것이라네. 그는 불의를 자신의 혼에 내재하는 것으로서가 아니라 남의 혼에 깃들어 있는 외적인 것으로 봤을 것이기에, 다년간의 수련 끝에 개인적 경험에 의해서가 아니라 이론적 지식에 의해 불의가 어떤 종류의 악인지 분간할 수 있었을 것이네."

c   "그런 사람이야말로 가장 고매한 재판관인 것 같아요" 하고 그가 말했네.

그래서 내가 말했네. "훌륭한 재판관이기도 하지. 그리고 자네가 물었던 것은 바로 그것이었네. 무엇보다 훌륭한 혼이 훌륭한 사람을 만들기 때문이지. 그러나 오랫동안 스스로 불의를 저지르며 자신을 영리한 악당으로 여기는 약삭빠르고 의심 많은 사람은 자기와 같은 자들과 어울릴 때는 자기 안의 본보기를 계속 참조하여 조심하기 때문에 영리해 보일 것이네. 그러나 그는 훌륭하고 나이 지긋한 사람들과 접촉하면 어

d   리석어 보일 것이네. 그는 까닭 없이 의심하고 자기 안에 그것에 해당하는 본보기가 없어 건전한 성격을 알아보지 못할 테니 말일세. 그러나 그는 착한 사람보다는 사악한 자를 더 자주 만나기 때문에 자기 자신에게도 남에게도 무지한 것이 아니라 영리해 보인다네."

"전적으로 옳은 말씀이에요" 하고 그가 말했네.

그래서 내가 말했네. "그렇다면 우리는 이런 부류의 사람이 아니라, 앞서 말한 사람들 사이에서 훌륭하고 현명한 재판관을 찾아야 하네. 사악함은 자기 자신도 미덕도 이해하지 못하지만, 미덕은 타고난 본성에 교육이 더해지면 시간이 지나면서 자기 자신도 사악함도 알게 될 것이기 때문이네. 그래서 내가 보기에, 착한 사람은 현명해질 수 있어도 사악한 사람은 현명해질 수 없는 것 같네."

"저도 동의해요" 하고 그가 말했네.

"그러면 자네는 우리의 나라를 위해 이런 종류의 사법제도와 더불어 우리가 앞서 말한 의료 제도를 입법화하지 않겠는가? 그러면 그런 제도는 시민 가운데 육체적으로 정신적으로 건강한 사람은 보살피되, 건강하지 못한 사람 가운데 육체적으로 결함이 있는 사람은 죽게 내버려두고, 정신적으로 결함이 있어 고칠 수 없는 사람은 손수 죽일 것이네."

"환자 개개인을 위해서도 국가를 위해서도 그러는 것이 최선책인 것 같아요" 하고 그가 말했네.

그래서 내가 말했네. "물론 우리 나라 젊은이는 법이 필요하지는 않을 정도로 조심할 것이네. 만약 그들이 우리가 절제를 낳는다고 말한 바 있는 저 단순한 시가 교육을 받아들인다면 말일세."

"물론이지요" 하고 그가 말했네.

"그리고 시가 교육을 제대로 받은 사람이 같은 방법으로 체력단련 교

---

87 paradeigma. 문맥에 따라 '모형'으로도 옮길 수 있다.

육을 받는다면, 자신이 원할 경우 결국 위급한 때 말고는 의술이 필요 없어지지 않을까?"

"저는 그렇게 생각해요."

"물론 그들이 체력단련을 위해 힘든 훈련을 하는 것은 타고난 기개(氣槪)를 일깨우기 위한 것이지, 단순히 몸을 튼튼하게 만들기 위해서가 아니네. 그러나 대부분의 운동선수가 섭생을 하고 힘든 훈련을 하는 것은 체력 증진을 위해서라네."

"지당한 말씀이에요" 하고 그가 말했네.

c 그래서 내가 말했네. "그렇다면 글라우콘, 시가 교육과 체력단련 교육을 받도록 제도화한 이유는, 사람들이 생각하듯 후자로는 몸을 돌보고 전자로는 혼을 돌보기 위해서가 아니겠군?"

"그러면 무엇을 위해서지요?" 하고 그가 물었네.

그래서 내가 대답했네. "둘 다 주로 혼을 위해 제도화된 것 같네."

"어째서 그렇지요?"

그래서 내가 말했네. "자네는 평생 동안 시가 교육은 받지 않고 체력단련 교육에만 전념하거나 반대로 체력단련 교육은 받지 않고 시가 교육에만 전념하는 것이 마음에 어떤 영향을 끼치는지 보지 못했는가?"

"어떤 영향을 끼친다는 거지요?" 하고 그가 물었네.

d "체력 단련은 마음을 거칠고 딱딱하게 만들고, 시가 교육은 부드럽고 온유하게 만드네" 하고 내가 말했네.

"저도 알고 있습니다" 하고 그가 말했네. "체력단련 교육에만 전념하는 사람은 필요 이상으로 거칠어지고, 시가 교육에만 전념하는 사람은 지나치게 부드러워지더군요."

그래서 내가 말했네. "그리고 그들을 거칠게 만드는 것은 타고난 기개인데, 기개는 제대로만 다루면 용감해지지만, 지나치게 북돋우면 십중팔구 완고하고 무뚝뚝해지네."

"그런 것 같아요" 하고 그가 말했네.

"어떤가? 온유함은 철학자가 갖출 자질로서 너무 이완되면 지나치게 부드러워지지만, 제대로만 다루면 온유하고 얌전해지지 않을까?"

"그야 그렇지요."

"우리는 수호자들이 이 두 자질을 타고나야 한다고 말한 바 있네."[88]

"당연히 타고나야지요"

"그리고 이 두 자질은 서로 조화를 이루어야 하지 않을까?"

"왜 아니겠어요?"

"그리고 그렇게 조화를 이룬 사람의 혼은 절제 있고 용감하겠지?"

"물론이지요."

"그리고 조화를 이루지 못한 사람의 혼은 비겁하고 거칠겠지?"

"네, 그것도 아주요."

"그러니 음악 연주에 자신을 내맡겨 우리가 조금 전에 말한 달콤하고 부드럽고 애절한 선법이 마치 깔때기를 통하듯 귀를 거쳐 혼 안으로 흘러들게 하되 노래에 매혹되어 그 선법을 흥얼거리며 평생을 보내는 사

---

88 375c~376c 참조.

람이 있다면, 그에게 기개가 있을 경우 처음에는 마치 쇠를 불리듯 그의 기개를 부드럽게 함으로써 딱딱해서 쓸모없는 상태에서 쓸모 있는 상태로 만드네. 그러나 그가 음악에 홀려 생각 없이 그런 짓을 계속한다면 다음에는 그의 기개가 녹아내리다가 마침내는 완전히 소멸하고 말 걸세. 말하자면 그는 혼의 힘줄이 끊어져 호메로스의 말처럼 '유약한 창수(槍手)'[89]가 되고 말 것이네."

"물론이지요" 하고 그가 말했네.

그래서 내가 말했네. "애당초 기개를 타고나지 못한 사람에게서는 이런 과정이 빨리 진행되네. 그러나 기개가 높은 사람의 경우에는 기개가 약해지고 불안정해져서 사소한 일에도 버럭 화를 내다가 금세 가라앉는다네. 그런 사람은 기개가 높다기보다는 성미가 급해져서 툭하면 화를 내며 불만에 차 있네."

"그렇다마다요."

"체력단련 교육에는 많은 노력을 기울이며 잘 먹지만 시가나 철학과는 무관한 사람은 어떤가? 그는 몸이 건강하니 처음에는 자신감이 넘치고 기개가 높고 전보다 더 용감해지지 않을까?"

"훨씬 더 용감해지겠지요."

"그러나 그가 다른 일은 아무것도 하지 않고 무사 여신에게도 아무 관심이 없다면 어떻게 될까? 배움에 대한 사랑이 그의 혼에 내재한다 해도 그것이 배움이나 탐구를 맛본 적 없고 논의나 다른 지적 활동에 참여한 적도 없어 허약해지지 않을까? 또한 그것은 자극을 받거나 영양분을 공급받거나 감각이 순화된 적이 없어 귀가 멀고 눈이 멀지 않을까?"

"그러겠지요" 하고 그가 말했네.

"그런 사람은 아마도 논의를 싫어하고, 시가를 모르는 사람이 되겠지. 그는 합리적으로 설득하려 하지 않고 모든 일을 야수처럼 폭력으로 해결하려 들며, 아름다움과 우아함이 무엇인지도 모르고 무지하고 어리석은 삶을 살아갈 것이네." e

"그러고말고요" 하고 그가 말했네.

"그러다면 나는 신께서 인간에게 시가 교육과 체력단련 교육이라는 두 교과목을 주신 것은 부수적 경우라면 몰라도 하나는 혼을 위하고 다른 하나는 몸을 위해서가 아니라, 우리의 기개 높은 면과 지혜를 사랑하는 면 모두를 위해서라고 말해야 할 것 같네. 이 둘이 적당한 긴장 412a 과 이완을 통해 조화를 이룰 수 있도록 말일세."

"아닌 게 아니라 그런 것 같네요" 하고 그가 말했네.

"그렇다면 시가 교육과 체력단련 교육을 이상적으로 섞어서 올바른 비율로 자신의 혼에 적용하는 사람이야말로 악기의 현을 조율하는 사람보다 훨씬 더 조화로운 시가적인 인간이라고 말해도 전혀 틀린 말이 아닐 것이네."

"그렇고말고요, 소크라테스 선생님" 하고 그가 말했네.

"글라우콘, 우리 나라에도 정체가 보전되려면 그런 일을 감독할 사

---

89 『일리아스』 17권 588행.

제3권 203

b 람이 늘 필요하지 않을까?"

"필요하다마다요."

"교육과 양육의 원칙에 관해서는 이쯤 해두세. 우리가 굳이 이들의 각종 춤이나 사냥이나 사냥개를 이용한 몰이나 운동경기나 경마에 관해 일일이 열거할 필요가 있겠는가? 이런 것들은 우리가 정한 원칙을 따를 것이 분명한 만큼 그것들이 어떤 것이어야 하는지 밝혀내는 일은 이제 어렵지 않을 테니 말일세."

"아마 어렵지 않을 것 같아요" 하고 그가 말했네.

그래서 내가 말했네. "좋았어. 그러면 우리가 해결해야 할 다음 문제
c 는 무엇일까? 그들 가운데 누가 치자가 되고 누가 피치자가 되느냐는 것이 아닐까?"

"네, 그래요."

"치자는 연장자이어야 하고, 피치자는 연소자이어야 한다는 것은 분명하지?"

"분명해요."

"치자는 그들 가운데 최선자(最善者)들[90]이어야 한다는 것도?"

"네, 그것도 분명해요."

"농부 가운데 최선자들은 농사에 가장 능한 사람들이 아닐까?"

"그렇지요."

"그렇다면 지금 우리는 최선의 수호자들을 찾고 있는 만큼, 그들은 국가를 수호하는 일에 가장 능한 사람이어야 하지 않을까?"

"그렇지요."

"그러자면 그들은 지혜와 능력을 겸비한 데다 무엇보다 국가에 헌신적이어야겠지?"

"그래요."

"사람들은 자기가 사랑하는 것에 가장 헌신적이네."

"당연하지요."

"그리고 사람들은 자신과 이해관계를 같이한다고 믿는 것들, 말하자면 자신의 성공과 실패가 그것의 성공과 실패에 달려 있다고 생각하는 것을 가장 사랑하기 마련일세."

"그건 그래요" 하고 그가 말했네.

"그렇다면 우리는 조사해보고 수호자 중에서 국가에 이롭다고 생각되는 일은 평생 동안 열성을 다해 행하되, 해로운 일은 결코 행하려 하지 않을 것 같은 인상을 가장 강하게 주는 사람을 선발해야 하네."

"그들이 우리의 목적에 가장 잘 맞는 사람들이에요" 하고 그가 말했네.

"우리는 그들이 나이를 한 살씩 먹을 때마다 지켜보면서, 그들이 이런 원칙을 고수하는지 아니면 폭력이나 마법에 의해 그런 원칙을 망각하고 국가에 가장 좋은 일을 행해야 한다는 신념을 내팽개치지 않는지 확인해야 한다고 나는 생각하네."

"내팽개치다니, 그게 무슨 뜻인가요?" 하고 그가 물었네.

---

90 hoi aristoi.

413a 그래서 내가 대답했네. "내가 말해주겠네. 내가 보기에 우리가 신념을 버리는 것은 자발적이거나 마지못해서인데, 잘못된 신념이라는 것을 알게 될 때는 자발적이고, 참된 신념일 때는 언제나 마지못해서이네."

"자발적인 경우는 알겠는데, 마지못한 경우에 대해서는 설명이 필요해요" 하고 그가 말했네.

그래서 내가 말했네. "어떤가? 자네는 좋은 것은 사람들이 마지못해 빼앗기지만, 나쁜 것은 자발적으로 빼앗긴다는 데 동의하지 않는가? 진실이 기만당한다는 것은 나쁜 일이지만, 진실을 안다는 것은 좋은 일 아닌가? 그리고 자네는 진실을 안다는 것은 있는 그대로 판단하는 것이라고 생각하지 않는가?"

"옳은 말씀이에요" 하고 그가 말했네. "저도 사람들이 마지못해 참된 신념을 버린다는 데 동의해요."

b "그러니 그런 일이 일어나는 것은 도난당하거나 홀리거나 강요당해서겠지?"

"이번에도 무슨 뜻인지 모르겠어요" 하고 그가 말했네.

그래서 내가 말했네. "내가 너무 비극 시인처럼 말하나 보군. 내가 말하는 도난당한 사람이란 남의 논의에 설득되어 자신의 신념을 버리거나, 세월이 흐르면서 자신의 신념을 잊어버리는 사람이라네. 이제는 이해되겠지?"

"네."

"내가 말하는 강요당한 사람이란 어떤 고통이나 슬픔 때문에 자신의 신념을 바꾸는 사람이라네."

"그것도 이해가 돼요. 그리고 선생님 말씀이 옳아요" 하고 그가 말했네.

"사람들이 즐거움에 유혹당하거나 뭔가가 두려워서 신념을 바꾼다면, 아마 자네도 그들을 홀린 자들이라고 부를 걸세."

"무엇이든 우리를 속이는 것은 마법처럼 보이기 마련이지요" 하고 그가 말했네.

"그러니 내가 잠시 전에 말한 대로,[91] 우리는 어떤 경우에도 국가를 위해 최선이라고 생각되는 바를 행해야 한다는 원칙을 가장 단호하게 고수할 수호자들을 찾아내야 하네. 우리는 어릴 때부터 줄곧 그들을 지켜보면서 그들이 가장 쉽게 이런 원칙을 망각하고는 길을 잃고 헤매게 만들 임무를 부과해서 어떻게 하는지 살펴보아야 하네. 그리고 이런 원칙을 잊지 않고 쉽사리 길을 잃고 헤매지 않는 사람은 선발하되, 길을 잃고 헤매는 자는 배제해야 하네. 그렇지 않은가?"

"네, 그래요."

"우리는 또 그들에게 노고와 고통과 시련을 주어 그것들을 통해서 우리가 원하는 자질을 찾아야 하네."

"옳은 말씀이에요" 하고 그가 말했네.

그래서 내가 말했네. "또한 우리는 그들이 세 번째 종류의 시험인 마법에 어떻게 반응하는지도 지켜보아야 하네. 마치 쉽게 겁을 먹는지 알

---

91 412e 참조.

아내기 위해 사람들이 어린 망아지를 시끄럽고 소란한 곳으로 끌고 가듯, 우리는 우리 수호자들을 젊을 때 처음에는 위험에, 그다음에는 쾌락에 노출시켜야 하네. 그리고 불에서 금을 시험할 때보다 훨씬 더 엄격하게 그들을 시험해야 하네. 어떤 상황에서도 홀리지 않고 의연하며 자기 자신과 자기가 받은 시가 교육을 훌륭하게 수호하고, 또한 우리가 부과한 모든 시험에서 균형과 조화의 자질을 보여주는 사람이 있다면, 그는 자기 자신을 위해서도 국가를 위해서도 가장 쓸모 있는 인물일 것이네. 그리고 아이와 젊은이와 어른 가운데 이런 지속적인 시련에서 무탈하게 살아남는 사람은 당연히 우리 나라의 치자와 수호자로 임명되어야 하네. 그는 살아서는 존경받고, 죽은 뒤에는 후히 장례가 치러지고 기념비가 세워져 그에게 최고의 명예가 주어질 것이네. 그러나 시련에서 살아남지 못하는 자는 배제되어야 마땅하네. 글라우콘, 치자의 선별과 임명에 대한 내 견해에 관해서는 이쯤 해두세. 이것은 물론 대략적인 지침이지 상세히 논한 것은 아닐세."

"제 생각도 선생님 생각과 어슷비슷해요" 하고 그가 말했네.

"그렇다면 우리는 이들을 진정한 의미의 수호자라고 불러 마땅하지 않을까? 그들이야말로 내부의 친구는 국가를 해코지할 마음을 먹지 못하게 하고, 외부의 적은 국가를 해코지할 수 없게 하니 말일세. 한편 우리가 여태껏 수호자들이라고 불렀던 젊은이들은 치자의 신념을 지켜주는 만큼 보조자들[92]이라고 불러야 할 것이네."

"저도 그렇게 생각해요" 하고 그가 말했네.

그래서 내가 말했네. "우리는 잠시 전에[93] 필요한 거짓말이 있다고 했는데, 그런 종류의 고매한 거짓말을 치자를 포함한 온 시민이 믿게 하거나, 그게 안 되면 나머지 시민이라도 믿게 하려면 우리에게 어떤 방도가 있어야 할까?"

"그게 어떤 거짓말이지요?" 하고 그가 물었네.

그래서 내가 대답했네. "새로운 것은 아니고, 옛날 옛적에 종종 일어났던 그런 일에 관한 동화 같은 이야기일세. 아무튼 시인은 그렇다고 주장하며 믿으라고 설득했네. 그러나 그런 일은 오늘날에는 일어난 적이 없고, 과연 그런 일이 일어날 수 있는지 나도 자신 있게 말할 수 없네. 사람들이 믿게 하려면 많은 설득이 필요할 걸세."

"선생님께서는 우리에게 그 이야기를 하기가 망설여지시나 봐요" 하고 그가 말했네.

그래서 내가 말했네. "망설일 만도 하지. 내 말을 들으면 자네는 그 이유를 알게 될 걸세."

"염려 말고 말씀하세요" 하고 그가 말했네.

"그러면 말하겠네. 하지만 나는 어디서 그런 이야기를 할 배짱과 낱말들을 찾아야 할지 자신이 없네. 나는 먼저 치자와 전사를, 다음에는 나머지 시민을 설득해볼 것이네. 우리가 그들을 양육하고 교육한 것은 꿈속에서 그들에게 일어난 일에 불과하다고. 그들은 사실은 그사이 땅속 깊숙한 곳에서 생성되고 부양되고, 그들의 무구들과 나머지 도구가

---

92 epikouroi.
93 382a 이하 참조.

e 만들어졌으며, 이 과정이 완결되자 그들의 어머니인 대지가 그들을 세상으로 올려 보냈다고. 그러니 그들은 자기들이 살고 있는 나라를 어머니로 여기고는 어머니가 공격당하면 지켜주고, 동료 시민을 같은 어머니 대지에서 태어난 형제로 여겨야 한다고 말일세."

"선생님께서 거짓 이야기를 들려주길 꺼리신 것도 까닭이 없지 않네요."

415a 그래서 내가 말했네. "다 까닭이 있었지. 하지만 내 이야기를 마저 들어보게. 우리는 그들에게 계속해서 이야기를 들려줄 것이네. '이 나라에 사는 여러분은 모두 형제들이오. 그러나 신께서 여러분을 만들 때 여러분 가운데 치자로서 적합한 자들에게는 황금을 섞었는데, 이들이야말로 가장 존경스러운 자들이기 때문이오. 신께서는 보조자가 될 자들에게는 은을, 농부와 그 밖의 일꾼에게는 무쇠와 청동을 섞었소.[94]

b 여러분은 대개 여러분을 닮은 자식을 낳겠지만, 여러분은 모두가 동족이기에 때로는 황금 부모에게서 은 자식이 태어나고 은 부모에게서 황금 자식이 태어나는 등 다른 종류의 부모에게서 다른 종류의 자식이 태어날 수 있을 것이오. 신께서 치자들에게 부과한 일차적인 중대 임무는, 치자들은 무엇보다도 자신들 자손의 혼 안에서 이러한 금속이 어떻게 섞여 있는지 예의 주시하며 유심히 지켜보라는 것이오. 그들의 자손 중 한 명이 청동이나 무쇠가 섞인 상태로 드러나면, 그들은 인정사정없이 그에게 본성에 적합한 사회적 지위를 주어 일꾼이나 농부 계급으로 강등시켜야 하오. 반면 일꾼이나 농부의 자식이 황금이나 은이 섞인 상태로 태어나면, 그들은 그를 존중하여 수호자나 보조자의 지위로

승진시켜야 하오. 또한 그들이 그럴 수밖에 없는 까닭은, 무쇠나 청동이 섞인 자가 나라의 수호자가 되면 나라가 망할 것이라는 신탁이 있었기 때문이오.' 자네는 사람들이 이런 이야기를 믿게 할 무슨 방도가 있는가?"

"아니요" 하고 그가 말했네. "그들 자신이 믿게 할 방도는 없어요. 그러나 어쩌면 그들의 자식이나, 자식의 자식이나, 나중 세대는 믿을지도 모르지요."

그래서 내가 말했네. "그래도 그것은 그들이 국가와 서로를 더 잘 보살피게 하는 데 효과가 있을 걸세. 자네 말이 무슨 뜻인지 알겠기에 하는 말일세. 그러나 이 일의 향방은 여론에 맡기기로 하고, 우리는 대지에서 태어난 우리 전사들을 무장시켜 치자들의 지휘 아래 도시로 인솔해가도록 하세. 도시에 도착하면 치자들은 도시 내에서 진을 치기에 가장 좋은 장소를, 말하자면 내국인이 법에 복종하려 하지 않을 경우 가장 쉽게 통제할 수 있고, 적군이 양우리를 덮치는 늑대처럼 공격해올 경우 외부의 위협을 가장 쉽게 물리칠 수 있는 장소를 물색해야 하네. 그들은 진을 치고 나서 그래야 마땅한 신들에게 제물을 바치고 숙소를 마련할 것이네. 그러지 않을까?"

"그러겠지요" 하고 그가 말했네.

"그리고 이들 숙소는 겨울에도 여름에도 그들을 보호해주기에 충분

---

94 헤시오도스, 『일과 날』 109~201행 참조.

한 것이어야 하지 않을까?"

"당연하지요" 하고 그가 말했네. "선생님께서 말씀하시는 숙소란 거처를 의미하는 것 같으니 말이에요."

"그렇다네" 하고 내가 말했네. "하지만 내가 말하는 것은 전사에게 적합한 거처이지, 사업가에게 적합한 거처는 아닐세."

416a "전자와 후자가 어떻게 다르다는 거지요?" 하고 그가 물었네.

"내가 설명해 보겠네" 하고 내가 말했네. "개를 양떼의 보호자로 사육하는 양치기에게 일어날 수 있는 가장 무섭고 수치스러운 일은, 사육하고 있는 개가 무절제나 굶주림이나 그 밖의 나쁜 버릇으로 말미암아 양떼를 공격하며 개 대신 늑대처럼 행동하기 시작하는 것이네."

"무서운 일이지요" 하고 그가 말했네. "왜 아니겠어요?"

b "그러니 우리는 우리 보조자들이 힘이 더 강하다고 해서 시민들에게 그런 짓을 하지 못하도록 호의적인 협력자 대신 사나운 주인처럼 행동하지 못하도록 온갖 방법으로 감시해야 하네."

"감시해야지요" 하고 그가 말했네.

"이를 예방할 수 있는 최선의 방법은 그들이 적절한 교육을 받는 것이 아닐까?"

"하지만 그들은 벌써 그런 교육을 받았어요" 하고 그가 말했네.

c 그래서 내가 말했네. "여보게 글라우콘, 그것은 단언할 수 없네. 우리가 단언할 수 있는 것은 잠시 전에 우리가 말한 대로, 그들이 그들 자신에게도 그들의 보호를 받는 자들에게도 온유해지려면 그것이 어떤 것이건 올바른 교육을 받는 것이 관건이라는 점일세."

"옳은 말씀이에요" 하고 그가 말했네.

"그렇다면 수호자들은 그런 교육을 받는 것에 더하여, 그들이 최선의 수호자가 되는 것을 방해하지 않을뿐더러 다른 시민들에게 불의를 행하도록 그들을 부추기지 않을 정도의 거처와 생활수준을 유지해야 한다고 말하는 것이 옳을 걸세."

d

"옳은 말씀이에요" 하고 그가 말했네.

그래서 내가 말했네. "자네는 그들이 우리가 말한 그런 사람들이 되려면 다음과 같이 생활하며 거주해야 하는지 살펴봐주게. 첫째, 그들은 어느 누구도 꼭 필요한 것 이상의 사유재산을 소유해서는 안 되네. 둘째, 그들은 어느 누구도 아무나 마음대로 들어갈 수 없는 집이나 곳간을 소유해서는 안 되네. 그들은 수호자 노릇을 하는 대가로 정해진 만큼의 양식을 다른 시민들한테서 받되, 그것은 자제력 있고 용감한 전사들에게 알맞은 양이어야 하며, 연말에 남아서도 안 되고 모자라서도 안 되네. 그들은 군영의 전사들처럼 공동식사[95]를 하며 공동생활을 해야 하네. 우리는, 그들의 혼에는 이미 신이 주신 신성한 금과 은이 영원히 내재하는 만큼 그들에게는 따로 인간의 금이 필요 없으며, 그들이 갖고 있는 천상의 금을 지상의 금과 섞어 오염시키는 것은 신성모독인데, 그 까닭은 그들의 금은 순수하지만 사람들 사이에 유통되는 금은 수많은 악의 원천이기 때문이라고 일러주어야 하네. 온 시민 가운데 그들만

e

417a

---

[95] syssitia. 공동식사 제도는 크레테와 스파르테의 제도이다.

이 금과 은을 다루거나 만져서는 안 되며, 그들만이 금과 은과 한 지붕 아래로 들어가거나, 금과 은을 장신구로 몸에 두르거나, 은잔이나 금잔으로 마셔서는 안 되네.

그래야만 그들 자신도 안전하고, 국가도 안전할 것이네. 그들이 일단 토지와 집과 돈을 소유하기 시작하면, 수호자가 되는 대신 재산 관리인과 농부가 될 것이며, 시민들의 협력자에서 적대적인 주인으로 바뀔 것이네. 그들은 한평생을 미워하고 미움 받으며, 음모를 꾸미고 음모의 대상이 되며, 외부의 적보다 내부의 적을 훨씬 더 두려워하며 보낼 것이네. 그리하여 그들 자신도, 국가 전체도 임박한 파멸을 향해 재빠르게 내달을 것이네.

이 모든 이유 때문에 우리는 수호자들에게는 우리가 말한 바 있는 집과 생필품을 제공해야 하며, 이를 법으로 제정해야 하네. 그렇지 않은가?"

"당연히 제정해야지요" 하고 글라우콘이 말했네.

제4권

그때 아데이만토스가 끼어들었네. "소크라테스 선생님, 선생님께서는 419a
이들을 아주 행복한 사람으로 만들고 있지는 않으신데, 그 원인이 그들
자신에게 있다고 이의를 제기하는 사람이 있다면 어떻게 변론하시겠어
요? 국가는 사실상 그들의 것인데도 그들은 전혀 국가의 덕을 보지 못
하니 말이에요. 다른 사람들은 토지를 소유하고, 크고 멋진 저택을 짓
고, 그런 저택에 어울리는 가구를 수집하고, 신들에게 개인적으로 제
물을 바치고, 방문객을 맞고, 선생님께서 방금 말씀하신 금과 은과 사
람을 행복하게 만든다고 생각되는 모든 것을 대부분 소유하고 있어요. 420a
그렇지만 우리 수호자들은 마치 용병 수비대처럼 시내에 죽치고 앉아
있는 것 같고, 그들이 하는 일이라곤 도시를 지키는 것이 전부예요."

그래서 내가 말했네. "그렇다네. 게다가 그들은 그 대가로 양식을 배
급받을 뿐 남들처럼 양식 외에 따로 보수를 받는 것도 아니어서, 사사로
이 외국 여행을 하고 싶어도 할 수가 없네. 그들은 또 여자 친구에게 선
물을 할 수도 없고, 그 밖의 다른 일, 이를테면 행복하다고 여겨지는 사
람이 돈을 쓰는 그런 일들에 돈을 쓸 수도 없네. 자네는 그 밖에도 이와
비슷한 비난거리를 많이 생략했네그려."

"좋아요" 하고 그가 말했네. "선생님께서는 그런 것들도 비난에 포함되었다고 가정하세요."

b "자네는 우리가 어떻게 변론할지 알고 싶다는 것인가?"

"네."

그래서 내가 말했네. "내 생각에 우리가 같은 길을 꾸준히 가다 보면 답변을 찾을 것 같네. 그러면 우리 수호자들이 나름대로 가장 행복한 사람들이라고 해도 우리는 전혀 놀라지 않겠지만, 아무튼 우리가 국가를 건설하는 목적은 한 집단을 특별히 행복하게 만드는 것이 아니라, 국가 전체를 최대한 행복하게 만드는 것이라고 말할 걸세. 우리는 그런 국가에서는 정의를 발견할 가능성이 가장 높은 반면 가장 잘못 경영되는 국가에서는 불의를 발견할 가능성이 가장 높으며, 이 두 국가를 고찰해보면 우리가 원래 제기했던 질문에 대한 답변을 찾게 될 것이라고 생

c 각했기에 하는 말일세. 그래서 우리는 지금 선택된 소수의 행복이 아니라 주민 전체의 행복을 확보함으로써 행복한 국가라고 생각되는 것을 만들어가고 있는 것이라네. 그와 상반되는 국가는 우리가 곧[1] 고찰할 걸세.

우리가 조각상에 채색하고 있는데, 어떤 이가 다가와 우리가 신체에서 가장 아름다운 눈에 자주색이 아닌 검은색을 칠했다는 이유로 생명체의 가장 아름다운 부분에 가장 아름다운 색을 칠하지 않는다고 우리

d 를 비난한다고 가정해보게. 우리는 이렇게 답변하는 것이 적절할 것이네. '이것 봐요, 눈을 아름답게 칠해야 한다고 해서 우리가 눈을 눈 같아 보이지 않게 그릴 것이라고 생각하지 마시오. 그 점은 신체의 다른 부분

도 마찬가지요. 그대가 눈여겨보아야 할 것은, 우리가 각각의 부분을 알맞게 채색함으로써 전체를 아름답게 만드는지 여부라오.' 마찬가지로 자네는 우리 수호자들에게 그들을 수호자가 아닌 다른 것으로 만드는 행복을 주라고 우리에게 강요하지 말게나. 우리도 농부에게 자포(紫袍)를 입히고 황금 장신구를 둘러주며 마음 내킬 때 농사를 지으라고 말할 줄 안다네. 우리도 도공이 불 가의 긴 의자에 기대앉아 오른쪽 방향으로 잔을 돌리며 술잔치를 벌이되, 돌림판은 도자기를 만들고 싶을 때에 대비해서 옆에 갖다 두게 할 수 있네. 우리는 온 나라가 행복하도록 그 밖의 다른 사람들도 모두 그런 식으로 행복하게 만들 수 있네. 그러나 자네는 우리에게 그러라고 요구해서는 안 되네. 우리가 자네의 말대로 하면, 농부는 농부가 아니고 도공은 도공이 아닐 것이며, 국가의 구성원들은 어느 누구도 제구실을 다하지 못할 것이네.

다른 주민들의 경우에는 크게 문제 될 것 없네. 구두 수선공이 열등해지고 퇴보하여 사실은 구두 수선공이 아니면서 수선공인 척해도 국가는 큰 타격을 받지 않을 것이네. 그러나 법과 국가의 수호자들이 사실은 수호자가 아니면서 수호자인 척하면, 국가는 분명 완전히 망하고 말 것이네. 국가가 잘 경영되어 행복해지는 것은 전적으로 그들에게 달려 있기 때문일세. 그러니 우리는 조금도 국가를 해칠 수 없는 진정한 수호자들을 만들고 있는데, 우리를 비판하는 사람이 그들을 국가 공동체

---

1 8권과 9권 참조.

의 구성원이라기보다는 축제에서 잔치나 즐기는 사람으로 만들고 있다면, 그는 국가 아닌 다른 것에 관해 말하고 있는 것이라네.

따라서 우리는 수호자들을 임명하는 것이 그들 자신을 최대한 행복하게 만들기 위한 것인지, 아니면 국가 전체의 행복을 염두에 두어야 하는지 결정해야 하네. 후자로 결정할 경우 우리는 이들 보조자와 수호자가 다른 사람들과 마찬가지로 자기가 하는 일에 가장 유능한 전문가가 되도록 강요하고 설득해야 하네. 그리하여 국가 전체가 번창하고 기반이 다져지면, 그때는 각각의 계급에게 본성에 맞는 행복을 추구하도록 허용해도 될 걸세."

"옳은 말씀인 것 같아요" 하고 그가 말했네.

그래서 내가 말했네. "그렇다면 자네에게 그와 밀접한 관계가 있는 다른 질문을 하나 던져도 될까?"

"어떤 질문이지요?"

"이번에는 다음과 같은 것들이 다른 일꾼들을 망치고 타락시킬 수 있는지 살펴보게나."

"그것들이 뭐지요?"

"부와 가난 말일세" 하고 내가 말했네.

"어떻게 말인가요?"

"이렇게 말일세. 자네는 도공이 부자가 되고 나서도 여전히 생업에 전념할 것이라고 생각하는가?"

"아니요" 하고 그가 말했네.

"그는 전보다 더 게을러지고 소홀해지겠지?"

"네, 훨씬 더요."

"그렇다면 더 열등한 도공이 되겠지?"

"역시 훨씬 더요."

"반면 그가 가난해서 생업에 필요한 도구나 다른 물건을 마련하지 못한다면, 그가 만든 제품은 질이 떨어지고, 그의 아들들과 도제(徒弟)는 열등한 장인이 될 걸세."

"왜 아니겠어요?"

"그러니 가난과 부는 둘 다 장인이 만드는 제품과 장인 자신을 더 열등하게 만드네."

"그런 것 같아요."

"그렇다면 우리는 국가 안으로 몰래 스며드는 일이 없도록 수호자들이 어떻게든 막아야 하는 두 가지를 더 찾아낸 듯하네."

"그것들이 뭐지요?"

그래서 내가 말했네. "부와 가난 말일세. 부는 사치와 나태와 변혁을 낳고, 가난은 변혁을 바라는 욕구에 더하여 비열함과 기술의 퇴보를 낳으니 말일세."

"물론이지요" 하고 그가 말했네. "하지만 소크라테스 선생님, 또 한 가지 문제가 있어요. 우리 나라는 돈도 없는데 어떻게 전쟁을 치를 수 있지요? 특히 크고 부유한 나라와 전쟁을 치러야 한다면 말이에요."

그래서 내가 말했네. "크고 부유한 나라 하나와 싸우는 것이 그런 나라 둘과 싸우는 것보다 분명 더 힘들 걸세."

"무슨 말씀이신지요?" 하고 그가 물었네.

그래서 내가 말했네. "우선 우리 수호자들이 싸우지 않을 수 없다면, 그들은 잘 훈련된 전사로서 부자인 적군과 싸울 것이네."

"그야 그렇지요" 하고 그가 말했네.

그래서 내가 말했네. "아데이만토스, 어떤가? 자네는 아주 잘 훈련된 권투선수 한 명이 권투선수가 아닌 살찐 부자 두 명을 상대로 쉽게 싸울 수 있을 것이라고 생각지 않는가?"

"동시에 두 명을 상대하기란 쉽지 않을걸요" 하고 그가 말했네.

c 그래서 내가 말했네. "그가 조금 뒤로 물러났다가 되돌아서며 둘 중 더 가까이 있는 자를 칠 수 있다 해도? 그리고 햇볕이 쨍쨍 내리쬐는 숨 막히는 더위에 그가 그런 행동을 되풀이한다 해도 말인가? 그런 권투선수라면 그런 종류의 적이 여럿이라도 이길 수 있지 않을까?"

"그래도 전혀 놀랄 일은 아니지요" 하고 그가 말했네.

"그리고 자네는 부자들이 권투보다 전술을 더 잘 알고 경험도 더 많을 것이라고 생각하는가?"

"아니요"[2] 하고 그가 말했네.

"그러면 숙련된 우리 전사들은 아마 자기들보다 두세 배나 많은 적군과도 쉽게 싸울 수 있을 것이네."

d "동의해요" 하고 그가 말했네. "선생님 말씀이 옳은 것 같으니까요."

"그러면 우리가 두 국가 중 한 국가에 사절단을 보내 이렇게 사실 그대로 말하게 한다고 가정해보게. '우리에게는 금과 은이 쓸모없소. 그대들에게는 금과 은을 소유하는 것이 허용되지만 우리에게는 허용되지 않기 때문이오. 그러니 그대들이 이번 전쟁에서 우리 동맹군이 되어준다면 다른 나라의 재물을 모두 갖게 될 것이오.' 자네는 이런 제의를 받은 사람이 개 떼와 한편이 되어 살찌고 연약한 양떼와 싸우기보다는 강인하고 여윈 개 떼와 싸우기를 선택할 것이라고 생각하는가?"

"저는 그렇게 생각하지 않아요" 하고 그가 말했네. "하지만 만약 다른 나라의 재물이 한 나라로 모이면, 재물이 없는 우리 나라에 위협이 되지 않을지 고찰해보세요."

그래서 내가 말했네. "우리가 세우고 있는 것과 다른 공동체가 '나라'라고 불릴 자격이 있다고 생각하다니, 자네야말로 정말 순진하구먼."

"그렇다면 다른 공동체들은 뭐라고 불러야 하나요?"

"더 거창한 이름으로 불러야겠지" 하고 내가 말했네. "그런 나라는 장기판에서처럼³ 한 나라라기보다는 여러 나라이기 때문일세. 그런 나라는 어떤 나라든 적어도 서로 적대적인 두 나라로 이루어져 있는데, 가난한 자들의 나라와 부자들의 나라가 그것이네. 이들 가난한 자들의 나라와 부자들의 나라에도 각각 숱한 나라가 포함되어서, 자네가 이들 나라를 하나의 나라로 보고 접근한다면 큰 실수를 저지르겠지만, 여러 나라로 보고 접근해서 한 집단에 다른 집단의 재물과 권력과 주민들을 넘겨주겠다고 제의한다면 자네는 언제나 동맹군은 많고 적군은 적을 것이네. 그리고 자네 나라는 우리가 앞서 정한 규율을 지키는 한 가장 강

---

2 당시 스포츠는 일상적인 관심사인 반면, 무기를 다루려면 특수 교육이 필요했기 때문이다.

3 원전에는 '놀이에서처럼'이라고 되어 있는데, 어떤 놀이인지 알 수 없다.

b 대한 나라가 될 것이네. 명성만 높은 것이 아니라, 지켜줄 사람이 1천 명 밖에 없다 해도 실제로 가장 강대한 나라 말일세. 자네는 그런 식으로 강대한 하나의 나라를 헬라스[4]인들 사이에서도 이민족[5]들 사이에서도 발견하기가 쉽지 않을 것이네. 그보다 몇 배나 더 큰 강대해 보이는 나라들은 많이 발견하겠지만 말일세. 자네는 동의하지 않는가?"

"제우스에 맹세코, 동의해요" 하고 그가 말했네.

그래서 내가 말했네. "그러면 우리 치자들은 이것을 나라의 크기와, 더는 확장하지 않되 꼭 필요한 영토의 넓이를 결정하는 가장 바람직한 기준으로 사용할 수 있을 걸세."

"어떤 기준 말인가요?" 하고 그가 물었네.

그래서 내가 말했네. "내 생각에, 나라는 한 나라로 남아 있는 한도로 커야지 그 이상 커서는 안 되네."

c "좋은 말씀이에요" 하고 그가 말했네.

"그렇다면 우리는 우리 수호자들에게 한 가지 지시를 더 내릴 것이네. 그들은 온갖 방법으로 나라가 작아지는 것이나 겉보기에만 커지는 것을 막고, 적정 규모의 통일체로 나라를 유지해야 한다는 지시 말일세."

"그들에게는 쉬운 일이겠지요" 하고 그가 말했네.

그래서 내가 말했네. "우리가 앞서[6] 요구한 것은 이보다 더 쉬운 일이네. 앞서 우리는 수호자들에게서 못난 자식이 태어나면 다른 계급으로 강등해야 하고, 다른 계급에서 탁월한 자식이 태어나면 수호자 계급으
d 로 승진시켜야 한다고 말한 적이 있네. 그리고 우리가 그런 말을 한 의도

는 다른 시민들이 모두 자기 적성에 맞는 한 가지 일에 전념해야만 개인은 여러 사람이 아닌 한 사람이 되고, 나라는 여러 나라가 아닌 한 나라가 되리라는 것을 보여주기 위해서였네."

"다른 지시보다 더 쉽고말고요" 하고 그가 말했네.

그래서 내가 말했네. "여보게 아데이만토스, 우리가 수호자들에게 내리는 지시는 예상과 달리 많지도 어렵지도 않네. 우리의 지시는 모두 쉬운 것이네. '한 가지 큰 것'[7]만 조심한다면. 그보다는 '최소한의 요구'라는 표현이 더 적절하겠지만 말일세."

"그게 뭐지요?" 하고 그가 물었네.

"교육과 양육 체계 말일세" 하고 내가 대답했네. "수호자들이 잘 교육받아 분별 있는 사람이 된다면 우리가 그들에게 요구한 이 모든 것은 물론이요, 그에 더하여 아내의 소유, 결혼, 출산 등 우리가 방금 빠뜨린 것도 쉽게 꿰뚫어볼 수 있을 것이네. 그리고 이런 문제들은 '친구들은 모든 것을 공유한다'[8]는 속담에 따라 처리되어야 한다는 것도 알 걸세."

"네, 이런 문제들은 그렇게 처리하는 것이 가장 옳겠네요" 하고 그가 말했네.

---

4   Hellas. 그리스의 그리스어 이름.
5   barbaros.
6   415b~c 참조.
7   "여우는 많은 것을 알고, 고슴도치는 한 가지 큰 것을 안다"는 속담에서 유래한 말이라고 한다.
8   koina ta philon.

그래서 내가 말했네. "일단 우리 정체가 산뜻하게 출발하면 일종의 선순환(善循環)이 이루어질 것이네. 좋은 양육과 교육 체계를 유지할 수 있으면 좋은 성격이 태어날 것이고, 좋은 성격이 좋은 교육을 받으면 다른 점에서도 그렇지만 특히 더 나은 자식을 낳는다는 점에서 선대(先代)보다 더 나은 성격으로 발전할 테니 말일세. 이 점은 다른 동물의 경우도 마찬가지일세."

b "그런 것 같아요" 하고 그가 말했네.

"거두절미하고, 우리 나라를 돌보는 자들은 우리 교육체계를 견지하고 모르는 사이에 망가지는 일이 없도록 무슨 일이 있어도 지켜내야 하네. 무엇보다도 그들은 체력단련 교육과 시가 교육의 급진적 변혁을 거부하고 가능한 한 현상을 유지해야 하네. 그리고 다음과 같은 말을 하는 사람이 있다면 우려해야 하네.

> 사람들은 자기들 귀에 가장 새롭게 들리는 노래라야
> 높이 평가하고 즐거워하기 마련이지요.⁹

c 사람들은 시인이 말하는 것이 새로운 노래가 아니라 새로운 양식의 노래라고 생각하고 그런 말을 칭찬할지 모르지만, 그런 것은 칭찬해서도 안 되고 시인의 말을 그런 뜻으로 해석해서도 안 되네. 수호자들은 교육체계 전체에 영향을 줄 수 있는 새로운 양식의 시가를 경계해야 하기 때문이네. 시가 양식의 변화는 언제나 정치적 변혁을 수반하기에 하는 말일세. 다몬도 그렇게 말하고, 나도 그의 말이 사실이라고 믿네."

"저도 그렇다고 믿는 사람에 포함시켜주세요" 하고 아데이만토스가 말했네.

그래서 내가 말했네. "그러면 수호자들은 시가 교육에도 감시탑을 세워야 할 것 같네그려."

"시가 교육에서는 모르는 사이에 무질서가 몸에 쉽게 배기 마련이지요" 하고 그가 말했네.

그래서 내가 말했네. "그렇지. 사람들은 무질서를 심각하게 받아들이지 않으며 무질서가 해로울 수 있다고 생각하지 않는다네."

"하긴 해롭지 않지요" 하고 그가 말했네. "무질서가 슬그머니 둥지를 틀고는 모르는 사이에 사람들의 성격과 습관 속으로 스며들지 않는다면 말이에요. 스며든다면 무질서는 그곳에서 넘쳐흘러 갈수록 강해지며 개인끼리의 거래 속으로 스며들지요. 이어서 무질서는, 소크라테스 선생님, 개인끼리의 거래에서 오만방자하게도 국법과 정체 속으로 스며들어 종국에는 사생활과 공적 생활을 완전히 뒤엎어버리지요."

"좋았어" 하고 내가 말했네. "한데 정말 그럴까?"

"저는 그렇다고 생각해요" 하고 그가 말했네.

"그러면 우리가 앞서[10] 말한 것이 옳았네. 우리 나라 아이들은 어릴 때부터 곧장 한결 규율을 지키는 놀이를 해야 하네. 놀이가 규율을 지

---

9   『오뒷세이아』 1권 350~351행.
10 377a, 424a 참조.

425a 키지 않고 아이들도 덩달아 규율을 지키지 않는다면, 그런 아이들이 규율을 지키는 책임감 강한 어른으로 성장한다는 것은 불가능하지 않을까?"

"왜 아니겠어요?" 하고 그가 말했네.

"그러나 아이들이 처음부터 올바른 놀이를 하며 시가 교육을 통해 규율을 익힌다면, 규율은 아이들에게 자네가 방금 말한 것과 정반대되는 영향을 끼칠 것이네. 아이들이 무엇을 하건 규율이 따라다니며 성장하도록 도와줄 것이고, 국가에서 전에 어떤 과오가 생겨났건 바로잡아 줄 것이라는 말일세."

"옳은 말씀이에요" 하고 그가 말했네.

"그렇다면 이들은 선조가 완전히 무시하던, 겉보기에는 사소한 규율도 찾아낼 걸세" 하고 내가 말했네.

"어떤 규율 말인가요?"

b "이를테면, 젊은이는 어른 면전에서 적절한 침묵을 지키고 자리를 양보하고 어른이 들어오면 자리에서 일어서야 한다든가, 부모를 봉양해야 한다는 것 말일세. 그 밖에도 두발, 복장, 신발, 몸가짐 일반 등에 관한 것 말일세. 자네는 그렇게 생각하지 않는가?"

"그렇게 생각해요."

"이런 것들에 관해 법을 제정한다는 것은 아마도 어리석은 짓이겠지. 그런 규정들은 말이나 글로 제정할 수도 없거니와, 설령 제정한다 해도 존속될 수 없으니 말일세."

"어떻게 존속될 수 있겠어요?"

그래서 내가 말했네. "아데이만토스, 어떤 사람이 어떤 방향으로 교육받느냐에 따라 모든 것이 결정되는 것 같네. 왜, 유유상종이라는 말도 있지 않은가?"

"네, 그래요."

"아마도 교육의 최종 결과물은 좋은 것이든 나쁜 것이든 하나의 완전하고 강력한 전체가 될 것이라고 말할 수 있을 걸세."

"왜 아니겠어요?" 하고 그가 말했네.

"그래서 나는 그런 자질구레한 일들에 관해 법을 제정하려 하지 않았던 걸세" 하고 내가 말했네.

"그런 것 같아요" 하고 그가 말했네.

그래서 내가 말했네. "신들에 맹세코, 시장에서 이루어지는 상거래에 관해서는 어떻게 할 것인가? 이를테면 거래 당사자 간의 계약, 노동자들과의 계약, 폭언과 상해, 고소, 배심원들의 선출, 시장이나 항만 사용료의 징수와 납부, 그 밖에 시장이나 도시나 항만 등에 관계되는 업무를 규정하는 일들 말일세. 우리는 이런 일들에 관해서도 굳이 법을 제정할 것인가?"

"아니요" 하고 그가 말했네. "아름답고 훌륭한 사람들에게 명령한다는 것은 온당하지 않아요. 그들은 어떤 일들에 입법화가 필요한지 대체로 쉽게 알 수 있을 테니까요."

"그럴 테지, 여보게" 하고 내가 말했네. "그들이 신의 도움으로 우리가 앞서 말한 법률들을 온전하게 보전한다면 말일세."

"그러지 않으면 그들은 이상적 해결책을 찾을 수 있으리라 믿고는, 선생님께서 말씀하신 것과 같은 세부적 규정들을 만들고 고치는 일로 평생을 보내겠지요" 하고 그가 말했네.

그래서 내가 말했네. "자네 말은 그들이 자제력이 없어서 몸에 해로운 생활방식을 버리지 못하는 환자처럼 살아갈 것이라는 뜻이로군."

"물론이지요."

426a "그들은 얼마나 멋있게 살아가는가! 치료와 약은 병을 더 악화시키고 더 복잡하게 만든다는 것 말고는 아무 효험이 없건만, 그들은 새로운 약을 권유받을 때마다 늘 그 약이 자신들의 건강을 되찾아줄 것이라는 희망으로 살아가니 말일세."

"그래요. 그런 환자들은 그런 일을 당하기 마련이지요." 그가 말했네.

"어떤가?" 하고 내가 말했네. "이 역시 재미있지 않은가? 음주와 과식과 여색과 나태한 생활을 버리기 전에는 약도 지짐술도 수술도 주문도 부적도 아무 효험이 없을 것이라고 그들에게 진실을 말해주는 사람이 있다면, 그들이 그를 불구대천의 원수로 여기는 것 말일세."

b

"재미있기는요" 하고 그가 말했네. "좋은 충고를 해주는 사람에게 화를 내는데, 무슨 매력이 있겠어요?"

그래서 내가 말했네. "보아하니, 자네는 그런 사람들을 칭찬하지 않는 것 같구먼."

"제우스에 맹세코, 저는 칭찬하지 않아요."

"나라 전체가 방금 우리가 말한 대로 행동해도 자네는 칭찬하지 않겠구먼. 이것은 잘못 다스려지는 나라들이 시민들에게 정체의 변혁을 꾀하지 말라면서, 그럴 경우 사형에 처하겠다고 으름장을 놓는 것과 같다고 생각되지 않는가? 그런 나라들은 자기들이 잘못 다스려지도록 내 버려두고 아첨으로 환심을 사며 시키는 대로 고분고분 행하고 자기들이 원하는 바를 미리 알아서 해주는 사람을 중대사에 능한 훌륭한 사람이라며 존중할 걸세."

"그런 나라들은 틀림없이 그럴 것이라고 생각되는 만큼 조금도 칭찬하지 않을 겁니다" 하고 그가 말했네.

"그런 나라들을 보살피기를 자원하고 자청하는 사람들은 어떤가? 자네는 그들의 용기와 열의가 가상하다고 생각하지 않는가?"

"가상하다고 생각하지요" 하고 그가 말했네. "대중의 갈채에 속아 자기들이 진정한 정치가라고 생각하는 자들 말고는요."

그래서 내가 말했네. "무슨 말인가? 자네는 그런 사람들을 용서해줄 수 없단 말인가? 어떤 사람이 측량에 관해 아무것도 모르는데, 역시 측량에 관해 아무것도 모르는 여러 사람이 그의 키가 4완척[11]이라고 말한다면 그가 그렇다고 믿지 않을 수 있을까?"

"믿지 않을 수 없겠지요" 하고 그가 말했네.

"그렇다면 그들을 가혹하게 대하지 말게. 그들은 사실 가장 재미있는 사람들일세. 그들은 계약 위반이나 그 밖에 내가 방금 언급한 다른 것들에 종지부를 찍을 해답을 찾을 수 있으리라는 변함없는 신념에 찬 나머지 우리가 앞서 말한 법률들을 통과시키고 수정하면서도, 자신들이

---

11 1완척(腕尺 pechys)은 팔꿈치에서 가운뎃손가락 끝까지의 길이로, 45센티미터쯤 된다.

휘드라[12]의 머리를 베고 있다는 것을 모르니 말일세."

427a "그렇지만 그게 그들이 할 수 있는 전부예요." 하고 그가 말했네.

그래서 내가 말했네. "그래서 나는 잘못 다스려지는 나라에서건 잘 다스려지는 나라에서건 진정한 입법자는 굳이 이런 종류의 법률과 제도를 만드느라 애쓸 필요가 없다고 생각한 것이라네. 잘못 다스려지는 나라에서는 그런 것들이 아무 소용도 없고 도움이 안 되기 때문이고, 잘 다스려지는 나라에서는 그중 더러는 아무나 찾을 수 있고 나머지는 우리가 앞서 정한 생활방식에 저절로 수반되기 때문이네."

b "그러면 우리에게 남은 입법의 영역은 어떤 것인가요?" 하고 그가 물었네.

그래서 내가 대답했네. "우리에게 남은 것은 아무것도 없네. 그러나 델포이[13]의 아폴론에게는 가장 중요하고 가장 아름답고 으뜸가는 법률을 제정하는 일이 남아 있네."

"어떤 법률이지요?" 하고 그가 물었네.

"신전 건립, 제물, 신들과 수호신들과 영웅들에 대한 또 다른 봉사, 죽은 이들의 매장과 저승에 가 있는 이들의 호감을 사기 위한 제사에 관한 법률들 말일세. 우리는 이런 것들에 관해 아무것도 모르네. 그래서 우리에게 분별력이 있다면 우리가 국가를 건설할 때 조상 대대로 내려오는 해설자 외에는 어느 누구에게도 이런 문제들을 맡기지 않는다네. 그런데 이러한 문제들에서는 대지의 배꼽[14]에 있는 돌에 앉아 해설하는[15] 아폴론 신이야말로 분명 온 인류에게 조상 대대로 내려오는 해설자일세."

"옳은 말씀이에요. 당연히 해설자에게 맡겨야겠지요" 하고 그가 말했네.

그래서 내가 말했네. "아리스톤의 아들 아데이만토스여, 그러면 이제 자네의 나라는 이미 건설된 것으로 볼 수 있겠구먼. 자네가 다음에 할 일은 그 안을 들여다보는 것인데, 그러기 위해서는 환한 불빛이 필요하네. 자네도 노력해야겠지만 자네 아우 글라우콘과 폴레마르코스와 그 밖의 다른 사람들에게도 도움을 청하게. 그러면 우리는 아마도 나라 안 어디에 정의와 불의가 있는지, 이 둘의 차이점은 무엇인지, 행복해지려는 사람은 그가 지니고 있다는 것을 모든 신과 인간이 알건 모르건 이 둘 중 어느 것을 지녀야 하는지 볼 수 있을 것이네."

"그건 말도 안 돼요" 하고 글라우콘이 말했네. "선생님께서는 몸소 정의를 찾겠다고 약속하시면서, 온갖 방법으로 있는 힘을 다해 정의를 돕지 않는다면 그것은 선생님에게는 불경한 짓이라고 말씀하셨어요."

"그건 사실이네" 하고 내가 말했네. "기억나는군. 나는 약속을 지켜야겠지만, 자네들도 나를 도와야 할 걸세."

---

12 Hydra. 머리가 여럿인 괴물 뱀으로 헤라클레스에게 퇴치당했다. 칼로 머리 하나를 베면 둘이 생겨나서 헤라클레스는 칼로 벤 자국을 불로 지져 제압할 수 있었다.

13 Delphoi. 그리스 중부지방의 파르낫소스(Parnassos) 산 남쪽 비탈에 자리 잡은 도시로, 아폴론 신전과 신탁으로 유명했다.

14 고대 그리스인들은 제우스가 대지의 동쪽 끝과 서쪽 끝에서 날려 보낸 독수리 두 마리가 델포이에서 만났다 하여 그곳을 대지의 배꼽이라 여기고 표지석을 세웠다.

15 아폴론은 제우스의 대변자이다.

"저희도 그럴게요" 하고 그가 말했네.

"그러면 우리는 아마도 다음과 같은 방법으로 원하는 것을 찾아낼 것 같네. 우리 나라가 올바로 세워진다면 완벽하게 훌륭할 것이라고 나는 생각하네" 하고 내가 말했네.

"당연하지요" 하고 그가 말했네.

"그렇다면 우리 나라는 분명 지혜롭고 용감하고 절제 있고 올바를 것이네."

"분명 그렇겠지요."

428a "그렇다면 우리 나라에서 이런 자질 가운데 일부를 발견할 경우 그 나머지 것들이 우리가 찾는 것들이네."

"그야 그렇지요."

"우리가 네 가지 것 가운데 한 가지를 찾는다고 가정해보게. 우리가 그중 한 가지를 먼저 발견한다면 그것으로 충분하네. 그러나 우리가 다른 세 가지를 먼저 발견한다면 결과적으로 우리가 찾고 있는 한 가지를 알아낸 것이나 다름없네. 남은 것은 분명 우리가 찾고 있는 것일 수밖에 없으니까."

"옳은 말씀이에요" 하고 그가 말했네.

"그렇다면 이번에도 마침 네 가지가 문제가 되고 있으니 같은 방법으로 찾아야겠지?"

"분명 그래요."

b "내 생각에 이 나라에서 맨 먼저 확연히 눈에 띄는 것은 지혜인 듯하네. 그런데 지혜에는 뭔가 이상한 점이 있는 것 같네."

"그게 뭐죠?" 하고 그가 물었네.

"내 생각에 우리가 기술한 나라는 진실로 지혜로운 것 같네. 그것은 이 나라가 판단력이 뛰어나기 때문일세. 그렇지 않은가?"

"네, 그래요."

"판단력이 뛰어나다는 것은 분명 지식의 일종이네. 판단력이 뛰어난 것은 무지가 아니라 지식의 결과물이니까."

"확실히 그래요."

"그런데 우리 나라에는 온갖 종류의 지식이 많네."

"왜 아니겠어요?"

"우리가 우리 나라는 지혜롭고 판단력이 뛰어나다고 말할 수 있는 이유는 목수들이 가진 지식 때문일까?"

"아니요" 하고 그가 말했네. "그것은 단지 목공에 능한 나라라고 불릴 수 있게 해주겠지요."

c

"그러면 한 나라가 지혜롭다고 불리는 것은 최고급 목공품에 관한 지식과 판단력 때문이 아닐세."

"아니고말고요."

"어떤가? 청동 제품이나 다른 금속 제품의 경우는?"

"그런 것들 때문도 아니에요" 하고 그가 말했네.

"땅에서 곡식을 기르는 지식 때문도 아니겠지. 그것은 농사 기술이라고 불리니까."

"동감이에요."

그래서 내가 말했네. "어떤가? 우리가 방금 세운 나라의 시민 중 누군

d 가에게 나라의 특정 요소가 아니라 나라 전체에 관해 결정하되 대내외적으로 나라에 도움 되는 그런 분야의 지식이 있기는 할까?"

"있지요."

그래서 내가 물었네. "그것은 어떤 지식이며, 그것을 가진 사람들은 누구지?"

그러자 그가 대답했네. "그것은 수호자들의 지식이며, 우리가 잠시 전에 진정한 의미의 수호자들이라고 일컬었던 치자들[16]에게서 찾아야 해요."

"자네는 그 지식 때문에 자네의 나라를 뭐라고 부를 참인가?"

"판단력이 뛰어난 진실로 지혜로운 나라라고 부르겠어요" 하고 그가 말했네.

그래서 내가 물었네. "자네는 우리 나라에 대장장이와 진정한 의미의 e 수호자 가운데 어느 쪽이 더 많을 것이라고 생각하는가?"

"그야 대장장이가 훨씬 많겠지요" 하고 그가 말했네.

그래서 내가 말했네. "나름대로 전문지식이 있어서 특정 이름으로 불리는 집단 중에서는 수호자들이 가장 수가 적지 않을까?"

"훨씬 적지요."

"그렇다면 자연의 원칙에 따라 세워진 나라가 지혜로운 것은 전적으로 지도자와 치자 집단이라는 최소 부류와 그 부류가 가진 지식 덕분이 429a 네. 그러니 모든 지식 가운데 유일하게 지혜라고 불릴 수 있는 지식을 가진 것은 본성상 가장 적을 수밖에 없는 이 부류인 것 같네."

"지당한 말씀이에요" 하고 그가 말했네.

"그렇다면 어떻게 해서 그렇게 됐는지는 몰라도, 우리는 네 가지 자질 가운데 하나를 발견했을뿐더러 그것이 나라 안 어디에 자리 잡고 있는지도 알아냈네."

"나로서는 선생님께서 찾아내신 것에 만족해요" 하고 그가 말했네.

"다음 차례는 용기일세. 그런데 용기를, 그리고 용기가 나라의 어느 부분에 자리 잡고 있어 그 부분이 나라에 '용감하다'는 이름을 부여하는지 보는 것은 그리 어려운 일이 아닐세."

"어째서지요?"

그래서 내가 말했네. "나라를 비겁한 나라와 용감한 나라로 분류하는 사람이라면 어떤 사람이 나라를 지키기 위해 전쟁을 하며 군대에서 복무하는 부분 말고 다른 부분을 눈여겨보겠는가?"   b

"다른 부분은 눈여겨보지 않겠지요" 하고 그가 말했네.

"내 생각에 그 이유는 나머지 주민은 비겁하건 용감하건 나라 자체를 비겁하거나 용감하게 만들 수 없기 때문일세" 하고 내가 말했네.

"그렇다마다요."

"나라의 용기 역시 지혜와 마찬가지로 나라의 한 부분에 달려 있네. 그 부분은, 두려워해야 할 것은 바로 입법자가 어떤 경우에도 그들을 교육하는 과정에서 두려워해야 할 것으로 분류한 것이라는 소신을 견   c
지할 능력이 있기 때문이네. 자네가 용기라고 부르는 것은 그런 것이 아

---

16 414b 참조.

닌가?"

"무슨 말씀인지 잘 모르겠어요" 하고 그가 말했네. "다시 설명해주세요."

그래서 내가 말했네. "용기란 일종의 보전[17]이라는 말일세."

"보전이라니, 무엇을 보전한다는 거죠?"

"무엇을 그리고 어떤 것을 두려워해야 하는지 법에 의해, 교육을 통해 주입된 소신을 보전한다는 말일세. 어떤 경우에도 견지한다는 내 말은 괴로울 때도 즐거울 때도, 욕망이나 두려움에 사로잡힐 때도 그런 소신을 버리지 않고 온전히 보존한다는 뜻이라네. 자네가 원한다면 내가 비슷한 예를 하나 들어보겠네."

"그랬으면 좋겠어요."

그래서 내가 말했네. "자네도 알다시피, 염색업자가 양모를 자주색으로 염색하고 싶으면 먼저 여러 색깔의 양모 가운데 본바탕이 흰 양모를 고른 다음 그것이 색깔을 되도록 많이 흡수하게 하려고 오랜 준비 과정을 거치네. 그런 다음에야 그는 염색하기 시작하는데, 그렇게 염색된 것은 빛깔이 변하지 않으며, 세제를 쓰건 안 쓰건 세탁을 해도 물이 빠지지 않네. 그러나 양모의 색깔이 다르건 흰 양모를 그런 사전 준비 없이 염색하건, 다른 방법으로 염색을 하면 어떤 일이 생기는지는 자네도 알 걸세."

"알아요. 물이 빠져서 우스꽝스러워 보이겠지요."

그래서 내가 말했네. "그러면 우리가 전사들을 선발하여 시가 교육과 체력단련 교육을 시켰을 때도 비슷한 성과를 올리기 위해 힘닿는 데

까지 최선을 다했던 것이라고 생각해주게. 우리가 추구했던 것은 바로 430a
그들이 올바른 본성과 양육에 힘입어 우리의 법률을 염료처럼 되도록
흠뻑 빨아들여서 두려움과 그 밖의 다른 것들에 대한 그들의 소신이 변
색되지 않고, 소다나 잿물보다 더 세척력이 강한 쾌락, 고통, 공포, 욕망 b
같은 강력 세제로 세탁해도 물이 빠지지 않는 것이었네. 무엇을 두려워
해야 하고 무엇을 두려워하지 말아야 하는지에 대해 법이 승인한 올바
른 소신을 어떤 경우에도 보전할 수 있는 이러한 능력을 나는 용기라고
부르네. 나는 그렇게 정의하겠네. 자네가 이의를 제기하지 않는다면 말
일세."

"저는 이의를 제기하지 않겠어요" 하고 그가 말했네. "제 생각에, 동
물이나 노예가 이런 것들에 대해 올바른 소신을 가진다 해도, 선생님께
서는 교육의 결과물이 아닌 소신은 법이 승인한 것으로 간주하지 않고
용기 대신 다른 이름으로 부르실 것 같으니까요."

"자네 말이 지당하네" 하고 내가 말했네. c

"저는 용기에 대한 선생님의 정의를 받아들이겠습니다."

그래서 내가 말했네. "내 정의(定義)를 국가 공동체의 용기에 대한 정
의로 받아들이게. 그러면 올바로 받아들이는 것이네. 자네가 원한다
면, 용기에 관해서는 다음 기회에 더 자세히 논의할 수 있을 걸세. 지금
은 우리가 찾고 있는 것이 용기가 아니라 정의인 만큼, 그런 목적을 위해

17 soteria.

서라면 우리가 논의한 것으로도 충분하네."

"옳은 말씀이에요" 하고 그가 말했네.

"그렇다면 우리 나라에서 찾아야 할 자질로는 아직 두 가지가 남아 있네" 하고 내가 말했네. "그중 하나는 절제이고, 다른 하나는 우리 탐구 전체의 목적인 정의(正義)일세."

"물론이지요."

"그런데 우리가 절제를 찾느라 수고할 필요 없이 정의를 찾을 수 있는 방법이 있을까?"

"저는 그런 방법을 알지도 못하거니와, 그런 방법을 찾고 싶지도 않아요. 그것이 절제를 찾는 일을 포기하는 것을 뜻한다면 말이에요. 선생님께서 제 청을 들어주시겠다면, 정의에 앞서 먼저 절제부터 고찰해주세요."

"자네 청을 거절한다면 내가 불의한 짓을 하는 거겠지" 하고 내가 말했네.

"그렇다면 이제 고찰해주세요" 하고 그가 말했네.

"그러겠네" 하고 내가 말했네. "내 첫인상은 절제가 앞의 두 자질보다 협화음 또는 화음과 더 비슷하다는 것이네."

"어떻게요?"

그래서 내가 말했네. "절제는 어떤 의미에서 일종의 질서이며, 특정 쾌락과 욕구의 억제일세. 그래서 사람들은 '자신의 주인' 같은 알쏭달쏭한 표현으로 절제의 본성을 암시하는 것이라네. 안 그런가?"

"그러고말고요" 하고 그가 말했네.

"그러나 '자신의 주인'이라는 표현은 우습지 않은가? 자신의 주인인 사람은 자신의 노예이기도 하고, 자신의 노예인 사람은 자신의 주인이기도 하니까. 이런 표현이 지칭하는 것은 시종 같은 사람이니 말일세."

431a

"왜 아니겠어요?"

그래서 내가 말했네. "내가 보기에, 이 표현이 뜻하는 것은 각 개인의 혼 안에는 더 나은 부분과 더 못한 부분이 있는데, 본성적으로 더 나은 부분이 더 못한 부분을 제어하면 그 사람은 '자신의 주인'이라고 불린다는 것이네. 칭찬의 표현으로 말일세. 그러나 나쁜 양육과 나쁜 교제 탓에 소수인 더 나은 부분이 다수인 더 못한 부분에 의해 제압당하면 이는 비난받아 마땅한 일로, 사람들은 그런 무질서한 상태에 있는 사람을 '자신의 노예'라고 부른다네."

b

"그런 것 같군요" 하고 그가 말했네.

"그렇다면 새로 건설된 우리 나라를 자세히 보게" 하고 내가 말했네. "그러면 자네는 그곳에서 이들 두 가지 가운데 한 가지 상황이 전개되고 있는 것을 발견할 것이네. 더 나은 부분이 더 못한 것을 지배하는 것은 절제 있고 '자신의 주인'이라 불려야 한다면, 자네는 우리 나라가 '자신의 주인'이라 불리는 것은 당연하다고 인정할 테니 말일세."

"자세히 보니, 선생님 말씀이 옳아요" 하고 그가 말했네.

"자네는 또한 온갖 욕구와 쾌락과 고통을 발견할 것이네. 특히 아이와 여자와 노예와 자유민이라 일컬어지는 평범한 다수 사이에서 말일세."

c

"과연 그렇군요."

제4권 **239**

"반면 지성과 바른 소신과 숙고에 의해 인도되는 단순하고 절제된 욕구는 가장 훌륭한 본성을 타고난 데다 가장 훌륭한 교육을 받은 소수의 사람들 사이에서만 발견될 걸세."

"옳은 말씀이에요" 하고 그가 말했네.

d "자네 나라에도 그런 특징이 있어, 평범한 다수의 욕구가 더 나은 소수의 욕구와 지혜에 의해 제어되는 것이 보이는가?"

"네, 보여요" 하고 그가 말했네.

"그러니 어떤 나라가 쾌락과 욕구의 주인이자 자신의 주인이라고 불릴 수 있다면, 우리 나라야말로 그렇게 불릴 수 있을 것이네."

"그렇고말고요" 하고 그가 말했네.

"그렇다면 우리는 우리 나라가 이 모든 점에서 절제 있다고 말할 수 있지 않을까?"

"있고말고요" 하고 그가 말했네.

e "덧붙여, 누가 통치할 것이냐에 대해 치자와 피치자 사이에 합의가 이루어지는 나라가 있다면, 그것은 우리 나라일 걸세. 자네는 그렇게 생각하지 않는가?"

"선생님 말씀에 전적으로 동의해요."

"시민들 사이에 그렇게 합의가 이루어진다면, 자네는 절제가 어느 집단의 특징이라고 생각하는가? 치자인가, 아니면 피치자인가?"

"양쪽 집단 모두요" 하고 그가 말했네.

그래서 내가 말했네. "그렇다면 자네도 보다시피, 절제는 화음과 같다는 우리의 추측[18]이 들어맞았네그려."

"어째서요?"

"절제는 용기나 지혜와는 다르기 때문일세. 용기와 지혜는 특정 부분에 자리 잡고 있어도, 그중 하나는 나라 전체를 지혜롭게 만들고 다른 하나는 나라 전체를 용감하게 만드네. 절제는 그렇게 작동하지 않네. 절제는 나라 전반에 걸쳐 있으면서, 지식에서건 힘에서건 수에서건 재산에서건 또 다른 것에서건 가장 약한 자들이 가장 강한 자들과 중간에 있는 자들과 더불어 노래를 제창하게 만드네. 따라서 절제란 국가에서나 개인에서나 더 나은 부분과 더 못한 부분 가운데 어느 쪽이 통치할 것이냐에 대한 이러한 합의라고, 이 양자 간의 자연스러운 협화음이라고 말하는 것이 가장 타당할 걸세."

"전적으로 동의해요" 하고 그가 말했네.

"좋네" 하고 내가 말했네. "우리가 찾던 자질 가운데 세 가지는 우리 나라에서 찾아낸 것 같네. 국가가 미덕에 관여하게 해주는 나머지 자질은 무엇일까? 그건 정의임이 분명하네."

"분명해요."

"그렇다면 글라우콘, 이제 우리는 사냥꾼처럼 덤불 주위에 둘러서서 정의가 달아나 종적을 감추는 일이 없도록 정신 바짝 차려야 하네. 정의는 틀림없이 여기 어디쯤에 있네. 눈을 크게 뜨고 열심히 찾아보게. 그러다가 자네가 먼저 발견하면 내게 알려주고."

---

18 430e 참조.

"그럴 수 있다면 좋겠지요" 하고 그가 말했네. "선생님께서 제게 기대할 수 있는 것은, 제가 뒤따라가며 선생님께서 가리키시는 것을 보는 것이 전부예요."

"그렇다면 기도하고 나를 따르게" 하고 내가 말했네.

"그럴게요. 선생님께서는 길안내만 해주세요" 하고 그가 말했네.

"여기는 통과하기 어려운 그늘진 곳인 것 같군" 하고 내가 말했네. "아무튼 어두워서 사냥하기가 쉽지 않아. 그래도 우리는 나아가야 하네."

d "나아가야 하고말고요" 하고 그가 말했네.

그리고 나는 무엇인가를 발견하고 소리쳤네. "이보게 글라우콘, 여기 발자국을 찾은 것 같네. 사냥감은 아마 우리한테서 도망치지 못할 걸세."

"좋은 소식이로군요" 하고 그가 말했네.

"우리는 정말 바보였어" 하고 내가 말했네.

"어째서요?"

e "여보게, 우리 사냥감은 처음부터 줄곧 우리 발 앞에 숨어 있었는데 우리는 그것도 못 보고 완전히 바보 노릇을 했다니까. 사람들이 가끔 손에 쥔 물건을 찾듯이, 우리도 그와 같이 원하는 물건은 보지 못하고 엉뚱하게 먼 곳만 바라보았단 말일세. 그래서 우리가 사냥감을 발견하지 못한 것 같네."

"무슨 말씀이신지요?" 하고 그가 물었네.

그래서 내가 말했네. "내 말은, 우리가 토론하는 내내 어떤 의미에서 정의를 논의했으면서도 그런 줄 몰랐던 것 같다는 뜻일세."

"선생님의 서론은 길기도 하네요. 우리는 듣고 싶어 안달이 나는데" 하고 그가 말했네.

그래서 내가 말했네. "그렇다면 내 말에 일리가 있는지 들어보게. 처음에 나라를 세우기 시작할 때부터 우리는 무슨 일이 있어도 철저히 준수해야 할 원칙을 정했는데, 나는 그것이나 그와 비슷한 것이 정의라고 생각하네. 자네도 기억나겠지만, 우리가 원칙으로 정하고 몇 번이나 되풀이해서 말한 것은, 우리 나라에서는 저마다 자기 적성에 가장 잘 맞는 한 가지 직업에 종사해야 한다는 것이었네."[19]

433a

"그래요. 우리는 그렇게 말했지요."

"또한 우리는 정의란 제 할 일을 하고 남의 일에 참견하지 않는 것이라는 말을 많은 사람한테서 들었고, 우리 자신도 가끔 그렇게 말했네."[20]

b

"그래요. 우리도 그렇게 말했지요."

그래서 내가 말했네. "그러니 여보게, 이처럼 각자가 제 할 일을 하는 것, 그것이 어떤 의미에서 정의인 것 같네. 자네는 내가 왜 그렇게 생각하는지 알겠는가?"

"아니요. 말씀해주세요" 하고 그가 말했네.

그래서 내가 말했네. "우리가 절제와 용기와 지혜를 찾아낸 지금 아직도 남아 있는 자질은, 우리 나라에 그런 것들이 생기게 할 힘을 갖고

---

19 370a~c, 374a~e, 395b, 421a 참조.
20 일상의 대화에서 말했다는 뜻이다.

c 있고 그런 것들이 생겨난 뒤에는 자신이 존재함으로써 그런 것들의 안전을 보장해주는 그런 것임이 틀림없다고 생각되기 때문일세. 우리는 또한 다른 세 가지를 발견한다면 남은 것은 정의일 것이라고 말했네."²¹

"그야 당연하지요" 하고 그가 말했네.

그래서 내가 말했네. "그러나 이들 자질 중에서 어느 것이 나라 안에 생김으로써 우리 나라를 훌륭한 나라로 만드는 데 가장 많이 기여하는지 결정해야 한다면, 그것은 결정하기 어려운 일일세. 그것은 치자와 피치자 간의 합의일까? 아니면 법이 무엇을 두려워해야 하고 무엇을 두려워하지 말아야 하는지를 두고 승인한 소신을 우리 전사들이 견지하는

d 것일까? 아니면 우리 수호자들의 지혜와 경각심일까? 그도 아니면 아이와 여자, 노예와 자유민, 일꾼, 치자와 피치자 안에 그것이 생김으로써 나라를 훌륭하게 만드는 데 가장 많이 기여하는 것은, 각자가 제 할일을 하고 남의 일에 참견하지 않는 것일까?"

"결정하기 어렵고말고요. 왜 안 어렵겠어요?" 하고 그가 말했네.

"그렇다면 나라를 훌륭하게 만드는 데서는 각자가 제 할 일을 하게 하는 능력이야말로 나라의 지혜와 절제와 용기의 강력한 경쟁자인 것 같네."

"물론이지요" 하고 그가 말했네.

"나라를 훌륭하게 만드는 데서 이들 자질과 강력하게 경쟁하는 것을 자네는 정의라고 부르겠지?"

"그야 물론이지요."

e "이런 관점에서도 고찰해보게. 자네는 법정에서 다루는 사건 심리를

국가의 통치자들에게 맡길 것인가?"

"물론이지요."

"그들이 사건을 심리할 경우 시민들은 남의 것을 빼앗아도 안 되고 자기 것을 빼앗겨서도 안 된다는 원칙을 고수하려 하지 않을까?"

"그야 그렇지요."

"그러는 것이 올바르기 때문이겠지?"

"네."

"그렇다면 우리는 이런 관점에서도 정의란 제 재산을 지키고 제 할 일을 하는 것이라는 결론에 도달했네그려." 434a

"네, 그래요."

"다음에 대해서도 자네가 내게 동의하는지 살펴보게나. 목수나 제화공이 도구와 사회적 지위를 바꾸거나 한 사람이 두 가지 일을 하려고 함으로써 목수가 제화공의 일을 하고 제화공이 목수의 일을 하려 든다면, 자네는 이런 종류의 교환이 나라에 큰 해를 끼칠 것이라고 생각하는가?"

"아주 큰 해를 끼치지는 않겠지요."

"그러나 내 생각에, 타고난 장인이나 사업가가 부나 대중의 지지나 체력 따위에 우쭐해져서 전사 계급에 진입하려 든다거나, 아니면 전사 중 b 한 명이 적성에 맞지 않는데도 결정권을 가진 수호자 계급에 진입하려

---

21 427e~428a 참조.

든다면 이야기는 달라질 걸세. 이런 사람들이 도구와 사회적인 지위를 바꾸거나 한 사람이 이 모든 일을 동시에 하려 든다면, 그때는 이러한 교환과 참견이 나라에 파멸을 안겨줄 것이라는 데에 자네도 동의할 것이라고 생각하네."

"동의하고말고요."

c "그러면 이들 세 계급 간의 상호 참견과 교환은 나라에 가장 큰 해악을 끼치는 만큼 나라에 범하는 최대 범죄라고 불러야 마땅할 것이네."

"마땅하다마다요."

"그런데도 자네는 조국에 범하는 최대 범죄가 불의라는 데에 동의하지 않을 텐가?"

"어찌 동의하지 않겠어요?"

"그러니까 상호 참견과 교환이 불의일세. 반면 상인 계급과 보조자 계급과 수호자 계급이 제 할 일을 함으로써 나라 안에서 제구실을 하게 하는 능력, 이것이 정의일 것이며, 이것이 나라를 올바르게 만들어주겠지?"

"선생님 말씀에 전적으로 동의해요" 하고 그가 말했네.

d 그래서 내가 말했네. "아직은 그렇다고 단언할 수 없네. 같은 특징이 개개인에게도 적용되고 거기에서도 그 특징이 정의라는 데 합의가 이루어진다면, 그때는 우리도 그것을 받아들일 걸세. 달리 선택의 여지가 없으니까. 그러지 않다면 우리는 뭔가 다른 것을 찾아야 할 것이네. 하지만 지금 당장에는 지금의 이 고찰을 마무리짓도록 하세. 우리는 정의를 내포하고 있는 뭔가 규모가 큰 것에서 먼저 정의를 찾는다면 개개인 안

에서도 정의를 찾기가 한결 수월할 것이라고 생각했네.[22] 우리는 규모가 큰 것이란 국가라고 생각하고는 이상 국가를 세우기 시작했는데, 훌륭한 국가에서 정의를 발견하리라고 확신했기 때문일세. 우리가 그곳에서 찾아낸 것을 이제 개개인에게 적용해보도록 하세. 만약 우리가 찾아낸 것이 개개인에게도 들어맞는다면, 그것은 잘된 일이네. 그러나 개개인의 정의는 뭔가 다르다는 것을 발견한다면, 그때는 새로운 결과를 시험해보기 위해 우리는 국가로 되돌아갈 것이네. 그리고 우리가 양자를 나란히 비교해보면, 마치 점화용 마른나무 막대기를 비빌 때처럼 불꽃을 얻을 수도 있을 것이네. 그리하여 정의가 환히 모습을 드러내면 우리는 그것을 마음속 깊이 각인할 걸세."

"그것이 옳은 방법이니 우리는 선생님 말씀에 따라야겠지요" 하고 그가 말했네.

그래서 내가 말했네. "그런데 만약 더 큰 것과 더 작은 것이 같은 이름으로 불릴 수 있다면, 이 둘은 같은 이름으로 불린다는 점에서 서로 같은가, 같지 않은가?"

"서로 같아요" 하고 그가 말했네.

"그렇다면 정의 자체와 관련해서 올바른 사람은 올바른 국가와 아무런 차이도 없이, 같을 것이네."

"네, 같아요" 하고 그가 말했네.

---

22 368e 참조.

"그러나 우리는 국가가 올바른 것은 그 안의 타고난 세 계급이 저마다 제 할 일을 하기 때문이며, 국가가 절제 있고 용감하고 지혜로운 까닭은 이들 세 계급의 심적 상태와 습관이 다르기 때문이라는 데 합의했네."

"옳은 말씀이에요" 하고 그가 말했네.

c "그렇다면 여보게 글라우콘, 개인도 혼 안에 이 세 요소를 지니고 있다면, 개인도 같은 심적 상태의 영향을 받는 만큼 개인에게도 같은 이름을 적용해도 된다고 여겨도 무방할 것이네."

"당연하지요" 하고 그가 말했네.

"여보게, 그렇다면 우리는 혼도 이 세 요소를 내포하고 있느냐 없느냐 하는 사소한 문제와 맞닥뜨렸네그려."

"저는 사소한 문제라고 생각하지 않아요" 하고 그가 말했네. "소크라테스 선생님, '좋은 것은 무엇이든 이루기 어렵다'는 옛말에는 일리가 있는 것 같으니까요."

그래서 내가 말했네. "그런 것 같네. 그러나 글라우콘, 잘 알아두게.
d 내 생각에, 우리가 현재 논의에서 사용하는 방법으로는 결코 정확한 해답을 얻을 수 없을 걸세. 그런 해답을 얻을 수 있는 길이 있긴 하지만, 그것은 더 멀고 시간이 더 많이 걸리네. 하지만 우리는 이전의 탐구에서 얻어낸 해답과 견주어도 전혀 손색이 없는 해답을 얻을 수 있을 걸세."

"그렇다면 만족스럽지 않나요?" 하고 그가 말했네. "아무튼 현재로서는 저는 그것으로 만족할 겁니다."

그래서 내가 말했네. "나도 대만족일세."

"그렇다면 피로해하지 마시고 탐구를 계속하세요" 하고 그가 말했네.

그래서 내가 말했네. "우리가 나라 안에 존재하는 것과 같은 요소와 특징이 우리 각자 안에도 존재한다는 데 동의하는 것은 아주 당연한 일이겠지? 나라 안의 그런 요소와 특징은 다른 곳에서 유래한 것은 아닐 테니까. 그도 그럴 것이, 트라케인들과 스퀴타이족[23] 같은 북방 민족의 명성을 높여주는 기개가 그 나라의 시민 개개인에게서 유래한 것이 아니라고 생각하는 것은 우스운 일일 테니 말일세. 우리 앗티케 지방의 명성을 높여주는, 학문을 좋아하는 기질이나 포이니케인들과 아이귑토스[24]인들의 특징이라 할 수 있는 상인 기질도 그 점에서는 마찬가지일세."

"그렇고말고요" 하고 그가 말했네.

"그것은 사실이고, 그것을 안다는 것은 그다지 어려운 일도 아닐세" 하고 내가 말했네.

"어렵지 않고말고요."

"그러나 다음은 어렵네. 우리가 이 모든 기능을 우리의 같은 부분으로 수행하느냐, 아니면 각각의 기능을 서로 다른 부분으로 수행하느냐 하는 것 말일세. 우리는 우리의 한 부분으로 배우고 다른 부분으로 분

---

[23] 트라케는 그리스 북동쪽 지방이고, 스퀴타이족(Skythai)은 흑해 북쪽에 살던 기마 유목민족이다.
[24] 포이니케(Phoinike)는 페니키아의, 아이귑토스(Aigyptos)는 이집트의 그리스어 이름이다.

b 개하며 셋째 부분으로 음식이나 생식 등과 관련된 쾌락을 욕구하느냐, 아니면 우리는 이런 일들을 추구할 때 그 각각을 혼 전체로 수행하느냐, 이런 문제들에 설득력 있는 해답을 제시하기란 쉬운 일이 아닐세."

"저도 동감이에요" 하고 그가 말했네.

"그러면 그 부분들이 같은 것인지 서로 다른 것인지 다음과 같은 방법으로 확인해보도록 하세."

"어떻게 말인가요?"

"동일한 것은 분명 자신의 동일한 부분에서 동일한 대상과 관련하여 동시에 서로 다른 일들을 행하거나 당할 수 없네. 따라서 혼 안에서 그

c 런 일이 일어나는 것이 발견된다면 우리는 거기에 하나 이상의 부분이 개입되어 있음을 알게 될 걸세."

"그러겠지요."

"그러면 내가 하는 말을 잘 생각해보게."

"말씀하세요" 하고 그가 말했네.

그래서 내가 말했네. "동일한 것이 자신의 동일한 부분에서 정지해 있으면서 동시에 움직일 수도 있을까?"

"아니요."

"나중에 논쟁을 벌이는 일이 없도록 우리의 합의 사항을 좀 더 분명히 해두세. 어떤 사람이 가만히 정지해 있되 머리와 두 손을 움직인다고 가정해보게. 동일한 사람이 정지해 있기도 하고 동시에 움직이기도 한다고 누군가 말한다면, 나는 우리가 그것을 타당한 주장이라고 여겨서

d 는 안 될 것이라고 생각하네. 우리는 오히려 그의 일부는 정지해 있고,

다른 일부는 움직이고 있다고 말해야 할 걸세. 그렇지 않은가?"

"그렇지요."

"그런데 그런 주장을 하는 사람이 더 기발한 예를 들며, 한곳에 축을 고정하고 회전하는 팽이나 그 밖에 같은 곳에서 회전하는 다른 물건과 관련하여 그 전체가 동시에 정지해 있기도 하고 움직이기도 한다고 말한다면 우리는 동의하지 않을 것이네. 오히려 우리는 그것들의 정지해 있는 것과 움직이는 것은 같은 부분이 아니며, 그것들에는 축과 원주(圓周)가 있는데 축은 어느 쪽으로도 기울어지지 않으니까 정지해 있지만 원주는 회전하고 있다고 말할 것이네. 하지만 그것들이 회전하는 동안 축이 좌우로 또는 앞뒤로 비틀거리면, 그때는 그것들이 어떤 의미에서도 정지해 있는 것이 아니라고 말할 것이네."

e

"옳은 말씀이에요" 하고 그가 말했네.

"그렇다면 우리는 그런 말에 휘둘려, 동일한 것이 자신의 동일한 부분에서 동일한 대상과 관련하여 동시에 서로 다른 것일 수 있거나, 서로 다른 일을 행하거나 당할 수 있다고 믿지는 않을 것이네."

437a

"저도 결코 믿지 않을 겁니다."

그래서 내가 말했네. "하지만 우리는 이런 종류의 이의를 일일이 검토하면서 그것이 사실이 아니라는 점을 증명하는 데 시간을 보내고 싶지는 않네. 그러니 우리의 주장이 옳다고 가정하고 여기서 앞으로 나아가되, 단, 우리의 주장이 틀렸다는 것이 밝혀지면 우리의 주장에서 도출된 결론은 모두 파기된 것으로 함세."

"당연히 그래야지요" 하고 그가 말했네.

b 그래서 내가 말했네. "자네는 수긍과 부정, 추구와 회피, 좋아함과 싫어함 등을 상반된 쌍들로 분류하지 않을 텐가? 그것들이 행위냐 상태냐 하는 것은 우리의 목적에 중요한 것이 아닐세."

"상반된 쌍들로 분류해야겠지요" 하고 그가 말했네.

"어떤가?" 하고 내가 물었네. "자네는 갈증, 허기, 욕구 일반, 소망과 바람 등을 모두 방금 언급한 상반된 두 부류 중 하나에 포함시키지 않

c 겠는가? 이를테면 자네는 뭔가를 욕구하는 사람의 혼은 자신이 욕구하는 것에 충동을 느낀다든가, 자신이 소망하는 것을 자기에게 끌어당긴다고 말하지 않을 텐가? 또한 그가 어떤 것을 갖기를 원하는 한, 원하는 것이 이루어지기를 바라는 그의 소망에 이끌려 마치 질문에 대답하듯 그의 혼이 수긍하는 것이라고 말하지 않을 텐가?"

"그렇게 말하겠어요."

"어떤가? 우리는 바라지 않음, 소망하지 않음, 욕구하지 않음을 거절이나 거부와 함께 그와 상반된 부류에 넣지 않을 텐가?"

"왜 아니겠어요?"

d "그렇다면 우리는 욕구가 한 부류를 이루는데, 그중에서 우리가 갈증과 허기라고 부르는 욕구가 가장 두드러진다고 말할 수 있겠지?"

"그렇다고 말할 수 있겠지요" 하고 그가 말했네.

"갈증은 마시고 싶은 욕구이고, 허기는 먹고 싶은 욕구라고 할 수 있겠지?"

"네."

"그런데 갈증은 갈증으로만 볼 때 단순히 마시는 것 이상을 바라는

혼의 욕구인가? 이를테면 갈증은 더운 음료에 대한 갈증인가, 찬 음료에 대한 갈증인가? 많은 음료에 대한 갈증인가, 적은 음료에 대한 갈증인가? 아니면 간단히 말해 특정 음료에 대한 갈증인가? 아니면 갈증에 약간의 열기가 덧붙으면 찬 것을 욕구하고, 냉기가 덧붙으면 더운 것을 욕구하는가? 그 정도가 심해 갈증이 심하면 다량의 음료를 욕구하고, 갈증이 심하지 않으면 소량의 음료를 욕구하는가? 그러나 갈증 자체는 그것의 자연스러운 대상인 음료 자체 외에 그 어떤 것을 바라는 욕구일 수도 없네. 그 점은 허기와 먹을거리의 경우에도 마찬가지겠지?"

"그래요" 하고 그가 말했네. "개별 욕구는 오직 자신의 자연스러운 대상을 바라는 욕구이며, 개별 욕구에 어떤 것이 추가되느냐에 따라 이런저런 대상을 바라는 욕구가 되는 것이지요."

그래서 내가 말했네. "우리는 미처 생각지도 못했던 이런 이의 제기로 혼란에 빠져서는 안 되네. '누구나 음료 자체가 아니라 좋은 음료를 욕구하고, 음식 자체가 아니라 좋은 음식을 욕구하오. 그러니 갈증이 욕구라면, 그것은 음료가 됐든 그 밖의 무엇이 됐든 좋은 것을 바라는 욕구임이 틀림없소. 이 점은 다른 욕구의 경우도 마찬가지요.'"

"하지만 그렇게 말하는 사람도 일리가 있는 것 같은데요" 하고 그가 말했네.

그래서 내가 말했네. "그러나 내 생각에, 다른 것과 상관관계에 있는 모든 것은 특정 성질에 의해 다른 것의 특정 성질과 관련되네. 반면 모든 사물 자체는 다른 사물 자체에만 관련되네."

"무슨 말씀인지 모르겠어요" 하고 그가 말했네.

그래서 내가 말했네. "자네는 더 큰 것은 언제나 어떤 것보다 더 큰 것이라는 것도 모르겠는가?"

"그야 물론 알지요."

"더 작은 것보다 더 큰 것이겠지?"

"네, 맞아요."

"그렇다면 훨씬 큰 것은 훨씬 작은 것보다 훨씬 크네. 그렇지 않은가?"

"네, 그래요."

"이 점은 과거나 미래의 더 큰 것과 더 작은 것의 경우에도 마찬가지겠지?"

"그야 그렇지요" 하고 그가 말했네.

c "그리고 이 점은 더 많은 것과 더 적은 것, 갑절과 절반 같은 것들이나, 더 무거운 것과 더 가벼운 것, 더 빠른 것과 더 느린 것, 더운 것과 찬 것 등등의 경우에도 마찬가지겠지?"

"물론이지요."

"여러 분야의 지식의 경우는 어떤가? 같은 원칙이 적용되지 않을까? 지식 자체는 습득할 수 있는 것 자체, 또는 지식과 관련 있다고 봐야 하는 것에 대한 지식이네. 반면 특정 지식은 특정 대상에 대한 지식이네.

d 예컨대 집 짓는 방법이 발견되었을 때, 그것은 여느 기술과는 다른 것이었고, 그래서 건축술이라 불리지 않았을까?"

"그야 그랬겠지요."

"그렇게 불린 이유는 그것이 다른 분야와는 다른 특정 분야의 지식이었기 때문이 아닐까?"

"네, 그래요."

"또한 그것이 특정 분야의 지식이 된 것은 특정 대상에 대한 지식이었기 때문이 아닐까? 이 점은 다른 기술과 지식의 경우도 마찬가지겠지?"

"네, 그래요."

그래서 내가 말했네. "이제는 자네도 내가 잠시 전에 말한 것의 의미를 알았을 걸세. 나는 다른 것과 상관관계에 있는 모든 것은 사물 자체는 다른 사물 자체와 관련되지만, 특정 성질에 의해서는 다른 것의 특정 성질과 관련된다고 말했지. 그렇지만 내 말은 둘 중 한쪽의 특징을 e 다른 쪽으로 옮길 수 있다는 뜻은 아닐세. 그래서 이를테면 건강과 질병에 관한 지식은 건강하거나 병들었다거나, 선과 악에 관한 지식은 선하거나 악하다고 말해서는 안 된다는 것일세. 내 말은 오히려 지식의 대상이 예컨대 건강 또는 질병으로 특정되면 지식 자체도 특정되기 마련이어서, 더이상 단순히 지식이라고 불리지 않고 성질을 나타내는 부가어가 덧붙어 의술이라고 불린다는 뜻이네."

"알겠어요" 하고 그가 말했네. "제 생각에도 그런 것 같아요."

"그렇다면 갈증으로 되돌아가서 자네는 갈증을 어떤 것에 관련된 것 439a 들의 범주에 포함하지 않겠는가? 그럴 경우 갈증은 그 무엇에 대한 갈증일세" 하고 내가 말했네.

"동의해요. 음료에 대한 갈증이에요" 하고 그가 말했네.

"그리고 특정 음료에 대한 갈증은 특정 갈증이겠지? 반면 갈증 자체

제4권 **255**

의 대상은 다량의 음료나 소량의 음료도, 좋은 음료나 나쁜 음료도, 한마디로 특정 음료가 아니라 본성상 그냥 음료 자체겠지?"

"그렇고말고요."

b "그렇다면 목마른 사람의 혼이 원하는 것은, 그가 목마른 한, 마시는 것 외에 다른 어떤 것도 아니네. 그의 혼이 갈망하고 추구하는 것은 마시는 것이란 말일세."

"확실해요."

"그러니 그의 혼이 갈증을 느낄 때 이를 제지하는 무엇인가가 그의 혼 안에 있다면, 그것은 갈증을 느껴 마시는 쪽으로 그의 혼을 짐승처럼 끌고 가는 것과는 다른 부분이겠지? 무엇보다도 동일한 것이 자신의 동일한 부분에서 동일한 대상과 관련하여 동시에 서로 다른 두 가지 일을 할 수 없다는 것이 우리의 주장이니까 말일세."

"그것은 불가능해요."

c "예컨대 궁수의 두 손이 동시에 활을 밀기도 하고 당기기도 한다고 말하는 것은 잘못이네. 그러니 우리는 한 손으로는 밀고 다른 손으로는 당긴다고 말해야 할 걸세."

"그러고말고요" 하고 그가 말했네.

"그러면 우리는 목말라하면서도 마시려 하지 않는 사람들도 있다고 말할 수 있을까?"

"그래요. 많은 사람이 종종 경험하는 일이지요" 하고 그가 말했네.

"어떤가?" 하고 내가 물었네. "이들에 관해 이렇게 말할 수 있을까? 그들의 혼 안에는 마시라고 명령하는 부분이 있는가 하면, 마시지 못하게 제지하며 마시라고 명령하는 부분을 지배하는 다른 부분도 있다고?"

"제 생각에는 그렇게 말할 수 있을 것 같아요" 하고 그가 말했네.

"그리고 이 경우 제지하는 부분이 생기는 것은 합리적 사고[25] 덕분이지만, 마시라고 부추기고 충동질하는 부분이 생기는 것은 감정과 질병 때문이 아닐까?"

"그런 것 같아요."

그래서 내가 말했네. "그렇다면 이 두 부분을 서로 다른 것으로 보는 것은 불합리하다고 할 수 없을 걸세. 우리가 그것으로 합리적 사고를 하는 혼의 부분은 합리적 부분이라 부를 수 있고, 그것으로 성욕과 허기와 갈증과 다른 욕구를 느끼는 부분은 만족이나 쾌락과 밀접한 관계가 있는 것으로서 욕구를 느끼는 비합리적 부분이라 부를 수 있을 것이네."

"그야 당연한 결론이지요" 하고 그가 말했네.

"그렇다면 우리는 혼 안에 이들 두 부분이 있는 것으로 규정했네" 하고 내가 말했네. "그런데 우리가 그 부분으로 분노를 느끼는 기개는 제3의 부분인가, 아니면 앞서 말한 두 부분 중 어느 하나와 같은 성질의 것인가?"

"아마도 욕구를 느끼는 두 번째 부분과 같은 성질의 것이겠지요" 하

25 logismos.

고 그가 말했네.

그래서 내가 말했네. "나는 언젠가 이와 관련된 이야기를 들은 적이 있는데 이 이야기를 사실이라고 믿고 있네. 아글라이온의 아들 레온티오스[26]가 북쪽 성벽 바깥쪽 길을 따라 페이라이에우스에서 도성으로 올라오다가 사형집행인 옆에 시신들이 누워 있는 것을 보았다지. 그는 가서 시신들을 보고 싶었지만, 동시에 혐오감을 느끼고는 눈길을 돌렸다는 거야. 그래서 그는 한동안 자신과 싸우며 두 눈을 가렸으나, 결국 욕구에 제압되어 두 눈을 부릅뜨고 시신들이 있는 곳으로 달려가 말했다는군. '이 고약한 눈들아, 이제 이 좋은 경치를 실컷 구경하려무나!'"

"그 이야기는 저도 들었어요" 하고 그가 말했네.

"이 이야기는 분노는 욕구와는 별개의 것으로, 때로는 욕구에 맞서 싸운다는 것을 입증해주네" 하고 내가 말했네.

"네, 입증해줘요" 하고 그가 말했네.

그래서 내가 말했네. "또한 욕구가 합리적 사고에 어긋나는 짓을 하도록 누군가를 강요하면, 그 사람이 자신을 저주하며 그런 짓을 하도록 자신 안에서 강요하는 부분에 분개하는 경우는 그 밖에도 허다하네. 그것은 마치 그의 안에서 당파싸움이 벌어져 기개가 이성과 한편이 되어 싸우는 것과도 같네. 그렇지만 기개가 욕구와 한편이 되어 이성의 결정에 반항하는 경우는 아마 자네 안에서도 다른 사람 안에서도 본 적이 없을 걸세."

"제우스에 맹세코, 저는 본 적이 없어요" 하고 그가 말했네.

"어떤가?" 하고 내가 말했네. "어떤 사람이 자신이 불의를 행했다고 생각하는 경우는? 그는 성격이 고매할수록, 자기에게 그런 짓을 할 자격이 있다고 여겨지는 사람이 허기와 추위 같은 고통을 가해도 그만큼 덜 분개하지 않을까? 말하자면 그의 기개는 이의를 제기하기를 거부하지 않을까?"

"옳은 말씀이에요" 하고 그가 말했네.

"어떤 사람이 자신이 불의를 당했다고 생각하는 경우는 어떤가? 이 경우에는 그의 기개가 끓어오르고 분개하며 올바르다고 생각되는 것과 한편이 되어 싸우되, 허기나 추위 같은 시련을 꿋꿋하게 견뎌내지 않을까? 그리고 그의 기개는 죽거나 이기거나 마치 목자가 개를 부르듯 이성이 도로 불러들여 진정시킬 때까지는 투쟁을 그만두려 하지 않겠지?"

"분명 기개는 선생님께서 말씀하신 그대로예요" 하고 그가 말했네. "또한 우리 나라에서는 보조자들이 나라의 목자들인 치자들에게 복종하는 보호견이 되어야 한다는 것이 우리 주장이었고요."

"자네는 내가 말하고자 하는 바를 제대로 알아듣는구먼" 하고 내가 말했네. "그 밖에도 자네가 명심해두어야 할 것이 또 있네."

"그게 뭔가요?"

"기개 높은 부분이 잠시 전에 우리가 생각한 것과는 정반대가 되었다는 것 말일세. 우리는 기개 높은 부분이 욕구적인 것이라고 생각했는데, 지금은 생각을 크게 수정해서 혼 안에 내분이 일어나면 그것이 이성

---

26 Leontios.

제4권 **259**

적 부분을 위해 무기를 드는 것 같다고 말하기 때문일세."

"전적으로 동의해요" 하고 그가 말했네.

"그러면 기개 높은 부분은 이성적 부분과도 다른 것인가? 아니면 그것은 이성적 부분의 일종이어서 혼 안에 세 부분이 있는 것이 아니라, 이성적 부분과 욕구적 부분, 이렇게 두 부분만 있는 것인가? 나라가 돈벌이하는 계급, 보조자 계급, 결정권을 쥐고 있는 계급, 이렇게 세 계급으로 이루어지듯, 혼도 나라와 같아서 나쁜 양육 때문에 타락하지 않는 한 본성적으로 이성적 부분을 보조하는 제3의 부분으로 기개를 가지는 것인가?"

"당연히 제3의 부분을 가지겠지요" 하고 그가 말했네.

그래서 내가 말했네. "그러겠지. 앞서 기개가 욕구적 부분과 다르다는 사실이 밝혀졌듯, 이성적 부분과도 다르다는 사실이 밝혀진다면 말일세."

"그 점을 밝히는 것은 어렵지 않아요" 하고 그가 말했네. "아이들을 보세요. 아이들은 태어나자마자 기개가 높지만, 대부분은 나중에야 합리적 사고를 할 수 있고, 일부는 전혀 그런 능력이 없으니 말이에요."

"제우스에 맹세코, 옳은 말일세" 하고 내가 말했네. "자네는 동물에게도 자네가 말한 것과 같은 일이 일어난다는 것을 볼 수 있을 걸세. 이에 더하여 우리가 앞서 인용한 호메로스의 시행도 그 점을 증언해주네.

그는 가슴을 치며 이런 말로 마음을 꾸짖었다.[27]

이 시행에서 호메로스는 더 나은 것과 더 못한 것을 합리적으로 성찰하는 부분이 비이성적으로 분노하는 부분을 꾸짖게 함으로써 이 두 부분이 서로 다르다는 것을 분명하게 보여주네."

"전적으로 옳은 말씀이에요" 하고 그가 말했네.

그래서 내가 말했네. "이제 우리는 힘들게 논의의 바다를 헤엄쳐 건너, 개인의 혼 안에도 나라 안에 있는 것과 같은 종류의 것이 있으며, 그 수도 같다는 데에 분명히 의견이 일치했네."

"그래요."

"그러면 개인도 당연히 국가와 같은 방법으로, 같은 부분에 의해 지혜롭겠지?"

"그야 그렇지요."

"또한 개인도 당연히 국가와 같은 방법으로, 같은 부분에 의해 용감하겠지? 그 밖에 미덕을 구성하는 다른 요소에서도 개인과 국가의 관계는 그와 같겠지?"

"당연하지요."

"그렇다면 글라우콘, 우리는 개인도 국가와 같은 방법으로 올바르다고 말할 것이네."

"그 역시 아주 당연해요."

"우리는 잊지 않고 기억하겠지만, 나라가 올바른 것은 나라 안의 세

---

27 390d 참조.

계급이 저마다 제 할 일을 할 때일세."

"우리는 잊지 않고 기억하고 있어요" 하고 그가 말했네.

"그렇다면 우리 각자가 올바르고 제 할 일을 하는 것은 각자 안의 각 부분이 제 할 일을 할 때라는 것도 우리는 기억하고 있어야 하네."

"물론 기억하고 있어야지요" 하고 그가 말했네.

"이성적 부분은 지혜로워서 혼 전체를 미리 보살피는 만큼 지배하는 것이 적합하겠지만, 기개 높은 부분은 이성적 부분에 복종하고 협력하는 것이 적합하겠지?"

"물론이지요."

"우리가 앞서 말했듯이,[28] 이 두 부분은 시가 교육과 체력단련 교육이 결합됨으로써 조화를 이루지 않을까? 그러한 결합은 합리적 논의와 학문으로 이성적 부분을 더 높이 끌어주고 키워주면서도, 화음과 리듬으로 진정시킴으로써 기개 높은 부분을 부드럽게 해줄 테니 말일세."

"그렇다마다요" 하고 그가 말했네.

"이 두 부분이 그렇게 양육되어 진실로 자신들이 할 일에 적합한 훈련과 교육을 받는다면, 개개인의 혼의 대부분을 차지하며 재물에 관한 한 본성적으로 가장 만족할 줄 모르는 욕구적 부분을 지배할 것이네. 두 부분은 이 부분이 이른바 육체적 쾌락으로 가득차지 않도록 감시해야 하네. 그러지 않으면 이 부분이 너무나 크고 강해져서 제 할 일은 하지 않고, 자기가 지배해서는 안 될 다른 부분을 예속시키고 지배하려고 함으로써 모두의 삶을 완전히 망쳐놓을 테니 말일세."

"그야 물론이지요" 하고 그가 말했네.

"또한 이 두 부분은 외부의 적에 맞서 혼 전체와 몸을 가장 잘 지켜주지 않는가? 둘 중 한 부분은 결정함으로써, 다른 한 부분은 지배하는 부분의 지휘 아래 싸우면서 지배하는 부분의 결정을 용감하게 실행에 옮김으로써 말일세" 하고 내가 말했네.

"그러고말고요."

"우리가 어떤 개인을 용감하다고 하는 이유는 그의 이 부분 때문이라고 생각하네. 그의 기개가 쾌락과 고통에 에워싸여도 무엇을 두려워하고 무엇을 두려워하지 말아야 하는지에 대한 이성의 지시를 끝까지 보전할 때라는 말일세."

c

"옳은 말씀이에요" 하고 그가 말했네.

"그리고 우리가 어떤 개인을 지혜롭다고 하는 이유는 각 부분을 위해서도 세 부분으로 이루어진 전체를 위해서도 무엇이 유익한지 알고는 안에서 지배자로 군림하며 그런 지시를 내리는 저 작은 부분 때문일세."

"물론이지요."

"어떤가? 절제 있다는 것은 이들 세 부분의 우호와 화합의 결과가 아닐까? 이성적 부분이 지배하고 나머지 부분들은 이에 반항하지 않겠다는, 지배하는 부분과 지배받는 두 부분 사이에 합의가 이루어질 때라는 말일세."

d

---

28 411a~412a 참조.

"절제란 국가에서나 개인에서나 그것 외에 다른 어떤 것도 아니에요" 하고 그가 말했네.

"그리고 올바른 사람이 되는 것은 우리가 누차 언급한 바 있는 원칙[29]과 방법에 의해서일 것이네."

"그야 당연하지요."

"어떤가?" 하고 내가 말했네. "그렇다면 우리가 그린 정의는 윤곽이 희미해서, 개인 안의 정의는 우리가 국가 안에 있는 것으로 발견한 정의와 달라 보이는가?"

"저에게는 달라 보이지 않는데요" 하고 그가 말했네.

그래서 내가 말했네. "만약 우리 마음속에 아직도 미심쩍은 점이 있다면 비근한 예를 들어 최종적으로 확인할 수도 있네."

"비근한 예라니, 어떤 건가요?"

"우리가 예컨대 본성적으로 그리고 훈련을 통해 우리 나라와 닮은 사람이 자기가 맡은 금이나 은을 착복하겠는지 질문받았다고 가정해보게. 자네 생각은 어떤가? 그런 사람이 다른 사람보다 그럴 가능성이 더 높다고 믿을 사람이 있을까?"

"그렇게 믿을 사람은 아무도 없겠지요" 하고 그가 말했네.

"그런 사람은 신전을 털거나 남의 것을 훔치거나, 사적으로는 친구를, 공적으로는 국가를 배신하는 행위와는 거리가 멀겠지?"

"네, 멀어요."

"또한 그는 맹세나 또 다른 합의도 충실히 지킬 것이네."

"왜 아니겠어요?"

"그 밖에도 그는 간통이라든가 불효라든가 신들에게 범하는 불경과는 어느 누구보다 거리가 멀 것이네."

"어느 누구보다도 거리가 멀어요" 하고 그가 말했네.

"그리고 이 모든 것의 원인은, 지배 또는 피지배와 관련해서 그 안의 부분들이 저마다 제구실을 다하기 때문이 아닐까?" b

"바로 그게 유일한 원인이에요" 하고 그가 말했네.

"이제야 자네는 정의가 바로 그런 사람과 국가를 만드는 그런 힘이라고 확신하는가?"

"제우스에 맹세코, 확신해요" 하고 그가 말했네.

"그러면 우리의 꿈은 완전히 이루어졌네. 그리하여 우리가 짐작한 대로,[30] 우리는 국가를 건설하기 시작하자마자 운 좋게도 신의 도움으로 c
정의의 기원과 윤곽을 만나게 되었네그려."

"네, 그러네요."

"그러면 글라우콘, 타고난 제화공은 다른 일은 하지 말고 제화공 일을 해야 하고, 목수는 목수 일을 해야 하며, 그 밖의 다른 사람도 그래야 한다는 원칙이야말로 사실은 정의의 영상이었던 셈이네그려. 그래서 쓸모가 있었던 것이고."

"그런 것 같아요."

"정의가 분명 그런 원칙이라 해도, 정의의 진정한 관심사는 어떤 사람

---

29 각자가 제 할 일을 해야 한다는 원칙을 말한다. 433b, 441d 참조.
30 432b 이하 참조.

제4권 **265**

d 의 외적인 행위가 아니라 그의 내적인 행위, 그의 진정한 자아, 그의 진정한 기능일세. 올바른 사람은 자신 안의 세 부분이 각각 남이 할 일을 제가 하거나 서로 참견하지 못하게 하고, 음계에서의 세 음정, 즉 최고음, 최저음, 중간음처럼 세 부분을 조율함으로써 진정한 의미에서 살림을 잘 꾸려나가고 자주독립과 질서를 유지하며 자신과 사이좋게 살 걸

e 세. 그리고 그가 이런 부분들과 그 사이에 있는 다른 부분들을 잘 훈련되고 조화로운 하나의 전체로 결합하여 여럿 대신 완전한 하나가 되면, 그때는 돈 버는 일이 됐든 몸을 돌보는 일이 됐든 정치가 됐든 개인 간의 계약 체결이 됐든 행동에 나설 걸세. 그리고 이런 행위 가운데 이런 심적 상태를 유지하거나 이런 심적 상태에 이르도록 도와주는 행위는 올바르고 훌륭한 행위라고 부르고, 이런 행위를 통제하는 지식을 지혜

444a 라고 믿고는 지혜라고 부를 것이네. 반면 이런 심적 상태를 언제나 깨뜨리는 행위를 불의한 행위라고, 그런 행위를 통제하는 의견을 무지라고 부를 것이네."

"소크라테스 선생님, 전적으로 옳은 말씀이에요" 하고 그가 말했네.

"좋네" 하고 내가 말했네. "그렇다면 올바른 사람과 올바른 국가와 이들 안의 정의가 무엇인지 찾아냈다고 주장하더라도 우리가 전적으로 거짓말을 하는 것은 아닌 듯하네."

"제우스에 맹세코, 아니지요" 하고 그가 말했네.

"그렇다면 우리는 그렇다고 주장하기로 할까?"

"네, 주장해요."

"그 문제는 이쯤 해두세" 하고 내가 말했네. "다음에는 불의를 고찰

해야 할 것이네."

"분명 그래야겠지요."

"정의가 그런 것이라면 불의는 틀림없이 이들 세 부분 사이의 일종의 내전이요 참견이요 간섭이며, 혼의 한 부분이 전체에 대항해 반란을 일으키는 것이네. 그런데 혼의 그 부분이 혼 전체를 지배한다는 것은 부적절하네. 그 부분은 정당하게 지배하는 부분에게 종노릇하는 것이 제 격이기 때문일세. 그 밖에도 우리는 세 부분의 혼란과 방황이 불의뿐 아니라 무절제, 비겁함, 무지, 한마디로 모든 악의 원인이라고 말할 것이네."

"그러고말고요" 하고 그가 말했네.

그래서 내가 물었네. "그리고 이제 우리는 불의와 정의가 무엇인지 분명히 알고 있는 만큼, 불의한 짓을 하는 것 또는 불의하게 행동하는 것과 올바른 행위를 하는 것이 무엇인지도 알고 있겠지?"

"설명해주세요."

그래서 내가 말했네. "올바른 행위와 불의한 행위가 혼에 끼치는 영향은, 건강에 좋은 행위와 건강에 좋지 않은 행위가 몸에 끼치는 영향과 다를 바 없네."

"어째서 그렇지요?"

"건강에 좋은 것은 건강을 낳고, 병적인 것은 병을 낳네."

"네, 그래요."

"그리고 올바른 행위를 하는 것은 정의를 낳고, 불의한 행위를 하는 것은 불의를 낳겠지?"

제4권 **267**

"당연하지요."

"건강은 몸의 구성 성분들 사이의 지배와 피지배 관계를 자연의 의도에 맞게 정립함으로써 생기고, 병은 그런 지배와 피지배 관계를 자연의 의도에 맞지 않게 정립함으로써 생기는 것일세."

"네, 그래요" 하고 그가 말했네.

"그러면 정의는 혼의 구성 성분들 사이의 지배와 피지배 관계를 자연의 의도에 맞게 정립함으로써 생기고, 불의는 그런 지배와 피지배 관계를 자연의 의도에 맞지 않게 정립함으로써 생기는 것이 아닐까?" 하고 내가 물었네.

"그렇다마다요" 하고 그가 대답했네.

"그러면 미덕[31]은 일종의 정신적 건강 또는 아름다움 또는 좋은 상태이지만, 악덕은 일종의 병 또는 수치스러운 상태 또는 허약함인 것 같네."

"그건 그래요."

"그렇다면 좋은 생활방식은 미덕으로 이끌지만, 수치스러운 생활방식은 악덕으로 이끌지 않을까?"

"당연하지요."

"그렇다면 이제 우리에게 남은 문제는, 겉으로 그렇게 보이든 말든 올바르고 명예롭게 행동하고 올바른 사람이 되는 것과, 죗값을 치르지 않고 교정도 받지 않으면서 불의를 행하고 불의한 자가 되는 것 중에 어느 쪽이 더 유익한가 하는 문제인 듯하네."

"하지만 소크라테스 선생님, 정의와 불의가 우리가 설명한 바 있는 그런 것들로 밝혀진 지금, 그것은 제가 보기에 우스운 질문이 되어버린 것 같아요. 몸의 건강이 망가지고 나면, 세상의 온갖 음식과 부와 권력을 다 갖고 있다 해도 삶은 살 가치가 없어 보일 거예요. 하물며 그의 삶을 이끄는 혼이 망가지고 혼란에 빠진다면, 그의 삶은 살 가치가 없어지겠지요. 설령 그가 자기를 악덕과 불의에서 벗어나게 해주고 자기가 정의와 미덕을 얻게 해주는 것 말고는 무엇이든 마음대로 할 수 있다고 해도 말이에요" 하고 그가 말했네.

b

"아닌 게 아니라 우스운 질문이겠지" 하고 내가 말했네. "하지만 우리는 그것이 그러하다는 것을 최대한 명확하게 볼 수 있는 데까지 왔으니 여기서 포기해서는 안 되네."

"제우스에 맹세코, 절대 포기해선 안 되지요" 하고 그가 말했네.

"자, 따라오게나" 하고 내가 말했네. "그러면 자네는 아마 악덕의 종류가 얼마나 많은지 보게 될 걸세. 그것은 봐둘 만한 가치가 있는 것이라네."

c

"따라갈 테니 말씀만 하세요" 하고 그가 말했네.

"이제 우리가 논의를 통해 이런 전망대에 오르고 보니, 미덕은 한 종류인데 악덕의 종류는 수없이 많으며 그중 네 가지가 특히 언급할 가치가 있다는 것이 눈에 보이는구면" 하고 내가 말했네.

"무슨 말씀이신지요?" 하고 그가 물었네.

---

31 arete.

"우리는 아마 정체의 유형과 종류가 많은 만큼이나 혼의 유형도 많다는 것을 발견할 걸세" 하고 내가 말했네.

d "몇 가지인데요?"

"정체의 유형도 다섯 가지이고 혼의 유형도 다섯 가지일세" 하고 내가 대답했네.

"어떤 것들인지 말씀해주세요" 하고 그가 말했네.

그래서 내가 말했네. "말하겠네. 첫 번째 유형의 정체는 우리가 방금 기술한 것이네. 그 정체는 이름이 두 가지인데, 치자 중 한 사람이 두각을 나타내면 왕도정체(王道政體)[32]라 하고, 여러 명이 두각을 나타내면 최선자정체라 부르네."

"옳은 말씀이에요" 하고 그가 말했네.

"이것을 나는 다섯 종류 가운데 하나로 간주하네. 두각을 나타내는 것이 여러 명이건 한 명이건, 그들은 우리가 앞서 기술한 바 있는 양육과 교육을 받은 만큼 주요 국법을 어느 것도 바꾸지 않을 테니 말일세"
e 하고 내가 말했네.

"아마도 바꾸지 않겠지요" 하고 그가 말했네.

---

32 basileia.

제5권

"그래서 나는 이런 종류의 국가와 정체와 사람을 훌륭하고 올바르다 449a
고 부른다네. 그리고 이런 종류가 올바르다면, 나는 다른 종류의 것들
은 국정 운영에 관련된 것이든 개인의 성격 형성에 관련된 것이든 모두
나쁘고 잘못된 것이라고 부른다네. 우리는 나쁘고 잘못된 것을 네 범주
로 분류할 수 있네."

"그것들은 어떤 것들인가요?" 하고 글라우콘이 물었네.

그래서 나는 그 범주를 열거하며 어떻게 그중 하나에서 다른 하나가
발전하는지 내 생각을 설명할 참이었네. 그런데 그때 아데이만토스에 b
게서 조금 떨어져 앉아 있던 폴레마르코스가 한 손을 뻗어 아데이만토
스가 입고 있던 겉옷의 어깻죽지를 잡더니 그를 자기 쪽으로 끌어당기
고 자신도 몸을 앞으로 구부리며 뭔가 귓속말로 소곤거렸는데, 나는 다
른 말은 모르겠고, "우리 그냥 놓아드릴까? 아니면 어떡할까?"라고 하
는 말만 알아들을 수 있었네.

그러자 아데이만토스가 큰 소리로 말했네. "그냥 놓아드려서는 절대
안 되지."

그래서 내가 물었네. "자네들은 무얼 그냥 놓아두지 않겠다는 것

인가?"

"선생님을요" 하고 그가 대답했네.

c "내가 뭘 어쨌다고?" 하고 내가 물었네.

"우리가 보기에, 선생님께서는 게으름을 피우며 우리 논의에서 가장 중요한 부분을 다루기를 회피하시려는 것 같아요. 선생님께서는 마치 '친구들은 모든 것을 공유한다'는 원칙이 처자(妻子)에게도 적용된다는 것은 삼척동자라도 알 수 있다는 듯이, 몇 마디 하찮은 말씀만 하시고는 어물쩍 넘길 수 있다고 생각하시는 것 같단 말이에요" 하고 그가 대답했네.

"아데이만토스, 내 말이 옳지 않았단 말인가?" 하고 내가 물었네.

"옳긴 옳았지요" 하고 그가 대답했네. "하지만 이 경우에도 다른 경우와 마찬가지로 왜 그런지 설명이 필요해요. 선생님께서 말씀하시는 '공유'란 무슨 뜻인가요? 거기에는 수많은 가능성이 있는데, 선생님께서 의미하시는 것은 어떤 것인지 빠뜨리지 말고 꼭 말씀해주세요. 우리는

d 선생님께서 자녀의 생산과 태어난 자녀의 양육과 처자 공유에 관한 문제 전반을 수호자들이 어떻게 처리할 것인지에 관해 당연히 설명해주실 줄 알고 아까부터 줄곧 기다렸어요. 우리는 그것이 올바르게 이루어지느냐의 여부가 우리 정체에 크나큰, 아니 결정적 영향을 끼친다고 생각하니까요. 그래서 우리는 선생님께서 이 문제들을 만족스럽게 해결

450a 하기 전에 다른 정체를 설명하기 시작하시자, 선생님께서 엿들으셨듯이, 다른 주제처럼 이 주제에 관해서도 충분히 설명해주시기 전에는 선생님을 그냥 놓아드리지 않기로 결의한 것이지요."

그러자 글라우콘이 말했네. "여러분은 나도 이 결의의 지지자로 간주해주세요."

"소크라테스 선생, 보시다시피 이 결의는 사실상 만장일치로 가결되었소이다" 하고 트라쉬마코스가 거들었네.

그래서 내가 말했네. "내 말을 그렇게 가로채다니, 자네들이 도대체 무슨 짓을 하고 있는지 알기나 하는가! 자네들은 정체에 관한 논의를 사실상 처음부터 다시 시작하는 것이라네. 나는 내가 정체에 관한 논의를 마무리한 것을 자축하며 아무도 내 말에 의문을 제기하지 않은 것에 마음이 흐뭇했는데 말일세. 자네들은 내게 설명을 요구함으로써 어떤 b 논의의 벌집을 건드리고 있는지 모르는구먼. 그래서 나는 아까 그것이 많은 고통을 안겨주리라는 것을 알고 일부러 그 문제를 피한 것인데 말일세."

"그래요?" 하고 트라쉬마코스가 물었네. "그대는 우리 모두가 여기 온 것이 토론을 듣기 위해서가 아니라 공상에 빠지기 위해서라고 생각하시오?"

"토론을 듣기 위해서겠지. 하지만 토론도 적정 한계가 있어야지."

"하지만 소크라테스 선생님, 이런 토론을 듣는 적정 한계는 지각 있는 사람들에게는 한평생이겠지요. 선생님께서는 우리 걱정일랑 하지 마세요. 그리고 포기하지 말고 우리 질문에 답변해주세요. 우리 수호자들

---

1 424a 참조.

c 이 처자 공유 문제를 어떻게 처리해야 하는지, 태어나서 정식으로 교육 받을 때까지의 기간에 아이들을 어떻게 돌봐야 하는지 선생님의 고견을 듣고 싶어요. 누구나 동의하듯, 이 기간은 가장 어려운 시기예요. 그러니 선생님께서는 이 문제를 어떻게 처리해야 하는지 우리에게 설명해 주세요" 하고 글라우콘이 말했네.

"여보게, 이 문제를 설명한다는 것은 쉬운 일이 아닐세" 하고 내가 말했네. "우리가 여태껏 논의한 어떤 것보다 거기에는 미심쩍은 구석이 많기 때문이네. 그것이 실행 가능한지 의심스러울 테고, 실행 가능하다

d 해도 과연 최선책인지 의심스러울 테니까. 그래서 나는 이 문제를 다루기를 망설였던 것이라네. 여보게 글라우콘, 자네가 나를 몽상가로 여길까 겁나서 말일세."

"조금도 망설이지 마세요" 하고 그가 말했네. "선생님의 청중은 무지하지도, 회의적이지도, 적대적이지도 않으니까요."

그래서 내가 물었네. "여보게, 자네는 나를 격려하려고 그런 말을 하는 거겠지?"

"네, 그래요" 하고 그가 대답했네.

"하지만 자네는 그와 정반대되는 짓을 하고 있네" 하고 내가 말했네. "내가 말하는 것을 내가 안다고 확신한다면 자네의 격려가 반갑겠지.

e 지혜롭고 마음이 맞는 친구들끼리 모인 자리에서 의미심장하고도 자신에게 소중한 일들을 말할 때 자기가 하는 말이 사실이라는 것을 아는 사람이라면, 그는 흔들리지 않고 자신 있게 말할 수 있겠지. 그러나 어떤 사람이 지금의 나처럼 진리를 탐색 중인데도 별로 자신이 없는 것들

에 관해 논의하려 한다면 그것은 무섭고도 위험한 일일세. 내가 웃음거리가 될까 봐 두려운 것이 아닐세. 그건 유치한 짓이겠지. 내가 두려워하는 것은 절대로 그래서는 안 되는데도 진리를 찾다가 실족하여 나만 넘어지는 게 아니라 친구들까지 함께 넘어지게 하지 않을까 하는 것이라네. 그래서 글라우콘, 나는 말하기 전에 이런 말을 해도 용서해달라고 아드레스테이아[2] 여신께 기도한다네. 왜냐하면 나는 아름답고 훌륭하고 올바른 관습과 관련해 그릇된 길로 이끄는 것보다는 차라리 본의 아니게 사람을 죽이는 게 더 낫다고 믿기 때문일세. 그러니 그런 모험은 친구들보다는 적들 사이에서 감행하는 편이 더 낫네. 그래서 내게는 자네의 격려가 달갑지 않은 것이라네."

그러자 글라우콘이 웃으며 말했네. "하지만 소크라테스 선생님, 우리가 선생님께서 하시는 말씀에 피해를 입는다 해도 선생님께 살인 누명 따위는 씌우지 않을 테니 선생님께는 아무런 오점도 남지 않을 거예요. 선생님께서는 우리를 속이실 의도가 전혀 없었으니까요. 그러니 안심하고 말씀하세요."

그래서 내가 말했네. "법에 따르면, 본의 아니게 사람을 죽이는 경우 무죄방면되면 오점이 남지 않는다고 했는데, 그 점은 분명 내 경우에도 적용될 것이라고 확신하네."

"그러니까 제발 말씀해주세요" 하고 그가 말했네.

---

2 Adrasteia. 응보(應報)의 여신 네메시스(Nemesis)의 별칭.

c "그러면 나는 되돌아가서 아마도 그때 순서에 따라 설명했어야 했을 것을 지금 설명해야겠구먼. 하지만 이렇게 남자들이 먼저 제구실을 다하게 한 뒤에 여자들이 제구실을 다하게 하는 것도 나름대로 의미가 있는 것 같네. 무엇보다 자네가 그렇게 해주기를 요구하니 말일세. 내 생각에, 우리가 기술한 것처럼 태어나서 교육받은 사람들이 처자를 올바르게 소유하고 다루는 방법은, 애초에 우리가 그들에게 제시한 길을 따라가는 것뿐일세. 자네도 기억나겠지만, 우리는 우리 논의에서 남자들을 양떼를 지키는 보호견으로 만들려고 했네" 하고 내가 말했네.

"네, 그래요."

d "그러면 우리는 그들에게 걸맞은 출생과 양육 체계를 부여하고 나서, 그 방식이 우리 목적에 부합하는지 아닌지 지켜보도록 하세!"

"무슨 말씀이신지요?" 하고 그가 물었네.

"내 말은 이런 뜻일세. 우리는 암컷 보호견도 수컷 보호견이 지키는 것들과 똑같은 것을 지키는 업무를 함께 수행하고, 함께 사냥하고, 또 다른 업무도 함께 수행해야 한다고 생각하는가? 아니면 수컷 보호견은 힘든 일을 하며 양떼 전체를 보살펴야 하는 반면, 암컷 보호견은 강아지를 낳고 기르느라 그런 업무에 동참할 수 없어 집안에만 머물러 있어야 하는가?"

"암컷 보호견도 모든 업무에 동참해야지요" 하고 그가 말했네. "비록 우리가 암컷은 더 약하고, 수컷은 더 강하다고 여기긴 하지만 말이에요."

e 그래서 내가 물었네. "한데 어떤 동물을 사전에 똑같이 양육하고 교

육하지 않고도 다른 동물과 똑같은 목적에 쓴다는 것이 가능할까?"

"불가능해요."

"그러니 여자들을 남자들과 같은 목적에 쓰려면 우리는 여자들에게도 같은 것들을 가르쳐야 하네."

"네, 그래요."

452a

"한데 우리는 남자들에게 시가 교육과 체력단련 교육을 시켰네."

"네, 그래요."

"우리는 여자들에게도 이 두 교과목을 가르치는 것 외에 군사훈련을 시켜야 하며, 여자들도 남자들과 똑같이 다루어야 하네."

"선생님 말씀대로라면 당연한 결론이지요" 하고 그가 말했네.

그래서 내가 말했네. "지금 우리의 주장은 관습에 꽤 많이 어긋나기 때문에, 실행으로 옮기면 아마도 꼴불견일 것이네."

"십중팔구 그렇겠지요" 하고 그가 말했네.

"자네 눈에는 무엇이 가장 꼴불견일 것 같은가?" 하고 내가 말했네. "분명 여자들이 레슬링 도장에서 옷을 벗고 남자들과 함께 체력단련을 하는 것 아닐까? 젊은 여자들뿐 아니라 늙수그레한 여자들까지 말일세. 마치 남자 노인들이 온통 주름투성이라 보기 추한데도 체육관에서 체력단련에 열을 올리듯이 말일세."

b

"제우스에 맹세코, 꼴불견이겠지요. 지금의 기준으로 보면요" 하고 그가 말했네.

그래서 내가 말했네. "하지만 일단 말을 꺼낸 이상 우리는 여자들의 체력단련과 시가 교육과 특히 무기 휴대나 승마와 관련하여 급진적 변

제5권 **277**

c 화를 도입했다고 익살꾼들에게 자꾸 놀림감이 되더라도 주눅 들어서는 안 되네."

"옳은 말씀이에요" 하고 그가 말했네.

"그러나 이 문제를 논의하기 시작한 이상 우리는 입법이라는 어려운 업무를 향해 나아가야 하네. 우리는 익살꾼들에게 늘 하던 짓만 하지 말고 진지해질 것을 요구하며, 남자들이 알몸을 보이는 것은 오늘날 대부분의 이민족에게 그러하듯, 얼마 전까지만 해도 헬라스인들에게 창피하고 꼴불견이었다는 점을 상기시켜줄 것이네. 먼저 크레테인들이, 이어서 라케다이몬[3]인들이 옷을 벗고 체력단련을 하기 시작했을 때, 당d 시 익살꾼들은 그 모든 것을 마구 놀려댔네. 자네는 그렇게 생각하지 않는가?"

"저도 그렇게 생각해요."

"그러나 몸을 옷으로 감싸는 것보다 옷을 벗는 편이 더 낫다는 것이 경험에 의해 밝혀지자, 옷을 벗는 것이 이성에 의해 최선의 것으로 드러난 만큼 더는 꼴불견으로 보이지 않았던 것이라고 나는 생각하네. 또한 이는 나쁜 것 말고 다른 것을 꼴불견이라고 생각하는 자나, 어리석고 나쁜 광경 말고 다른 광경을 꼴불견이라고 비웃는 자나, 미(美)를 추구하e 되 선(善) 말고 다른 것을 미의 기준으로 삼는 자는 어리석은 자라는 것을 보여주네."

"그러고말고요" 하고 그가 말했네.

"그러면 우리는 먼저 우리 제안이 실행 가능한지 아닌지를 놓고 합의를 이끌어내야 하지 않겠는가? 그리고 만약 농담으로든 진심으로든 우리한테 이의를 제기하고 싶어하는 사람에게 이렇게 질문할 기회를 주도록 하세. 여자 인간은 본성적으로 남자 인간의 모든 활동에 동참할 수 있는가, 아니면 그중 어느 것에도 동참할 수 없는가, 그도 아니면 어떤 것에는 동참할 수 있고 어떤 것에는 동참할 수 없는가? 그러면 군복무는 어느 범주에 속하는가? 그러는 것이 우리가 논의를 시작하는 최선의 출발점이자, 가장 바람직한 결론에 이를 수 있는 최선의 방법인 듯하네."

453a

"물론이지요" 하고 그가 말했네.

그래서 내가 물었네. "자네는 우리에게 이의를 제기할 사람들을 위해 우리 스스로 문제를 제기하기를 바라는가? 자신들의 처지를 옹호하지 못하는 일이 없도록 말일세."

"그러지 못하도록 우리를 방해하는 것은 아무것도 없어요" 하고 그가 대답했네.

"그렇다면 우리가 그들을 위해 말하도록 하세. '소크라테스와 글라우콘이여, 남들이 그대들에게 이의를 제기할 필요가 없소이다. 그대들이 처음에 국가를 건설할 때 각자는 제 적성에 맞는 한 가지 일을 해야 한다고 그대들 스스로 합의했으니 말이오.'"

b

"합의했지요. 그럴 수밖에 없었으니까요."

"'여자의 본성은 남자의 본성과 전혀 다르다는 것을 그대는 부인할 수

---

3 Lakedaimon. 여기서는 스파르테를 달리 부르는 이름이다.

있소?'"

"그야 물론 다르지요."

c "'그렇다면 남자와 여자에게 각자의 적성에 맞는 다른 일을 맡기는 것이 적절하지 않을까요?'"

"그야 그렇지요."

"'그렇다면 그대들은 분명 실수를 범하고 있소. 그대들이 남자와 여자는 타고난 적성이 완전히 다른데도 같은 일을 해야 한다고 주장한다면 이는 앞뒤가 모순되기 때문이오.' 여보게, 이렇게 이의를 제기해오면 자네는 답변할 말이 있는가?"

"즉석에서 답변하기가 그리 쉽지 않겠는데요" 하고 그가 말했네. "저는 그게 어떤 것이든 우리에게 유리한 논리를 제시해달라고 선생님께 부탁할 거예요. 아니, 부탁해요."

그래서 내가 말했네. "글라우콘, 나는 바로 이 점을 우려했다네. 나
d 는 이런 문제들이 제기되리라는 것을 예견했기에 처자의 소유와 양육에 관해 입법하기를 망설였단 말일세."

"제우스에 맹세코, 분명 쉬운 문제가 아닌 것 같네요" 하고 그가 말했네.

"쉬운 문제가 아니지" 하고 내가 말했네. "그렇지만 사실 어떤 사람이 작은 수영장에 빠지건 난바다 한복판에 빠지건 헤엄쳐야 한다는 점에서는 똑같네."

"물론이지요."

"그러니 우리도 이 논의의 바다를 헤엄치며 수면 위로 고개를 쳐들고

있어야겠지? 돌고래의 등을 타거나[4] 또 다른 기적에 힘입어 목숨을 건지기를 바라면서 말일세."

"그래야 할 것 같네요" 하고 그가 말했네.

그래서 내가 말했네. "자, 그러면 출구를 찾아낼 수 있을지 살펴보도록 하세. 우리는 적성이 다르면 다른 일을 해야 하며, 여자와 남자는 적성이 다르다는 것에 합의했네. 그런데 우리는 지금 여자와 남자는 적성이 다름에도 같은 일을 해야 한다고 주장하고 있네. 그래서 우리가 비난받는 것이겠지?"

"그렇지요."

"글라우콘, 토론의 힘은 참으로 대단하네그려" 하고 내가 말했네.

"어째서요?"

그래서 내가 말했네. "내 생각에, 수많은 사람이 본의 아니게 토론에 빠져들어 사실은 말다툼을 하면서도 자기들은 토론을 한다고 믿기 때문이지. 말하자면 그들은 말해진 것을 형상에 따라 구분해서 검토할 능력이 없기 때문에, 말해진 것에서 모순점을 찾을 때는 순전히 낱말에 의존하는 거지. 그래서 그들은 말다툼을 하는 것이지 서로 토론을 하는 것이 아니라네."

"많은 사람에게 그런 일이 일어나지요. 그런데 설마 지금의 우리도 거

---

[4] 선원들에 의해 바다에 내던져진 서정시인 아리온(Arion)이 때마침 나타난 돌고래의 등을 타고 무사히 육지에 도착했다는 이야기는 헤로도토스, 『역사』(Histories apodexis) 1권 23~24장 참조.

기에 해당하는 것은 아니겠지요?" 하고 그가 말했네.

b "해당되지 않기는. 아무튼 우리는 본의 아니게 말다툼을 시작하는 것 같네" 하고 내가 말했네.

"어째서요?"

"우리는 낱말에만 의존해서 논쟁하듯 적성이 다르면 같은 일을 해서는 안 된다는 원칙을 아주 용감하게 밀어붙이고 있네. 그러나 우리는 우리가 같다거나 다르다고 말하는 적성이 어떤 종류의 것이며, 다른 적성에는 다른 일을, 같은 적성에는 같은 일을 배정했을 때 우리의 의도가 무엇이었는지 전혀 생각해보지 않았네."

"네, 그 점은 우리가 생각해보지 않았어요" 하고 그가 말했네.

c 그래서 내가 말했네. "하지만 그 원칙에 따른다면, 우리는 또한 대머리와 장발(長髮)인 사람의 적성이 같은 것인지 아니면 상반된 것인지 자문할 수 있을 걸세. 그리고 우리가 그들의 적성이 상반된다고 합의한다면, 대머리가 제화공일 경우 장발인 사람에게는 제화공이 되는 것을 금해야 하며, 반대로 장발인 사람이 제화공일 경우 대머리에게는 제화공이 되는 것을 금해야 한다고 말할 수 있을 것이네."

"하지만 그건 우스꽝스러운 일이겠지요" 하고 그가 말했네.

"그것이 우스꽝스러운 이유는 간단하네. 말하자면 처음에 원칙을 정할 때 우리는 특정되지 않은 의미에서 적성이 같은가 다른가는 생각하지 않고, 여러 직업과 관련된 같음과 다름에만 초점을 맞추었기 때문일

d 세. 이를테면 우리는 남자든 여자든 의술에 능하면 적성이 같다고 봐야 하네. 자네는 그렇게 생각하지 않는가?"

"저도 그렇다고 생각해요."

"그러나 의사와 목수는 적성이 다르겠지?"

"다르다마다요."

그래서 내가 말했네. "그러니 어떤 기술이나 업무와 관련하여 남성 또는 여성의 능력이 더 탁월하다면, 우리는 이 업무가 능력이 더 탁월한 성(性)에게 배정되어야 한다고 말할 걸세. 그러나 이들 두 성 사이의 차이점이 여자는 아이를 낳고 남자는 아이를 배게 하는 것뿐이라면, 우리는 남녀 간의 이런 차이가 우리가 논의하는 목적에 관련된다고 인정하지 않고 여전히 우리 수호자들과 그들의 아내들은 같은 업무를 수행해야 한다고 주장할 것이네."

e

"옳은 말씀이에요" 하고 그가 말했네.

"그렇다면 우리는 그렇게 이의를 제기하는 사람에게, 국정 운영에서 어떤 기술이나 업무와 관련하여 여자와 남자의 적성이 같지 않고 다른지 답변해주기를 요청하도록 하세."

455a

"그건 정당한 요청이에요."

"그러면 그는 아마도 잠시 전에 자네가 말한 것처럼 답변할 것이네. 즉석에서 만족스러운 답변을 하기는 쉽지 않겠지만, 찬찬히 검토해보면 어려운 일도 아니라고 말일세."

"그는 그렇게 답변하겠지요."

"그럼 우리는 그렇게 이의를 제기하는 사람에게 우리의 논의를 뒤따르며, 국정 운영에서 여자 고유의 업무는 없다는 것을 우리가 증명할 수 있는지 보라고 요청할까?"

b

"물론이지요."

"우리는 그에게 말할 것이네. '자, 답변해보시오. 그대가 말하기를 어떤 것이 한 사람에게는 적성에 맞고 다른 사람에게는 적성에 맞지 않는다고 한다면, 그것은 한 사람은 쉽게 배우는데 다른 사람은 어렵게 배운다는 뜻인가요? 적성에 맞는 사람은 잠깐 동안 배우고 나면 많은 것을 자력으로 알아낼 수 있는데, 적성에 맞지 않는 사람은 아무리 많이 배우고 수련해도 배운 것조차 기억하지 못한다는 뜻인가요? 그리고 한 사람에게는 몸이 마음의 쓸모 있는 조력자인데, 다른 사람에게는 적대자인가요? 그대가 적성의 유무를 판단할 때 사용하는 기준으로 이런 것들 말고 다른 것들도 있나요?'"

"다른 기준이 있다고 주장할 사람은 아무도 없겠지요" 하고 그가 말했네.

"자네는 방금 우리가 말한 이 모든 점에서 남성이 여성보다 더 우수하지 못한 인간 활동을 알고 있는가? 아니면 우리는 여성이 전문가라고 간주되기에 여성이 남성보다 못하면 특히 망신을 당하는 활동, 이를테면 베 짜기, 케이크 굽기, 요리하기 같은 예외적인 활동을 장황하게 늘어놓아야 하는가?"

"사실상 모든 점에서 한쪽 성이 다른 쪽 성을 크게 능가한다는 선생님의 말씀은 옳아요" 하고 그가 말했네. "하지만 많은 여자가 많은 점에서 많은 남자보다 더 나은 것도 사실이에요. 그러나 대체로 선생님께서 말씀하신 그대로예요."

"그렇다면 여보게, 국정 운영과 관련된 업무 가운데 여자가 여자이기에 여자에게 속하는 것도 없고, 남자가 남자이기에 남자에게 속하는 것도 없네. 타고난 소질은 양성 사이에 고르게 배분된 만큼, 여자가 남자처럼 모든 업무에 참가하는 것은 자연스러운 현상일세. 비록 모든 업무에서 여자가 남자보다 더 약하긴 하지만 말일세."

"물론이지요."

"그래서 우리는 모든 것을 남자에게 맡기고, 여자에게는 아무것도 맡겨서는 안 된다는 것인가?"

"물론 그런 뜻은 아니고요."

"아니겠지. 우리는 아마도 한 여자는 의술에 소질이 있는데 다른 여자는 소질이 없다고, 한 여자는 시가에 소질이 있는데 다른 여자는 소질이 없다고 말할 테니까."

"그렇다마다요."

"그렇다면 한 여자는 체력단련에 적합하고 전투에 능한데, 다른 여자는 전투에 능하지 못하고 체력단련을 싫어하지 않을까?"

"저는 그렇다고 생각해요."

"어떤가? 한 여자는 지혜를 사랑하는데 다른 여자는 지혜를 사랑하지 않고, 한 여자는 기개가 높은데 다른 여자는 기개가 부족하지 않을까?"

"그 또한 그렇겠지요."

"그렇다면 수호자로 적합한 여자도 있고, 그렇지 못한 여자도 있을 것이네. 그런데 우리는 남자 수호자도 이런 자질을 보고 뽑지 않았던가?"

"그런 자질을 보고 뽑았지요."

"그러면 여자도 남자도 똑같이 국가의 수호자가 될 자질을 타고났네. 여자는 더 약하고 남자는 더 강하다는 것 말고는."

"그런 것 같네요."

b "따라서 우리는 그런 자질을 타고난 여자들을 뽑아 그런 자질을 타고난 남자들과 동거하며 수호자 임무를 함께 수행하게 해야 하네. 그런 여자들은 그럴 능력이 있고, 본성상 그런 남자들과 같은 부류이기 때문일세."

"물론이지요."

"또한 같은 본성에는 같은 업무가 맡겨져야 하지 않을까?"

"같은 업무가 맡겨져야지요."

"그러면 이전의 주장[5]으로 돌아가서, 수호자들의 아내들이 시가 교육과 체력단련 교육을 받는 것은 자연에 어긋나는 것이 아니라는 데 우리는 의견이 일치했네."

"전적으로 동의해요."

c "그러면 우리가 입법화하는 것은 실현 가능성이 없는 단순한 염원이 아닐세. 우리가 입법화한 것은 자연의 이치에 맞고, 오히려 그와 상반되는 지금의 사회적 관행이 자연의 이치에 어긋나는 것 같기에 하는 말일세."

"그런 것 같아요."

"그런데 우리가 고찰하려고 한 것은, 우리의 제안이 실현 가능하며 최선책인지 확인하는 것이었지?"

"그래요."

"이제 우리는 그것이 실현 가능하다는 데 동의한 것인가?"

"네, 그래요."

"그다음에 우리는 그것이 최선책이라는 데 동의해야겠지?"

"분명 그래요."

"우리가 여자를 수호자로 만들자면 아마도 남자를 수호자로 만드는 데 필요한 것과 같은 교육이 필요하겠지? 무엇보다도 남자와 여자가 지닌 같은 본성이 교육 대상이 되니 말일세."

"네, 같은 교육이 필요해요."

"자네의 의견을 듣고 싶은 게 또 하나 있네."

"그게 뭐지요?"

"자네는 어떤 사람은 더 낫고 어떤 사람은 더 못하다고 생각하는가, 아니면 모든 사람이 똑같다고 생각하는가?"

"똑같다고 생각하지 않아요."

"그렇다면 우리가 세우고 있는 국가에서 자네는 어느 쪽이 더 나은 사람으로 드러나리라 생각하는가? 우리가 자세히 설명한 바 있는 교육을 받은 수호자들인가, 아니면 신발 만드는 교육을 받은 제화공인가?"

"그건 어리석은 질문이에요" 하고 그가 말했네.

"알겠네" 하고 내가 말했네. "어떤가? 그렇다면 모든 시민 중에서 수호자들이 가장 훌륭하지 않을까?"

---

5   451e 참조.

"월등히 훌륭하지요."

e "여자들은 어떤가? 여자 중에서는 여자 수호자들이 가장 훌륭하지 않을까?"

"역시 월등히 훌륭하지요" 하고 그가 말했네.

"그런데 가능한 한 가장 훌륭한 남자와 여자가 생겨나는 것보다 국가에 더 좋은 일이 있을 수 있을까?"

"없지요."

"하지만 그것은 우리가 앞서 설명한 바 있는 시가 교육과 체력단련 교육의 결과물이겠지?"

457a "당연하지요."

"그렇다면 우리가 제정하고 있는 법은 실행 가능할뿐더러, 우리 국가에 최선의 것이기도 하네."

"그래요."

"그러니 우리 여자 수호자들도 체력단련을 위해 옷을 벗어야 하네. 그들은 옷 대신 미덕을 입게 될 테니까. 그들은 전쟁과 그 밖의 다른 수호자 업무에서 제구실을 하되, 오직 거기에만 전념해야 하네. 그러나 그들은 연약한 여성인 만큼 그들에게는 남자보다 더 가벼운 업무가 부여되어야 하네. 따라서 최선을 추구하기 위해 옷을 벗고 체력단련을 하는

b 여자를 보고 웃는 남자는 '우스꽝스런 지혜의 설익은 열매를 따는'[6] 것이라네. 그는 자기가 무엇을 보고 웃는지도, 자기가 무슨 짓을 하는지도 전혀 모르는 것 같네. 우리에게 유익한 것은 아름다운 것이고, 우리에게 해로운 것은 추한 것이라는 말은 지금도 명언이지만, 앞으로도 명

언으로 남을 테니 말일세.

"전적으로 동의해요."

"그러면 우리는 여성의 사회적 지위에 관한 법을 제정하는 과정에서 첫 번째 파도는 무사히 넘었다고 할 수 있겠지? 우리는 우리 남자 수호자들과 여자 수호자들이 모든 업무를 공동으로 수행해야 한다는 법을 정하면서 우리 제의가 실행 가능하며 유익하다는 점을 일관성 있게 입증했으니 말일세."

"아닌 게 아니라 선생님께서는 작지 않은 파도를 넘으셨어요" 하고 그가 말했네.

"하지만 자네가 다음 파도를 보면 그것이 큰 파도라고는 생각하지 않을 걸세."

"말씀하세요. 제가 볼 수 있게요" 하고 그가 말했네.

그래서 내가 말했네. "지금 이 법과 그 선행 법에는 아마도 다음과 같은 법이 수반될 것이네."

"그게 어떤 법이지요?"

"우리 남자 수호자들과 여자 수호자들은 딴살림을 차려서는 안 되고 모든 여자는 모든 남자의 공유물이며, 아이들도 공유물이어서 부모는 제 자식을 알아보지 못하고 자식은 제 부모를 알아보지 못한다는 법 말일세."

6　핀다로스, 단편 209(Bergk).

"이번 파도가 첫 번째 파도보다 훨씬 더 크군요. 이번 제안은 그 가능성과 유용성과 관련해 불신을 살 테니까요."

그래서 내가 말했네. "나는 이 제안의 유용성과 관련해 이의를 제기할 사람이 있을 것이라고는 생각하지 않네. 가능하다면 처자를 공유하는 것이 최선책이라는 것을 부인할 사람은 아무도 없을 테니까. 그러나 나는 이 제안의 가능성 여부와 관련해서는 수많은 논쟁이 벌어질 것이라고 생각하네."

e "두 가지가 다 수많은 논란의 대상이 되겠지요" 하고 그가 말했네.

"자네 말은 내가 양면 공격을 받을 것이라는 뜻이로군" 하고 내가 말했네. "나는 자네가 내 제안의 유용성에는 동의하는 것으로 보고, 그중 한 가지에서는 벗어난 만큼 나에게는 그것의 가능성 여부를 논의하는 일만 남은 줄 알았는데 말일세."

"선생님께서는 그중 한 가지에서 벗어나는 데 성공하지 못하셨어요. 그러니 두 가지 모두에 관해 논의해주세요" 하고 그가 말했네.

458a "그렇다면 내가 벌을 받아야겠지" 하고 내가 말했네. "그렇지만 한 가지 부탁이 있네. 나도 혼자 거니는, 마음이 게으른 몽상가처럼 공상을 즐길 수 있게 해주게. 그런 사람은 자신의 소원이 가능한 것인지 아닌지 결정하는 수고를 피하기 위해 소원을 이룰 수단과 방법을 찾을 생각일랑 아예 하지 않고 자신의 소원이 이루어졌다고 상상하지. 그러고는 거기에 따라 모든 다른 일을 정리하면서 소원이 이루어졌을 때 하려던 일들을 하나하나 떠올리며 즐거워한다네. 그럼으로써 그러잖아도 게으b 른 마음을 더욱 게으르게 만들면서 말일세. 나도 지금 당장에는 마

음이 약해져서 내 제안들이 가능한지 여부를 논의하는 일은 뒤로 미루고 싶네. 그리고 자네만 허락한다면, 나는 내 제안들이 가능하다고 가정하고는 그런 일들이 일어날 경우 치자들이 어떻게 정리할 것인지 고찰하고 싶으며, 내 제안들이 실행에 옮겨질 경우 국가와 그 수호자들에게 가장 유익하다는 것을 보여주고 싶네. 나는 먼저 이 문제들을 자네와 함께 철저히 고찰하고 가능성의 문제는 뒤로 미루고 싶네. 자네만 허락한다면 말일세."

"저는 허락할 테니 선생님께서는 고찰하세요" 하고 그가 말했네.

"내 생각에 우리 치자들도 그들의 보조자들도 이름값을 한다면, 보조자들은 명령을 이행할 준비가 되어 있을 것이고, 치자들은 법조문에 따라, 또는 법해석이 그들에게 맡겨진 곳에서는 법의 정신에 따라 명령을 내릴 것 같네" 하고 내가 말했네.

"아마 그러겠지요" 하고 그가 말했네.

"그럴 경우 그들의 입법자로서 이미 남자 수호자들을 뽑은 자네는 가능한 한 본성이 같은 여자들을 뽑아 남자 수호자들에게 배정할 것이네. 그들은 한집에서 살며 공동식사를 하되 그런 종류의 사유재산을 소유하지는 않을 걸세. 그들은 함께하며 어우러져 체력단련을 하고 또 다른 수련을 받을 테니, 타고난 충동에 이끌려 필연적으로 성관계를 맺을 걸세. 아니면 자네는 그것이 필연적이라고 생각하지 않는가?"

"그것은 기하학적 필연이 아니라 성적 필연이겠지요" 하고 그가 말했네. "하지만 대중에게는 아마도 성적 필연이 더 설득력 있고 더 매력적이겠지요."

e "훨씬 더 그럴 테지" 하고 내가 말했네. "그러나 글라우콘, 하던 말을 마저 하자면, 행복해야 할 나라에서는 성관계든 또 다른 것이든 무질서하게 행하는 것은 불경죄를 범하는 것인 만큼 치자들이 허용하지 않을 것이네."

"허용하지 않겠지요. 그것은 옳지 못하니까요."

"따라서 우리의 급선무는 분명 결혼을 최대한 신성한 것으로 만드는 것이네."

"전적으로 동의해요."

459a "그러면 어떻게 해야 결혼이 가장 유익해질 수 있을까? 말해보게, 글라우콘. 나는 자네 집에서 수많은 사냥개와 사냥새를 보았네. 제우스에 맹세코, 그것들의 짝짓기와 새끼치기에 관해 자네가 눈여겨보아둔 점이 틀림없이 있을 걸세."

"어떤 점 말인가요?" 하고 그가 말했네.

"우선 첫째로, 비록 그것들이 혈통이 좋다 해도, 그중 일부가 가장 훌륭한 것들로 드러나지 않던가?"

"그건 그렇지요."

"그러면 자네는 그것들이 모두 똑같이 새끼를 치게 하겠는가, 아니면 가장 훌륭한 것들이 되도록 많이 새끼를 치게 하겠는가?"

"가장 훌륭한 것들이 새끼를 치게 하겠지요."

b "어떤가? 자네가 새끼를 치게 하는 것은 가장 어린 것들인가, 가장 늙은 것들인가, 아니면 한창때의 것들인가?"

"한창때의 것들이지요."

"그러지 않을 경우, 자네는 자네의 새들과 개들이 크게 퇴화하리라고 생각하는가?"

"저는 그렇게 생각해요" 하고 그가 말했네.

"말과 다른 동물에 대해서는 어떻게 생각하는가?" 하고 내가 물었네. "그것들의 경우는 다를까?"

"다르다면 이상한 일이겠지요" 하고 그가 대답했네.

"맙소사!" 하고 내가 말했네. "여보게, 인간의 경우도 마찬가지라면 우리에게는 그야말로 탁월한 치자들이 필요하겠구먼."

c

"마찬가지예요. 하지만 왜 탁월한 치자들이 필요하지요?" 하고 그가 물었네.

그래서 내가 대답했네. "우리 치자들은 많은 약을 써야 하니까. 우리가 알기로, 양생법을 잘 따르며 약이 필요 없는 환자는 열등한 의사만으로도 충분하지만, 약이 필요한 경우에는 더 과감한 의사가 필요하네."

"그건 사실이에요. 하지만 왜 그런 말씀을 하시는 거죠?"

그래서 내가 말했네. "우리 치자들은 피치자들의 이익을 위해 아마도 수없이 거짓말을 하고 속임수를 써야만 하기 때문일세. 그리고 그런 수단들은 모두 약으로 사용하면 유익하다는 데 우리는 합의한 바 있네."[7]

d

"그리고 우리의 합의는 정당한 것이었지요."

---

7   382c~d, 389b~d, 414b~c 참조.

"결혼과 출산의 경우, 이 정당성의 원칙은 특히 적절해 보이네."

"어째서요?"

"우리가 합의한 원칙에 따르면, 가장 훌륭한 남자들은 가장 훌륭한 여자들과 되도록 자주 성관계를 맺어야 하지만 열등한 남자들은 열등한 여자들과 되도록 드물게 성관계를 맺어야 하네. 또한 우리 집단이 최상급이 되려면 우리는 전자의 자식은 양육하되 후자의 자식은 양육해서는 안 되네. 그리고 우리 수호자 집단이 되도록 파벌 싸움에서 벗어나려면 이 모든 일은 치자들 말고는 아무도 모르게 처리되어야 하네."

"지당한 말씀이에요" 하고 그가 말했네.

"그렇다면 우리는 몇 차례 법정(法定) 축제를 정해 제물을 바치고 신랑 신부가 그곳에 모이게 해야 하네. 우리 시인들은 그곳에서 치러질 혼례식에 걸맞은 찬가를 지어야 하네. 우리는 혼례식의 수를 치자들의 재량에 일임할 것이네. 치자들이 전쟁과 질병 등등을 고려해서 남자들의 수를 일정 수준으로 유지할 수 있도록, 또 가능하다면 우리 나라가 너무 커지는 것도 너무 작아지는 것도 막을 수 있도록 말일세."

"옳은 말씀이에요" 하고 그가 말했네.

"또한 우리는 교묘한 제비뽑기를 고안해내야 하네. 혼례식이 있을 때마다 우리가 앞서 말한 열등한 자들이 운을 탓하지 치자들을 탓하지 못하도록 말일세."

"물론 그래야겠지요" 하고 그가 말했네.

"그리고 전쟁이나 그 밖의 다른 활동에서 두각을 나타내는 젊은이들에게는 여러 특권과 상(賞)이 주어져야겠지만, 무엇보다 여자들과 잠자리를 같이할 수 있는 기회가 더 많이 주어져야 하네. 그런 젊은이들한테서 되도록 많은 아이가 태어날 수 있도록 말일세."

"옳은 말씀이에요."

"그때그때 태어나는 아이는 그런 목적으로 임명된 공직자들이 넘겨받는데, 이들은 남자일 수도 있고 여자일 수도 있고 양쪽 다일 수도 있네. 그런 공직은 남자에게도 여자에게도 똑같이 개방되어 있으니까."

"네, 그래요."

"생각건대 이들 공직자는 훌륭한 부모의 아이들은 탁아소로 데려가서 도시의 한 구역에 따로 떨어져 사는 간호사들에게 맡기겠지만, 열등한 부모의 아이들이나 다른 집단에서 불구로 태어난 아이들은, 당연한 일이지만, 알려지지 않은 은밀한 장소에 감춰버릴 것이네."[8]

"우리 수호자 집단이 순수하게 남아 있으려면 그래야겠지요" 하고 그가 말했네.

"이들 공직자는 아이들의 양육도 맡아서, 젖이 나오는 어머니들을 탁아소로 데려가되 어떤 어머니도 제 아이를 알아보지 못하도록 각별히 조심할 것이며, 어머니들의 젖이 부족하면 유모들을 대줄 걸세. 또한 이들 공직자는 어머니들이 적정 시간만 젖을 빨리게 하고, 밤새 지키는 일이나 그 밖의 다른 노고는 유모와 보육사에게 맡기겠지?"

"그런 조건이라면 우리 여자 수호자들의 자녀 양육은 식은 죽 먹기겠

---

8 당시 일반화되어 있던 영아 유기를 암시하는 말인 것 같다.

네요" 하고 그가 말했네.

"당연히 그래야만 하니까" 하고 내가 말했네. "그건 그렇고, 우리 제안들을 계속 검토해보도록 하세. 우리는 한창때에 아이를 낳아야 한다고 말한 바 있네."

"네, 맞아요."

e "자네는 여자의 한창때는 20년이지만 남자의 한창때는 30년으로 보는 것이 타당하다는 데 동의하는가?"

"언제부터 언제까지의 20년과 30년인가요?" 하고 그가 물었네.

그래서 내가 대답했네. "여자는 20세부터 40세까지 나라를 위해 아이를 낳아야 하네. 남자는 달리기 선수로서의 절정기를 지난 뒤부터 55세까지 나라를 위해 아이를 낳아야 하네."

461a "그래요. 남녀 모두 이때가 육체적으로나 정신적으로 한창때이지요" 하고 그가 말했네.

"이보다 더 늙거나 더 젊은 사람이 나라를 위한 출산에 참여한다면 우리는 이를 죄악과 범죄로 간주할 것이네. 그가 나라를 위해 낳는 아이는, 몰래 낳는 경우, 혼례 축제 때마다 훌륭한 부모한테서 더 훌륭한 자식이 태어나고 쓸모 있는 부모한테서 더 쓸모 있는 자식이 태어나게 해달라고 남녀 사제와 나라 전체가 비는 기도나 제물과는 무관하게 어

b 둠과 위험한 무절제 속에서 태어날 테니 말일세."

"옳은 말씀이에요" 하고 그가 말했네.

그래서 내가 말했네. "아직 아이를 낳을 수 있는 남자가 치자의 재가도 받지 않고 적령기의 여자와 성관계를 맺는 경우에도 같은 법이 적용

될 것이네. 우리는 그가 인정받지 못한 부정(不淨)한 사생아를 나라에 떠맡긴다고 선언할 테니까."

"지당한 말씀이에요" 하고 그가 말했네.

"그러나 내 생각에, 여자와 남자가 아이 낳을 나이를 넘기면 우리는 그들이 원하는 상대가 누구든 성관계를 맺도록 내버려둘 걸세. 단, 남자는 딸, 어머니, 딸의 딸들, 어머니의 윗대 여자들과, 여자는 아들, 아버지, 아들의 아들들, 아버지의 윗대 남자들과 성관계를 맺어서는 안 되네. 우리는 그 전에 먼저 그들에게, 아이를 잉태할 경우 태아가 태어나지 않도록 각별히 조심하고, 태아가 태어나는 것을 막지 못할 경우 그런 아이는 양육받지 못하고 버려져야 한다는 원칙에 따라 처리하라고 일러둘 것이네."

"그 역시 적절한 말씀이에요. 하지만 그들이 아버지와 딸과 그 밖에 방금 선생님께서 언급하신 다른 친척을 어떻게 알아보지요?" 하고 그가 물었네.

그래서 내가 대답했네. "알아보지 못하겠지. 하지만 어떤 사람이 신랑이 된다면, 그는 그날부터 일곱 번째 달에서 열 번째 달 사이에 태어난 남자아이는 모두 아들이라 부르고, 여자아이는 모두 딸이라고 부를 것이며, 아이들은 그를 아버지라 부를 것이네. 같은 원칙에 따라 그는 이들의 아이를 손자 또는 손녀라 부르고, 손자는 그의 세대를 할아버지 또는 할머니라 부를 것이네. 한편 자기 어머니와 아버지가 아이를 낳던 시기에 태어난 아이들은 모두 서로를 형제 또는 자매라고 부를 것이네. 따라서 그들은 우리가 방금 말했듯이 성관계를 맺지 않을 것이네. 그러나 제비뽑기가 그렇게 이루어지고 예언녀 퓌티아[9]가 승인한다면, 법은 남매가 성관계를 맺는 것을 허용할 것이네."

"지당한 말씀이에요" 하고 그가 말했네.

"글라우콘, 자네 나라의 수호자들에게 처자 공유란 이런 것이거나 이와 비슷한 것이라네. 다음에 우리가 해야 할 일은 논의를 거쳐 그것이 우리의 정체 구도에 적합하며 가능한 최선의 제도라는 점을 확인하는 것이네. 아니면 우리가 어떻게 할까?"

462a "제우스에 맹세코, 그렇게 해요" 하고 그가 말했네.

"이 문제를 해결하자면, 먼저 국가를 구성하는 데서 우리가 최대선 — 입법자는 법을 제정할 때 바로 이것을 추구해야 하네 — 이라고 생각하는 것은 무엇이며, 최대악이라고 생각하는 것은 무엇인지 자문해봐야 하지 않을까? 그런 다음 우리가 방금 제안한 것들이 선의 발자국에는 맞고 악의 발자국에는 맞지 않는지 고찰해봐야 하지 않을까?"

"그래야겠지요" 하고 그가 말했네.

"갈라져서 여러 개로 분열되는 것보다 국가에 더 큰 악이 있을까? 또
b 는 결속과 통일보다 국가에 더 큰 선이 있을까?"

"없지요."

"그런데 국가를 결속시켜주는 것은, 가능한 한 모든 시민이 같은 성공과 실패를 기뻐하고 괴로워할 때 그 기쁨과 고통을 공유하는 거겠지?"

"물론이지요" 하고 그가 말했네.

"그러나 국가와 그 주민에게 똑같은 일이 일어났는데 어떤 사람은 크

게 괴로워하고 다른 사람은 크게 기뻐한다면, 개인 간의 이러한 감정 차이는 결속을 저해하겠지?"

"당연한 일이지요."

"그런데 이런 일이 일어나는 것은, 공동체 구성원이 '내 것'과 '내 것이 아닌 것' 또는 '남의 것'과 '남의 것이 아닌 것' 같은 표현을 서로 다른 의미로 사용할 때겠지?"

"물론이지요."

"그렇다면 가장 훌륭하게 경영되는 국가는 최대 다수가 '내 것'과 '내 것이 아닌 것' 같은 표현을 같은 사물에 대해 같은 의미로 사용하는 국가겠지?"

"물론이지요."

"또한 가장 개인을 닮은 국가겠지? 예컨대 우리 가운데 어떤 사람이 손가락을 다치면, 지배적인 부분의 휘하에서 몸과 혼을 하나의 체계로 결합하는 유기체 전체가 그것을 감지하고는 몸의 한 부분이 당하는 고통을 전체로서 함께 느낀다네. 그래서 우리는 그 사람은 손가락이 아프다고 말하는 것이라네. 또한 고통을 느끼든 안도의 쾌감을 느끼든 인간의 다른 부분에도 같은 원칙이 적용되겠지?"

"네, 같은 원칙이 적용돼요" 하고 그가 말했네. "그리고 선생님의 질문에 답변하자면, 가장 잘 다스려지는 국가가 그런 상태를 가장 닮았

---

9 Pythia. 델포이에서 아폴론의 뜻을 전해주는 예언녀.

어요."

e   "그러니 개별 시민에게 좋은 일이나 궂은 일이 일어나면, 그런 국가는 그 시민이 자신의 일부라고 강조하며 전체로서 함께 기뻐하거나 함께 슬퍼할 것이네."

"훌륭한 법을 갖춘 국가라면 당연히 그렇게 하겠지요" 하고 그가 말했네.

그래서 내가 말했네. "이제는 우리 나라로 되돌아가서 우리가 논의에서 합의한 특징을 우리 나라가 가장 많이 갖추고 있는지, 아니면 다른 나라가 더 많이 갖추고 있는지 살펴봐야 할 때가 된 것 같네."

"그래야겠지요" 하고 그가 말했네.

463a   "어떤가? 다른 나라처럼 우리 나라에도 치자와 민중[10]이 있겠지?"

"네, 있어요."

"그들은 모두 서로를 동료 시민이라고 부르겠지?"

"당연하지요."

"우리 나라 말고 다른 나라에서는 민중이 치자를 '동료 시민'이라고 부르는 것 외에 또 뭐라고 부르는가?"

"대부분의 나라에서 민중은 그들을 '군주'[11]라고 부르지만 민주국가에서는 그냥 '치자'[12]라고 부르지요."

"우리 나라 민중은 어떤가? '동료 시민'이라는 호칭에 더하여 그들은 치자를 뭐라고 부르는가?"

"'구원자' 또는 '보조자'라고 불러요" 하고 그가 말했네.

b   "치자는 민중을 뭐라고 부르는가?"

"'임금 지급인' 또는 '부양자'라고 불러요."

"다른 나라의 치자는 민중을 뭐라고 부르는가?"

"'노예[13]'라고 불러요" 하고 그가 말했네.

"치자끼리는 뭐라고 부르는가?"

"'동료 치자'라고 불러요" 하고 그가 말했네.

"우리 치자끼리는 뭐라고 부르는가?"

"'동료 수호자'라고 불러요."

"다른 나라의 치자는 동료 치자 가운데 어떤 사람은 친족이라고 부르고 다른 사람은 남이라고 부를 수 있는지, 자네가 말해줄 수 있겠는가?"

"그러는 사람이 허다해요."

"그렇다면 그런 사람은 친족은 자기편이라고, 남은 자기편이 아니라고 여기고 말하겠지?"

"그렇지요."

"자네 나라의 수호자들은 어떤가? 그들 가운데 누가 동료 수호자 중 누군가를 남이라고 여기거나 말할 수 있을까?"

"아니요" 하고 그가 말했네. "그는 그들 가운데 누구를 만나든 형제

---

10 demos.
11 despotes.
12 archon.
13 doulos.

나 누이나 아버지나 어머니나 아들이나 딸이나 손자 손녀나 조부모를 만난다고 믿을 테니까요."

"참 좋은 말일세" 하고 내가 말했네. "하지만 이 점도 말해주게. 자네는 그들이 이런 친족 관계를 나타내는 명칭을 단순히 명칭으로만 사용하게 할 것인가, 아니면 그러한 명칭에 상응하는 태도를 취하도록, 이를테면 아버지에게는 관습상의 경의를 표하고 효도하며 부모에게는 복종하도록 법으로 정할 것인가? 그러지 않으면 그들의 태도는 불경하고 불의한 만큼 신들의 눈에도 인간의 눈에도 불량해 보이지 않을까? 그리고 자네가 바라는 것은 남이 아버지라고 가르쳐주거나 그 밖의 다른 친척에 대한 태도와 관련하여 자네 나라 시민들이 아이들에게 귀에 못이 박힐 정도로 들려주는 바로 그런 말이 아닐까?"

"네, 바로 그런 말이에요" 하고 그가 말했네. "상응하는 행동은 하지 않고 입으로만 그런 명칭을 말하는 것은 우스운 일일 테니까요."

"그렇다면 다른 어느 나라보다도 우리 나라에서 우리가 방금 말한 용어 사용에 관해 쉽게 합의가 이루어져, 누가 성공하거나 실패하면 온 시민이 이구동성으로 '그 성공은 내 것이오' '그 실패는 내 것이오'라고 말할 걸세."

"지당한 말씀이에요" 하고 그가 말했네.

"이런 사고방식으로 표현하다 보면 곧바로 기쁨과 고통을 공유한다고 우리는 말하지 않았던가?"

"그리고 우리의 그런 주장은 옳은 것이었어요."

"그렇다면 우리 나라 시민들은 어느 나라 시민들보다 같은 것을 더 공유하며 '내 것'이라 부르겠지? 또한 그렇게 공유하다 보면 고통과 기쁨도 어느 누구보다 더 공유하겠지?"

"물론이지요."

"그러는 이유는 나라의 다른 제도에 더하여 수호자들끼리 처자를 공유하기 때문인가?"

"네, 그게 주된 이유예요" 하고 그가 말했네.

"우리는 이런 공유가 국가를 위한 최대선이라는 데 합의했을뿐더러, 부분의 고통이나 기쁨과 관련하여 잘 다스려지는 국가를 몸에 비유한 바 있네."

"그리고 그것은 옳은 합의였어요" 하고 그가 말했네.

"그러니까 우리 나라를 위한 최대선의 원인은 바로 보조자들이 처자를 공유하는 것임이 드러났네."

"물론이지요" 하고 그가 말했네.

"또한 이런 결론은 우리가 앞서 말한 것과도 일치하네. 우리는 앞서 우리 수호자들이 업무를 제대로 수행하려면 집이나 땅이나 또 다른 재산을 사사로이 소유해서는 안 되며, 수호자로서 봉사하는 대가로 다른 시민들로부터 일용할 양식을 받아 공동으로 소비해야 한다고 말한 적이 있기에 하는 말일세."[14]

"옳은 말씀이에요" 하고 그가 말했네.

---

[14] 416d~417b 참조.

"그렇다면 내 말대로, 우리가 앞서 합의한 조치와 지금 말한 조치가 결합되면 그들을 더욱더 진정한 수호자로 만들어주며, 서로 다른 사람들이 서로 다른 것을 '내 것'이라 부름으로써 나라를 분열시키는 것을 막을 수 있지 않을까? 또한 그렇게 되면 각자가 남들은 아랑곳하지 않고 자신이 획득할 수 있는 재산을 자기 집으로 끌고 가고, 저마다 따로 처자를 소유하고 사사로이 기쁨과 고통을 느끼는 것도 막을 수 있지 않을까? 그렇게 되면 오히려 우리 수호자들은 모두가 같은 것들을 자기 것이라고 생각하고 같은 목표를 추구하며 되도록 고통과 기쁨을 공감할 테니 말일세."

"그렇다마다요" 하고 그가 말했네.

"어떤가? 그들은 몸 말고는 사유한 것이 없고 모든 것을 공유하는 까닭에 그들 사이에서는 소송이나 고소가 사실상 사라지지 않을까? 따라서 그들은 돈이나 자식이나 친족을 소유함으로써 생겨나는 온갖 파벌 싸움에서 자유로울 것이네."

"그들은 당연히 그런 것들에서 벗어나겠지요" 하고 그가 말했네.

"또한 그들 사이에서는 폭행죄나 상해죄로 고소하는 것은 정당화될 수 없을 것이네. 동년배끼리는 자신을 방어하는 것이 명예롭고 정당하다고 선언할 것이기 때문이네. 그럼으로써 그들이 몸을 돌보도록 강요하기 위해서 말일세."

"옳은 말씀이에요" 하고 그가 말했네.

"이 법에는 다른 이점도 있네" 하고 내가 말했네. "그들 가운데 누가 화가 나더라도 그런 식으로 분을 삭임으로써 심각한 분쟁으로 비화할 가능성이 줄어들 테니 말일세."

"물론이지요."

"그러나 우리는 연장자가 모든 연소자를 통제하고 벌주도록 법으로 정할 것이네."

"그야 분명하지요."

"그리고 당연한 일이지만 치자가 그렇게 시키지 않는 한 연소자가 연장자를 치거나 폭행하려 하지 않을 것이라는 점도 분명하네. 나는 연소자가 다른 방법으로도 연장자를 모욕하지 않을 것이라고 생각하네. 두려움과 존경심이 능히 그것을 제지할 수 있을 테니 말일세. 존경심은 연소자가 부모라고 여기는 사람에게 손찌검하는 것을 제지할 것이며, 연소자가 두려움을 느끼는 것은 어떤 사람은 아들로서, 다른 사람은 형제로서, 또 다른 사람은 아버지로서 그에게 당하는 사람을 도우러 올 것이기 때문이네."

"실제로 그런 일이 일어나곤 하지요" 하고 그가 말했네.

"그러면 우리 법 덕분에 사람들은 어떠한 경우에도 서로 평화롭게 살겠지?"

"아주 평화롭게 살겠지요."

"그리고 수호자들끼리 서로 다투지 않는다면 나머지 시민들도 반란을 일으키거나 서로 반목할 위험이 없을 걸세."

"없고말고요."

"또한 그들은 시시해서 입에 담기도 싫은 사소한 어려움에서 벗어날 걸세. 가난한 사람이 부자에게 아첨하는 것, 가족을 부양하고 하인의 식구를 먹여 살리기 위해 생활비를 마련하는 어려움과 고통, 돈을 빌리는 것, 빚을 갚지 못하는 것, 어떻게든 돈을 융통해서 가정을 꾸려나가도록 아내와 하인에게 맡기는 것 따위 말일세. 여보게, 이런 일들로 말미암아 겪게 되는 온갖 어려움은 너무나 분명하고 지저분해서 언급할 가치도 없을 것이네."

d

"장님이라도 볼 수 있을 만큼 분명해요" 하고 그가 말했네.

"우리 수호자들은 이 모든 걱정거리에서 벗어나 올림피아 경기의 우승자들보다 더 행복한 삶을 살 걸세."

"어떻게 더 행복한 삶을 산다는 거지요?"

"올림피아 경기의 우승자들은 행복하다고 여겨지지만, 그들이 가진 것은 우리 수호자들이 가진 것의 일부에 불과하네. 우리 수호자들의 우승이 더 아름다울뿐더러, 우리 수호자들이 국비로 더 완벽하게 부양받으니 말일세. 우리 수호자들의 우승은 공동체 전체의 안전을 보장하고, 그들이 받는 상은 그들과 그들의 자식이 국비로 부양되며 국비로 온갖 생필품을 지급받는 것이기 때문이네. 그래서 그들은 살아서는 동료 시민에게서 특권을 부여받고, 죽은 뒤에는 자신들에게 걸맞은 무덤을 배정받는다네."

e

"아주 훌륭한 상이로군요" 하고 그가 말했네.

그래서 내가 말했네. "자네도 기억나는가? 앞서의 논의[15]에서 누군지 모르겠지만 우리 수호자들은 온 시민의 재산을 차지할 수 있는 위치에 있으면서도 실제로는 아무것도 소유하지 못하기에 우리가 수호자들을 행복하게 만들어주지 못한다고 이의를 제기한 적이 있었네. 그때 우리

466a

는 그 문제는 나중에 때가 되면 고찰할 것이고, 지금 당장은 수호자를 진정한 수호자로 만들며 국가 내의 특정 집단만 행복하게 만들기보다는 공동체 전체를 최대한 행복하게 만드는 일에 관심을 집중할 것이라고 말한 적이 있었지."

"기억나요" 하고 그가 말했네.

"어떤가? 이제 우리 보조자들의 삶이 올륌피아 경기 우승자들의 삶보다 훨씬 더 아름답고 훌륭한 것으로 밝혀진 만큼 제화공이나 다른 장인이나 농부의 삶과는 비교가 안 되겠지?"

"비교가 안 될 것 같네요" 하고 그가 말했네.

"하지만 내가 그때 말한 것을 여기서도 되풀이하는 것이 옳을 것이네. 어떤 수호자가 수호자답지 않게 행복해지려고 한다면, 그가 절제 있고 안전하고 우리가 볼 때 가장 훌륭한 생활방식에 만족하지 못하고 어리석고 설익은 행복관(幸福觀)에 사로잡힌 나머지 권력을 이용하여 공동체의 모든 부를 사유화하려 한다면, 그때는 '어떤 의미에서 반(半)이 전체보다 더 많다'[16]고 말한 헤시오도스가 진실로 현명하다는 것을 알게 될 걸세."

"그가 내 조언을 받아들인다면, 우리가 제시한 그런 생활방식을 고수하겠지요" 하고 그가 말했네.

그래서 내가 물었네. "그러면 자네는 우리가 논의했듯이 여자들과 남

---

15 419a.
16 헤시오도스, 『일과 날』 40행 참조.

자들이 함께 교육받고 함께 아이를 기르고 함께 다른 시민을 위해 수호자가 되는 것에 동의하는가? 또한 여자들은 도시 안에 머무르건 싸움터로 향하건 남자들과 공동으로 수호자 임무를 수행하고 사냥개 무리처럼 공동으로 사냥하며 남자들의 모든 업무에 온갖 방법으로 참여해야 한다는 데에도 동의하는가? 또한 그러는 것이 여자들에게는 최선책이며, 이러한 양성 간의 협력 관계에는 여자의 본성에 어긋나는 점이 전혀 없다는 데에도 동의하는가?"

"동의해요" 하고 그가 대답했네.

그래서 내가 물었네. "그러면 우리에게 남은 문제는 이러한 협력 관계가 다른 동물들 사이에서처럼 인간들 사이에서도 가능한지 여부와, 가능하다면 어떻게 가능한지 결정하는 일이겠지?"

"제가 하려던 말을 선생님께서 먼저 하시는군요" 하고 그가 말했네.

"먼저 전쟁에 관해 말하자면, 그들이 어떻게 전쟁을 치를 것인지는 자명한 것 같네."

"어떻게 치른다는 거지요?" 하고 그가 물었네.

"그들은 함께 출진할 걸세. 또한 그들은 다 자란 아이들을 싸움터로 데려갈 것인데, 다른 장인의 아이들처럼 그들의 아이들도 성인이 되면 수행할 업무를 미리 보아두게 하려는 것이지. 그들의 아이들은 관찰하는 것에 더하여 전쟁과 관련된 모든 일에 봉사하고 도우며 아버지와 어머니의 시중을 들어야 하네. 자네는 사람들이 어떻게 기술을 익히는지 보지 못했나? 예컨대 도공의 아이들은 손수 도기를 만들어보기 전에 조수 노릇을 하며 오랫동안 작업 과정을 관찰하지 않던가?"

"물론 그렇지요."

"도공들이 수호자들보다 경험과 관찰을 통해 자식들에게 필요한 것을 훈련시키는 일에 더 관심을 쏟아야 할까?"

"그건 우스운 일이겠네요" 하고 그가 말했네.

"게다가 모든 동물은 제 새끼들이 있는 곳에서는 더 잘 싸운다네."

b

"그야 그렇지요. 하지만 소크라테스 선생님, 전쟁터에서는 패할 수도 있는데, 만약 그들이 패할 경우에는 수호자들 자신과 함께 그들의 자식들마저 목숨을 잃어 나라가 재기 불능 상태에 빠질 위험이 적지 않을 텐데요."

"자네 말이 옳네" 하고 내가 말했네. "그렇다면 자네는 그들이 무엇보다도 모험을 피할 수 있어야 한다고 생각하는가?"

"아니요."

"어떤가? 그들이 모험을 해야 한다면, 그것을 성공적으로 끝냄으로써 그들이 더 훌륭한 사람들이 될 수 있는 그런 종류의 모험이어야 하지 않을까?"

"분명 그렇지요."

"자네는 커서 전사가 될 운명을 타고난 사람들에게 어려서 전쟁에 관한 일을 관찰하느냐 하지 않느냐 하는 것은 별로 차이가 없을뿐더러 위험을 무릅쓸 가치가 없다고 생각하는가?"

c

"아니요. 선생님 말씀에 따르면 차이가 있어요."

"그렇다면 아이들을 전쟁의 관찰자로 만들되 그들의 안전을 확보하는 조치를 취하는 것이 좋지 않겠는가? 그렇지 않은가?"

"네, 그게 좋겠어요."

"그렇다면 우선 아이들의 아버지들은 사람들 중에서 그런 일에 가장 유식하여 어떤 원정이 위험하고 어떤 원정이 위험하지 않은지 능히 판단할 수 있을 것이네."

"그럴 것 같아요" 하고 그가 말했네.

d "그러니 아버지들은 아이들을 어떤 원정에는 데려가고, 어떤 원정에는 데려가지 않을 것이네."

"옳은 말씀이에요."

그래서 내가 말했네. "또한 아버지들은 아이들을 보잘것없는 지휘관이 아니라 경험으로 보나 연륜으로 보나 지휘관이나 교사가 될 자격이 있는 사람에게 맡길 것이네."

"당연히 그래야겠지요."

"하지만 예상하지 못한 일이 일어날 때가 비일비재하다고 우리는 이의를 제기할 수 있을 것이네."

"물론이지요."

"그러니 여보게, 그런 경우에 대비하여 우리는 우리 아이들이 어릴 때부터 날개를 달아주어야 하네. 필요할 때 날아서 도망칠 수 있도록 말일세."

"무슨 말씀이신지요?" 하고 그가 물었네.

e 그래서 내가 말했네. "우리는 아이들을 되도록 어린 나이에 말 등에 태워야 하네. 그리고 일단 승마술을 가르친 다음 우리는 아이들을 너무 드세지도 호전적이지도 않고 가장 빠르면서도 고분고분한 말에 태워 전

투를 관찰하도록 데리고 나가야 하네. 그러면 아이들은 자기들의 미래 업무를 아주 잘 관찰할 수 있을 것이며, 필요한 경우 연장자인 길라잡이를 뒤따라감으로써 안전하게 달아날 수 있을 걸세."

"저는 선생님 말씀이 옳다고 생각해요" 하고 그가 말했네.   468a

"전투에 관해서는 어떻게 생각하는가?" 하고 내가 물었네. "자네는 자네 전사들이 자기들끼리, 그리고 적군에게 어떤 태도를 취해야 한다고 생각하는가? 내 생각이 옳은 것일까, 옳지 않은 것일까?"

"선생님 생각이 어떤 것인지 말씀해주세요" 하고 그가 말했네.

그래서 내가 말했네. "그들 가운데 겁이 나서 대오를 이탈하거나 무기를 버리거나 그와 비슷한 짓을 하는 사람이 있다면, 그를 장인이나 농부의 신분으로 강등시켜야 하지 않을까?"

"그야 물론이지요."

"그들 가운데 적군에게 사로잡힌 사람이 있다면, '잡은 것'을 마음대로 하라고 사로잡은 자들에게 그를 선물로 넘겨주어야 하지 않을까?"   b

"그러고말고요."

"그러나 무훈을 세우고 이름을 날리는 사람이 있다면, 우선 원정 도중에 군대와 함께한 젊은이들과 아이들이 그에게 차례차례 화관을 씌워주어야 한다는 데에 자네는 동의하는가, 동의하지 않는가?"

"저는 동의해요."

"어떤가? 오른손 악수로 그를 축하해야 한다는 데에도?"

"거기에도 동의해요."

"그러나 다음에 내가 말하려 하는 것에는 아마 자네도 동의하지 않을 걸세."

"그게 뭐지요?"

"그들 각자와 일일이 입맞춤을 하고 입맞춤을 당하는 것 말이네."

"그것이라면 가장 동의하고 싶어요" 하고 그가 말했네. "저는 이 법규에 덧붙이겠어요. 원정 동안에는 그가 입 맞추기를 원하는 사람은 어느 누구도 이를 거절해서는 안 된다고 말이에요. 그래야만 남자든 여자든 다른 사람을 사랑하는 사람이 있다면, 그는 감투상을 타는 일에 더 열을 올릴 테니까요."

"좋은 말일세" 하고 내가 말했네. "훌륭한 사람에게서 되도록 많은 자식이 태어나도록 훌륭한 전사에게는 결혼할 기회가 더 많이 주어져야 하며, 그런 사람들은 그런 일에 더 자주 선택될 것이라고 우리가 이미 말한 바 있네."

"그렇게 말했지요" 하고 그가 말했네.

"게다가 호메로스에 따르더라도, 탁월한 젊은이의 명예를 높여주는 것은 당연하네. 호메로스에 따르면 전투에서 두각을 나타낸 '아이아스에게 명예의 선물로 긴 등심이 통째로 주어졌는데',[17] 그것은 명예도 높여주고 체력도 증진시켜주기에 용감한 젊은이에게 걸맞은 상이라고 여기기 때문일세."

"호메로스의 말이 지당해요" 하고 그가 말했네.

그래서 내가 말했네. "그렇다면 이 점에 관한 한 우리는 호메로스의 조언을 따를 걸세. 그리고 훌륭한 사람들이 훌륭한 사람으로 드러나는 한, 제물을 바치거나 그런 행사가 있을 때 우리는 찬가와 잠시 전에 말한 상뿐 아니라 '윗자리와 고기와 넘치는 술잔으로'[18] 그들의 명예를 높여줄 것인데, 이는 우리가 훌륭한 남자들과 여자들의 명예를 높여주는 동시에 그들의 체력을 증진시키기 위함일세."

"참으로 좋은 말씀이에요" 하고 그가 말했네.

"좋네. 출진 중에 전사한 사람 가운데 장렬한 최후를 맞는 사람이 있다면, 우리는 무엇보다도 그가 황금족(黃金族)에 속한다고 말하지 않을까?"

"당연히 그렇게 말하겠지요."

"그리고 우리는 헤시오도스의 말을 믿지 않을 텐가? 헤시오도스에 따르면 황금족에 속하는 사람이 죽으면,

그들은 지상에서 신성하고 착한 정령[19]이 되어
악을 막아주고 필멸의 인간들을 지켜준다네."[20]

"우리는 헤시오도스의 말을 믿겠지요."

"그러면 우리는 정령의 친족인 이 신과 같은 사람들을 얼마나 후하게 장사 지내주어야 하는지 신[21]에게 물어보고 신이 시키는 대로 하겠지?"

---

17 『일리아스』 7권 321행.
18 『일리아스』 8권 162행, 12권 311행.
19 신과 인간의 중간적인 존재.
20 『일과 날』 122~123행.
21 아폴론.

"물론 신이 시키는 대로 하겠지요."

b "그 뒤에 우리는 그들이 정령이라 믿고 그들의 무덤을 보살피며 경배하겠지? 그리고 남달리 훌륭한 삶을 살았다고 판단되는 사람이 늙어서 죽거나 다른 이유로 죽을 때마다 우리는 똑같은 관례를 따르겠지?"

"당연히 그래야겠지요" 하고 그가 말했네.

"어떤가? 적군에 대해서는 우리 전사들이 어떤 태도를 취할까?"

"어떤 점에서 말인가요?"

"먼저 노예로 삼는 것과 관련하여, 자네는 헬라스인들이 헬라스의 도시들을 노예로 삼는 것을 옳다고 생각하는가? 아니면 헬라스인들은 다른 도시가 그러는 것을 있는 힘을 다해 막고, 자기들이 이민족[22]의 노예

c 가 될까 두려워서 동족인 헬라스 부족을 용서해주는 습관을 들여야 하는가?"

"동족인 헬라스 부족을 용서해주는 것이 최선책이겠지요."

"우리 나라는 헬라스인 노예는 한 명도 두지 않을 것이며, 다른 헬라스인들에게도 그렇게 하도록 조언하겠지?"

"물론이지요" 하고 그가 말했네. "그러면 헬라스인들이 이민족들 쪽으로 관심을 돌리고 자기들끼리 다투는 일은 삼가겠지요."

"어떤가?" 하고 내가 말했네. "전투에서 이겼을 때 전사자에게서 무구(武具)[23] 외에 다른 것을 벗겨가는 것은 좋은 관행일까? 아니면 그런 관행은 겁쟁이에게 적군과 맞서지 않을 핑계만 주는 것이 아닐까? 그

d 들이 시신 주위로 어슬렁거리는 것이 아주 중대한 일인 것처럼 말일세. 아닌 게 아니라 이런 약탈 관행 때문에 이미 많은 군대가 파멸을 맞았

다네."

"물론이지요."

"시신을 벗기는 것은 돈을 밝히는 노예나 하는 짓이라고 생각되지 않는가? 적군은 갖고 싸우던 무구들만 남겨두고 그의 생명은 이미 날아가버렸는데 죽은 시신을 적군 취급한다는 것은 여자 같고 속 좁은 짓이 아닌가? 자네는 그런 짓이, 던져진 돌멩이에는 화를 내면서도 돌멩이를 던져대는 사람은 내버려두는 암캐의 태도와 뭐가 다르다고 생각하는가?"

"전혀 다르지 않아요" 하고 그가 말했네.

"그렇다면 우리는 우리 전사들이 시신을 벗기는 것을 허용해서도 안 되고, 적군이 장례를 위해 자기편 전사자를 들고 가는 것을 방해해서도 안 될 것이네."

"제우스에 맹세코, 절대 그래서는 안 돼요."

"또한 우리는 적군의 무구, 특히 헬라스인들의 무구를 신전에 봉헌하는 일이 없을 것이네. 우리가 다른 헬라스인들과의 우호 관계에 관심이 있다면 말일세. 오히려 우리는 동족의 무구를 봉헌함으로써 신전을 더럽힐까 봐 두려워할 것이네. 아폴론 신께서 다른 말씀을 하시지 않는 한 말일세."

22 주로 페르시아인들.
23 방패, 흉갑, 창 같은 전투 장비는 고가품인지라, 전투에서 이긴 자가 진 자한테서 먼저 갑옷투구부터 벗겨가는 것이 당시의 관행이었다.

"지당한 말씀이에요" 하고 그가 말했네.

"헬라스 땅을 황폐화하고 집을 불사르는 것에 대해서는 어떻게 생각하는가? 자네의 전사들은 적군을 어떻게 대할 것인가?"

"선생님의 고견을 듣고 싶어요" 하고 그가 말했네.

그래서 내가 말했네. "내 생각에, 그들은 그중 어떤 짓도 해서는 안 되고 그해 농작물만 실어가야 하네. 내가 자네에게 그 이유를 설명해주기를 바라는가?"

"물론이지요."

"내가 보기에, '전쟁'과 '내분'은 이름도 서로 다르지만 서로 다른 두 가지 분쟁에 관련됨으로써 실제로도 서로 다른 것을 뜻하는 것 같네. 내가 말하는 서로 다른 두 가지 분쟁 가운데 하나는 동족 또는 친족끼리의 분쟁이고, 다른 하나는 외국과의 또는 남남끼리의 분쟁일세. 우리는 그중 동족끼리의 분쟁은 '내분'이라 부르고, 외국과의 분쟁은 '전쟁'이라고 부르네."

"선생님께서 하신 말씀은 사리에 전혀 어긋나지 않아요" 하고 그가 말했네.

"다음 주장도 사리에 어긋나지 않는지 살펴봐주게나. 내 주장인즉, 헬라스인들은 자기들끼리는 동족이고 친족이지만, 이민족들에게는 남남이고 외국인일세."

"네, 맞아요" 하고 그가 말했네.

"그렇다면 헬라스인들이 이민족들과 싸우거나 이민족들이 헬라스인들과 싸운다면, 우리는 그들이 전쟁을 하고 있다고, 그들은 타고난 적이라고, 그래서 그러한 적대행위는 '전쟁'이라 불러 마땅하다고 할 것이네. 그러나 헬라스인들이 헬라스인들과 싸운다면, 우리는 그들이 타고난 친구이지만 그런 경우에는 헬라스가 병들어 분쟁에 휘말려 있다고, 그래서 그런 적대행위는 '내분'이라 불러 마땅하다고 할 것이네."

"저도 선생님의 견해에 동의해요" 하고 그가 말했네.

그래서 내가 말했네. "방금 우리가 내분이라고 부르기로 합의한 사태가 어디에선가 일어나 나라가 분란에 휘말렸다고 가정해보게. 어느 한 쪽이 다른 쪽의 농토를 황폐화하고 집을 불사른다면 내분은 가증스러운 것으로 간주될 것이며, 양쪽 모두 애국심이 없는 것으로 여겨질 것이네. 그러지 않다면 그들은 자신들의 유모와 어머니를 황폐화하지 않을 테니 말일세. 그러나 이긴 쪽이 진 쪽의 농작물만 약탈해가고 진 쪽을 언제까지나 전쟁을 할 상대가 아니라 언젠가는 화해할 상대로 대한다면, 절제 있는 태도로 간주될 것이네."

"그래요. 후자의 태도가 훨씬 인간적이니까요" 하고 그가 말했네.

"어떤가?" 하고 내가 물었네. "자네가 세우는 나라는 헬라스 국가가 될 것 아닌가?"

"그야 당연하지요" 하고 그가 대답했네.

"그렇다면 그 나라의 시민들은 훌륭하고 인간적인 사람들이 되겠지?"

"물론이지요."

"그들은 헬라스인들을 사랑하고, 헬라스를 조국으로 여기고, 다른 헬라스인들과 같은 종교 축제에 참가하지 않을까?"

"물론이지요."

471a   "그렇다면 그들은 동족인 헬라스인들과의 분쟁을 '내분'이라 여기고, '전쟁'이라고 부르지는 않겠지?"

"전쟁이라고 부르지 않겠지요."

"그들은 언젠가는 화해할 사람들처럼 싸우겠지?"

"물론이지요."

"그들은 선의에서 상대방이 절제를 지키게 해주려는 것이지, 상대방을 처벌하려고 예속시키거나 파괴하려 하지는 않을 것이네. 그들은 정신 차리게 해주려는 자이지, 적군은 아니니까 말일세."

"그렇겠지요" 하고 그가 말했네.

b   "그들은 헬라스인들이기에 헬라스 땅을 황폐화하지도 않고 집을 불사르지도 않을 것이네. 또한 남자건 여자건 아이건 한 나라의 주민 전체를 자신들의 적으로 여기지 않고, 분쟁에 책임이 있는 적대적인 소수만을 자신들의 적으로 간주할 것이네. 따라서 그들은 우호적인 다수의 농토를 황폐화하거나 집을 파괴하지 않을 것이며, 이들 분쟁에 책임 있는 자들이 죄 없이 고통받는 사람들에 의해 죗값을 치르도록 강요받을 때까지만 적대행위를 계속할 것이네."

"저는 우리 시민들이 자신들의 적대자들에게 그렇게 행동해야 한다는 데 동의해요" 하고 그가 말했네. "그러나 이민족들에게는 지금 헬라스인들이 서로를 대하듯 대해야겠지요."

c   "그러면 우리가 땅을 황폐화해서도 안 되고 집을 불살라서도 안 된다는 이 법을 우리 수호자들을 위해 제정할까?"

"제정하도록 해요" 하고 그가 말했네. "그리고 이 법도 이전에 제정된

법들도 훌륭한 것이라고 가정해요. 하지만 소크라테스 선생님, 제가 보기에 우리가 선생님께서 이 문제에 관해 계속 말씀하시도록 한다면, 선생님께서는 이런 안들을 내놓으시기 전에 제쳐두었던 문제, 즉 과연 그런 정체가 가능한가, 가능하다면 어떻게 가능한가 하는 문제를 잊어버리실 것만 같아요. 저는 그런 정체가 도입된다면 그것을 도입한 국가가 수많은 혜택을 받을 것이라는 데에 동의하며, 선생님께서 빠뜨리신 이런저런 혜택도 덧붙일 겁니다. 그들은 전시에 서로를 버리지 않을 것이기에 가장 탁월한 전사가 될 거고요. 그들은 서로 형제간이거나 부자간이라는 것을 알고는 서로 '형제'라고, '아버지'라고, '아들'이라고 부를 테니 말이에요. 그리고 여자들도 함께 출진하여 같은 대오에서 싸우거나 후방에 배치되어 적군의 사기를 꺾어놓거나 필요한 곳을 지원하게 되면, 저는 그들이 그런 점에서 천하무적이 될 것이라고 확신해요. 또한 저는 선생님께서 빠뜨리신 혜택을 그들이 국내에서도 얼마나 많이 받는지 볼 수 있어요. 그러니 그런 정체가 도입되면 그들이 이런 모든 혜택과 그 밖의 수많은 다른 혜택을 받을 것이라는 데에 제가 동의한 것으로 여기시고 그에 관해서는 더이상 논의하지 말았으면 좋겠어요. 오히려 이제 다른 주제는 제쳐두고 그런 정체가 가능하다는 점과 어떻게 가능한지 우리에게 설득하도록 하세요."

그래서 내가 말했네. "자네는 내 논의를 느닷없이 기습하며 내가 망설이는 것을 봐주지 않는구먼. 그건 아마도 이전의 두 파도에서 간신히 벗어난 나를 자네가 이번에는 삼중 파도 가운데 가장 크고 위협적인 세 번째 파도[24]에 내맡기고 있다는 것을 모르기 때문일 걸세. 자네가 그것을 보고 듣는다면, 내가 그런 역설적 주장을 꺼내어 검토하기를 망설이고 두려워하는 것은 당연하다며 자네도 용서하고 이해해줄 걸세."

b 그러자 그가 말했네. "선생님께서 그런 말씀을 많이 하실수록, 그런 정체가 어떻게 실현될 수 있는지 설명하는 것을 우리가 선생님께 면제해드릴 가능성은 그만큼 줄어들 거예요. 그러니 시간 낭비하지 마시고 말씀해주세요."

그래서 내가 말했네. "우리가 먼저 기억해야 할 것은, 우리가 정의와 불의의 본성을 찾다가 여기까지 왔다는 점일세."

"기억해야겠지요. 하지만 그래서 어쨌다는 거지요?" 하고 그가 말했네.

c "이렇게 물어보려 한 것뿐일세. 우리가 정의의 본성을 찾아낸다면 올바른 사람도 정의와 전혀 다르지 않고 본성이 똑같아야 한다고 주장할 것인가? 아니면 올바른 사람이 최대한 정의에 가깝고 다른 사람보다 훨씬 더 정의에 관여한다면 우리는 그것으로 만족할 것인가?"

"우리는 그것으로 만족하겠지요."

그래서 내가 말했네. "그렇다면 우리가 정의와 불의 자체를 논하고, 그런 사람이 있다면 완벽하게 올바른 사람과 완벽하게 불의한 사람은 어떤 사람인지 물어본 것은 본보기를 찾기 위해서였네. 이들이 얼마나 행복해 보이는지 아니면 얼마나 불행해 보이는지 유심히 살펴봄으로

d 써 우리 자신의 경우에도 그들과 가장 닮은 사람들은 그들의 행복에 가장 가까운 행복을 누린다는 데 동의하지 않을 수 없도록 말일세. 이런 것들이 실현될 수 있다는 사실을 밝히는 것은 결코 우리의 목표가 아니

었네."

"그건 옳은 말씀이에요" 하고 그가 말했네.

"어떤 화가가 가장 아름다운 인간의 본보기를 그리고 거기에 맞게 세세한 부분까지 완벽하게 묘사한다면, 자네는 그런 인간이 실제로 존재할 수 있다는 것을 증명할 수 없다고 해서 그가 덜 훌륭한 화가라고 생각하는가?"

"제우스에 맹세코, 저는 그렇게 생각하지 않아요" 하고 그가 대답했네.

"어떤가? 우리 역시 이상 국가의 본보기를 이론적으로 만들고 있다고 말하지 않았던가?"

"물론 그렇게 말했지요."

e

"그러면 우리가 말한 대로 국가가 건설될 수 있다는 것을 보여줄 수 없다고 해서 자네는 우리의 논의가 덜 유효할 것이라고 생각하는가?"

"아니요" 하고 그가 말했네.

"그러면 그건 엄연한 사실일세" 하고 내가 말했네. "하지만 내가 자네를 위해 어떻게 그리고 어떤 조건에서 그런 이상 국가가 실현될 가능성이 가장 높은지 입증하려고 노력하기를 바란다면, 자네는 그것을 입증

---

24 여기서 첫 번째 파도란 '여성 수호자' 문제(451c~457b)를, 두 번째 파도란 '처자 공유' 문제(457b~466d)를, 세 번째 파도란 앞으로 전개될 '철인 치자' 문제를 가리킨다. 삼중 파도(trikymia)는 세 겹으로 밀려오는 큰 파도를 말하는데, 그중 세 번째 파도가 가장 높은 것으로 생각되었다.

하기 위해 이번에도 똑같은 양보를 해주어야겠네."

"어떤 양보 말인가요?"

473a "실천은 언제나 이론과 일치하는가? 아니면 사람들이 어떻게 생각하건, 실천이 이론에 비해 진리에 덜 근접하는 것은 자연스러운 현상인가? 자네는 이에 동의하는가, 동의하지 않는가?"

"저는 동의해요" 하고 그가 말했네.

"그러면 자네는 나에게 우리가 이론적으로 상세히 논한 것들이 현실에서도 완전히 이루어질 수 있다는 것을 보여달라고 강요하지 말게나. 그보다는 오히려 한 국가가 우리가 기술한 것에 가장 가까운 방법으로 다스려질 수 있는 조건을 발견할 수 있다면, 자네의 요구 사항이 실현될

b 수 있는 방법을 우리가 찾아낸 것으로 인정해주게나. 아니면 자네는 그 것으로 만족하지 않을 텐가? 나 같으면 만족하겠는데."

"저도 만족하겠어요" 하고 그가 말했네.

"그다음으로 우리가 할 일은 내가 보기에, 현존하는 국가들의 정체에 도대체 어떤 결함이 있어서 우리 나라처럼 다스려지지 못하는 것인지, 한 국가가 그런 정체로 옮겨가도록 도울 수 있는 최소한의 변혁이 무엇인지 찾아내 지적하는 것이네. 변혁은 한 가지가 바람직하고, 그게 안 되면 두 가지가 바람직하며, 그것도 안 되면 되도록 수가 적고 규모가 작을수록 바람직하네."

c "전적으로 동의해요" 하고 그가 말했네.

"이런 변화를 가능하게 해줄 것으로 생각되는 한 가지 변혁이 있기는 하네. 그것은 결코 작지도 쉽지도 않지만, 가능하긴 하다네."

"어떤 변혁인가요?" 하고 그가 물었네.

그래서 내가 대답했네. "지금 나는 우리가 가장 큰 파도에 비유한 문제에 직면해 있네. 그래서 나는 말하려 했던 것을 말하지 않을 수 없네. 설령 내가 말 그대로 웃음의 파도에 휩쓸려 조롱과 경멸의 늪에 빠진다 해도 말일세. 그러니 잘 들어보게나!"

"말씀하세요" 하고 그가 말했네.

그래서 내가 말했네. "철인(哲人)[25]이 국왕이 되거나, 아니면 지금 국왕 또는 치자라 불리는 자가 진정한 철인이 되기 전에는, 그리하여 정치권력과 철학이 하나로 결합되고 지금은 둘 중 어느 하나만을 따로따로 추구하는 여러 자질이 그러지 못하도록 제지당하기 전에는, 여보게 글라우콘, 국가의 고통은, 아니, 인류 전체의 고통은 결코 종식되지 않을 것이네. 그러기 전에는 우리가 방금 논의한 정체가 실현되거나 햇빛을 볼 가능성이 전혀 없네. 바로 이것이 역설적으로 들릴 것이라는 사실을 잘 알기에 아까부터 내가 입 밖에 내기를 망설였던 주장일세. 국가나 개인이나 진정한 행복에 이르는 다른 길은 없다는 것을 알기는 어려운 일이기에 하는 말일세."

그러자 그가 말했네. "소크라테스 선생님, 선생님께서 그런 발언을 하시다니! 그런 말씀을 하셨으니, 선생님께서는 각오하세요. 수많은 유력자가 다짜고짜 윗옷을 벗어던지고는 저마다 팔을 걷어붙이고서 아무

---

25 philosophos. 여기서는 대부분 '지혜를 사랑하는 사람' '철학자'로 옮겼다.

거나 가까이 있는 무기를 집어 들고 선생님을 해코지하려고 덤벼들 테니 말이에요. 선생님께서 그들을 말로 막아내며 벗어나지 못하신다면, 그야말로 만인 앞에서 웃음거리가 되는 벌을 받으실 거예요."

"이게 모두 자네 탓이 아닌가?" 하고 내가 말했네.

"저는 잘했다고 생각하는데요" 하고 그가 말했네. "그렇지만 선생님을 배신하지 않고, 제가 가진 수단을 모두 동원해서 선생님을 도울게요. 제 도움이라야 호의와 격려 그리고 다른 누구보다도 적절한 대답을 하는 것 정도이지만 말이에요. 선생님께는 이런 원군이 있으니, 믿지 않는 사람들에게 선생님 말씀이 사실이라고 설득해보세요."

그래서 내가 말했네. "해봐야지. 무엇보다 자네가 그토록 강력하게 나를 돕겠다고 나서니 말일세. 그런데 나는 자네가 말하는 사람들에게서 벗어나려면, 우리가 치자가 되어야 한다고 주장하는 철인이 대체 어떤 사람인지 그들에게 정의해줄 필요가 있다고 생각하네. 일단 철인의 초상이 선명하게 그려지면, 우리는 세상에는 철학을 하면서도 국가의 지도자가 되는 것이 적성에 맞는 사람이 있는가 하면, 철학에 관여하지 말고 그런 사람의 지도를 따라야 할 사람도 있다는 것을 보여줌으로써 우리 자신을 방어할 수 있을 테니 말일세."

"지금이야말로 정의를 내릴 때예요."

"자, 내 뒤를 따르게. 그러면 우리는 어떻게든 그것을 적절히 설명할 수 있을는지 보게 될 것이네."

"앞장서세요" 하고 그가 말했네.

그래서 내가 말했네. "어떤 사람이 무엇을 사랑한다고 제대로 말하려면, 그는 그것의 일부는 사랑하고 다른 일부는 사랑하지 않는 것이 아니라 전체를 사랑해야 한다는 것을 내가 자네에게 상기시켜줘야 하나, 아니면 자네도 기억하는가?"

"선생님께서 상기시켜주셔야 할 것 같아요. 저는 기억나지 않으니까요."

그래서 내가 말했네. "글라우콘, 자네가 그런 대답을 하다니 정말 뜻밖일세. 자네처럼 사랑에 민감한 사람이, 소년을 사랑하는 사람은 한창때의 소년들을 보면 언제나 뜨거운 열정을 느끼며 그들 모두가 자신의 관심과 애정의 대상이 되기에 손색없다고 여긴다는 점을 잊는다는 것은 부적절하네. 아니면 자네들 같은 사람은 미소년들을 다음과 같이 대하지 않는단 말인가? 자네들은 사자코를 가진 소년은 귀엽다고, 매부리코는 제왕답다고, 이들 양극단 사이의 중간은 균형이 잘 잡혔다고 칭찬한다네. 또한 자네들은 피부색이 검은 소년은 남자답다고, 피부색이 흰 소년은 '신들의 자식'이라고 부른다네. 벌꿀색이라는 말 또한 한창때의 소년이 안색이 파리해도 싫지 않아서 듣기 좋으라고 연인이 지어낸 것이 아니고 무엇이겠는가? 한마디로, 자네들은 온갖 핑계를 대고 온갖 말을 하며 한창때의 젊은이를 단 한 명도 퇴짜 놓으려 하지 않는다네."

e

475a

그러자 그가 말했네. "선생님께서 굳이 저를 예로 들어가며 연인들의 태도를 설명하시겠다면, 논의가 중단되지 않게 하기 위해 제가 응할게요."

그래서 내가 말했다네. "어떤가? 자네는 애주가도 그렇게 행동하는 것을 보지 못했는가? 온갖 술을 즐기기 위해 온갖 핑계를 대며 말일세.”

“물론 봤지요.”

b “그리고 자네도 봤으리라 생각되지만, 명예를 사랑하는 사람들은 장군이 될 수 없으면 소대장이라도 되며, 존귀한 자한테 존경받지 못하면 미천한 자한테 존경받는 것으로도 만족한다네. 그들이 바라는 것은 아무튼 존경받는 것이니까.”

“물론이지요.”

“그렇다면 다음에 대해 시인하든지 부인하든지 하게. 어떤 사람이 뭔가를 원한다고 우리가 말할 때, 그것은 그가 그것의 전부를 원한다는 뜻인가, 아니면 그것의 일부만 원한다는 뜻인가?”

“전부를 원한다는 뜻이겠지요.”

“그렇다면 철학자가 지혜를 원한다고 말할 때도, 그것은 그가 지혜의 일부만 원하는 것이 아니라 전부를 원한다는 뜻이겠지?”

“옳은 말씀이에요.”

c “그렇다면 학문과 관련하여 이것저것 가리는 사람을, 특히 그가 젊기에 무엇이 유익하고 무엇이 유익하지 못한지 올바르게 판단할 수 없을 경우, 우리는 배우기를 좋아하는 사람 또는 지혜를 사랑하는 사람이라고 하지 않을 것이네. 마치 음식을 가리는 사람을 우리가 허기진 사람 또는 입맛이 당기는 사람이라고 하지 않듯이 말일세. 그는 음식을 좋아하는 사람이 아니라, 입맛을 잃은 사람이니까 말일세.”

“그리고 우리의 주장은 옳겠지요.”

"그러나 온갖 학문을 진심으로 음미하기를 원하고 배우기를 좋아하며 배움에 물리지 않는 사람을 지혜를 사랑하는 사람이라 불러야 마땅할 것이네. 그렇지 않은가?"

그러자 글라우콘이 말했네. "그럴 경우 수많은 이상한 사람이 지혜를 사랑하는 사람에 포함될 텐데요. 이를테면 구경하기 좋아하는 사람과 듣기 좋아하는 사람도 배우기를 즐기므로 지혜를 사랑하는 사람에 포함되겠지요. 하지만 듣기 좋아하는 사람들을 지혜를 사랑하는 사람에 포함시킨다는 것은 아무래도 이상해요. 그들은 철학적 대화를 나누거나 그런 활동으로 소일하려 하지 않고, 마치 합창가무단의 노래를 빠짐없이 다 들으라고 자신들의 귀를 세준 것처럼 시내에서 개최되든 농촌에서 개최되든 한 번도 빠지지 않고 디오뉘소스 축제를 찾아 돌아다니니까요. 우리는 이런 사람들도, 그런 것들과 이런저런 기술을 배우는 사람도 지혜를 사랑하는 사람이라고 할 건가요?"

"천만의 말씀!" 하고 내가 말했네. "우리는 그들이 지혜를 사랑하는 사람을 닮았다고 말할 걸세."

"선생님께서 보시기에는 어떤 사람이 진정한 철학자인가요?"

"진리를 구경하기 좋아하는 사람이지."

"그 역시 옳은 말씀이에요. 하지만 정확히 어떤 뜻이지요?"

그래서 내가 말했네. "그것을 다른 사람에게 설명하기란 쉽지 않겠지. 하지만 다음에 대해서는 자네가 내게 동의하리라 생각하네."

"그게 뭔가요?"

"아름다운 것은 추한 것의 반대이니까 이것들은 둘이라는 것 말일세."

"그야 당연하지요."

"그것들은 둘이므로, 각각은 하나이겠지?"

"거기에도 저는 동의해요."

"정의와 불의, 선과 악 그리고 모든 형상[26]에도 같은 논리가 적용되네. 그것들은 각각 하나이지만 행위나 물체나 자기들끼리 결합함으로써 어디서나 다수인 것처럼 보인단 말일세."

"옳은 말씀이에요" 하고 그가 말했네.

그래서 내가 말했네. "그래서 나는 그런 원칙에 따라 방금 자네가 말한 구경하기 좋아하는 사람, 기술을 좋아하는 사람, 실무가를 우리 논의의 대상인 진정한 의미의 철학자와 구별한다네."

"무슨 말씀이신지요?" 하고 그가 물었네.

그래서 내가 말했네. "보고 듣기를 좋아하는 사람들은 아름다운 소리나 색깔이나 모양이나 이런 것들을 사용하는 공예품을 좋아하지만, 그들의 지성은 아름다운 것 자체의 본성을 볼 수도 좋아할 수도 없네."

"그야 그렇지요" 하고 그가 말했네.

"그리고 아름다운 것 자체에 다가가서 그것을 그 자체로서 볼 수 있는 사람은 드물지 않을까?"

"물론 드물겠지요."

"아름다운 것의 존재는 믿으면서 아름다움 자체의 존재는 믿지 않고, 아름다움 자체를 알도록 인도하겠다고 자청하고 나서는 이를 뒤따라갈 수도 없는 사람이 있다면, 그의 삶은 꿈꾸는 것인가 아니면 깨어 있는 것인가? 이렇게 생각해보게. 꿈꾼다는 것은 꿈꾸는 사람이 잠들어 있건 깨어 있건 A가 B를 닮은 것이 아니라 A가 B라고 생각하는 것 아니겠는가?"

"그런 사람은 꿈꾸고 있는 것이라는 데에 저는 동의해요" 하고 그가 말했네.

"어떤가? 그와는 반대로 아름다운 것 자체의 존재를 믿고 아름다운 것 자체와 그것에 관여하는 대상도 볼 수 있으며 이 두 가지를 혼동하지 않는 사람의 경우, 그의 삶은 자네가 생각하기에 깨어 있는 것인가 아니면 꿈꾸는 것인가?"

"생생하게 깨어 있어요" 하고 그가 말했네.

"그렇다면 이 사람은 알고 있으니 우리는 그의 생각을 지식이라고 말하는 것이 옳겠지만, 다른 사람은 의견이 있을 뿐이니 그의 생각은 의견이라고 말하는 것이 옳겠지?"

"물론이지요."

"그런데 우리가 의견만 있을 뿐 알지는 못한다고 말하는 사람이 우리에게 화를 내며 우리 주장이 사실이 아니라고 이의를 제기한다면 어쩔텐가? 그가 온전한 정신이 아니라는 사실을 숨기면서 그를 달래고 좋게 설득할 무슨 방법이 우리에게 있을까?"

"틀림없이 있겠지요."

---

26 eidos. 대개 이데아(idea)와 같은 뜻이다.

"자, 우리가 그에게 무슨 말을 할 것인지 생각해보게. 자네는 우리가 그가 가진 지식을 시샘하기는커녕 오히려 그가 지식을 가지고 있다는 것이 반갑다고 먼저 운을 떼고 나서 그에게 이렇게 물어볼 것인가? '우리에게 말해주시오. 알고 있는 사람은 무엇인가를 알고 있소, 아니면 아무것도 알지 못하오?' 그를 위해 자네가 대답해주게."

"저는 그가 뭔가를 알고 있다고 대답할 겁니다" 하고 그가 말했네.

"그가 알고 있는 것은 존재하는 것인가, 아니면 존재하지 않는 것인가?"

477a   "존재하는 것이지요. 존재하지 않는 것을 어떻게 알 수 있겠어요?"

"그렇다면 우리는 충분히 확인할 수 있는가? 아무리 다각도로 검토해봐도, 완전하게 존재하는 것은 완전하게 알 수 있지만, 결코 존재하지 않는 것은 어떤 방법으로도 알 수 없다고 말일세."

"충분하고도 남을 만큼 확인할 수 있지요."

"좋네. 만약 어떤 것이 존재하면서도 존재하지 않는 상태에 있다면, 그것은 순수하게 존재하는 것과 결코 존재하지 않는 것의 중간에 위치하지 않겠는가?"

"네, 중간에 위치하겠지요."

b   "그러면 지식은 존재하는 것에 관련되고 무지는 필연적으로 존재하지 않는 것에 관련되는 만큼, 우리는 중간에 위치하는 것을 위해 지식과 무지의 중간에 있는 어떤 것을 찾아내야겠지? 그런 것이 있다면 말일세."

"물론이지요."

"우리는 의견[27] 같은 것이 있다고 말하는가?"

"물론이지요."

"의견은 지식[28]과는 다른 능력인가, 아니면 같은 능력인가?"

"다른 능력이지요."

"그렇다면 의견과 지식은 서로 능력이 다른 만큼 서로 다른 대상에 관련되네."

"그래요."

"그러면 지식은 존재하는 것에 관련되고 존재하는 것을 존재하는 그대로 아네. 하지만 먼저 분명히 해둘 점이 있는 것 같네."

"그게 뭐지요?"

"우리는 능력을 인간과 모든 다른 동물이 할 수 있는 것을 할 수 있게 해주는 다른 부류의 존재로 간주할 걸세. 이를테면 나는 시각과 청각을 능력이라고 부르네. 자네는 내가 어떤 종류의 것을 염두에 두고 그렇게 말하는지 알겠는가?"

"알겠어요" 하고 그가 말했네.

"그러면 능력을 내가 어떻게 생각하는지 들어보게. 능력은 색깔도 모양도 없을뿐더러, 그것을 관찰함으로써 다른 사물을 서로 구별할 수 있는 유사한 자질이 아무것도 없네. 나는 단지 그것의 대상과 결과를 관찰함으로써 능력을 확인할 수 있을 뿐이네. 그리고 나는 대상과 결과가

---

27 doxa.
28 episteme.

같으면 같은 능력이라고 부르고, 대상과 결과가 다르면 다른 능력이라고 부르네. 어떤가, 자네는? 자네는 어떻게 할 텐가?"

"저도 그러겠어요" 하고 그가 말했네.

그래서 내가 말했네. "여보게, 그러면 본론으로 돌아가서, 자네는 지식이 능력이라는 데에 동의하는가? 아니면 자네는 지식을 어떤 부류에 포함시킬 것인가?"

e "지식은 모든 능력 중에서도 가장 강력해요."

"어떤가? 우리는 의견을 능력에 포함시킬 것인가, 아니면 다른 부류에 포함시킬 것인가?"

"다른 부류에 포함시킬 수는 없지요" 하고 그가 말했네. "의견이야말로 우리가 의견을 가질 수 있게 해주는 능력이니까요."

"하지만 조금 전에 자네는 지식과 의견이 같은 것이 아니라는 데에 동의했네."

그러자 그가 말했네. "그렇지만 지각 있는 사람이라면 오류가 없는 것을 어찌 오류에 빠지기 쉬운 것과 동일시할 수 있겠어요?"

478a "좋은 말일세" 하고 내가 말했네. "그렇다면 우리는 의견과 지식이 서로 다르다는 데에 분명히 합의했네."

"네, 서로 달라요."

"그것들은 저마다 능력이 다른 만큼 본성상 대상도 다르겠지?"

"당연하지요."

"지식은 존재하는 것에 관련되며, 존재하는 것을 존재하는 그대로 아는 것이네."

"네, 그래요."

"한편 의견의 특징은 의견을 가지는 것이라고 우리가 말하지 않았던가?"

"네, 그랬지요."

"의견은 지식이 알고 있는 바로 그것에 대해 의견을 가지는가? 그래서 지식의 대상과 의견의 대상은 동일한가? 아니면 그것은 불가능한가?"

"우리가 합의한 바에 따르면 그것은 불가능해요" 하고 그가 대답했네. "능력이 다르면 본성상 대상도 다르고, 우리가 동의한 바에 따라 의견과 지식이 서로 다른 능력이라면, 같은 것이 지식의 대상도 되고 의견의 대상도 될 수는 없지요."

b

"그러니 존재하는 것이 지식의 대상이라면, 의견의 대상은 존재하는 것과 다른 것이겠지?"

"네, 달라요."

"의견은 존재하지 않는 것에 대해 의견을 가지는가? 아니면 존재하지 않는 것에 대해 의견을 가지는 것은 불가능한가? 아니면 의견을 가지되 무(無)[29]에 대해 의견을 가지는 것이 가능한가?"

"불가능해요."

"그럼 의견을 가지는 사람은 무엇인가에 대해 의견을 가지는 것이

---

29 meden.

겠지?"

"네, 그래요."

c "그러나 존재하지 않는 것은 어떤 것이라고 부르기보다는 무(無)라고 부르는 편이 적절하지 않을까?"

"물론이지요."

"그런데 우리는, 무지는 존재하지 않는 것과, 지식은 존재하는 것과 관련짓지 않을 수 없네."

"옳은 말씀이에요" 하고 그가 말했네.

"그러니 의견을 가지는 사람은 존재하는 것과도 존재하지 않는 것과도 관계가 없네."

"네, 관계없어요."

"그렇다면 의견은 무지도 아니고 지식도 아니네."

"그런 것 같네요."

"의견은 무지와 지식 너머에 있을까? 의견은 지식보다 더 선명하고, 무지보다 더 어두울까?"

"아니, 그 어느 쪽도 아니에요."

그래서 내가 말했네. "그렇다면 의견은 지식보다는 더 어둡고, 무지보다는 더 선명할 것 같은가?"

"물론이지요" 하고 그가 말했네.

d "그렇다면 의견은 둘 사이 어딘가에 있겠지?"

"네, 그래요."

"그렇다면 이 둘의 중간에 의견이 있겠구먼."

"그렇고말고요."

"그런데 우리는 앞서 합의하지 않았던가? 어떤 것이 존재하면서 동시에 존재하지 않는 것처럼 보인다면, 그런 것은 순수하게 존재하는 것과 전혀 존재하지 않는 것 사이에 위치할 것이라고. 또한 그런 것에 관련되는 것은 지식이나 무지가 아니라, 분명 무지와 지식의 중간에 위치하는 것일 거라고 말일세."

"그건 사실이에요."

"그런데 지금 우리가 의견이라고 부르는 것이 그 중간 위치를 차지하고 있는 것으로 드러났네."

"네, 드러났어요."

"그러면 우리에게 남은 문제는, 존재하는 것에도 존재하지 않는 것에도 관여하지만 순수한 의미에서 이것 또는 저것이라고 부르기에 적절하지 않은 것을 찾아내는 것인 듯하네. 우리가 그런 것을 찾아낸다면 당연히 그것이 의견의 대상이라고 말할 수 있을 것이며, 또한 그럼으로써 우리는 극단은 극단과, 중간 것은 중간 것과 관련지을 수 있을 걸세. 그렇지 않은가?"

"그렇지요."

"이런 원칙이 정해졌으니 나는 아름다운 것 자체 또는 아름다움의 영원불변하는 이데아[30]가 있다는 것은 부인하면서도 아름다운 것이 많

---

30 idea.

다고 믿는 우리 친구에게, 아름다움은 하나이고 정의도 하나이며 다른 것들도 그렇다고 누군가 말하면 도저히 참지 못하는 저 구경하기 좋아하는 사람에게 되돌아가서 이렇게 물어볼까 하네. '여보시오, 이 수많은 아름다운 것 가운데 추해 보이지도 않을 것이 단 한 가지라도 있을까요? 또는 그대의 올바른 행위와 경건한 행위 가운데 불의해 보이거나 불경해 보이지도 않을 것이 단 한 가지라도 있을까요?'"

"없어요" 하고 글라우콘이 대답했네. "그런 것들은 어떻게 보면 아름답고 어떻게 보면 추할 수밖에 없으니까요. 그 점은 선생님께서 물어보시는 다른 것들도 마찬가지예요."

"그러면 우리가 갑절이라고 부르는 것은 어떤가? 그것들은 갑절로 보이는 것 못지않게 절반으로도 보이겠지?"

"네, 그래요."

"그리고 큰 것과 작은 것, 가벼운 것과 무거운 것이라고 불리는 것들은 어떤가? 그런 것들도 마찬가지로 정반대되는 이름으로 불릴 수 있지 않을까?"

"그래요. 그런 것들도 저마다 언제나 두 가지 이름을 다 가질 수 있지요" 하고 그가 말했네.

"우리가 예로 든 많은 것 하나하나를 그것이 무엇'이다'라고 말하는 것이 그것이 무엇이 '아니다'라고 말하는 편보다 과연 더 옳을까?"

그러자 그가 대답했네. "선생님께서 예로 드신 것들은 술자리에서의 알아맞히기 놀이나, 내시가 박쥐를 맞혔는데 무엇을 던졌으며 박쥐는 어디에 앉아 있었느냐고 묻는 아이들의 수수께끼[31]처럼 모호해요. 우리가 논의하고 있는 것들은 그처럼 모호해요. 우리는 그 어느 것도 확정적으로 존재하는 것이나 존재하지 않는 것으로, 또는 둘 다인 것으로, 또는 그 어느 것도 아닌 것으로 생각할 수 없으니까요."

그래서 내가 말했네. "그렇다면 자네는 그것들을 존재와 비존재의 중간 어딘가에 위치하게 하는 것보다 그것들을 더 잘 다룰 방법을 알고 있는가? 그것들은 존재하지 않는 것보다 더 어두운 것은 있을 수 없으며, 존재하는 것보다 더 밝고 현실적인 것은 있을 수 없으니 말일세."

"지당한 말씀이에요" 하고 그가 말했네. d

"그렇다면 우리는 아름다운 것과 그 밖의 다른 것에 대한 대중의 수많은 기준은 존재하지 않는 것과 순수하게 존재하는 것 중간 어디쯤에서 맴돈다는 점을 발견한 것 같네."

"네, 발견했어요."

"그리고 우리는 앞서 만약 그런 것이 나타난다면 그것은 의견의 대상이지 지식의 대상이 아니며, 중간에서 떠도는 것은 중간 능력에 의해 파악되어야 한다는 데에 합의한 바 있네."

"네, 합의한 바 있어요."

"그렇다면 수많은 아름다운 것과 올바른 행위 등등을 보면서 어떤 사

---

31 수수께끼는 다음과 같은 것이라고 한다. "남자 아닌 남자가 나무 아닌 나무에 앉아 있는 새 아닌 새를 보고도 보지 못했다. 그는 돌 아닌 돌로 맞혔으나 맞히지 못했다." 답은 이렇다고 한다. "시력이 좋지 못한 어느 내시가 갈대에 앉아 있는 박쥐를 보고 속돌을 던졌으나 맞히지 못했다."

e 람이 안내를 해도 아름다운 것 자체와 정의 자체는 보지 못하는 사람은 이 모든 것에 대해 의견을 가지지만, 자신이 의견을 가지는 것에 대해 아무것도 모른다고 우리는 말할 것이네."

"당연하지요" 하고 그가 말했네.

"그러나 영원불변하는 사물 자체를 보는 사람들은 어떤가? 우리는 그들이 의견이 아니라 지식을 가지고 있다고 말하지 않을까?"

"그 또한 당연해요."

"우리는 사물 자체를 보는 사람이 지식의 대상을 반기고 사랑하지만, 480a 그것을 보지 못하는 사람은 의견의 대상을 반기고 사랑한다고 말하지 않을까? 아니면 우리는 지식이 아니라 의견을 지닌 사람이 아름다운 소리나 색깔 등을 즐겨 보고 듣지만 아름다운 것 자체가 존재한다는 것은 인정하지 않는다고 말한 적이 있는데, 자네들은 기억나지 않는가?"

"기억나지요."

"그러면 우리가 그들을 지혜를 사랑하는 사람이라기보다 의견을 사랑하는 사람이라고 불러도 잘못은 아니겠지? 우리가 그렇게 말하면 그들이 우리에게 노발대발할까?"

"그러지는 않을 거예요. 그들이 조언을 따른다면 말이에요" 하고 그가 말했네. "진실을 말하는 사람에게 화를 내는 것은 온당하지 못하니까요."

"그리고 매번 사물 자체를 반기는 사람을 지혜를 사랑하는 사람이라 해야지 의견을 사랑하는 사람이라 해서는 안 되겠지?"

"전적으로 동의해요."

제6권

내가 말했네. "글라우콘, 우리는 지혜를 사랑하는 사람과 그러지 않은 484a
사람이 각각 어떤 사람인지 다소 긴 토론 끝에 어렵사리 밝혀낼 수 있
었네."

"아마도 짧은 토론으로는 밝혀내기가 쉽지 않았겠지요" 하고 그가
말했네.

"분명 쉽지 않았지" 하고 내가 말했네. "하지만 나는 우리가 논의해야
할 것이 이 문제뿐이었다면, 그래서 올바른 삶이 올바르지 못한 삶과 어
떻게 다른지 우리가 볼 수 있기 전에 그 밖의 많은 다른 문제를 고찰할
필요가 없었더라면, 한결 더 선명하게 밝혀낼 수 있었을 것이라고 생각 b
하네."

"그러면 그다음에 우리가 논의해야 할 것은 뭔가요?" 하고 그가 물
었네.

"그야 순서대로 할 수밖에 없지 않겠는가?" 하고 내가 말했네. "지혜
를 사랑하는 사람은 영원불변하는 것을 포착할 능력이 있는 사람이고,
그럴 능력이 없어서 변화무쌍한 잡다한 것들 속을 헤매는 자는 지혜를
사랑하는 사람이 아니라면, 둘 중 어느 쪽이 국가의 지도자가 되어야

할까?"

"우리가 과연 어떻게 말해야 적절한 답변이 될까요?" 하고 그가 물었네.

그래서 내가 대답했네. "어느 쪽이든 국가의 법률과 생활방식을 수호할 능력이 있다고 밝혀지는 쪽을 수호자로 임명해야겠지."

"옳은 말씀이에요" 하고 그가 말했네.

c 그래서 내가 말했네. "그런데 무엇을 감시해야 할 수호자가 장님이어야 하는지, 아니면 시력이 날카로운 사람이어야 하는지는 물어볼 필요도 없겠지?"

"네, 물어볼 필요도 없어요" 하고 그가 말했네.

"그런데 각각의 존재에 대한 지식이 전적으로 결여되어 있는 사람들이 장님과 뭐가 다르겠는가? 그런 사람들은 혼 안에 선명한 본보기가 없기 때문에, 마치 화가가 모델을 보듯, 그 본보기를 눈여겨보고 그것과 비교함으로써 가장 진실한 것을 최대한 정확하게 볼 수가 없다네. 그래서 그들은 일상생활에서 아름다운 것, 올바른 것, 훌륭한 것에 관한 규
d 칙을 제정할 필요가 있을 때는 제정하고, 이미 제정된 규칙은 수호하고 보존할 수 없다네."

"제우스에 맹세코, 장님과 별다를 바 없어요" 하고 그가 말했네.

"그렇다면 우리는 각각의 존재에 대한 지식을 갖고 있고 실무 경험도 못지않으며 미덕의 다른 분야에서도 뒤지지 않는 철학자보다 오히려 그런 사람을 수호자로 임명할 것인가?"

"다른 사람들을 선택한다면 이상한 일이겠지요. 철학자들이 다른 일

에서도 뒤지지 않는다면 말이에요. 그들은 지식이라는 가장 중요한 자질에서 월등히 뛰어나니까요."

"그렇다면 우리는 어떻게 하면 같은 사람이 철학적 지식과 실무 경험을 겸비할 수 있는지 논의해야겠지?"   485a

"물론이지요."

"그러면 이 토론의 첫머리에서 말했듯이,[1] 우리는 먼저 철학자들의 품성을 알아야 하네. 그에 관해 만족스러운 합의에 이른다면, 우리는 그들이 이런 자질을 겸비할 수 있으며, 그들만이 국가의 지도자가 되어야 한다는 데도 합의하리라 여겨지기 때문일세."

"어째서 그렇지요?"

"우리는 철학자의 품성 중 하나가 생성이나 소멸 사이를 헤매지 않고 언제나 존재하는 저 실체를 드러내 보여줄 수 있는 공부라면 무엇이든   b
사랑하는 것이라는 데 대해 의견이 일치된 것으로 해두세."

"네, 의견이 일치된 것으로 해둬요."

그래서 내가 말했네. "또한 철학자는 그러한 실체 전부를 사랑하기에, 그러한 실체의 일부분이라면 크든 작든, 소중하든 소중하지 않든 결코 자진해서 포기하는 일이 없다는 데 대해서도 우리는 의견이 일치된 것으로 해두세. 이와 관련해서는 명예를 좋아하는 사람과 사랑에 빠진 사람을 예로 들며 앞서[2] 설명한 바 있네."

---

1   474b 참조.
2   474d~475b 참조.

"옳은 말씀이에요" 하고 그가 말했네.

"그렇다면 이어서 철학자가 우리가 말하는 것과 같은 사람이 되려면 본성적으로 다음과 같은 특성도 갖추어야 하는지도 고찰해주게."

"그게 어떤 것이지요?"

"거짓을 모르고, 거짓이라면 어떤 형태로든 자진해서 받아들이지 않고 미워하며 진리를 사랑하는 것 말일세."

"그래야 할 것 같아요" 하고 그가 말했네.

"여보게, '그래야 할 것 같아요'가 아니라, 본성적으로 어떤 것을 사랑하는 사람이라면 당연히 자기가 사랑하는 것의 동족과 친족도 모두 사랑할 걸세."

"옳은 말씀이에요" 하고 그가 말했네.

"그런데 자네는 지혜의 친족 중에 진리보다 더 가까운 친족을 발견할 수 있겠는가?"

"어떻게 발견할 수 있겠어요?" 하고 그가 말했네.

"그렇다면 같은 품성이 지혜도 사랑하고 거짓도 사랑한다는 것이 가능한 일일까?"

"아니, 불가능해요."

"그렇다면 진실로 배우기를 좋아하는 사람이라면 필연적으로 젊어서부터 곧장 온갖 진리를 추구할 것이네."

"전적으로 동의해요."

"우리도 알다시피, 어떤 사람의 욕구는 어느 한쪽으로 강하게 쏠릴수록 다른 쪽으로는 그만큼 약해질 것이네. 마치 일부가 다른 방향으로 유도된 강물처럼 말일세."

"네, 그래요."

"따라서 어떤 사람의 욕구가 지식이나 그와 유사한 것들 전부로 쏠린다면 그의 욕구는 혼 자체의 즐거움을 지향하게 되어, 그는 몸을 통한 즐거움을 단념할 것이네. 그가 사이비 철학자가 아니라 진정한 철학자라면 말일세."

e

"그야 당연하지요."

"그런 사람은 절제가 있어 돈을 사랑하는 일은 결코 없을 것이네. 사람들은 여러 목적을 위해 돈을 벌어 넉넉하게 지출하는 일에 관심이 있지만, 그런 일에 열성을 보인다는 것은 다른 사람이라면 몰라도 그에게는 어울리지 않기 때문이네."

"네, 그래요."

"철학적 품성과 그렇지 못한 품성을 구별하려면, 자네는 다음과 같은 점도 고찰하지 않으면 안 될 것이네."

486a

"그게 뭔가요?"

"자네도 모르게 철학적 품성에 노예근성 같은 것이 없는지 살펴봐야 하네. 도량이 좁은 것은 신적인 것이든 인간적인 것이든 언제나 완전한 전체를 추구하는 혼과 양립할 수 없기 때문일세."

"지당한 말씀이세요" 하고 그가 말했네.

"그런데 자네는 도량이 넓고 시간과 실체를 전체적으로 관조할 수 있는 사람이 인간의 삶을 중대사로 여길 것이라고 생각하는가?"

"그건 불가능해요" 하고 그가 말했네.

b   "그렇다면 그런 사람은 죽음도 무서운 것으로 여기지 않겠지?"

"전혀 그렇게 여기지 않겠지요."

"그렇다면 비겁하고 노예근성이 있는 품성은 진정한 철학에 관여할 수 없을 것 같네."

"제가 생각하기에도 관여할 수 없을 것 같아요."

"어떤가? 단정하고 돈을 사랑하지 않고 노예근성이 없고 허풍 떨지 않고 비겁하지도 않은 사람이 상종하기 어렵거나 불의한 자가 될 수 있을까?"

"아니요."

"따라서 어떤 혼이 지혜를 사랑하는지 사랑하지 않는지 알고 싶으면 자네는 그가 젊을 때부터 올바르고 유순한지, 아니면 사귀기 어렵고 야만적인지 살펴봐야 하네."

"물론이지요."

c   "생각건대, 자네는 다음과 같은 점도 간과해서는 안 될 걸세."

"어떤 점 말인가요?"

"이해가 빠른가 느린가 하는 점 말일세. 아니면 자네는 누가 해봤자 고통만 안겨줄 뿐 성과가 미미한 그런 일을 충분히 사랑할 것이라고 기대하는가?"

"그런 일은 일어날 수 없겠지요."

"그가 건망증이 심한 탓에 배운 것을 하나도 간직할 수 없다면 어떨까? 그는 지식이 텅텅 빌 수밖에 없겠지?"

"어떻게 간직할 수 있겠어요?"

"그가 아무리 애써봤자 아무 소용도 없다면 결국 자기 자신과 배우는 일이 싫어질 수밖에 없겠지?"

"당연하지요."

"그렇다면 우리는 건망증이 심한 혼은 철학을 할 자격이 있는 혼에 포함하지 말고, 기억력이 좋은 혼을 찾아야 할 것이네."

d

"전적으로 동의해요."

"또한 음악을 모르는 세련되지 못한 품성은 결국 균형감각을 상실할 수밖에 없다고 말해도 되지 않을까?"

"그럴 수밖에요."

"그런데 자네는 진리가 불균형과 동족이라고 생각하는가, 아니면 균형과 동족이라고 생각하는가?"

"균형과 동족이라고 생각해요."

"그러면 우리는 지금까지 말한 다른 것들에 더하여, 마음이 본성적으로 균형 잡히고 우아하여 저마다 존재의 이데아로 쉽게 인도될 수 있는 사람을 찾아야 할 것이네."

"당연하지요."

"어떤가? 실재하는 것에 충분히 그리고 완전하게 관여할 혼에게는 우리가 열거한 자질은 그 하나하나가 필요불가결할뿐더러 전체가 서로 연결되어 있다고 생각되지 않는가?"

e

"필요불가결하다마다요" 하고 그가 말했네.

487a

"그러면 자네는 본성적으로 기억력이 좋고 이해가 빠르고 도량이 넓고 우아하며 진리와 정의와 용기와 절제의 친구이자 동족인 사람이 아니고서는 충분히 해낼 수 없는 그런 일을 비난할 수 있겠는가?"

"그런 일이라면 비난의 신[3]조차도 비난할 수 없겠지요."

그래서 내가 말했네. "그러니 이런 사람이 교육을 받고 연륜이 깊어져 원숙해지면, 자네는 이런 사람들에게만 나라를 맡기겠지?"

b 이때 아데이만토스가 끼어들었네. "소크라테스 선생님, 선생님께서 말씀하신 것에 이의를 제기할 수 있는 사람은 아무도 없겠지요. 하지만 선생님께서 하시는 말씀을 듣는 사람들은 선생님의 말씀을 들을 때마다 불편한 감정을 느끼게 돼요. 말하자면 그들은 문답법에 서툰 까닭에 질문을 받을 때마다 조금씩 빗나갔다가 토론이 끝날 무렵 그 조금씩이 한데 모이면, 자기들이 큰 실수를 저질렀으며 처음 생각과는 정반대되는 입장에 놓였다는 것을 알게 되지요. 그리고 장기에 서투른 사람이 고수

c (高手)의 손에 걸려들어 결국에는 꼼짝달싹 못하고 무슨 수(手)를 어떻게 써야 할지 모르듯이, 그들도 결국에는 꼼짝달싹 못하고 무슨 말을 해야 할지 모르는데, 차이점이라면 이 장기에서는 장기짝 대신 말(言)을 사용한다는 것뿐이라는 거예요. 하지만 사실은 선생님께서 말씀하시는 것과 다르다는 것이 그들의 생각이에요. 저는 지금의 상황을 보고 이런 말씀을 드리는 거예요. 지금이라도 누군가 선생님께 다음과 같이 말씀드릴 수 있을 테니까요. 자기는 말로써는 질문받은 것 하나하나에 이의를 제기할 수 없지만, 실제로 보면 철학에 전념했다가 젊은이로서 교양을 쌓은 뒤에도 손을 떼지 않고 계속 철학에 머무르는 사람은 대개

d 완전한 악당은 아니더라도 비뚤어진 인간이 되더라고, 또한 그중 가장 우수하다고 여겨지던 사람도 선생님께서 찬양하시는 그 일 때문에 나

라에 쓸모없는 인간이 되더라고 말이에요."

나는 그의 말을 듣고 나서 말했네. "자네는 그렇게 말하는 사람들이 거짓말을 한다고 생각하는가?"

"저는 모르겠어요" 하고 그가 말했네. "그렇지만 선생님의 고견을 듣고 싶어요."

"나는 그들이 하는 말이 사실이라고 말하겠네."

그러자 그가 물었네. "철학자들이 나라에 쓸모없는 인간이라고 인정하신다면, 철학자들이 나라를 다스리기 전에는 나라에 재앙이 그치지 않을 것이라는 선생님의 말씀이 어떻게 정당화될 수 있지요?"

그래서 내가 대답했네. "자네의 질문에는 비유로 대답해야겠네."

"하지만 선생님께서는 비유로 설명하는 데는 익숙하지 않으실 텐데요" 하고 그가 말했네.

"좋네" 하고 내가 말했네. "자네는 나를 이렇게 증명하기 어려운 것을 증명해야 하는 궁지에 몰아넣고는 놀리기까지 하는군그래. 그럼 내 비유를 들어보게. 그러면 자네는 내가 비유를 얼마나 좋아하는지 더 잘 알게 될 걸세. 사실 가장 우수한 철학자들은 국가에서 심한 푸대접을 받고 있기 때문에 한 가지 사물만으로는 그와 비교할 수 있는 게 아무것도 없네. 그래서 그들의 처지를 비유하고 변호하려면, 마치 화가들이 두 가지 이상의 동물을 결합해서 산양 사슴이나 그와 비슷한 괴물을 그려

---

3 '비난' '조소' 등을 뜻하는 모모스(Momos)를 신격화하여 비난의 신이라고 부른다.

내듯, 여러 가지를 끌어모으는 수밖에 없네. 여러 척의 배나 한 척의 배 위에서 이런 사태가 벌어지고 있다고 가정해보게. 선주는 배를 타고 있

b 는 어느 누구보다 키가 크고 힘이 세지만, 귀가 조금 멀고 시력도 약한 편이며 항해술에 관한 지식도 비슷한 형편이네. 또한 선원들은 키 잡는 기술을 배운 적도 없고, 자기들에게 그 기술을 가르쳐준 스승의 이름을 댈 수도 없으며, 언제 배웠는지 배운 시기조차 밝힐 수 없으면서도 저마다 자기가 키를 잡아야 한다고 생각하고는 키 잡는 일로 서로 싸우고 있네. 게다가 그들은 이 기술은 배울 수 있는 것이 아니라고 주장하며, 배울 수 있는 기술이라고 말하는 자가 있으면 누구든지 갈기갈기 찢어 죽

c 이려 하네. 그리고 그들은 언제나 선주를 둘러싸고는 키를 자기들에게 맡기라고 별의별 짓을 다 하며 간청하고 있네. 선주가 그들의 말을 듣지 않고 오히려 다른 사람들의 말을 들으면 이들을 죽여 없애버리든가 배 밖으로 내동댕이쳐버리고, 마음씨 좋은 선주를 약을 먹이거나 술에 취하게 하거나 또 다른 방법으로 꼼짝달싹 못하게 묶은 다음 배를 장악하고는 배 안의 물건을 제 마음대로 써버리네. 그들은 흥청망청 먹고 마시며 그런 자들에게서 예상할 수 있는 그런 방법으로 항해를 계속하네.

d 게다가 그들은 자기들이 선주를 설득하거나 강제하여 지배권을 장악할 때 능수능란하게 도와준 사람을 항해에 능한 사람이니, 키를 잘 잡는 사람이니, 배에 관한 지식이 풍부한 사람이니 하며 칭찬을 아끼지 않지만, 그러지 않은 사람은 쓸모없는 자라고 비난하네. 그들은 진정한 키잡이가 진실로 배 한 척을 제어할 수 있는 능력을 갖추자면 해(年), 계절, 하늘, 별, 바람은 물론이요 그 밖에도 이 기술에 속하는 모든 것에 주의

를 기울이지 않으면 안 된다는 사실조차 모르고 있네. 그가 키를 어떻게 잡느냐 하는 것은 그가 키를 잡는 것을 사람들이 원하느냐 원하지 않느냐 하는 것과는 아무 상관이 없는데도 그들은 이런 기술과 수련, 즉 조타술은 배울 수 있는 것이 아니라고 생각하네. 이런 일들이 배 위에서 벌어지고 있다면, 자네는 이런 상태에 놓인 배의 선원들은 진정한 키잡이를 실제로 점성가라든가, 수다꾼이라든가, 무용지물이라 부를 것이라고 생각하지 않는가?"

"물론 그러겠지요" 하고 아데이만토스가 말했네.

그래서 내가 말했네. "그러면 자네는 아마 이 비유가 어떤 점에서 진정한 철학자들에 대한 국가의 태도와 비슷한지 캐묻지 않을 것 같구먼. 자네는 내 말뜻을 이해한 것 같으니 말일세."

"물론이지요" 하고 그가 말했네.

"그러면 우선 철학자들이 국가에서 존경받지 못하는 것을 이상하게 여기는 사람들에게 내 비유를 가르쳐주게. 그리고 철학자들이 존경받는다면 그것이 오히려 더 이상한 일이라고 설득해보게나."

"네, 가르쳐주겠어요" 하고 그가 말했네.

"그리고 철학에 관여하는 사람 가운데 가장 우수한 사람들조차 대중에게는 무용지물이라는 자네 주장이 옳다고 말해주게. 또한 이들 우수한 사람이 무용지물이 된 책임을 이들 우수한 사람 자신들에게 돌리지 말고, 이들을 쓰지 않는 사람에게 돌리라고 하게나. 키잡이가 선원들에게 자신의 지배를 받아달라고 간청하는 것도, 현자가 부자의 문을 두드리는 것⁴도 사리에 어긋나기 때문일세. 따라서 그따위 그럴듯한 말을 지어낸 사람은 거짓말을 한 셈이네. 부자든 가난한 사람이든 병이 나면 의사의 문을 두드리고, 지배받기를 원하는 사람이면 지배할 줄 아는 사람의 문을 두드리는 것은 그것이 도리이기 때문일세. 진실로 유능한 치자라면 피치자에게 자기의 지배를 받아달라고 간청해서는 안 되기 때문이네. 오늘날의 정치 지도자들을 방금 우리가 말한 선원들에 비기고, 이 정치 지도자들이 무용지물 또는 점성가라고 부르는 사람들을 진정한 키잡이에 비긴다면 자네는 실수를 저지르지 않을 걸세."

"지당한 말씀이에요" 하고 그가 말했네.

d "이와 같은 이유와 상황 탓에 가장 훌륭한 일도 그와 반대되는 일에 종사하는 사람들에게서 호평을 받기가 쉽지 않다네. 그러나 철학이 가장 중대하고 가장 결정적인 모함을 받는 것은 '자칭 철학자들 때문일세. 그리고 자네가 철학에 종사하는 사람들이 대부분 악당이며 가장 우수한 사람들조차 무용지물이라는 것이 철학 비방자의 주장이라고 했을 때 나도 자네 말이 옳다고 시인했는데, 그것은 이들 자칭 철학자를 염두에 두고 그랬던 것이라네. 그렇지 않은가?"

"네, 그래요."

"그러면 우리는 우수한 사람들이 무용지물이 된 원인을 설명한 셈이지?"

"물론이지요."

e "다음에 자네는 왜 철학자들이 대부분 악당이 될 수밖에 없는지 설명해주기를 원하는가? 그리고 가능하다면 그것이 철학 탓이 아니라는 점을 우리가 증명해볼까?"

"물론 그래야겠지요."

"그러면 토론을 시작하기 전에 먼저 아름답고 훌륭한 사람이 되려면 어떤 품성을 타고나야 하는지 앞서 말했던 것[5]을 상기해보세. 자네도 기억나겠지만, 진리야말로 그가 언제 어디서나 따라야 할 지도자였네. 그렇지 않고 허풍쟁이라면 그는 진정한 철학에 전혀 관여할 수 없을 것이네."

"네, 우리는 그렇게 말했지요."

"그러면 이 한 가지 품성만 해도 철학자를 대하는 오늘날의 일반적 견해와는 아주 상반되지 않는가?"

"아주 상반돼요."

"우리는 그를 변호하기 위해 이렇게 말하는 것이 적절하지 않을까? 진실로 배우기를 좋아하는 사람은 본성적으로 존재를 추구하도록 되어 있기에, 존재하는 것처럼 보이는 수많은 개개의 사물에 머무르지 않고 존재를 포착하기에 적합한 혼의 부분, 즉 존재와 동족 관계에 있는 혼의 부분으로 각 사물 자체의 본성을 포착할 때까지는 힘이 빠지거나 애정이 식는 일 없이 꾸준히 나아간다고 말일세. 그리하여 그는 혼의 이 부분으로 진정한 존재에 다가가서 교합하여 지성과 진리를 낳는데,

---

4 시인 시모니데스는 쉬라쿠사이의 참주 히에론(Hieron)의 비(妃)에게서 "현자가 되는 것이 더 좋은가요, 부자가 되는 것이 더 좋은가요?"라는 질문을 받자, "부자가 되는 게 더 좋지요. 현자는 부자의 안마당에서 발견되니까요"라고 대답했다고 한다. 아리스토텔레스, 『수사학』(Techne rhetorike) 2권 16장 1391a 이하 참조.
5 485a~487a 참조.

그렇게 지식과 참된 삶에 이르고 양육된 뒤에야 비로소 그의 산통(産痛)은 멎으며, 그러기 전에는 멎지 않는다고 말일세."

"그보다 더 적절한 변호는 없겠지요" 하고 그가 말했네.

"어떤가? 그런 사람은 거짓을 사랑할까, 아니면 정반대로 미워할까?"

c "미워하겠지요" 하고 그가 말했네.

"진리가 앞장선다면, 아마도 악의 무리가 그 뒤를 따른다고 말할 수는 없을 걸세."

"어찌 따를 수 있겠어요?"

"그보다는 올바르고 건전한 성격이 뒤따르고, 또 이런 성격에는 절제가 뒤따르겠지?"

"옳은 말씀이에요" 하고 그가 말했네.

"그렇다면 철학적 품성이 구비해야 하는 다른 자질을 다시 처음부터 그 필요불가결성을 주장하며 일일이 열거할 필요는 없겠지? 자네도 기억하겠지만, 용기, 넓은 도량, 빠른 이해, 기억력이 거기에 속하는 것으로 밝혀졌으니 말일세. 그리고 누구든 우리 주장에 동의하지 않을 수

d 없겠지만, 막상 논의를 떠나 논의의 대상이 되는 당사자인 사람들을 직접 눈으로 보면 그중 일부는 무용지물이고 다른 일부는 완전한 악당임을 눈으로 확인했다고 주장할 것이라며 자네가 이의를 제기했을 때, 우리는 이렇게 비방하는 원인을 규명하게 되었고, 그러다 보니 왜 철학자들은 대부분 악당인가 하는 문제에 이르렀네. 또 그 문제를 규명하다 보니 진정한 철학자들의 품성을 다시 다루며 그에 대해 정의를 내리지 않을 수 없었네."

"네, 그래요" 하고 그가 말했네.

그래서 내가 말했네. "그렇다면 우리는 이 철학적 품성의 타락에 관하여, 왜 이 철학적 품성이 대부분 타락하는지 그리고 악당이라고 불리진 않더라도 무용지물이라고 불리는지, 말하자면 소수만이 타락을 면하는지 고찰하지 않으면 안 될 것이네. 그다음에는 철학적 품성을 흉내 내며 이 품성이 하는 일에 끼어드는 자들이 대체 어떤 성질의 혼을 가졌기에 자기들에게 어울리지 않을뿐더러 자기들 힘으로는 감당할 수도 없는 일에 끼어들어 온갖 과오를 저지름으로써, 철학으로 하여금 온 세상 사람에게서 자네가 말한 것과 같은 평판을 듣게 하는지 고찰하지 않으면 안 될 것이네."

e

491a

"선생님께서 말씀하시는 타락이란 어떤 것들인가요?" 하고 그가 물었네.

그래서 내가 대답했네. "할 수 있다면 설명해보겠네. 그런데 나는 우리가 방금 완전한 철학자가 되려면 반드시 갖추어야 한다고 주장한 자질을 구비한 품성은 사람들 가운데 극히 드물고 소수에 불과할 것이라는 데에 누구나 동의할 것이라고 생각하네. 자네는 그렇게 생각하지 않는가?"

b

"당연히 그렇다고 생각해요."

"그러면 이들 소수마저 타락할 가능성이 얼마나 많으며 얼마나 큰지 살펴보게나."

"어떤 가능성 말인가요?"

"참으로 이상하게 들릴지 모르지만, 우리가 그런 품성에서 칭찬했던 자질 하나하나가 그것을 갖춘 사람의 혼을 타락시키고 철학에서 이탈하게 한다네. 용기, 절제, 그 밖에 우리가 논의한 모든 자질을 두고 하는 말일세."

"아닌 게 아니라 이상하게 들리는데요" 하고 그가 말했네.

c 그래서 내가 말했네. "그 밖에도 좋은 것이라 일컬어지는 모든 것이 타락과 이탈의 원인이 된다네. 미모, 부, 체력, 세도가와의 인척 관계 등등이 거기에 속하지. 자네는 내가 무엇을 염두에 두고 이렇게 말하는지 알고 있네."

"알고 있어요" 하고 그가 말했네. "하지만 선생님께서 말씀하시는 것을 좀 더 자세히 듣고 싶어요."

"문제를 전체적으로 올바로 파악해보게" 하고 내가 말했네. "그러면 분명해질 것이네. 그리고 조금 전에 내가 한 말도 이상하게 생각되지 않을 걸세."

"어떻게 하라는 거지요?" 하고 그가 물었네.

d 그래서 내가 말했네. "우리는 식물이건 동물이건 모든 종자와 거기에서 자라난 것 가운데 알맞은 영양분과 기후와 토양을 얻지 못하면 강한 것일수록 응당 자라야 할 것보다 덜 자란다는 사실을 알고 있네. 나쁜 것은 좋지 못한 것보다는 좋은 것에 더 대립되기 때문이네."

"당연하지요."

"그렇다면 생각건대, 가장 훌륭한 품성은 부적절하게 양육될 경우 열등한 품성보다 당연히 더 나빠질 것이네."

"당연하지요."

그래서 내가 말했네. "아데이만토스, 같은 원칙에 따라, 가장 훌륭한 품성을 타고난 혼은 나쁜 교육을 받을 경우 다른 혼보다 훨씬 더 나빠진다고 말할 수 있지 않을까? 아니면 자네는 큰 범죄나 극악무도한 만행이 잘못된 교육을 받은 활기찬 품성에서 생겨나는 것이 아니라 열등한 품성에서 생겨난다고 생각하나? 설마 자네는 허약한 품성이 좋은 일이든 나쁜 일이든 큰일을 낼 것이라고 생각하진 않겠지?"

"아니요. 저는 오히려 선생님과 동감이에요" 하고 그가 말했네.

"그러니 우리가 규정한 바 있는 철학적 품성은 적절한 교육을 받으면 필연적으로 성장하여 온갖 미덕에 이르겠지만, 적절하지 않은 곳에 씨 뿌려지거나 심어져 양육되면 신의 도움이 없는 한 정반대되는 현상이 나타날 것이라고 나는 생각하네. 아니면 자네도 대중처럼 젊은이 가운데 일부가 소피스트에 의해 타락한다고 생각하는가? 소피스트가 사교육(私敎育)을 통해, 언급할 가치가 있을 만큼 젊은이들을 타락시킬 수 있을까? 사실은 그렇게 말하는 사람들이야말로 최악의 소피스트가 아닐까? 그들이야말로 남녀노소를 완벽하게 교육시켜 자기들이 원하는 인간으로 만드는 것 아닐까?"

"그들이 언제 그렇게 한다는 거지요?" 하고 그가 물었네.

그래서 내가 대답했네. "그들이 민회, 법정, 극장, 군영 등 다중이 모인 공개 석상에 함께 모여 앉아 떠들썩하게 고함을 지르고 박수를 치며 남의 언행을 떠벌려 비난하기도 하고 칭찬하기도 할 때 그런다네. 더군다나 비난과 칭찬의 소음은 바위와 그들이 모여 있는 장소에 되울려 갑절로 크게 들리네. 이럴 경우 자네는 젊은이가 사람들 말마따나 심정이 어떨 것이라고 생각하는가? 아니면 사교육이 이에 저항할 수 있을까? 오히려 사교육은 이런 비난과 칭찬의 홍수에 휩쓸려 그 흐름이 이끄는 대로 떠내려가지 않을까? 그리하여 젊은이는 그들이 아름답다고 하면 덩달아 아름답다 하고 추하다고 하면 덩달아 추하다 하여, 결국 그들과 똑같은 것을 추구하며 똑같은 인간이 되지 않을까?"

d "소크라테스 선생님, 당연히 그렇게 될 수밖에 없겠지요" 하고 그가 말했네.

그래서 내가 말했네. "아직 우리는 그렇게 될 수밖에 없도록 만드는 강제력 중에서 가장 중대한 것을 말하지 않았네."

"그게 어떤 것인가요?" 하고 그가 물었네.

"이들 교육자와 소피스트가 말로 설득할 수 없을 때 행동을 통해 가하는 강제력 말일세. 그들의 말을 듣지 않는 사람이 있을 때, 자네는 그들이 그의 시민권을 박탈하거나 벌금형을 부과하거나 사형에 처한다는 것도 모르는가?"

"물론 알고 있지요" 하고 그가 말했네.

"그렇다면 다른 소피스트나 어떤 개인적 발언이 그런 압력에 맞서 싸워 이길 수 있을까?"

e "아무도 싸워 이길 수 없을걸요" 하고 그가 말했네.

그래서 내가 말했네. "물론 없겠지. 그리고 그런 시도를 하는 것 자체가 아주 바보 같은 짓이지. 여보게, 그들의 교육과 반대되는 교육을 받음으로써 미덕에 관해 그들과 다른 견해를 갖게 된 성격이란 존재하지도 않고 존재한 적도 없으며 존재하지도 않을 것이기 때문이네. 여보게, 인간의 성격은 그렇다는 말일세. 신적인 성격은 사람들 말마따나 논외로 하세. 잘 알아두게. 이런 정체에서 살아남아 제대로 된 것이 있다면, 그 것은 신의 가호를 입어 살아남았다고 말해도 틀린 말이 아닐 것이네."

"전적으로 동의해요" 하고 그가 말했네.

"그러면 그에 더하여 자네는 이 점에도 동의해야 할 걸세" 하고 내가 말했네.

"어떤 점 말인가요?"

"대중은 돈을 받고 개인적으로 가르치는 자들을 소피스트라 부르며 자신의 경쟁자로 여기지만, 이들 각자가 가르치는 것은 대중의 의견, 즉 대중이 집회 때 갖는 의견에 지나지 않으며, 이들이 지혜라고 부르는 것 역시 대중의 의견일 뿐이라는 점 말일세. 그것은 마치 거대하고 힘센 짐 승을 사육하는 사람의 경우와도 같네. 이런 사람은 그 짐승의 기질과 욕구를 잘 연구해서 그 짐승을 가까이할 수 있는 방법이라든가 다룰 수 있는 방법, 어떤 경우에 가장 난폭하고 어떤 경우에 가장 유순한지 그리 고 그 원인이 무엇인지 알게 될 것이네. 또한 무엇 때문에 여러 가지 소 리를 지르는지, 반대로 어떤 소리를 내면 유순해지고 어떤 소리를 내면 사나워지는지 알게 될 것이네. 그는 오랜 접촉을 거쳐 이런 것을 모두 배 운 뒤 그것을 지혜라 부르며 하나의 기술로 체계화해서 다른 사람에게 가르칠 것이네. 하지만 그는 그 짐승의 이러한 취향과 욕구 가운데 어느 것이 아름답거나 추한지, 또는 좋거나 나쁜지, 또는 올바르거나 불의한 지 실제로는 알지도 못하면서 오직 거대한 짐승의 반응과 결부해 이런 용어를 사용하네. 말하자면 그는 그 짐승이 좋아하는 것은 좋은 것이라 부르고, 그 짐승이 싫어하는 것은 나쁜 것이라 부르네. 그는 이에 대해 달리 설명하지도 못하면서 필요불가결한 것을 올바르고 아름답다고 일컫지만, 필요불가결한 것과 좋은 것의 본성이 실제로 얼마나 다른지는 관찰한 적도 없거니와 다른 사람에게 증명해 보일 수도 없네. 제우스에 맹세코, 교육자가 그런 사람이라면 참으로 이상한 교육자라고 생각되지 않는가?"

"저에게는 그렇게 생각돼요" 하고 그가 말했네.

d "그런데 자네는 그림에서나 음악에서나 정치에서나 사방에서 모여든 잡다한 대중의 기질과 취향을 아는 것이 지혜라고 여기는 자가 있다면, 그가 이런 인간과 조금이라도 다르다고 생각하는가? 어떤 사람이 대중과 가까이 지내면서 시(詩)나 다른 예술품이나 국가를 위한 봉사를 과시함으로써 필요 이상으로 대중을 주인으로 섬긴다면, 그는 이른바 디오메데스적 필연성[6]에 따라 대중이 칭찬하는 일을 하지 않을 수 없을 것이기에 하는 말일세. 한데 자네는 그들 가운데 누군가가 대중이 칭찬하는 것이야말로 진실로 좋고 아름답다고 칭찬하는 말을 듣고 가소롭지 않다고 생각해본 적이 있는가?"

e "없어요. 그리고 앞으로도 그런 일은 없을 거예요" 하고 그가 말했네.

"그렇다면 이 모든 것을 염두에 두고 그 이전 문제[7]도 상기해보게. 다수의 아름다운 것에 대립되는 아름다운 것 자체의 존재를, 또는 다수의 494a 개별적인 것에 대립되는 개별적인 것 자체의 존재를 대중이 받아들이거나 믿는다는 것이 가능한 일일까?"

"그런 일은 아마 결코 없을 거예요" 하고 그가 말했네.

"그렇다면 대중이 철학자가 된다는 것은 불가능하네" 하고 내가 말했네.

"불가능해요."

"그렇다면 철학을 하는 사람들이 대중에게 비난받는 것은 당연한 일일세."

"네, 당연해요."

"또한 철학을 하는 사람들이, 대중과 사귀면서 대중의 환심을 사고 싶어하는 저 개인 교사들에게 비난받는 것도 당연한 일일세."

"분명히 그래요."

"그렇다면 자네는 철학적 품성이 어떻게 구제받아 목표에 도달할 때까지 자기 일에 전념할 수 있을 것이라고 보는가? 앞서 말한 것을 미루어 생각해보게나. 빠른 이해, 기억력, 용기, 넓은 도량이 철학적 품성에 속한다는 데 우리가 동의한 바 있기에 하는 말일세." b

"네, 그랬지요."

"그런 자질을 구비한 사람이라면 어릴 때부터 친구들 사이에서 매사에 으뜸가지 않을까? 특히 그의 몸까지 그런 혼에 어울리게 태어났다면

---

6   Diomedeia ananke. 이 말의 유래에 대해서는 의견이 분분하다. 그런데 주석학자에 따르면, 그리스 장수 디오메데스(Diomedes)가 오뒷세우스와 함께 트로이아 성에 안치되어 있던 아테나 여신의 신상(palladion)을 훔쳐 가지고 돌아오던 도중, 공을 독차지하기 위해 자기를 죽이려던 오뒷세우스의 양팔을 묶은 다음 칼등으로 그의 등을 두드리며 군영으로 데려갔다는 전설에서 유래한 것이라고 한다.

7   475e 이하 참조.

말일세."

"왜 아니겠어요?" 하고 그가 말했네.

"그러니 그의 친족과 동료 시민은 그가 성장하면 아마도 자신들의 일에 그를 이용하고 싶어할 것이네."

"왜 아니겠어요?"

c "따라서 그들은 그의 미래의 힘을 아첨을 통해 미리 자기들 것으로 만들려고 간청도 하고 경의도 표하면서 그의 비위를 맞출 것이네."

"아무래도 그러기가 쉽겠지요" 하고 그가 말했네.

그래서 내가 물었네. "자네는 그런 사람이 그런 상황에 놓이면 어떻게 행동할 것이라고 생각하는가? 더구나 그가 큰 나라에서 태어나고 그 나라에서 돈도 많고 집안도 좋은 데다가 잘생기고 키까지 크다면 말
d 일세. 그는 무한한 야망에 가득차 헬라스인들뿐 아니라 이민족들에 관한 일까지 능히 처리할 수 있다고 믿을 것이네. 그리하여 그는 지성이 결여된 공허한 자만심과 허영심에 부풀어 우쭐거리겠지?"

"물론이지요" 하고 그가 말했네.

"그런데 이런 상태에 있는 그에게 누가 조용히 다가가서 그에게는 지성[8]이 결여되어 있으며, 지성이란 그것을 얻기 위해 그것의 노예가 되지 않는 사람은 얻을 수 없다면서 진실을 말해준다고 가정해보게나. 자네는 그토록 많은 악에 빠져 있는 그가 그런 말에 쉽게 귀를 기울일 것이라고 생각하는가?"

"그러기는 매우 어렵겠지요" 하고 그가 말했네.

그래서 내가 말했네. "그러나 훌륭한 품성을 타고난 데다 이런 조언

과 그의 품성 사이에 어떤 동질성이 있기에 뭔가 깨달은 바가 있어 마음을 돌려 철학으로 향하는 사람이 있다면, 앞서 말한 그의 친족과 동료 시민은 어떻게 나올까? 그들은 그의 봉사와 우정을 잃겠다 싶으면, 그가 설득당하지 않게 하고 설득하는 사람이 그를 설득하지 못하게 하려고 개인적으로는 음모를 꾸미고 공개적으로는 법정에 고발하는 등 무슨 짓인들 못하고 무슨 말인들 못하겠는가?"

"아주 당연한 일이지요" 하고 그가 말했네.

"그렇다면 그런 상태에 있는 사람이 철학을 한다는 게 가능할까?"

"전혀 불가능해요."

그래서 내가 말했네. "우리는 철학적 품성을 이루는 개개의 요소 자체가 적절한 영양분을 섭취하지 못하면 오히려 철학에서 이탈하는 원인이 될 수도 있으며,⁹ 이른바 좋은 것이라는 부나 그와 비슷한 모든 부속물도 이 점에서는 마찬가지라고 주장한 바 있는데, 자네도 보다시피 우리 주장은 틀린 것이 아니었지?"

"우리 주장은 틀리지 않고 옳았어요" 하고 그가 말했네.

그래서 내가 말했네. "여보게, 가장 훌륭한 품성은 이와 같이 망가지고 타락하여 가장 훌륭한 일을 할 수 없게 된다네. 앞서도 말했듯이 가장 훌륭한 품성은 그러잖아도 드문 법인데, 그것이 타락하는 방법은 이처럼 많다네. 그래서 이런 품성을 가진 자 가운데 국가와 개인에게 가장

---

8   nous.
9   490c 참조.

큰 피해를 안겨주는 자도 나오지만, 다행히 좋은 방향으로 흘러들어 가장 좋은 일을 해주는 사람도 나온다네. 하지만 보잘것없는 품성은 개인이나 국가에 크게 좋은 일도 크게 나쁜 일도 해낼 수 없네."

"지당한 말씀이에요" 하고 그가 말했네.

c "철학적 품성을 가진 사람들은 철학에 가장 어울리는 배필인데도, 철학은 그들에게 이렇게 버림받고 결혼식도 올리지 못한 채 홀로 남게 되네. 그 결과 그들은 그들대로 자신들에게 맞지도 않고 건실하지도 않은 생활을 하는가 하면, 친척 없는 고아나 다름없어진 철학은 철학대로 어울리지도 않는 엉뚱한 자들을 만나 욕을 보고, 자네 말처럼 철학 비방자들이 철학에 퍼붓는다는 그런 비난을 받는다네. 철학과 함께하는 자들은 더러는 무용지물이고, 대부분은 갖은 고생을 겪어 마땅한 자들이라는 비난 말일세."

"아닌 게 아니라 철학 비방자들은 대개 그렇게 말하지요" 하고 그가 말했네.

그래서 내가 말했네. "그들이 그렇게 말하는 것은 당연한 일일세. 그도 그럴 것이, 보잘것없는 인간들은 아름다운 이름과 장식으로 가득한
d 이곳이 비어 있는 것을 보면 마치 감옥에서 신전으로 도주하는 죄수처럼, 자기들의 전문 기술을 버리고는 얼씨구나 잘됐다 하고 철학으로 뛰어들기 때문이네. 그런데 이들은 자기들의 전문 기술에서는 가장 유능한 자들이네. 그들이 그러는 이유는 철학이 비록 이와 같은 처지에 놓여 있다 해도 다른 전문 기술에 견주면 아직도 높은 명망을 누리기 때문이네. 그래서 품성이 불완전할뿐더러 마치 몸이 기술과 직업으로 망

가진 것처럼 그런 기술이 지니기 마련인 천한 성격 때문에 이 명망이 혼 까지 불구가 된 수많은 사람을 유인하는 것이라네. 그건 당연하지 않은가?"

"물론 당연하지요" 하고 그가 말했네.

그래서 내가 말했네. "이들은 방금 감옥에서 풀려나와 목욕하고 새 옷으로 갈아입은 다음 신랑처럼 차려입고는, 주인 딸이 고아가 된 것을 기화로 그녀와 결혼하려고 하는 돈 많은 작은 몸집의 대머리 땜장이와 비슷해 보이는데, 자네는 차이가 있다고 생각하는가?"

"아무 차이도 없어요" 하고 그가 말했네.

"그런 부모한테서는 어떤 자식이 태어날 것 같은가? 서자나 볼품없는 자식이 태어나지 않을까?"

"당연하지요."

"어떤가? 교육에 어울리지도 않는 자들이 교육에 접근하여 어울리지 않게 결합한다면, 어떤 사상과 의견을 낳을까? 그들은 진실로 궤변이라 불러 마땅한 것을 낳고, 순수한 것이나 참다운 지혜를 내포하는 것은 아무것도 낳지 못하겠지?"

"전적으로 동의해요" 하고 그가 말했네.

그래서 내가 말했네. "아데이만토스, 그러면 철학과 결합하기에 적합한 사람 가운데 극소수만 남았네. 그것은 마음이 고매한 데다 훌륭한 교육을 받은 성격의 소유자가 국외로 추방당한 결과 그를 타락시키려는 자들이 없기에 타고난 품성 그대로 철학에 머무는 경우거나, 위대한 혼의 소유자가 작은 나라에서 태어나 나랏일을 무시하는 경우일 것이

c 네. 또한 드물긴 하지만, 훌륭한 품성을 타고난 사람이 정당하게도 다른 기술을 경멸해서 그 기술을 버리고 철학으로 향하는 경우도 있을 것이네. 또한 우리 친구 테아게스[10]의 말고삐가 누군가를 철학에 붙들어 매어둘 수도 있을 것이네. 테아게스는 철학에서 이탈할 조건이 모두 구비되어 있었지만, 신병(身病) 때문에 정치에 관여할 수 없었기에 철학에 머물렀으니 말일세. 나처럼 신의 암시[11]를 받은 경우는 거론할 필요가 없을 걸세. 나 이전에 살았던 사람 중에는 신의 암시를 받은 사람이 아무도 없으니까. 이들 소수의 일원이 된 사람은 자기가 소유하고 있는 재산이 얼마나 감미롭고 축복받은 것인지도 맛보았겠지만, 대중의 광기

d 도 충분히 보아왔을 것이네. 또한 그는 건전한 그 무엇을 기대할 수 있는 정치가나, 자기와 함께 싸우며 자기를 지켜줄 수 있는 투사는 단 한 명도 없다는 것을 알고 있네. 오히려 그는 야수의 무리 사이에 떨어져 함께 불의를 행하려고도 하지 않고 그렇다고 모두가 광포한 가운데 혼자서 이에 항거할 수도 없는 사람처럼, 친구에게 뭔가 도움을 주기도 전에 자신에게도 남에게도 쓸모없는 인간으로 최후를 맞게 되리라는 것을 알고 있네. 이 모든 점을 심사숙고한 끝에 그는 조용히 자기 일에만 전념할 것이네. 그리고 폭풍이 몰아치는 겨울날[12] 먼지나 폭우를 피해 담벼락 밑에 서 있는 사람처럼 남들이 도리에 어긋나는 생활에 빠져드

e 는 모습을 보면서도, 자기만 부정과 불경 행위에 오염되지 않고 이 세상을 살다가 아름다운 희망을 품고 편안하고 가벼운 마음으로 이 세상을 떠날 수 있다면 그것으로 만족할 것이네."

497a "하지만 그가 가장 작은 일을 해놓고 세상을 떠난다고 할 수는 없겠

지요."

그래서 내가 말했네. "하지만 그는 자기에게 맞는 정체를 만나지 못했으니 가장 큰일을 해놓았다고는 할 수 없을 것이네. 그는 자기에게 맞는 정체에서는 스스로도 더 성장하여 자신도 구하고 공동체도 구할 테니 말일세. 이상으로 우리는 어째서 철학이 그런 비방을 듣게 되었으며, 어째서 그것이 부당한지 충분히 논의한 것 같네. 자네가 더 덧붙일 말이 없다면 말일세."

"그에 대해서는 더이상 할 말이 없어요" 하고 그가 말했네. "그런데 선생님께서는 현존하는 정체 중에서 어느 것이 철학에 적합하다고 생각하세요?"

그래서 내가 말했네. "그런 정체는 하나도 없네. 그리고 내가 불평하는 것도 현존하는 정체 중에는 철학적 품성에 적합한 것이 하나도 없다는 바로 그 점일세. 그래서 철학적 품성이 비뚤어지거나 변질되고 마는 것이라네. 마치 외국산 종자가 낯선 땅에 뿌려지면 환경의 힘에 굴복하여 본래의 특성을 상실하고 그 지방의 종자로 변질되듯이, 철학적 품성도 본래의 힘을 유지하지 못하고 다른 성격으로 변질된다네. 그러나 철

---

10 Theages. 테아게스는 『소크라테스의 변론』(*Apologia Sokratous*) 33e에서도 언급되고 있다.
11 소크라테스가 받았다는 신의 암시(daimonion semeion)가 구체적으로 어떤 것인지는 알 수 없지만, 『소크라테스의 변론』 31d에서도 바로 이 신의 암시가 그에게 국사에 관여하는 것을 금했다는 말이 나온다.
12 그리스는 겨울이 우기(雨期)이다.

c 학적 품성이 자기에게 맞는 최선의 정체를 만나면, 철학적 품성이야말로 진실로 신적인 것이며, 그 밖의 다른 품성이나 활동은 기껏해야 인간적인 것에 불과하다는 사실이 밝혀질 것이네. 이쯤 되면 자네는 틀림없이 그러한 정체는 어떤 것이냐고 묻겠지."

"선생님께서 잘못 아셨어요. 제가 묻고 싶었던 것은 그게 아니라, 이 국가가 우리가 국가를 건설할 때 서술한 그 국가인지, 아니면 다른 국가인지 하는 거예요" 하고 그가 말했네.

"다른 모든 점에서는 바로 그 국가일세. 그리고 그때[13]도 말했네. 자네가 입법자로서 법률을 제정할 때 가졌던 것과 같은 국가관을 가진
d 그 무엇이 언제나 국가 안에 존재하지 않으면 안 된다고" 하고 내가 말했네.

"네, 말한 바 있어요" 하고 그가 말했네.

그래서 내가 말했네. "그런데 나는 자네들이 여러 이의를 제기하는 것을 보고는 그에 관해 증명하는 것은 시간이 걸리는 어려운 일이 될 것 같아 겁이 나서 충분히 설명하지 못했네. 하지만 아직도 남은 부분을 다 설명하는 것은 결코 쉬운 일이 아닐세."

"그게 어떤 부분인가요?"

"나라가 망하지 않으려면 어떤 방법으로 철학을 다루어야 하느냐는 문제일세. 무슨 일이든 큰일에는 위험이 따르기 마련이고, 사람들 말마따나, 아름다운 것은 진실로 어렵기 때문일세."

e "그렇지만 증명이 완결되려면 먼저 그 문제부터 해결하지 않으면 안 될 텐데요" 하고 그가 말했네.

그래서 내가 말했네. "나를 방해하는 게 있다면 그것은 의지의 결여가 아니라 능력의 부족일세. 자네는 내 열성을 직접 보게 될 것이네. 자, 자네는 내가 얼마나 대담하게 거리낌없이 말하는지 눈여겨보게. 나는 국가가 오늘날과는 정반대되는 방법으로 철학을 대해야 한다고 주장하네."

"무슨 말씀이신지요?"

그래서 내가 말했네. "오늘날 철학에 관여하는 사람들은 어린아이에 불과하네. 이들은 소년 시절과 집안일을 경영하고 돈벌이를 시작하는 시기 사이에 철학의 가장 어려운 부분에 다가서려다 철학에서 떨어져 나가는데, 바로 이들이 철학의 대가(大家)로 간주되고 있네. 그런데 내가 말하는 철학의 가장 어려운 부분이란 논리적 논의를 뜻하네. 이들은 훗날 철학에 관여하는 다른 사람들에게서 토론을 들어달라는 요청을 받고 이에 응하면 그것을 무슨 대단한 일로 여긴다네. 이들이 생각하기에 철학이란 여가가 날 때 틈틈이 하는 일에 지나지 않기 때문일세. 그리고 이들은 노년에 이르면 소수를 제외하고는 불꽃이 꺼져버리는데, 다시 점화할 수 없다는 점에서 헤라클레이토스의 태양[14]보다 더 심하게 꺼져버린다네."

498a

---

13 412a 참조.
14 "태양은 날마다 새롭다"는 헤라클레이토스(Herakleitos)의 말을 염두에 둔 말이다. 딜스/크란츠(Diels/Kranz), 『소크라테스 이전 철학자들의 단편들』(*Die Fragmente der Vorsokratiker*) 중 헤라클레이토스, 단편 6 참조. 헤라클레이토스는 해는 지면서 꺼졌다가 이튿날 새벽에 다시 점화된다고 생각한 것 같다.

b   "그럼 어떻게 대해야 하나요?" 하고 그가 물었네.

"그와 정반대로 대해야지. 소년 시절이나 청년 시절에는 그 나이에 걸맞은 교양이나 지혜에 관여해야겠지. 아직도 성인으로 성장하고 있는 이 시기에는 철학에 도움이 될 수 있도록 몸을 세심하게 돌보지 않으면 안 되네. 그러다가 나이들어 혼이 성숙해지기 시작하면 혼의 단련을 강

c   화하지 않으면 안 되네. 그러나 기력이 쇠하여 정치적 봉사와 병역의무를 면제받게 되면 그때는 철학의 풀밭에서 마음껏 풀을 뜯으며, 여가 시간을 제외하고는 철학 이외의 다른 일에 몰두해서는 안 되네. 그래야만 행복한 삶을 살고, 죽은 뒤에는 저승에 가서 자기가 살아온 삶에 합당한 운명을 부여받을 걸세."

그러자 아데이만토스가 말했네. "소크라테스 선생님, 제가 보기에 선생님께서는 과연 열성적으로 말씀하시는군요. 하지만 트라쉬마코스를 비롯하여 선생님의 말씀을 들은 사람들은 대부분 선생님보다 더 열성적으로 선생님 말씀을 반박하며 믿으려 하지 않을 것 같은데요."

d   그래서 내가 말했네. "여보게, 자네는 나와 트라쉬마코스 사이를 이간하지 말게나. 우리는 방금 친구가 되지 않았는가. 전에도 서로 적이었던 적은 없지만 말일세. 나는 트라쉬마코스와 다른 사람을 설득하거나, 아니면 그들이 내세(來世)에 이런 토론을 할 때 그들에게 도움이 될 만한 무엇인가를 해주기 전에는 노력을 멈추지 않을 것이네."

"선생님께서는 참 멀리도 내다보시는군요" 하고 그가 말했네.

그래서 내가 말했네. "영원(永遠)에 견주면 아무것도 아니지. 그러나 사람들이 대부분 내 이야기를 믿지 않는다는 것은 조금도 이상한 일이

아닐세. 그 이유는 지금 이야기하는 것이 실현된 것을 그들이 본 적이 없기 때문이네. 그들은 지금 내 이야기처럼 자연스럽게 조화를 이루는 대신 의도적으로 서로 비슷하게 끼워 맞춘 그런 이야기만 들어왔네. 그들은 언행에서 가능한 한 미덕과 완전히 일치하는 사람이 한 명이든 여러 명이든 똑같이 완전한 국가를 통치하는 것을 본 적이 없단 말일세. 아니면 자네는 그들이 그런 것을 본 적이 있다고 생각하는가?"

e

499a

"그렇게 생각하지 않아요."

"여보게, 또한 그들은 법정에서건 사적인 모임에서건 자기주장과 논쟁만을 일삼는 교묘한 변론술과는 아무 관계도 없이 오직 지식만을 목적으로 전력을 다해 온갖 방법으로 진리를 추구하는 아름답고 자유로운 토론이라곤 별로 들어본 적이 없네."

"그들은 그런 토론을 들어본 적도 없어요" 하고 그가 말했네.

"그래서 우리는 그런 점을 예측하고 두려워하면서도 진리의 힘에 강요당하여 다음과 같이 말한 것이라네.[15] 지금은 무용지물이라고 불리지만 타락하지 않은 소수의 철학자들이 원하든 원하지 않든 다행히 국가를 돌보지 않을 수 없고, 국가는 국가대로 그들에게 복종하지 않을 수 없는 상황에 놓이기 전에는, 또는 지금의 치자나 왕이나 그들의 아들들이 신의 영감을 받아 진정한 철학에 대해 마음에서 우러나오는 사랑을 느끼기 전에는 국가도 정체도 개인도 완전한 상태에 도달하지 못할 것

b

---

15 473c~e 참조.

c 이라고 말일세. 나는 이 두 가지 가운데 어느 하나 또는 둘 다 실현될 수 없다고 주장할 근거는 없다고 생각하네. 실현 가능성이 없다면, 우리는 단순한 소망을 말하는 데 불과하므로 웃음거리가 되어 마땅할 것이네. 그렇지 않은가?"

"그건 그래요."

"따라서 으뜸가는 철학자들이 국가를 돌보지 않을 수 없는 상황이 헤아릴 수 없는 머나먼 옛날에 일어났거나, 우리의 시야 밖에 있는 이민족들의 나라에서 현재 일어나고 있거나 장차 일어날 것이라면, 우리는
d 철학의 무사 여신이 나라를 지배할 때마다 우리가 말한 정체가 실현되었고 실현되고 있으며 실현될 것이라고 주장할 준비가 되어 있네. 그런 일이 일어난다는 것은 불가능하지 않은 만큼, 우리가 불가능한 것을 말하는 것이 아니기 때문이네. 비록 그것이 어렵다는 데에는 우리도 동의하지만 말일세."

"저도 그렇게 생각해요" 하고 그가 말했네.

"그러면 대중은 그렇게 생각하지 않는단 말인가?" 하고 내가 물었네.

"아마 그렇게 생각하지 않을걸요" 하고 그가 대답했네.

그래서 내가 말했네. "여보게, 대중을 그렇게 나쁘게만 말하지 말게.
e 자네가 싸우려고 덤비지 않고 좋게 타이르는 태도로 학구열을 대하는 그들의 편견을 바로잡고 자네가 생각하는 철학자들이 어떤 사람들인지
500a 보여준다면, 그리고 자네가 말하는 철학자들이 그들이 생각하는 철학자들과 같다고 오해하지 않도록 자네가 말하는 철학자들의 품성과 활동을 규정한다면, 그들은 생각을 바꿀 것이네. 아니면 그들이 자네와

같은 관점에서 사물을 보더라도, 자네는 그들이 생각을 바꾸지 않고 다른 대답을 할 것이라고 말할 텐가? 혹시 자네는 온순하고 시기심 없는 사람이 화를 내지도 않는 사람에게 화를 내거나, 시기하지도 않는 사람을 시기할 것이라고 생각하는가? 내가 자네를 앞질러 대답하겠네. 그렇게 괴팍한 성격은 소수의 사람은 몰라도 대중에게는 없다는 것이 내 생각일세."

"저도 물론 선생님과 같은 생각이에요" 하고 그가 말했네.

"그렇다면 대중이 철학에 악의를 품는 것은 자격도 없으면서 외부에서 철학에 끼어들어 서로 욕하고 다투며 철학에 걸맞은 일이라고는 아무것도 하지 않으면서 언제나 인신공격만 일삼는 자들에게 그 책임이 있다는 데에도 자네는 동의하겠지?"

"물론이지요" 하고 그가 말했네.

"아데이만토스, 진실로 그 마음이 존재들을 지향하는 사람이라면 인간사를 내려다보거나 인간들과 싸우며 자신을 질투와 악의로 가득 채울 여가가 없을 것이네. 오히려 그는 서로 불의를 행하거나 당하는 일 없이 언제나 질서와 이성에 따라 움직이는 질서정연하고 영원불변하는 것들을 관조하며 그것들을 모방하려 하거나, 힘닿는 데까지 그것들에 동화되려고 노력할 것이네. 아니면 자네는 어떤 사람이 자기가 좋아하고 숭배하는 것을 모방하려고 할 때 이를 못하게 막을 방법이 있다고 생각하는가?"

"그것은 불가능해요" 하고 그가 말했네.

"따라서 철학자는 신적인 것이나 질서정연한 것과 함께 지내므로 인

제6권 **371**

간으로서 가능한 범위 내에서 최대한 질서 있고 신적인 인간이 될 것이네. 물론 모함은 어디서나 흔하지만 말일세."

"전적으로 동의해요."

그래서 내가 말했네. "그러나 그가 자아 형성에 그치지 않고 그 범위에서 보는 것을 사적이건 공적이건 인간의 성격 속에 심어주려고 노력하지 않으면 안 될 상황에 놓인다면, 자네는 그가 절제와 정의와 시민적인 온갖 미덕의 졸렬한 제작자가 될 것이라고 생각하는가?"

"결코 그러지는 않겠지요" 하고 그가 말했네.

e "그런데 철학자에 관한 우리 이야기가 사실이라는 것을 안다면 대중이 철학자에게 악의를 품게 될까? 또한 대중은 신적인 본보기에 따라 그림을 그리는 화가들이 국가의 설계도를 그리지 않으면 국가는 결코 행복해질 수 없다는 우리의 주장을 불신하게 될까?"

"대중은 알기만 한다면 악의를 품지 않겠지요" 하고 그가 말했네.

501a "한데 선생님께서 말씀하시는 설계도란 대체 어떻게 그리는 건가요?"

그래서 내가 말했네. "그들은 국가와 인간의 성격을 화판(畵板)처럼 손에 든 다음 먼저 그것을 깨끗하게 만들 것이네. 물론 그건 쉬운 일이 아니라네. 하지만 그들은 국가를 깨끗한 상태로 물려받거나 자기들이 깨끗하게 만들기 전에는 개인이나 국가에 손대거나 법률을 기초하려 하지 않는다는 점에서 이미 여느 사람들과 다르다는 점을 자네는 알고 있어야 하네."

"그들의 태도는 분명 옳아요" 하고 그가 말했네.

"그런 다음 그들은 정체의 윤곽을 그리겠지?"

"그러겠지요."

"그런 다음 일단 작업이 시작되면 그들은 때로는 정의와 아름다움과 b 절제와 그 밖에 그와 비슷한 온갖 미덕의 본래 모습을 바라보기도 하고, 때로는 자신들이 본래의 모습에 따라 인간들 속에 그려넣은 복사물(複寫物)을 바라보기도 하면서 여러 인간 활동을 뒤섞어 참다운 인간의 모습을 만들어낼 것이네. 이때 그들은 인간들 속에 나타날 때면 호메로스가 '신과 같은[16] 모습'이라고 했던 것을 본보기로 삼을 걸세."

"옳은 말씀이에요" 하고 그가 말했네.

"그리고 인간의 성격을 되도록 신의 뜻에 맞도록 만들 때까지 어떤 부 c 분은 지우고 어떤 부분은 새로 그려넣을 것이네."

"그러기만 한다면 가장 아름다운 그림이 되겠네요" 하고 그가 말했네.

그래서 내가 말했네. "그러면 우리는 자네 말처럼 대오를 지어 우리를 향해 돌진해오는 사람들을 설득할 수 있을까? 이렇게 정체를 그리는 화가야말로 우리가 그들에게 칭찬했던 사람이며, 우리가 그 손에 국가를 맡기려 했다 하여 그들이 화를 냈던 바로 그 사람이라고 말일세.[17] 그들은 이제 우리가 하는 말을 듣고 좀 진정될까?"

"그들에게 분별력이 있다면 꽤 진정되겠지요" 하고 그가 말했네.

"그들은 어떻게 이의를 제기할 수 있을까? 철학자는 존재와 진리를 d

---

16 '신과 같은'이라는 말은 『일리아스』 2권 623행, 24권 217행 등에 나온다.
17 474a, 487c~d, 485a~487a 참조.

사랑하는 사람이 아니라고 이의를 제기할 수 있을까?”

 “그건 말도 안 돼요” 하고 그가 말했네.

 “그러면 그들은 우리가 말한 철학자의 품성이 최선의 것에 가까운 것이 아니라고 이의를 제기할 수 있을까?”

 “그 점에는 이의를 제기하지 못하겠지요.”

 “어떤가? 그런 품성이 자기에게 맞는 활동을 할 수만 있다면 그 어떤 품성보다 더 확실히 완벽하게 훌륭해지고 지혜를 사랑하는 사람이 될 수 있다는 것에 이의를 제기할 수 있을까? 그들은 오히려 우리가 배척한 자들이 그렇게 될 것이라고 주장할까?”

 “분명 그렇게는 주장하지 않겠지요.”

e “그렇다면 그들은 지혜를 사랑하는 사람이 국가를 장악하기 전에는 국가와 시민에게 불행이 그칠 날이 없으며, 우리가 토론을 통해 만들어 낸 정체도 실현될 수 없을 것이라는 우리 주장에 여전히 화를 낼까?”

 “아마 화를 덜 내겠지요” 하고 그가 말했네.

 그래서 내가 말했네. “자네만 좋다면, 화를 덜 낸다고 할 것이 아니라, 502a 납득이 가서 아주 유순해졌다고 말하기로 할까? 그래야만 다른 이유가 없을지언정 부끄러워서라도 우리 주장에 동의하게 될 테니 말일세.”

 “네, 그렇게 말하도록 해요” 하고 그가 말했네.

 “이 점에 대해서는 그들이 설득된 것으로 해두세. 다음으로, 왕이나 치자의 아들들이 철학적 품성을 타고날 수 있다는 우리의 주장에 이의를 제기하는 사람이 있을까?” 하고 내가 말했네.

 “그럴 사람은 한 명도 없겠지요” 하고 그가 말했네.

"그렇다면 철학적 품성을 타고난다 해도 그들은 반드시 타락하기 마련이라고 누군가 주장할 수 있을까? 그들이 살아남기 어렵다는 데에는 우리도 동의하지만 말일세.[18] 그렇다고 모든 시대를 통틀어 그들 중 한 명도 살아남지 못할 것이라고 누군가 주장할 수 있을까?"

"어떻게 그런 주장을 할 수 있겠어요?"

그래서 내가 말했네. "그런데 그런 사람이 한 명이라도 있어서 국가가 그에게 복종한다면, 지금은 불가능하다고 여겨지는 모든 것이 능히 실현될 수 있을 것이네."

"네, 능히 실현될 수 있겠지요" 하고 그가 말했네.

"우리가 말한 법률과 활동을 치자가 받아들인다면 시민이 자진해서 거기에 따르는 것은 분명 불가능한 일이 아니기 때문일세" 하고 내가 말했네.

"네, 결코 불가능하지 않아요."

"그런데 우리가 좋다고 생각하는 것을 남들도 좋다고 생각하는 것은 놀랍고 불가능한 일일까?"

"저는 그렇게 생각하지 않아요" 하고 그가 말했네.

"그렇다면 우리 제안이 실현될 수만 있다면 가장 훌륭한 것이라는 것은, 내가 보기에, 앞의 논의에서 이미 충분히 밝혀진 것 같네."[19]

"네, 맞아요."

---

18 495a 참조.
19 427e, 457a, 466c~d, 471c 참조.

"그렇다면 법률의 제정과 관련해서는 우리가 논의하는 것이 실현되기만 하면 가장 훌륭한 것이고, 그 실현도 어렵긴 하지만 불가능한 것이 아니라는 결론이 난 것 같네."

"네, 그게 우리의 결론이에요" 하고 그가 말했네.

"이제 이 어려운 문제가 겨우 해결되었으니, 다음에는 나머지 문제들을 논의해야겠지? 그것은 어떤 학문과 활동을 통해 정체의 보존자들이 양성되어야 하며, 국가에서 그들의 위치는 어떤 것이어야 하며, 그들 각자가 무슨 교과목을 몇 살에 배워야 하느냐는 것이네."

"네, 그런 문제들을 논의해야겠지요."

그래서 내가 말했네. "그러면 내 잔꾀도 소용없어졌구먼. 나는 앞서[20] 까다로운 결혼 문제, 출산, 치자의 임명에 관해서는 그것이 전적으로 진실인 만큼 반발에 부딪힐뿐더러 실현되기도 어렵다는 사실을 알았기에 말하지 않았던 것인데, 이제는 이 문제들에 관해 말하지 않을 수 없으니 말일세. 그 가운데 처자에 관한 문제[21]는 일단 마무리를 지었지만, 치자들에 관한 문제[22]는 처음부터 다시 다루다시피 하지 않으면 안 될 것이네. 자네도 기억하겠지만, 우리는 이렇게 주장했네. 치자들은 자신들이 쾌락과 고통 속에서 시험을 거친 애국자들이며, 노고와 공포와 그 밖의 다른 시련을 당해도 애국의 신념을 버리지 않는 사람들임을 입증해야 한다고. 그런 능력이 없는 사람은 배제해야 하지만, 불 속에서 시험을 거친 황금처럼 어디서나 순수하게 드러나는 사람은 치자로 임명되어야 하며, 생전에도 사후에도 명예와 상을 받아야 한다고 말일세. 우리 주장은 대충 그런 것이었네만, 이때 토론은 지금 우리가 당면한 문제를 건드리기가 두려워서 얼굴을 가린 채 옆길로 새고 말았네."

"지당한 말씀이에요. 저도 기억나요" 하고 그가 말했네.

그래서 내가 말했네. "여보게, 지금은 대담하게 이야기하고 있지만 그때는 선뜻 말이 나오지 않더군. 그러니 지금은 대담하게 가장 완전한 의미의 수호자들은 철인이어야 한다고 말하도록 하세."

"그렇게 말하도록 해요" 하고 그가 말했네.

"그러면 그런 사람들은 소수에 불과할 것이라고 생각하게. 우리가 그들이 구비해야 한다고 말한 품성의 여러 부분[23]은 하나로 결합되는 경우는 드물고, 대개 분산되어 있기 때문일세."

"무슨 말씀이신지요?" 하고 그가 물었네.

"자네도 알다시피, 빠른 이해, 좋은 기억력, 재치, 기민성과 그와 유사한 그 밖의 자질은 물론이요 활력과 넓은 도량까지 구비한 사람이 동시에 질서 있고 조용하고 건실한 삶을 살아가기를 원하는 사람으로 되기는 원래 어려운 법이라네. 오히려 그런 사람들은 아무 데고 기민성이 이끄는 대로 끌려다니기 마련인지라 건실성과는 거리가 아주 멀다네."

"옳은 말씀이에요" 하고 그가 말했네.

"한편 건실하고 좀처럼 동요하지 않는 성격의 소유자들은 더 신뢰할

---

20 423e, 449c 이하, 453c~d, 471b 이하, 473e, 497c 이하 참조.
21 423e~424a 참조.
22 412b~414a 참조.
23 487a, 490c~d, 494b 참조.

d 수 있고, 싸움터에 나가서도 공포에 둔감하지만, 배울 때도 마찬가지로 둔감하다네. 그들은 마취된 양 둔감하고 이해가 느리며, 뭔가를 애써 배워야 할 때마다 졸거나 하품만 하기 일쑤라네."

"네, 그래요" 하고 그가 말했네.

"그러나 우리 수호자들은 이 두 자질을 모두 훌륭하고 아름답게 구비해야 하며, 그러지 않은 사람은 최고의 교육이나 공직이나 권력에 관여해서는 안 된다는 것이 우리의 주장이었네."[24]

"옳은 말씀이에요" 하고 그가 말했네.

"그렇다면 그런 성격의 소유자는 드물겠지?"

"물론이지요."

"그래서 우리는 앞서 말한[25] 노고와 공포와 쾌락으로 그들을 시험해
e 봐야 하는 것이라네. 그리고 앞에서 빠뜨린 것을 보충해서 하는 말이네만, 사람들은 그들의 품성이 가장 중요한 학문도 견딜 수 있는지, 아니
504a 면 시합할 때처럼 겁을 먹고 뒤로 물러서는지 알아보기 위해 여러 학문으로 그들을 훈련시켜봐야 하네."

"그렇게 시험해보는 것은 적절해요. 하지만 선생님께서 가장 중요한 학문이라고 말씀하신 것은 대체 어떤 학문인가요?"

그래서 내가 말했네. "자네도 기억나겠지만, 우리는 정의, 절제, 용기, 지혜가 각각 무엇인지 알아내려고 혼을 세 부분으로 구분한 적이 있네."

"제가 그걸 기억하지 못한다면 남은 논의를 들을 자격이 없다는 말이 되겠지요" 하고 그가 말했네.

"그러면 그 앞에 말한 것도 기억나는가?"

"어떤 것 말인가요?"

"우리는 이런 것들에 관해 최대한 정확하게 알기 위해서는 먼 길을 에돌아가야 하며, 그래야만 이런 것들을 또렷하게 볼 수 있거니와 앞서 논의한 것에 근거하여 증거를 제시할 수도 있다고 말했네.[26] 그러자 자네들은 그것이면 충분하다고 했네. 그래서 그때의 논의에는 정확성이 결여된 듯하네. 그러나 자네들이 만족했는지의 여부는 자네들이 말하게."

"제게는 선생님의 설명이 적절한[27] 것 같았어요. 다른 사람들도 아마 마찬가지겠지요" 하고 그가 말했네.

그래서 내가 말했네. "하지만 여보게, 그런 사물의 척도[28]는 조금이라도 존재에 미치지 못하면 결코 적절할 수가 없네. 불완전한 것은 그 어떤 것의 척도도 아니기 때문이네. 그 정도면 충분하고 그 이상 추구할 필요가 없다고 생각하는 사람들도 가끔 있지만 말일세."

"많은 사람이 너무 게을러서 그렇게 생각하지요" 하고 그가 말했네.

"하지만 그것은 국가와 법률의 수호자에게는 가장 바람직하지 않은 자질이라네" 하고 내가 말했네.

---

24 484d~485a 참조.
25 435c~d 참조.
26 435d 참조.
27 metrios.
28 metron.

"그런 것 같아요" 하고 그가 말했네.

그래서 내가 말했네. "그렇다면 여보게, 그는 더 먼 길을 에돌아가야 하며, 체력단련 못지않게 지적 훈련에도 노력을 기울여야 하네. 그러지 않으면 그는 잠시 전에 말했듯이 가장 중요한 학문을 끝까지 해내지 못할 걸세."

"가장 중요한 학문이라니요?" 하고 그가 물었네. "그렇다면 정의라든가 그 밖에 우리가 논의한 자질보다 더 중요한 그 무엇이 있다는 말씀인가요?"

"있고말고. 그러나 우리는 이런 자질들도 완전하게 손질하지 않고 지금처럼 윤곽만 관찰하는 것으로 만족해서는 안 되네. 그도 그럴 것이, 보잘것없는 다른 것들은 최대한 정확하고 순수한 상태로 가지려고 온갖 노력을 기울이면서도 가장 중요한 것들에 대해서는 최대의 정확성을 요구하지 않는다는 것은 불합리하지 않은가?" 하고 내가 말했네.

"아주 불합리하지요" 하고 그가 말했네. "하지만 선생님께서 가장 중요한 학문이라고 말씀하시는 것이 무엇이며 그 대상이 무엇인지 물어보지도 않고 선생님을 놓아드릴 사람이 있을 것이라고는 설마 기대하시지 않겠지요?"

"물론 기대하지 않네" 하고 내가 말했네. "자네도 물어보지그래. 자네는 벌써 여러 번 들은 적이 있지만, 지금은 기억나지 않거나, 아니면 또다시 나를 붙들고 골탕 먹일 작정이겠지. 그런데 아무리 생각해도 후자의 경우인 것 같아. 자네는 선(善)의 이데아²⁹가 가장 중요한 학문이며, 정의와 그 밖의 다른 것은 선의 이데아 덕분에 유용하고 유익해진다는 말을 한두 번 들은 게 아니기 때문일세. 지금도 자네는 내가 말하고자 하는 게 바로 이것임을 틀림없이 알고 있고, 또한 우리가 선의 이데아를 충분히 알지 못한다는 것도 알고 있네. 그리고 자네는 우리가 이것을 모르면 다른 것을 아무리 많이 알아도 우리에게 조금도 유익하지 않다는 것까지 알고 있네. 그것은 마치 선이 수반되지 않으면 무엇을 소유한다는 것이 아무 소용없는 것과도 같네. 아니면 자네는 모든 재산을 소유하면 선한 것을 소유하지 않더라도 이익이 된다고 생각하는가? 또는 선이 아닌 다른 모든 것을 생각하면서 아름다운 것과 선한 것은 아무것도 생각하지 않는다면, 그게 무슨 이익이 되리라고 생각하는가?"

b

"제우스에 맹세코, 저는 그렇게 생각하지 않아요" 하고 그가 대답했네.

"또한 자네는 대중에게는 쾌락이 선으로 여겨지고, 더 세련된 사람들에게는 분별력이 선으로 여겨진다는 것도 알고 있네."

"어찌 모르겠어요?"

"여보게, 자네는 또한 분별력을 선으로 생각하는 사람들은 자신들이 말하는 분별력이라는 것이 어떤 것인지 설명할 수 없기 때문에, 결국 그것을 선에 대한 분별력이라고 말할 수밖에 없다는 것도 알고 있네."

"그건 참으로 우스운 일이군요" 하고 그가 말했네.

그래서 내가 말했네. "그렇지. 선을 모른다고 우리를 꾸짖고 나서 이

c

---

29 he tou agathou idea.

제6권　**381**

번에는 다시 우리가 선을 알고 있는 것처럼 말한다면, 어찌 우습지 않겠는가? 그들은 선이라는 이름만 대도 자기들이 무엇을 말하는지 우리가 이해하기라도 하는 듯이 선이란 곧 선에 대한 지혜라고 말하니 말일세.”

“지당한 말씀이에요” 하고 그가 말했네.

“쾌락을 선이라고 규정하는 자들은 어떤가? 이들은 저들보다 더 경미한 과오를 범하는 것일까? 이들도 나쁜 쾌락이 존재한다는 것을 인정하지 않을 수 없겠지?”

“물론이지요.”

“그렇다면 그들은 같은 것이 선이기도 하고 악이기도 하다고 인정한 셈이네. 그렇지 않은가?”

d　“그렇고말고요.”

“그렇다면 선과 관련해서는 견해 차이가 크고도 많다는 것이 분명하지?”

“네, 분명해요.”

“어떤가? 이 또한 분명하지 않은가? 정의와 아름다움과 관련해서는 많은 사람이 정의롭고 아름답다고 여겨지는 것들만을 취하여 사실과 다른 것을 행하고 소유하며 판단하기를 원하지만, 선과 관련해서는 그렇다고 여겨지는 것들을 소유하는 것으로 만족하는 사람은 아무도 없고 누구나 다 참으로 존재하는 것을 추구하며 의견을 경멸한다는 것 말일세.”

“물론이지요” 하고 그가 말했네.

"그렇다면 모든 혼이 뭔가 그런 것이 존재한다는 것을 예감하면서도 e 그것이 무엇인지 충분히 파악할 수 없고 여느 사물의 경우와 달리 확신을 품을 수 없기에 어찌할 바를 모르고, 또한 그러기 때문에 그 밖의 다른 것으로 뭔가 이익이 될 만한 것을 놓치면서도 수단과 방법을 가리지 않고 추구하는 그런 중대한 것에 관해, 우리한테서 모든 국정을 위임받 506a 은 가장 훌륭한 사람들이 아무것도 몰라야 한다는 데에 우리가 동의할 수 있겠는가?"

"결코 동의할 수 없어요" 하고 그가 말했네.

그래서 내가 말했네. "아무튼 나는 정의와 아름다움이 어째서 선인지 모르는 사람은 정의와 아름다움의 적합한 수호자가 될 수 없다고 생각하네. 그리고 나는 어느 누구도 선을 알기 전에는 정의와 아름다움을 충분히 알 수 없을 것 같은 예감이 드네."

"선생님의 예감이 맞는 것 같아요" 하고 그가 말했네.

"그렇다면 이런 것을 알고 있는 수호자가 감독해야만 우리의 정체는 b 완전하게 질서가 잡히겠지?"

"당연하지요" 하고 그가 말했네. "그런데 소크라테스 선생님, 선생님께서는 선은 인식(epistēmē)이나 쾌락이라고 생각하세요, 아니면 그 밖의 다른 것이라고 생각하세요?"

그래서 내가 말했네. "이 사람 좀 보게! 하지만 나는 다행히도 자네가 남의 의견으로는 만족하지 못하리라는 것을 벌써 알고 있었네."

"그렇지만 소크라테스 선생님, 제가 그런 질문을 한 까닭은 선생님처럼 이 문제에 오랫동안 전념하신 분이 남의 의견은 말할 수 있어도 자신

c 의 의견을 말할 수 없다면 아무래도 옳지 않다고 여겼기 때문이에요."

"어떤가?" 하고 내가 물었네. "어떤 사람이 모르는 것을 아는 체하며 말하는 것이 옳다고 생각하는가?"

"아는 체하며 말하는 것은 옳지 않겠지요. 하지만 자기 생각을 어디까지나 하나의 의견으로 말하려 한다면, 그것은 옳겠지요" 하고 그가 말했네.

"어떤가?" 하고 내가 말했네. "지식이 결여된 의견이란 모두 추악하다는 것을 자네는 깨닫지 못했는가? 그중 가장 나은 것들조차 눈이 멀었다는 것을 깨닫지 못했느냐는 말일세. 아니면 자네는 지성[30]이 결여되어 있으면서도 어떤 사물에 대해 올바른 의견을 갖는 사람이 실수하지 않고 길을 걸어가는 장님과 차이가 있다고 생각하는가?"

"아무 차이도 없다고 생각해요" 하고 그가 말했네.

"그러면 자네는 다른 사람한테서 밝고 아름다운 것을 들을 수 있는데도 추악하고 눈멀고 등이 굽은 것을 보고 싶다는 것인가?"

d 이때 글라우콘이 말했네. "소크라테스 선생님, 제우스에 맹세코 선생님께서는 말씀을 중단하지 말고 끝까지 들려주세요. 선생님께서 정의와 절제와 그 밖의 다른 것에 관해 말씀하신 것처럼 선에 관해 말씀해 주신다면, 그것으로 우리는 만족할 거예요."

그래서 내가 말했네. "여보게, 그럴 수만 있다면 나도 대만족일세. 하지만 나는 아무래도 해내지 못할 것 같고, 해봤자 서투른 수작으로 웃음거리가 될까 두렵네. 그러니 여보게들, 선 자체가 무엇인가 하는 문제

e 는 지금은 거론하지 않기로 하세. 지금 시작한 논의로는 내가 생각하는

것에 도달하기도 어려울 것 같으니 말일세. 그러나 자네들만 좋다면 나는 선의 자식으로 선을 빼닮은 것에 관해 말하려 하네. 자네들이 싫다면 그만두고."

"그러면 자식에 관해 말씀해보세요. 아버지에 관한 이야기는 나중에라도 하실 수 있을 테니까요" 하고 그가 말했네.

그래서 내가 말했네. "아무튼 나는 지금처럼 이자만 내어주는 것이 아니라 빚을 갚을 수 있고, 자네들은 그것을 받을 수 있기를 바라네. 지금으로서는 선 자체의 자식이나마 이자로 받아두게. 하지만 내가 고의로 속일 의사는 없다 해도 혹시 가짜 돈으로 이자를 내어주는 일이 없도록 자네들은 조심들 하게."

507a

"되도록 조심할게요. 아무튼 말씀이나 하세요" 하고 그가 말했네.

그래서 내가 말했네. "한데 말하기에 앞서 자네들의 기억을 일깨워 동의를 구하고 싶은 것이 하나 있네. 그에 관해서는 앞서도 말했지만 그 밖에도 누차 말한 적이 있네."

"그게 뭔가요?" 하고 그가 물었네.

그래서 내가 대답했네. "우리는 다수의 것들이 아름답다고 하고, 다수의 것들이 선하다고 하면서, 각각의 것들이 그렇게 아름다움'이고', 선'이라고' 하면서 우리의 논의에서도 그렇게 구분하네."[31]

b

---

30 nous.
31 이는 선한 것들과 선 자체를 구별하기 위한 것이다. 선의 이데아는 단일하지만 선한 것들은 선 자체가 아니어서 여럿이 있는데, 그것들은 선'이다'라고 할 수 없지만 그렇게들 부르기도 한다.

"네, 우리는 그렇게 주장해요."

"또한 우리는 아름다움 자체와 선 자체가 존재하며, 우리가 방금 다수로 설정한 모든 것이 그 점에서는 마찬가지라고 주장하네. 이번에는 그와 반대로 각 사물에는 단 하나의 이데아밖에 없다고 생각하고는 각 사물마다 단 하나의 이데아를 설정하여 그것을 각 사물의 실재라고 부르네."

"그래요."

"또한 우리는 각 사물의 다수는 볼 수는 있지만 지성으로 알 수 있는 것은 아니며, 이데아는 지성으로 알 수 있지만 볼 수 있는 것은 아니라고 주장하네."

"전적으로 동의해요."

c "그런데 우리는 자신의 무엇으로써 보이는 것을 보는 건가?"

"시각으로써요" 하고 그가 말했네.

그래서 내가 말했네. "그러면 들리는 것은 청각으로써 듣고, 그 밖의 감각으로 지각될 수 있는 것들도 모두 다른 감각으로써 지각하겠지?"

"그러고말고요."

"그런데 자네는 감각의 제작자가 어떤 다른 기능보다 보고 보이는 기능을 만드는 데 공을 많이 들였다고 생각해본 적이 있는가?" 하고 내가 물었네.

"없어요" 하고 그가 대답했네.

"그렇다면 이렇게 고찰해보게. 청각과 소리의 경우, 청각이 듣고 소리

d 가 들리기 위해 다른 종류에 속하는 어떤 것이 필요한가? 다시 말해 청

각은 듣지 못하고 소리는 들리지 않는 일이 일어나지 않으려면 제3자의 개입이 필요한가?"

"다른 종류에 속하는 것은 하나도 필요 없어요" 하고 그가 말했네.

"생각건대 그 밖의 다른 기능에서도 다 그렇다고 할 수는 없어도 대체로 그와 같은 제3자는 필요하지 않는 것 같네. 그렇지 않다면 자네가 예를 하나 들어보겠는가?" 하고 내가 말했네.

"저는 그런 예를 들 수 없어요" 하고 그가 말했네.

"하지만 자네는 시각과 가시적인 것에는 그런 것이 필요하다는 점을 알아차리지 못했는가?"

"무슨 말씀이신지요?"

"자네도 알다시피, 눈에는 시각이 있어서 눈을 가진 자가 시각을 사용하려 해도, 또한 가시적인 사물에는 색깔이 있다 해도, 본래부터 이목적을 위해 만들어진 제3자가 개입하지 않는 한 시각은 아무것도 볼 수 없고 색깔은 보이지 않을 걸세." e

"그게 뭔가요?" 하고 그가 물었네.

그래서 내가 대답했네. "그건 자네가 빛이라고 부르는 것이라네."

"옳은 말씀이에요" 하고 그가 말했네.

"그러므로 시각과 보이는 기능은 어떤 다른 멍에보다도 더 소중한 멍 508a 에에 의해 연결되어 있네. 빛이 소중하지 않은 것이 아니라면 말일세."

"소중하고말고요" 하고 그가 말했네.

"자네는 하늘에 있는 신 가운데 어느 신이 이 일을 주관한다고 생각하는가? 시각이 가장 잘 보게끔 해주고, 보이는 것들이 보이게 해주는 그 빛은 어느 신의 것일까?"

"선생님도 다른 사람들도 모두 같은 신을 말할 것 같은데요. 선생님께서 물으시는 것은 태양[32]이 분명하니까요."

"그렇다면 시각과 이 신의 관계는 다음과 같은 것이겠지?"

"어떤 관계라는 거지요?"

"시각은 그 자체도 태양이 아니거니와 그 안에 시각이 들어 있는, 우리가 눈이라고 부르는 것 역시 태양이 아니네."

"네, 아니에요."

"하지만 모든 감각기관 중에서는 눈이 태양을 가장 많이 닮은 것 같네."

"네, 단연코 가장 많이 닮았어요."

"그렇다면 눈이 가진 능력은 태양에서 넘쳐흐른 것이 눈으로 흘러든 것이라고 할 수 있겠지?"

"그야 그렇지요."

"태양도 시각은 아니지만 시각의 원인이기에 시각에 의해 보이겠지?"

"네, 그래요" 하고 그가 말했네.

그래서 내가 말했네. "그러면 자네는 내가 태양을 선의 자식이라고 주장하더라고 널리 알려도 좋네. 선은 태양을 자기를 닮은 것으로 낳았네. 그래서 태양이 가시적[33] 영역에서 시각과 보이는 것에 대해 맺는 관계는, 선이 지성에 의해 알 수 있는[34] 영역에서 지성과 지성에 의해 알 수 있는 것들에 대해 맺는 관계와 같다네."

"무슨 말씀이신지요? 좀 더 자세히 설명해주세요" 하고 그가 말했네.

그래서 내가 말했네. "자네도 알다시피, 눈은 낮의 빛이 그 색깔을 비추는 사물이 아니라 밤의 어둠에 덮여 있는 사물로 향하면, 마치 그 안에 밝은 시각이 들어 있지 않은 것처럼 침침해져서 눈먼 거나 다름없다네."

"네, 그래요" 하고 그가 말했네.

"그러나 눈이 태양이 비추는 사물로 향하면 또렷하게 보이므로, 같은 눈이지만 그 안에 시각이 들어 있음을 알 수 있네."

"그렇고말고요."

"그렇다면 혼에 관해서도 이렇게 생각해보게. 혼도 진리와 실재가 비추는 것에 머무를 때는 그것을 알고 인식하기에 지성이 있는 것처럼 보이지만, 어둠이 섞인 것, 즉 생성되었다가 소멸하는 것에 머무를 때는 의견을 가지는 데 그치며, 잘 보지 못해 금세 이런 의견을 가지는가 하면 금세 저런 의견을 가지므로 또다시 지성이 없는 것처럼 보인다고 말일세."

"과연 그런 것 같네요."

"그렇다면 자네는 인식되는 것에는 진리를 부여하고 인식하는 자에게는 인식 능력을 부여하는 것이 선의 이데아라고 일컬어도 좋네. 그리고 선의 이데아는 지식과 진리의 원인이긴 하지만 지식에 의해 파악되

---

32 helios. 그리스 신화에서 태양은 신이다.
33 horatos.
34 noetos.

는 것으로 생각해야 할 걸세. 그러나 지식과 진리가 둘 다 아무리 아름답다 해도 선의 이데아는 그보다 더 아름다운 것이라고 생각해야만 자네 생각이 옳을 것이네. 앞서 빛과 시각을 태양을 닮은 것으로 여기는 것은 옳지만 태양으로 여기는 것은 옳지 않았듯이, 지식과 진리도 둘 다 선을 닮은 것으로 여기는 것은 옳지만 둘 중 어느 하나라도 선으로 여기는 것은 옳지 않다는 말일세. 선을 더 높이 평가해야 하기 때문이네."

그러자 그가 말했네. "선생님께서는 굉장한 아름다움을 계시하시는 군요. 그것이 지식과 진리를 창조하면서도 아름다움에서는 지식과 진리를 능가한다면 말이에요. 선생님께서 설마 쾌락을 두고 그렇게 말씀하시는 것은 아닐 테니까요."

"비아냥거리지 말고, 선을 닮은 것을 이런 관점에서 더 고찰해보도록 하세."

"어떤 관점에서 말인가요?"

"자네는 아마도 태양이, 보이는 사물들에 보이는 기능만을 부여하는 것이 아니라, 비록 그 자신은 생성이 아니지만 그것들에 생성과 성장과 영양분도 제공한다는 데 동의할 것이네."

"어찌 태양 자신이 생성될 수 있겠어요?"

"마찬가지로 자네는 인식되는 사물들이 선으로부터 인식되는 기능만을 부여받는 것이 아니라 그 존재와 실체도 부여받지만, 선은 실체가 아니며 위엄과 능력에서 실체를 훨씬 초월한다고 말하지 않으면 안 될 것이네."

그러자 글라우콘이 좌중을 웃기자고 말했네. "아폴론 신이시여, 거참 대단한 초월(超越)이군요."

그래서 내가 말했네. "이게 다 자네 탓일세. 선에 대한 내 생각을 말하도록 강요한 사람은 자네이니까 말일세."

"하지만 말씀을 중단하지는 마세요" 하고 그가 말했네. "아무튼 태양과의 유사성만이라도 좀 더 설명해주세요. 아직도 설명하실 게 남아 있다면 말이에요."

"물론 아직도 많이 남아 있지" 하고 내가 말했네.

"그렇다면 가장 작은 것이라도 빠뜨려서는 안 돼요" 하고 그가 말했네.

"아무래도 많이 빠뜨릴 것 같네" 하고 내가 말했네. "하지만 현재 상황에서 가능한 것이라면 일부러 빠뜨리는 일은 없을 걸세."

"네, 빠뜨리지 마세요" 하고 그가 말했네.

그래서 내가 말했네. "자네는 우리가 말한 사물은 두 가지인데, 한 가지는 지성에 의해 알 수 있는 부류와 영역에 군림하고, 다른 한 가지는 가시적 부류와 영역에 군림한다는 것을 명심해두게. 여기서 내가 '가시적'이라고 말하고 '하늘의'[35]라고 말하지 않는 이유는 자네한테서 어원을 가지고 말장난한다는 오해를 사지 않기 위해서라네. 아무튼 자네는 두 종류, 즉 가시적인 것과 지성에 의해 알 수 있는 것을 갖고 있네."

d

"네, 갖고 있어요."

"그러면 이것들을 서로 같지 않은 두 부분으로 나뉜 하나의 선분(線

---

[35] 플라톤은 여기서 '하늘의'(ouranou)라는 말과 '가시적인 것의'(horatou)라는 말의 발음이 비슷한 것을 가지고 언어유희를 하고 있다.

分)으로 생각하되, 그 두 부분을 각각 가시적 부류와 지성에 의해 알 수 있는 부류를 나타내는 것으로 치고 다시 같은 비율로 나누어보게. 그리고 다시 나누어진 부분들을 명확성과 불명확성의 관점에서 서로 비교해보게. 그러면 가시적 부류를 나타내는 부분에서 양분된 것 가운데 한쪽은 자네에게 모상(模像)을 나타내 보일 걸세. 한데 내가 모상이라고 말하는 것은 첫째, 그림자를 뜻하며, 다음에는 물이나 단단하고 매끄럽고 번쩍이는 물체에 비친 영상과 그와 같은 모든 것을 뜻하네. 이해하겠는가?"

"네, 이해하겠어요."

"그러면 그중 다른 한쪽은 이 모상들의 실물이라고 할 수 있는 것, 즉 우리 주위의 동물과 식물과 손으로 만든 것 전부를 포괄하는 것으로 가정해주게."

"네, 그렇게 가정할게요" 하고 그가 말했네.

그래서 내가 말했네. "그러면 자네는 가시적 영역이 진리냐 아니냐는 점에서 양분되어, 모상이 실물과 맺는 관계는 의견이 지식과 맺는 관계와 같다는 것을 인정하겠지?"

"저야 물론 인정하지요" 하고 그가 말했네.

"이번에는 지성에 의해 알 수 있는 영역을 나타내는 부분이 어떻게 나뉘어야 할 것인지 고찰해보게."

"어떻게 나뉘지요?"

"이렇게 나뉘네. 한쪽은 혼이 앞서 실물이었던 것을 모상으로 사용하며 가설에서 출발해 근원으로 거슬러 올라가는 것이 아니라 종결을 향해 나아가며 탐구하지 않으면 안 되네. 다른 한쪽은 가설에서 출발해 절대적 근원을 향해 나아가며 앞의 경우처럼 모상을 사용하지 않고 형상 자체만을 통해 탐구하지 않으면 안 되네."

그러자 그가 말했네. "무슨 말씀이신지 잘 모르겠어요."

그래서 내가 말했네. "그러면 다시 말해보겠네. 먼저 이런 말을 듣고 나면 이해하기가 쉬울 걸세. 기하학이나 산술이나 그와 유사한 학문을 연구하는 사람들은 홀수, 짝수, 도형들, 세 가지 각(角) 같은 것을 모든 연구 영역에서 기본 사항으로 전제하네. 그들은 이런 것들을 잘 안다는 듯이 기본 사항으로 삼은 다음, 누구나 다 아는 것이니까 자신들이나 남에게 설명할 필요가 없다고 생각하네. 오히려 그들은 가정에서 출발해 다른 것들을 설명해나가는데, 결국은 아무런 모순도 없이 자신들이 고찰하려고 한 것에 도달한다네."

"그건 저도 잘 알고 있어요" 하고 그가 말했네.

"그렇다면 자네는 그들이 눈에 보이는 도형들을 사용해 이것들을 증명하지만 그들이 사고하는 것은 이것들이 아니라 이것들의 실체(實體)라는 것도 알고 있겠구먼. 그도 그럴 것이, 그들은 사각형 자체나 대각선 자체 때문에 증명하는 것이지 자신들이 그리고 있는 것 때문에 증명하는 것은 아니기 때문이네. 이 점은 다른 경우에도 마찬가지일세. 그들이 만들고 그리는 것들 자체는 물론 나름대로 물속에 비친 영상을 갖고 있겠지만, 그들이 이것들을 모상으로 사용하는 것은 오직 추론을 통해서만 볼 수 있는 것들을 그 자체로서 보려 하기 때문이네."

"옳은 말씀이에요" 하고 그가 말했네.

"이것이 내가 앞서 지성에 의해 알 수 있다고 말한 부류일세. 그렇지만 나는 혼이 이것을 탐구하려면 가설을 사용해야 한다고 말했네. 말하자면 혼은 가설보다 더 위로 올라갈 수 없기 때문에, 제1원리를 향해 나아가지 않고 더 열등한 사물들의 실체이며 따라서 이것들보다 더 명확한 것으로 평가받고 존경받는 사물들을 모상으로 사용한다는 말일세."

b 그러자 그가 말했네. "알겠어요. 선생님께서는 기하학이나 그와 비슷한 학술 분야를 두고 그렇게 말씀하시는 거로군요."

"그러면 다음 것도 알아두게. 내가 지성에 의해 알 수 있는 부류의 다른 한쪽이라고 부르는 것은 이성이 다른 것의 도움을 받지 않고 문답법(問答法)의 힘에 의해 포착하는 대상을 뜻한다는 것 말일세. 이성이 다른 것의 도움을 받지 않고 문답법의 힘에 의해 포착한다는 것은, 이성이 가설을 근원으로 생각하는 것이 아니라 어디까지나 그 밑에 깔아놓은 것으로, 즉 절대적인 경지에 이르기 위한 단계나 출발점으로 삼아 만물의 제1원리[36]에 도달해서 그것을 포착한 다음 그것과 연결되어 있는

c 것들을 붙들고 다시 종결을 향해 내려오는 것을 뜻하네. 감각적 대상은 일절 사용하지 않고 형상 자체에 의해 형상으로 들어가서 형상으로 끝맺는 것을 의미한다는 말일세."

그러자 그가 말했네. "알겠어요. 그러나 충분히 알았다고는 할 수 없어요. 선생님께서는 엄청난 것을 말씀하고 계신 것 같으니까요. 제가 알기에, 선생님께서는 문답법의 학문이 실재나 지성에 의해 알 수 있는 것을 관찰한 것이, 가설을 근원으로 삼는 이른바 학술들이 관찰한 것보

다 더 명확하다고 규정하시는 것 같아요. 그리고 학술에서도 관찰자는 대상을 감각에 의해서가 아니라 (추론적) 사고(思考)[37]에 의해 관찰하기 마련인데, 제1원리로 거슬러 올라가서 관찰하는 것이 아니라 가설에서 출발하여 관찰하기에 그 대상에 지성을 행사하지 못하지만, 그 대상도 제1원리를 통해 관찰한다면 알 수 있으리라는 것이 선생님의 생각인 것 같아요. 제가 보기에 선생님께서는 또한 기하학자 같은 사람들의 지적 상태를 사고라고 부르는 것 같아요. 선생님께서는 사고를 의견과 지성의 중간에 위치하는 것으로 생각하시는 것 같으니까요."

그래서 내가 말했네. "자네는 내 말뜻을 아주 잘 이해했네. 그러면 선분의 이 네 부분에 네 가지 심적 상태를 대응시키되, 가장 높은 부분에는 지성을, 두 번째 부분에는 사고를, 세 번째 부분에는 신념을, 마지막 부분에는 상상을 대응시켜보게. 그리고 각각의 마음 상태는 그에 대응하는 부분이 진리에 관여하는 만큼 명확성에 관여하는 것으로 간주하고 그에 비례해서 배열해보게."

그러자 그가 말했네. "알겠어요. 저도 선생님과 동감이에요. 그러니 선생님께서 말씀하신 대로 배열할게요."

---

36 선의 이데아.
37 dianoia.

제7권

514a 그래서 내가 말했네. "그럼 이번에는 우리의 본성이 교육받았을 때와 교육받지 않았을 때 어떻게 다른지 비교하기 위해 이렇게 상상해보게. 여기 지하 동굴이 하나 있고 그 안에 사람들이 살고 있다고 생각해보게. 동굴의 입구는 길고 동굴 자체만큼 넓으며 빛을 향해 열려 있네. 그들은 어릴 때부터 다리와 목이 쇠사슬에 묶여 있었기에 언제나 같은 곳에

b 머물러 있으며, 쇠사슬 때문에 고개를 돌릴 수 없어 앞쪽밖에 볼 수 없네. 그들의 뒤편 저 멀리 위쪽으로부터는 불빛이 그들을 비추고 있으며, 불과 수감자들 사이에는 위쪽으로 길이 나 있고, 그 길을 따라서는 나지막한 담이 쌓여 있네. 그 담은 인형극 연출자들이 인형극을 보여주기 위해 자기들 앞에다 세우는 무대와도 비슷하네.'"

"네, 상상하고 있어요" 하고 글라우콘이 말했네.

c "그렇다면 이것도 상상하도록 하게. 사람들은 그 담을 따라 각종 도
515a 구와 입상과 돌이나 나무로 만든 동물의 형상과 인공물을 담 위로 운반하는데, 그들 중에서 더러는 말을 하고 더러는 침묵을 지키고 있네."

그러자 그가 말했네. "선생님께서는 이상한 수감자들의 이상한 그림을 보여주시는군요."

그래서 내가 말했네. "우리와 같은 사람들을 보여줄 뿐이네. 자네는 그런 처지에 놓인 사람들이 자신들에 관해서건 남들에 관해서건 불빛에 의해 맞은편 동굴 벽면에 투영된 그림자들 말고 무엇을 보았으리라고 생각하는가?"

"그들이 평생 동안 고개를 돌릴 수 없다면 어떻게 다른 것을 볼 수 있겠어요?" 하고 그가 물었네. b

"운반되는 다른 물체들은 어떤가? 역시 그림자밖에 보지 못하겠지?"

"그렇다마다요."

"그런데 그들이 말을 주고받을 수 있다면, 그들은 자기들이 본 그림자들이 실물들이라고 믿지 않을까?"

"당연하지요."

"어떤가? 또한 감옥 맞은편에서 메아리가 울려온다면, 지나가던 사람들이 말을 할 때마다 그들은 자기들이 들은 소리가 바로 자기들 앞을 지나가는 그림자에서 나온 것으로 믿을 것이라고 자네는 생각하지 않

1 애덤(J. Adam)의 텍스트에는 독자의 이해를 돕기 위해 그림 1~8이 실려 있다. 이하에서 그 그림들을 소개하고자 한다.

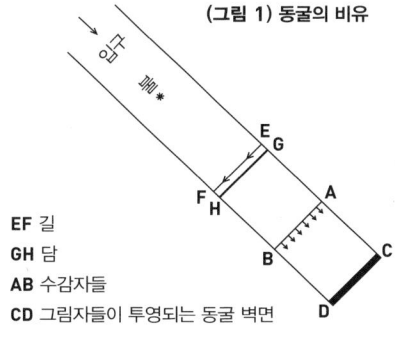

(그림 1) 동굴의 비유

EF 길
GH 담
AB 수감자들
CD 그림자들이 투영되는 동굴 벽면

는가?"

"제우스에 맹세코, 그럴 것이라고 생각해요" 하고 그가 대답했네.

그래서 내가 말했네. "어쨌거나 그들은 인공물의 그림자 외에는 다른 어떤 것도 진짜라고 생각하지 않을 것이네."

"그야 당연하지요" 하고 그가 말했네.

c 그래서 내가 말했네. "그렇다면 어떻게 해야 그들이 쇠사슬에서 해방되고 어리석음에서 치유될 수 있을지 고찰해보게. 그리고 그들이 자연스러운 상태로 돌아갈 수 있도록 이런 일이 그들에게 일어날 수 있는지도 고찰해보게. 그들 가운데 쇠사슬에서 풀려나 갑자기 일어서서 고개를 돌리고 몸을 움직이며 불빛을 쳐다보도록 강요받는 사람이 있다면,

d 그는 고통받을 것이며 광채에 눈이 부셔서 여태까지 보아온 그림자들의 실물들을 바라볼 수 없을 걸세. 어떤 사람이 그에게 그가 지금까지 보아온 것들은 하찮은 것들에 불과하지만 지금은 실재에 더 가깝고 더 실상을 향하고 있으므로 더 올바르게 볼 수 있을 것이라고 말하면서 지나가는 것을 일일이 가리키며 저게 뭐냐고 묻고 일일이 대답하도록 강요한다면, 그는 뭐라고 말할까? 그는 당황해하지 않을까? 그리고 전에 보았던 것들이 지금 자기에게 지시된 것들보다 더 진실한 것이라고 생각하지 않을까?"

"훨씬 더 진실하다고 생각하겠지요" 하고 그가 말했네.

"또한 직접 불을 보도록 강요당한다면 그는 눈이 아파서 자기가 볼 수
e 있는 사물들을 향해 달아나지 않을까? 그리고 그 사물들이 지금 자기에게 지시된 것들보다 더 명확하다고 생각하지 않을까?"

"그러겠지요" 하고 그가 말했네.

그래서 내가 말했네. "또한 누가 거칠고 험한 오르막길을 통해 그를 억지로 그곳에서 끌어내며 햇빛 비치는 곳으로 나올 때까지 붙들고 놓아주지 않는다면, 그는 괴로워하며 반항하지 않을까? 또한 햇빛 비치는 곳으로 나오면 눈이 광채로 가득차서 지금 진실한 것이라고 일컬어지는 것들을 하나도 볼 수 없지 않을까?"

516a

"적어도 당장에는 볼 수 없겠지요" 하고 그가 말했네.

"그렇겠지. 위쪽에 있는 사물들을 보려면 그것에 익숙해지지 않으면 안 될 테니까. 그는 역시 처음에는 그림자를 가장 쉽게 볼 수 있을 것이고, 다음에는 물에 비친 사람들이나 다른 사물들의 영상을 볼 수 있을 것이고, 마지막에는 실물 자체를 볼 수 있을 것이네. 그다음으로 그는 하늘에 있는 것들과 하늘 자체를 볼 텐데, 그에게는 밤에 별빛이나 달빛을 보는 것이 낮에 해나 햇빛을 보는 것보다 더 수월할 것이네."

b

"왜 아니겠어요?"

"마지막에는 태양을 볼 텐데, 물이나 그 밖에 태양이 본래 있어야 할 장소가 아닌 다른 장소에 비친 영상을 보는 것이 아니라, 본래 있어야 할 장소에서 태양 자체를 직접 보며 관찰할 것이네."

"당연하지요" 하고 그가 말했네.

"그다음 그는 벌써 계절과 해(年)를 만들어내는 것이 바로 태양이며, 또한 태양이 가시적 영역 안에 있는 모든 것을 관장할 뿐 아니라, 어떤 의미에서는 그와 그의 동료 수감자들이 동굴 안에서 보아온 모든 것의 원인이 된다는 결론에 도달할 것이네."

c

제7권 **399**

"그런 과정을 거친다면 분명 그런 결론에 도달하겠지요" 하고 그가 말했네.

"어떤가? 그는 전에 자기가 살던 곳이나 그곳에서의 지혜나 당시의 동료 수감자들을 회상하면서, 자기 신상에 일어난 변화를 다행으로 여기는 반면 동료 수감자들은 불쌍히 여기지 않을까?"

"그야 물론이지요."

"그런데 당시 그들 사이에는 지나가는 그림자들을 가장 예리하게 관찰하여 그중 어느 것이 앞서가고 어느 것이 뒤따라가고 어느 것이 같이 가는지 잘 기억해두었다가 가장 잘 알아맞히는 사람에게 명예와 찬사와 상을 주는 관습이 있었다면, 그는 아직도 그런 것들을 갖고 싶어하거나 그들 사이에서 존경받는 유력자들을 부러워할까? 아니면 그들처럼 생각하고 그들처럼 살 바엔 차라리 호메로스의 말처럼 '재산도 없는 사람 밑에서 품이라도 팔거나'[2] 그 밖의 어떤 고통이라도 달게 받고 싶어할까?"

"제 생각에, 그는 그렇게 사느니 차라리 어떤 고통이라도 달게 받고 싶어할 것 같은데요" 하고 그가 말했네.

그래서 내가 말했네. "그렇다면 이 점도 생각해보게. 그런 사람이 도로 동굴로 내려가서 옛날 그 자리에 앉는다면, 햇빛 비치는 곳에서 갑자기 온 까닭에 그의 눈은 어둠으로 가득차지 않을까?"

"그야 당연하지요" 하고 그가 말했네.

"또한 그의 시력이 약해져 있는 동안, 그곳을 떠난 적이 없는 수감자들과 다시 그림자들을 식별하는 경쟁을 해야 한다면, 시력이 회복되기 전에는 ― 어둠에 익숙해지려면 시간이 꽤 걸릴 것이네―그는 웃음거리가 되지 않을까? 그리고 그들은 그를 두고 이렇게 말하지 않을까? '위쪽으로 올라가더니 눈이 상해서 돌아왔군. 위쪽으로 올라가려고 하는 것 자체가 잘못이지. 쇠사슬을 풀어주며 위쪽으로 데려가려는 자는 잡아 죽일 수만 있으면 모조리 죽여야 해'라고 말일세."

"틀림없이 그렇게 말하겠지요" 하고 그가 말했네.

그래서 내가 말했네. "여보게 글라우콘, 이제 이 비유 전체를 앞서 말한 것과 결부시켜보게. 시각을 통해 나타나는 영역을 감옥의 거처에 비기고, 그 안의 불빛은 태양의 힘에 비겨보라는 말일세. 그리고 위쪽으로 올라가서 위쪽에 있는 사물들을 관찰하는 것은 지성에 의해 알 수 있는 영역으로 혼이 비약하는 것에 견주게. 그런다면 자네가 듣고 싶어 했던 내 의견을 제대로 이해할 걸세. 하지만 내 의견이 진실인지 아닌지는 신만이 알고 계시네. 아무튼 내 의견은 지성에 의해 알 수 있는 영역에서도 선의 이데아는 마지막으로, 또한 노력을 해야만 겨우 볼 수 있다는 것이네. 그러나 일단 본 이상에는, 그것이 모든 사람을 위해 온갖 올바른 것과 아름다운 것의 원인이 되며, 가시적 영역에서는 빛과 빛의 주인을 낳고 지성에 의해 알 수 있는 영역에서는 스스로 주인이 되어 진리와 지성을 창조한다는 결론을 내리지 않으면 안 된다는 것이네."

"선생님의 말씀을 이해할 수 있는 한도 내에서 저도 동감이에요" 하

2 『오뒷세이아』 11권 489~491행과 이 책 3권 386c 참조.

고 그가 말했네.

그래서 내가 말했네. "자, 그러면 이런 경지에 도달한 사람들은 인생 살이에 흥미가 없어져 그들의 혼은 언제나 위쪽 영역에 머물고 싶어할 것이라는 데 대해서도 이상하다고 생각하지 말고 동의해주게. 우리가 앞서 말한 비유에 따르면 그렇게 되는 것은 당연한 일이니까."

"당연하고말고요" 하고 그가 말했네.

"어떤가?" 하고 내가 말했네. "신적인 관조의 경지에서 비참한 인생 살이로 내려와서 아직 잘 보지도 못하고 그곳의 어둠에 익숙해지지도 않았는데 법정이나 그 밖의 다른 장소에서 정의의 그림자나 그 그림자의 실물인 정의의 모상(模像)에 관해 논쟁을 벌이도록 강요받거나 정의 자체를 아직 한 번도 본 적이 없는 사람들이 이런 것들에 대해 갖고 있는 의견과 논쟁하지 않을 수 없을 때 실수하여 웃음거리가 된 사람이 있다면, 자네는 그게 이상하다고 생각하는가?"

"조금도 이상하지 않아요" 하고 그가 말했네.

그래서 내가 말했네. "지성을 가진 사람이라면 오히려 눈이 보이지 않는 데에는 빛에서 어둠으로 옮겨진 경우와 어둠에서 빛으로 옮겨진 경우의 두 가지가 있다는 점을 상기할 것이네. 그런 사람은 혼에게도 똑같은 일이 일어날 수 있다고 생각할 것이므로, 어떤 혼이 혼란에 빠져 무엇을 잘 보지 못할 경우 생각도 해보지 않고 웃지는 않을 것이네. 오히려 그는 그 혼이 더 밝은 곳에서 살다가 왔기에 익숙하지 못해 어둠 속에 있는 것인지, 아니면 더 큰 무지에서 더 밝은 곳으로 왔기에 찬란한 광채에 눈이 부셔서 보지 못하는 것인지 잘 생각해볼 것이네. 그런 다음 그는 한쪽 혼은 그것의 처지와 생활 때문에 행복하다고 말하고, 다른 쪽 혼은 불쌍히 여길 것이네. 설령 그가 어둠에서 더 밝은 곳으로 온 혼을 보고 웃는다 해도, 그의 웃음은 위쪽의 빛에서 내려온 혼을 보고 웃는 웃음보다는 덜 우스울 것이네."

"참으로 적절한 말씀이에요" 하고 그가 말했네.

"이것이 사실이라면 우리는 교육이란 일부 사람들이 선전하고 주장하는 그런 것이 아니라는 점에 대해서도 생각하지 않으면 안 될 것이네. 그들의 주장인즉, 자기들은 시력을 넣어주듯 지식이 없는 혼에 지식을 넣어줄 수 있다는 것이네" 하고 내가 말했네.

"네, 그것이 그들의 주장이지요" 하고 그가 말했네.

"한데 우리 토론이 암시하는 것은 이런 것이 아닌가?" 하고 내가 말했네. "눈을 어둠에서 밝은 곳으로 돌리기 위해서는 몸 전체를 돌리지 않으면 안 되듯, 혼에 내재하는 능력과 지적인 기관 또한 실재와 실재 중에서도 가장 밝은 것 — 우리는 이것이 선이라고 주장하네 — 을 관조하며 이를 견뎌낼 수 있을 때까지 혼 전체와 함께 생성의 세계에서 실재의 세계로 전향시켜야 한다는 것 말일세. 그렇지 않은가?"

"네, 그래요."

그래서 내가 말했네. "그러면 교육이란 혼의 지적 기관을 어떤 방법을 써야 가장 쉽고 가장 효과적으로 전향시킬 수 있는가 하는 기술이지, 그 기관에 시력을 넣어주는 기술이 아닐세. 그보다는 오히려 그 기관은 시력을 갖고 있는데도 방향이 옳지 못한 나머지 보아야 할 곳을 보지 못하니 이를 연구해서 시정하는 기술이라고 할 것이네."

"그런 것 같아요" 하고 그가 말했네.

"그런데 일반적으로 혼에 속하는 것이라 일컬어지는 다른 미덕은 몸의 미덕에 가까운 것 같네. 실제로 그런 미덕은 선천적으로 혼에 내재하는 것이 아니라, 습관이나 훈련에 의해 후천적으로 형성되는 것처럼 보이기 때문일세. 그러나 지적 활동이라는 미덕은 그 어느 것보다 더 신적인 듯하네. 그런데 이 신적인 것은 자기가 가진 힘을 상실하는 일은 없다 해도 어느 방향으로 향하느냐에 따라 유용하고 유익할 수도 있고, 무용하고 유해할 수도 있네. 아니면 자네는 악당이지만 재주가 비상하다는 자들에게서 이런 점을 눈여겨본 적이 없는가? 그들의 하찮은 혼도 무엇을 지향할 때는 아주 예리하고 날카롭게 본다는 점 말일세. 따라서 그들의 혼도 시력이 나쁜 것이 아니라, 악에 봉사해야 하기에 날카롭게 볼수록 더 악한 짓을 저지른다는 점 말일세."

"물론 눈여겨봤지요" 하고 그가 말했네.

그래서 내가 말했네. "그러나 그런 부류의 품성도 생성과 동족 관계에 있는 납덩이를, 즉 식탐이나 식탐과 관련된 쾌락이나 욕구 탓에 그 혼에 들러붙어 혼의 시선을 아래쪽으로 향하게 하는 납덩이를 어릴 때부터 곧장 잘라낸다면, 다시 말해 이런 장애물에서 해방되어 진리를 지향한다면, 같은 사람의 같은 품성이지만 지금 지향하고 있는 것을 날카롭게 보듯이 진리를 가장 날카롭게 볼 걸세."

"그럴 것 같아요" 하고 그가 말했네.

"어떤가?" 하고 내가 말했네. "교육받은 적이 없어서 진리를 모르는 자들이야 말할 나위도 없지만, 교양 쌓는 일에만 일생을 바치는 것이 허용되어 있는 자들 역시 국가를 능히 통치할 수 없다는 것은 앞서 말한 것으로 미루어 그럼직한 것이 아니라, 필연적인 것이 아닐까? 전자의 경우는 공과 사를 불문하고 모든 행동의 지침이 될 수 있는 생활의 유일한 목적이 없기 때문에 그렇고, 후자의 경우는 자신들은 살아 있는 동안 이미 '축복받은 자들의 섬들'[3]에 가서 살고 있다고 믿으므로 자진해서 일을 떠맡지 않을 것이기 때문에 그렇다네."

"옳은 말씀이에요" 하고 그가 말했네.

그래서 내가 말했네. "따라서 국가의 건설자로서 우리가 해야 할 일은, 가장 우수한 품성을 지닌 사람들에게 앞서 우리가 가장 중요한 학문이라고 한 것에 도달하도록 강제하는 것이네. 우리가 앞서 말한 저 오르막길을 걸어 올라가 선을 보도록 강제하는 것이라는 말일세. 그러나 일단 올라가서 충분히 본 다음에는 지금 그들에게 허용되고 있는 것과 같은 일이 허용되어서는 안 되네."

"그게 뭐지요?"

"그곳에 그대로 머물러 있는 것 말일세" 하고 내가 말했네. "그들은 다시 저 수감자들이 있는 곳으로 내려가서 보잘것없는 일이건 중대한 일이건 수감자들의 고통이나 명예에 참여하려고 하지 않는데, 우리는 그들이 그렇게 하도록 허용해서는 안 된단 말일세."

---

[3] makaron nesoi. 그리스 신화에 따르면, 신들에게 사랑받는 사람들은 사후에 저승이 아니라, 서쪽 멀리 오케아노스(Okeanos) 강에 있는 섬으로 가서 행복한 삶을 산다고 한다.

그러자 그가 말했네. "그러면 우리는 그들에게 불의를 행하려는 것이며, 그들이 더 나은 삶을 살 수 있는데도 더 못한 삶을 살게 하려는 것인가요?"

e 그래서 내가 말했네. "여보게, 자네는 우리 법의 관심사가 국가 안의 특정 계급의 특별한 행복이 아니라, 국가 전체의 행복이라는 것⁴을 또 잊었구먼. 그래서 법은 설득과 강제를 통해 시민을 결속시키는 것이며,
520a 각자가 공동체에 기여할 수 있는 이익을 나누어 갖게 하는 것이라네. 또한 법이 국가 안에 이런 사람들을 만드는 이유는 그들이 저마다 가고 싶은 곳으로 가게 내버려두기 위해서가 아니라, 그들을 이용하여 국가를 결속시키기 위해서라네."

"옳은 말씀이에요" 하고 그가 말했네. "제가 정말 잊었군요."

"그러면 글라우콘, 명심해두게" 하고 내가 말했네. "남을 돌봐주고 수호해주도록 우리 철학자들에게 강요한다 해도, 우리는 결코 그들에
b 게 불의를 행하는 것이 아니라 정당한 요구를 하는 것이네. 우리는 그들에게 이렇게 말할 것이네. '다른 국가들의 경우라면, 철학자가 된 사람들이 그 국가의 노고에 참여하지 않아도 당연한 일이겠지요. 그들은 정체가 원하지 않는데도 저절로 자라났기 때문이오. 그리고 저절로 자라난 것은 자신의 양육과 관련하여 누구에게도 신세를 지지 않았기 때문에 누구에게도 양육비를 내지 않아도 당연한 일이오. 그러나 우리는 여러분을 여러분 자신과 시민들을 위해 벌통의 여왕벌이나 왕으로 낳아주었으며, 다른 나라 철학자들보다도 더 훌륭하고 더 완벽한 교육을 받게 해주었소. 그래서 여러분은 철학과 공무 양쪽 다 관여할 수 있는 능

력을 더 많이 갖추고 있소. 그러니 여러분은 차례대로 동료 시민들의 거처로 내려가서 어둠에 싸인 사물들을 보는 일에 익숙해지지 않으면 안 되오. 일단 익숙해지면 여러분은 그것들을 그곳에 있는 사람들보다 월등히 더 잘 볼 것이며, 모든 영상(映像)을 그것이 무엇이며 어디서 왔는지 식별할 수 있을 테니 말이오. 여러분은 아름다움과 정의와 선에 관하여 진리를 봤기 때문이오. 그리하여 우리 것이자 여러분의 것이기도 한 이 국가는, 오늘날 그림자를 둘러싸고 서로 싸우는가 하면 정권이 엄청나게 좋은 것이라도 되는 듯이 정권을 둘러싸고 당파싸움을 일삼는 자들이 다스리는 많은 국가처럼 꿈속에서 통치하는 것이 아니라, 눈을 뜨고 제정신으로 통치하는 국가가 될 것이오. 그러나 사실은 이렇소. 통치할 사람들이 통치하는 일에 가장 열의가 적은 나라는 가장 훌륭하고 가장 조용하게 통치되지만, 그와 반대되는 치자들을 둔 나라는 그와 반대로 통치될 것이오.'"

"물론이지요" 하고 그가 말했네.

"자네는 우리 제자들이 이런 말을 듣고도 각자 순서에 따라 국가 안에서 노고를 함께하기를 거절할 것이라고 생각하는가? 자기들끼리 대부분의 시간을 세속을 떠나 정결한 곳에 함께 모여 살 수 있는데도 말일세."

"그건 있을 수 없는 일이에요" 하고 그가 말했네. "우리는 올바른 사

---

4   420b, 465a~466a 참조.

람들에게 올바른 것을 요구하는 것이니까요. 아무튼 그들 각자는 오늘날 국가를 통치하는 사람들과는 달리 통치하는 것을 피할 수 없는 필연으로 받아들이겠지요."

그래서 내가 말했네. "여보게, 그것은 다음과 같네. 자네가 통치할 사람들을 위해 통치하는 것보다 더 훌륭한 삶을 찾아낼 수 있다면, 국가는 훌륭하게 통치될 것이네. 그런 국가라야만 참으로 잘 사는 이들이 통치하게 될 테니 말일세. 여기서 말하는 잘 사는 이들이란 황금을 많이 가진 부자들이 아니라, 행복한 사람이라면 누구나 갖춰야 할 것, 즉 훌륭하고 지혜로운 삶의 측면에서 부유한 사람을 의미하네. 그러나 가난하거나 가진 재산이 없어 굶주리는 사람이 공공의 재산을 약탈할 요량으로 공무에 관여한다면, 그 국가는 훌륭하게 통치될 수 없네. 통치권을 둘러싸고 서로 싸우게 되면, 결국 내전이나 내란이 일어나 그들 자신뿐 아니라 동료 시민들까지 파멸할 테니 말일세."

"지당한 말씀이에요" 하고 그가 말했네.

그래서 내가 말했네. "그렇다면 정권을 경멸하는 삶은 진정한 철학자의 삶밖에 없네. 자네는 그 밖의 다른 삶을 아는가?"

"제우스에 맹세코, 그것밖에 몰라요" 하고 그가 말했네.

"그런데 치자가 되겠다고 구혼하는 사람은 통치에 애정을 품어서는 안 되네. 그러지 않으면 연적들 사이에 싸움이 벌어질 테니까."

"당연하지요."

"그렇다면 자네는 다른 사람들에게 국가의 수호자가 되어달라고 강요할 것인가? 아니면 국가를 가장 훌륭하게 통치할 수단을 누구보다 잘 알뿐더러, 그 밖의 다른 명예를 누리며 정치가의 삶보다 더 나은 삶을 사는 사람들에게 강요할 것인가?"

"다른 사람이라면 아무한테도 강요하지 않을 겁니다" 하고 그가 대답했네.

"그렇다면 자네는 어떻게 해야 이런 사람들이 태어날 수 있는지, 저승에서 하늘로 올라갔다는 사람들[5]처럼 어떻게 해야 이들을 빛을 향하여 위쪽으로 인도할 수 있는지 고찰해보기를 원하는가?"

"원하고말고요" 하고 그가 말했네.

"그러나 그것은 물론 조가비놀이[6]에서 조가비를 뒤집는 것과 같은 놀이가 아니라, 혼을 밤과 같은 낮이 아니라 진정한 낮으로 전향시키는 것으로, 이것이 바로 진정한 존재를 향한 오름이며 우리가 진정한 철학이라고 주장하려는 것이라네."

"그야 물론이지요."

"그렇다면 어떤 교과목에 그런 힘이 있는지 고찰해야겠지?"

"당연하지요."

"그렇다면 글라우콘, 혼을 생성의 세계에서 존재의 세계로 이끌 수 있는 교과목이란 어떤 것일까? 말하는 동안 생각난 것이 있는데, 우리

---

5 헤라클레스(Herakles), 아스클레피오스(Asklepios), 세멜레(Semele)처럼 하늘로 올라간 사람을 말한다.
6 가운데에 선을 그어놓고 두 패로 나뉜 아이들이 한쪽은 검고 다른 한쪽은 흰 조가비를 던져 흑백에 따라 한편은 쫓고 다른 한편은 쫓기는 놀이라고 한다.

는 앞서 국가의 수호자들은 젊을 때 유능한 전사가 되어야 한다고 말하지 않았던가?"

"네, 그렇게 말했지요."

"그러면 우리가 찾는 교과목은 앞서 말한 것에 덧붙여 이런 점도 갖추고 있어야 하네."

"그게 뭐죠?"

"전사들에게 쓸모없어서는 안 된다는 점 말일세."

"가능하다면 그래야겠지요" 하고 그가 말했네.

"그런데 우리는 앞서 그들이 체력단련 교육과 시가 교육을 받게 했네."

"네, 그랬지요" 하고 그가 말했네.

"체력단련 교육은 생성하고 소멸하는 것에 관련되네. 그것이 돌보는 몸은 성장하고 쇠퇴하니까."

"그런 것 같아요."

"그렇다면 그것은 우리가 찾는 교과목이 될 수 없네."

"네, 될 수 없어요."

"그렇다면 시가 교육은 어떤가? 우리가 앞서 논의한 범위 내에서 말일세."

그러자 그가 말했네. "선생님께서도 기억하시겠지만, 시가 교육은 체력단련 교육과 한 짝이었어요. 시가 교육은 습관의 힘에 의해 국가의 수호자들을 교육했는데, 선법에 의해서는 조화로운 성격을, 리듬에 의해서는 율동을 제공하지만 지식을 제공하지는 않았어요. 그 가사(歌詞)도 전설적인 것이건 사실에 가까운 것이건 그와 유사한 습관이 배게 해주었어요. 하지만 시가 교육에는 선생님께서 지금 추구하시는 목적에 도움이 될 만한 교과목은 없었어요."

"자네, 정말 정확하게 기억하고 있구먼" 하고 내가 말했네. "시가 교육에는 실제로 그런 것은 하나도 없었으니까. 그렇다면 여보게 글라우콘, 그런 교과목은 대체 어떤 것일까? 실용적 기술은 모두 손을 쓰는 일에 종사하는 것 같기에 하는 말일세."[7]

"왜 아니겠어요? 하지만 시가 교육과 체력단련 교육과 여러 기술이 제외된다면 이제 어떤 교과목이 남아 있나요?"

"자, 또 다른 교과목을 찾을 수 없다면, 이 모든 것에 적용되는 교과목을 찾도록 하세" 하고 내가 말했네.

"그게 어떤 것이지요?"

"그것은 모든 기술과 사고와 지식에 공통적으로 사용될뿐더러 누구나 맨 먼저 배우지 않으면 안 되는 것이라네."

"그게 어떤 것인가요?" 하고 그가 말했네.

그래서 내가 말했네. "뭐 대단한 것은 아니고, 그저 하나 둘 셋을 구별하는 그런 것이라네. 나는 이것을 통틀어 수와 계산이라고 부른다네. 아니면 이것은 모든 기술과 지식이 필연적으로 관여하는 그런 것이 아니란 말인가?"

"물론 관여하지요" 하고 그가 말했네.

---

[7]   475e, 495d~e 참조.

"그러면 전술 역시 이에 관여하겠지?" 하고 내가 말했네.

"당연하지요" 하고 그가 말했네.

d 그래서 내가 말했네. "팔라메데스[8]는 비극에 등장할 때마다 아가멤논이 아주 우스운 장군임을 보여주고 있네. 아니면 자네는 팔라메데스가 수(數)를 발견하고 트로이아에서 군대 편제를 짜고 함선과 그 밖의 모든 것을 계산해낸 것은 자신이라고 주장하는 것을 깨닫지 못했는가? 그는 마치 예전에는 그런 것들이 세어진 적도 없고 아가멤논은 자기 다리가 몇 개인지도 몰랐다는 듯이 그런 주장을 펼치고 있네. 하긴 아가멤논인들 셈할 줄을 몰랐다면 자기 다리가 몇 개인지 어떻게 알았겠나? 그게 사실이었다면, 자네는 아가멤논을 어떤 장군이라고 생각하는가?"

"그를 멍청한 장군이라고 생각하겠지요. 그게 사실이었다면 말이에요" 하고 그가 말했네.

e 그래서 내가 말했네. "그러면 우리는 계산하고 셈할 수 있는 능력도 전사에게는 필수적인 교과목이라고 규정할까?"

"어떤 교과목보다 더 필수적이겠지요" 하고 그가 말했네. "그가 군대 편제를 다소나마 이해하려 한다면, 아니, 그보다 인간이 되고자 한다면 말이에요."

"그렇다면 자네는 이 교과목에 대해 나와 생각이 같은 것인가?" 하고 내가 물었네.

"어떤 생각인데요?"

523a "이 교과목은 우리가 찾는 교과목, 즉 본성상 지성에 의한 인식으로

이끌어가는 교과목의 하나인 것 같네. 그렇지만 이 교과목에는 실체로 이끌어가는 강력한 힘이 있는데도 그것을 이용하는 사람이 아무도 없는 것 같네."

"무슨 말씀이신지요?" 하고 그가 말했네.

그래서 내가 말했네. "나는 나름대로 내 생각을 분명히 밝히겠네. 우리가 말하는 방향으로 이끌어가는 것과 그러지 않는 것을 내가 나름대로 구별해볼 테니, 자네도 함께 관찰하면서 이에 동의하든가 말든가 하게. 그래야만 내 예측이 옳은 것인지 더 분명히 볼 수 있을 걸세."

"그럼 보여주세요" 하고 그가 말했네.

그래서 내가 말했네. "나는 감각에는 두 가지가 있다는 것을 보여주겠네. 자네가 보고 있다면 말일세. 그중 한 가지는 감각만으로도 충분히 판단할 수 있기에 관찰을 위해 지성의 도움을 청하지 않지만, 다른 한 가지는 감각만으로는 소기의 성과를 전혀 거두지 못하기에 전적으로 지성을 시켜 관찰하게 한다네." b

그러자 그가 말했네. "선생님께서는 분명 멀리 보이는 것이나 음영 기법으로 그린 그림을 두고 그렇게 말씀하시는 것 같군요."

"자네는 내 말뜻을 완전히 이해하지 못했네" 하고 내가 말했네.

"그렇다면 선생님은 어떤 뜻으로 그렇게 말씀하셨나요?" 하고 그가 물었네.

8 Palamedes. 트로이아 전쟁에 참전한 그리스군 장수로, 발명가이자 재주꾼이었다.

그래서 내가 대답했네. "지성의 도움을 청하지 않는 경우는 동시에 정반대되는 감각으로 바뀌지 않는 경우이고, 정반대되는 감각으로 바뀌는 경우는 지성의 도움을 청하는 경우이네. 다시 말해 후자의 경우에는 거리의 원근을 불문하고 감각만으로는 이것인지 아니면 그와 정반대되는 것인지 명확히 밝힐 수 없다는 말일세. 내 설명을 듣고 나면 자네는 내 말뜻을 더 명확하게 이해하게 될 걸세. 여기 새끼손가락, 약손가락, 가운뎃손가락, 이렇게 손가락이 세 개 있다고 하세."

"네, 그렇게 해요" 하고 그가 말했네.

"이 손가락들을 가까이에서 보는 것으로 가정하고, 이 손가락들에 관한 내 질문에 대답해주게."

"어떤 질문이죠?"

"그것들은 저마다 똑같이 손가락으로 보일 것이네. 그것들은 가운데에 있느냐 끝에 있느냐, 희냐 검으냐, 굵으냐 가느냐 등등의 차이는 있을망정 손가락으로 보인다는 점에서는 아무 차이도 없네. 이런 모든 차이에도 불구하고 대중의 혼은 손가락이란 도대체 무엇이냐고 지성을 향해 묻도록 강요받지 않을 테니 말일세. 어디서든 시각은 혼을 향해서 손가락은 손가락과 반대되는 것이라는 신호를 보내지 않을 것이란 말일세."

"네, 그러지 않겠지요" 하고 그가 말했네.

그래서 내가 말했네. "그렇다면 이런 경우는 지성을 불러들이거나 자극하는 경우가 아닌 것 같네."

"네, 아닌 것 같아요."

"손가락이 크냐 작으냐는 어떤가? 시각은 그중 어떤 것이 가운데에 있느냐 끝에 있느냐에는 구애받지 않고 그것이 크냐 작으냐를 충분히 볼 수 있을까? 마찬가지로 촉각은 그것이 굵으냐 가느냐, 부드러우냐 딱딱하냐를 느낄 수 있을까? 그 밖의 다른 감각도 그런 것들을 충분히 밝혀낼까? 아니면 모든 감각이 이렇게 작동하는 것일까? 말하자면 먼저 딱딱한 것 위에 놓였던 감각기관이 필연적으로 부드러운 것 위에도 놓여서, 감각하기에 따라서는 같은 사물이 딱딱하기도 하고 부드럽기도 하다고 혼에 전달하는 것일까?"

"네, 그래요" 하고 그가 말했네.

그래서 내가 말했네. "그리하여 감각이 같은 사물을 부드럽다고도 전달한다면, 딱딱하다는 것으로 대체 무엇을 의미하는지 혼은 필연적으로 혼란에 빠지지 않을까? 마찬가지로, 가볍다는 감각이나 무겁다는 감각도 무거운 것을 가볍다는 것으로 신호를 보내오거나 가벼운 것을 무겁다는 것으로 신호를 보내온다면, 혼은 가볍다는 것이나 무겁다는 것으로 무엇을 의미하는지 혼란에 빠지지 않을 수 없을 걸세."

"그래요. 그렇게 전달하면 혼에 이상하게 들릴 것이고, 따라서 더 검토할 필요가 있는 것으로 생각되겠지요" 하고 그가 말했네.

그래서 내가 말했네. "따라서 이런 경우 아마도 혼은 우선 계산 능력이나 지성에 도움을 청하면서 전달된 것이 하나인지 둘인지 고찰하려 할 것이네."

"왜 아니겠어요?"

"그리고 둘로 나타난다면, 각각은 별개의 하나로 나타나겠지?"

"네, 그래요."

c "따라서 각각은 하나이고 둘이 합해져 둘이 된다면, 혼은 둘을 별개의 것으로 알 것이네. 둘이 별개의 것이 아니라면 혼은 그것들을 둘 아닌 하나로 알았을 테니 말일세."

"옳은 말씀이에요."

"우리 주장에 따르면, 시각 또한 큰 것과 작은 것을 봤지만 별개의 것이 아니라 한데 뒤섞인 것으로 보았네. 그렇지 않은가?"

"네, 그래요."

"그래서 이 점을 명확히 하기 위해 지성도 역시 큰 것과 작은 것을 보도록 강요받았지만, 지성은 시각과는 정반대로 한데 뒤섞인 것으로 보지 않고 별개의 것으로 보았네."

"옳은 말씀이에요."

"그래서 우리는 여기서 먼저 큰 것은 무엇이며 작은 것은 무엇이냐는 질문을 제기하게 되겠지?"

"전적으로 동의해요."

"그리고 우리는 그 하나는 지성에 의해 알 수 있는 것이라고, 다른 하나는 가시적인 것이라고 불렀던 것이네."

"지당한 말씀이에요" 하고 그가 말했네.

d "내가 방금 말하고자 한 것은 바로, 어떤 것은 사고의 도움을 청하지만 어떤 것은 청하지 않는다는 것이네. 그리고 나는 자신과 정반대되는 것을 수반하여 감각 속으로 들어오는 것은 도움을 청하는 것이라 했고, 그러지 않는 것은 지성을 깨우는 것이 아니라고 했네."

"이미 알고 있어요. 그리고 저도 동감이에요" 하고 그가 말했네.

"어떤가? 수는, 이를테면 하나는, 둘 중에 어느 쪽이라고 생각하는가?"

"모르겠어요" 하고 그가 말했네.

그래서 내가 말했네. "앞서 말한 것을 미루어 생각해보게. 하나가 그 자체로 충분히 보이거나 다른 감각에 의해 파악된다면, 손가락의 경우처럼 실체로 이끌어가는 힘을 갖지 못할 것이네. 하지만 언제나 그와 동시에 정반대되는 것이 보여서 하나인지 또는 정반대되는 것인지 확실하지 않다면, 혼은 그것을 판별할 수 있는 힘이 필요할 것이네. 그런 경우 혼은 필연적으로 혼란에 빠져 자기 안에 있는 사고를 깨우며 탐구할 것이고, 하나란 대체 무엇인지 물을 것이네. 그리하여 하나에 대한 학습은 실재를 관찰하도록 이끌어가며, 그쪽으로 전향시키는 것 가운데 하나가 될 걸세."

그러자 그가 말했네. "하지만 동일한 사물을 바라보는 시각도 그 점에서는 마찬가지예요. 우리는 동일한 사물을 하나로 보는가 하면, 동시에 무한히 많은 것으로도 보니까요."

그래서 내가 말했네. "하나가 그렇다면 다른 수도 모두 그렇지 않을까?"

"당연히 그렇겠지요."

"그리고 산술과 수론은 모두 수와 관련이 있네."

"물론이지요."

"그런데 수는 진리로 이끌어가는 것으로 밝혀졌네."

"특히 그렇지요."

b "그러면 이것들은 우리가 찾는 교과목의 하나가 되겠구먼. 전사는 군대 편제를 알기 위해, 철학자는 생성의 세계에서 벗어나 존재와 접촉하기 위해 반드시 그것들을 배워야만 할 테니 말일세. 그러지 않으면 결코 산술에 능하지 못할 테니까."

"그건 그래요" 하고 그가 말했네.

"그런데 우리 수호자는 전사이면서 동시에 철학자일세."

"그렇고말고요."

c "그렇다면 글라우콘, 이 교과목을 법률로 정해 장차 국가 대사에 참여해야 할 사람들이 산술을 배우게 하는 것이 좋겠구먼. 물론 취미로 배우게 할 것이 아니라, 지성 자체만으로 수의 본성을 관찰할 수 있을 때까지 배우게 해야 할 것이네. 상인이나 소매상처럼 한낱 물건을 사고 팔기 위해서가 아니라, 전쟁을 위해 그리고 혼 자체를 생성의 세계로부터 진리와 존재로 가장 쉽게 전향시키기 위해 배우게 해야만 한다는 말일세."

"참으로 훌륭한 말씀이에요" 하고 그가 말했네.

그래서 내가 말했네. "계산에 관한 교과목 이야기를 하다 보니 생각
d 나서 하는 말인데, 이 교과목이야말로 흥미진진하고, 장사할 목적이 아니라 지식을 획득할 목적에서 연구한다면 우리 목적에도 여러모로 유용할 것 같네."

"어떤 점에서 그렇지요?" 하고 그가 물었네.

"방금 말했듯이 이 교과목은 혼을 강력하게 위쪽 어딘가로 이끌며

수 자체에 관해 토론하도록 혼에게 강요할뿐더러, 볼 수 있거나 만질 수 있는 물체를 수반하는 수를 혼에게 제시하면서 토론을 시도하는 사람이 있다면, 그에게 이를 결코 허용하지 않는다는 점에서 그렇다네. 그도 그럴 것이, 자네도 알다시피 이 방면의 대가들은 토론할 때 하나 자체를 나누려고 하는 사람이 있다면, 그를 무시하며 거들떠보지도 않을 테니 말일세. 그런데도 자네가 그것을 나누려 하면, 그들은 하나가 하나 아닌 여러 조각으로 보이지 않게 유의하며 그것을 곱할 것이네."

e

"지당한 말씀이에요" 하고 그가 말했네.

"그런데 글라우콘, 그들에게 '여보시오들, 당신들은 대체 어떤 수에 관해 말하고 있기에 거기서는 하나가 당신들 요구대로 모두가 똑같아 서로 아무 차이도 없으며 또한 나누어질 수도 없다는 게요?'라고 묻는 사람이 있다면, 그들은 뭐라고 답변할 것 같은가?"

526a

"그들은 아마도 이렇게 답변하겠지요. '우리는 사고하는 것은 가능하지만 다른 방법으로는 도저히 다룰 수 없는 수에 관해 말하고 있다오.'"

그래서 내가 말했네. "그러면 여보게, 자네도 보다시피 이 교과목은 우리에게 꼭 필요한 것 같네. 이 교과목은 진리 자체에 도달하기 위해서 오로지 지성만을 사용하도록 혼에게 강요하는 것이 분명하니 말일세."

b

"그것이 이 교과목의 두드러진 특징이에요" 하고 그가 말했네.

"어떤가? 그 밖에도 선천적으로 계산에 밝은 사람들은 다른 모든 교과목에서도 이른바 날카로운 이해력을 타고난다는 점과, 이해가 더 딘 사람들도 이 교과목에 따라서 교육받고 훈련받으면 다른 이익은 없다 해도 다들 이해력이 더 날카로워진다는 점을 자네는 벌써 알아차렸

겠지?"

"그건 그래요" 하고 그가 말했네.

c "하지만 배우고 익히는 데 이 산술만큼 힘든 교과목도 별로 없을 것이네."

"확실히 별로 없을 거예요."

"이런 모든 이유 때문에 우리는 이 교과목을 존치해서 가장 우수한 품성을 지닌 사람들에게 가르쳐야 하네."

"저도 동감이에요" 하고 그가 말했네.

"그러면 이 교과목을 우리가 찾는 교과목의 하나로 정하세. 다음에는 이 교과목과 관련된 교과목이 우리에게 도움이 될 수 있는지 살펴보도록 하세" 하고 내가 말했네.

"그게 어떤 교과목이죠? 기하학 말인가요?" 하고 그가 물었네.

그래서 내가 대답했네. "바로 그걸세."

"전쟁에 관련되는 한 기하학은 분명 우리에게 도움이 돼요. 진지를
d 구축한다거나, 장소를 점거한다거나, 대오를 좁히거나 넓힌다거나, 그 밖에 전투할 때나 행군할 때 군대를 정돈하는 일에서 기하학을 아느냐 모르느냐에 따라 큰 차이가 날 테니까요" 하고 그가 말했네.

내가 말했네. "하지만 그런 목적을 위해서라면 기하학이나 산술은 조금만 알아도 충분할 걸세. 그보다는 오히려 기하학의 더 중대하고 더
e 진전된 부분과 관련하여, 그것이 선의 이데아를 더 쉽게 보도록 하는 데 도움이 되는지 꼭 살펴봐야 하네. 그런데 우리 주장에 따르면, 혼이 반드시 봐야 하는 가장 행복한 실재가 자리 잡고 있는 그곳으로 향하도

록 혼을 강요하는 것이면 무엇이든 선의 이데아를 쉽게 보도록 하는 데 도움이 된다네."

"옳은 말씀이에요" 하고 그가 말했네.

"따라서 기하학이 존재를 보도록 강요한다면 도움이 되지만, 생성을 보도록 강요한다면 도움이 되지 못하네."

"네, 그게 우리 주장이에요."

"한데 조금이라도 기하학을 아는 사람이라면 이 학문의 본성은 이 학문의 연구자들이 사용하는 용어들과는 정반대라는 사실을 부인하지 못할 걸세."

527a

"어째서 그렇지요?" 하고 그가 물었네.

"그들이 쓰는 용어들은 어딘지 우스꽝스럽고 궁색해 보이네. 그들은 마치 행동하는 것처럼, 또한 오직 행동을 위해 그런 모든 용어를 사용하는 것처럼 '네모지게 한다' '늘이다' '더하다' 등등의 용어를 사용하고 있지만, 이 교과목 전체가 추구하는 것은 지식 이외의 어떤 것도 아니기 때문이네."

"전적으로 동의해요" 하고 그가 말했네.

b

"그러면 다음에 대해서도 우리는 동의해야겠지?"

"그게 뭔가요?"

"기하학이 추구하는 지식은 언제나 존재하는 것에 대한 지식이지, 특정한 시간에 생성하고 소멸하는 것에 대한 지식이 아니라는 점 말일세."

"그 점에는 쉽게 동의해야겠지요" 하고 그가 말했네. "기하학의 지식은 언제나 존재하는 것에 대한 지식이니까요."

"그렇다면 여보게, 기하학은 혼을 진리로 이끌며, 우리가 지금 부당하게도 아래쪽으로 향하고 있는 것을 위쪽으로 향하게 함으로써 철학적 사고방식을 만들어내네."

"최대한 그러지요" 하고 그가 말했네.

c "그러면 우리는 자네의 이상 국가 시민들이 결코 기하학을 멀리하는 일이 없도록 최대한 유의해야만 하네. 이 교과목의 부수적 이익도 적지 않기 때문일세" 하고 내가 말했네.

"그게 어떤 것이죠?" 하고 그가 물었네.

그래서 내가 대답했네. "거기에는 자네 말처럼 전쟁과 관련된 이익도 있고, 그 밖의 다른 모든 학과를 더 훌륭하게 파악하는 데서도 기하학을 아는 사람과 모르는 사람 사이에는 큰 차이가 날 것이라는 점을 우리는 알고 있네."

"제우스에 맹세코, 확실히 큰 차이가 날 거예요" 하고 그가 말했네.

"그러면 기하학을 젊은이들이 배워야 할 두 번째 교과목으로 정할까?"

"정하도록 해요" 하고 그가 말했네.

d "어떤가? 천문학을 세 번째 교과목으로 정할까? 자네는 동의하지 않는가?"

"물론 동의해요" 하고 그가 말했네. "달과 해(年)의 시간을 남보다 민감하게 감지할 수 있다는 것은 농사와 항해에도 도움이 될뿐더러, 그에 못지않게 전술에도 도움이 되니까요."

"자네 참 재미있는 친구야!" 하고 내가 말했네. "자네는 쓸모없는 교과목을 떠맡긴다고 대중이 생각할까 봐 두려워하는 것 같으니 말일세. 물론 각자의 혼에 내재하는 어떤 기관이 이런 교과목들을 통해 정화되고 다시 불꽃이 타오르기 시작한다는 것은 중대한 일임이 틀림없지만 쉽게 믿어지는 것은 아니지. 그런데 이 기관은 사람들이 다른 일에 전념함으로써 파손되어 장님이 되긴 하지만, 이 기관에 의해서만 진리를 볼 수 있기에 1만 개의 육안보다 더 보전할 가치가 있는 것이라네. 따라서 이 점에 대해 우리와 의견을 같이하는 사람들은 자네의 주장을 이루 말할 수 없이 훌륭하다고 생각하겠지만, 이를 깨닫지 못하는 사람들은 자네 주장을 일고의 가치도 없다고 생각할 것이네. 그들은 이런 교과목들에서 이렇다 할 그 밖의 다른 이익은 발견하지 못할 테니까. 그러니 자네는 양쪽 가운데 어느 쪽을 상대로 토론할 것인지 당장 결정하게. 아니면 자네는 남이 자네 토론에서 다소 이익을 보더라도 이를 아깝게 여기지 않으며 어느 쪽도 상대하지 않고 주로 자네 자신을 위해 토론할 것인가?"

"그래요" 하고 그가 말했네. "저는 주로 저 자신을 위해 말하고 문답(問答)하는 쪽을 택할래요."

"그러면 조금 뒤로 되돌아가세. 지금 우리는 기하학 다음 교과목을 잘못 선택했기에 하는 말일세" 하고 내가 말했네.

"어째서 잘못 선택했다는 거지요?" 하고 그가 물었네.

그래서 내가 대답했네. "우리는 평면 다음에 입체 자체를 다루기도 전에 회전운동을 하는 입체를 선택했네. 2차원 다음에는 3차원을 선택하는 것이 옳은데도 말일세. 그런데 3차원은 정육면체의 차원이나 깊이를 가진 모든 것에 관련되네."

"그건 그래요" 하고 그가 말했네. "하지만 소크라테스 선생님, 이 교과목⁹에 관련된 문제점들이 아직은 완전하게 해결되지 않은 것 같은데요."

내가 말했네. "거기에는 두 가지 이유가 있네. 첫째, 이 교과목을 존중하는 국가가 하나도 없기 때문일세. 그래서 이 교과목은 난해한 교과목인데도 철저히 연구되지 않고 있다네. 둘째, 연구자들은 지도자 없이는 아무것도 발견할 수 없기에 지도자가 필요한데도 지도자는 우선 구하기도 힘들거니와, 설령 구한다 해도 지금의 실정이 그러하듯 이 교과목의 연구자들은 자만심이 강해서 지도자에게 복종하려 하지 않기 때문일세. 그러나 국가 전체가 이 교과목을 존중하여 지도자와 협력한다면 이들도 복종할 것이며, 그리하여 힘껏 연구한다면 이 교과목이 어떤 것인지 밝혀질 것이네. 이 교과목은 오늘날 대중은 물론이고 이 교과목이 어떤 점에서 유용한지를 모르는 이 교과목의 연구자들에게도 존경받는 대신 오히려 방해받는 실정이지만, 그러한 장애에도 불구하고 그 자체가 지닌 매력 덕분에 발전을 거듭하고 있네. 그러니 이 교과목에 관련된 문제점들이 해결된다 해도 조금도 놀랄 일이 아닐세."

"그래요. 이 교과목에는 특별한 매력이 있어요" 하고 그가 말했네. "하지만 방금 말씀하신 것을 더 자세히 설명해주세요. 선생님께서는 평면에 관한 이론을 기하학이라고 규정하신 것 같으니까요."

"그러하네" 하고 내가 말했네.

"그리고 선생님께서는 처음에 기하학을, 다음에 천문학을 선택했다가 취소하셨어요" 하고 그가 말했네.

"그랬지" 하고 내가 말했네. "모든 것을 빨리 끝내려고 서두르다가 되레 늦어지고 말았구먼. 기하학 다음에는 깊이의 차원을 연구하는 것이 순서였는데도 이에 관한 연구가 우스울 정도로 빈약하기 때문에, 그것을 건너뛰어 기하학 다음에 곧장 입체 운동인 천문학에 관해 말한 것이라네."

"맞아요" 하고 그가 말했네.

그래서 내가 말했네. "그렇다면 지금 우리가 제쳐두는 교과목은 국가가 강력히 지원하면 성립될 것으로 가정하고 천문학을 네 번째 교과목으로 정하도록 하세."

"그러면 좋을 것 같아요, 소크라테스 선생님" 하고 그가 말했네. "그리고 방금 저는 천문학을 저속하게 칭찬한다고 선생님한테 핀잔을 들었는데, 이제는 선생님께서 추구하시는 방법에 따라 칭찬할 거예요. 천문학이 위쪽을 보도록 혼에게 강요하며, 혼을 지상에서 천상으로 이끌어간다는 것은 누구에게나 분명하니까요."

"나 말고 다른 사람에게는 누구에게나 분명할지도 모르지. 나에게는 분명하지 않으니 말일세" 하고 내가 말했네.

"어째서 분명하지 않다는 거죠?" 하고 그가 말했네.

"오늘날 우리를 철학으로 끌어올리는 사람들처럼 천문학을 다룬 다

---

9   입체기하학.

면, 천문학은 시선을 아래로 향하게 할 뿐이라고 나는 생각하네."

"무슨 말씀이신지요?" 하고 그가 물었네.

그래서 내가 대답했네. "자네는 위쪽의 사물들에 관한 학문을 대담하게도 나름대로 해석하고 있는 것 같구먼. 고개를 쳐들어 천장의 그림을 관찰하며 무엇인가를 배우는 사람이 있다면, 자네는 그가 지성으로 관찰하는 것이지 눈으로 관찰하는 것이 아니라고 생각하는 듯하니 말일세. 어쩌면 자네 생각이 옳고, 내 생각이 어리석은 것인지도 모르지. 아무튼 나는 실재하지만 눈에 보이지 않는 것에 관련되는 학문 외에 다른 어떤 학문이 혼의 시선을 위쪽으로 향하게 할 수 있다고 생각할 수 없네. 또한 입을 벌리고 위쪽을 보건 입을 다물고 아래쪽을 보건 어떤 감각적 대상을 배우고자 하는 사람이 있다면, 나는 그가 배울 수 없다고 주장하네. 그런 대상은 인식을 허용하지 않기 때문일세. 또한 그가 얼굴을 위쪽으로 향한 채 뭍이나 바다 위를 떠다니며 배운다 해도, 그의 혼의 시선은 위쪽을 향하는 것이 아니라 아래쪽을 향한다고 나는 주장하네."

"제가 벌받았군요" 하고 그가 말했네. "선생님의 꾸중은 정당해요. 그런데 선생님께서는 천문학을 우리 목적에 도움이 되게끔 배우고자 한다면 오늘날 배우는 것과는 정반대의 방법으로 배워야 한다고 말씀하셨는데, 그게 무슨 뜻이죠?"

내가 말했네. "이런 뜻일세. 우리는 하늘에 있는 장식들은 가시적인 것으로 만들어졌기에 비록 다른 어떤 가시적인 사물보다 더 아름답고 완전하다 해도, 진정한 장식들에 견주면, 즉 실재하는 빠름과 실재하는 느림이 참된 수와 온갖 형태에서 상호관계를 유지하며 스스로 운동하는 동시에 자신에게 내재하는 것들을 운동하게 하는 그런 운동에 견주면 훨씬 뒤진다고 생각하지 않으면 안 된다는 말일세. 이들 참다운 장식들은 추리와 사고에 의해 파악될 수 있지만 시각에 의해 파악된 적은 없네. 아니면 자네는 그렇지 않다고 생각하는가?"

"아니요" 하고 그가 말했네.

내가 말했네. "그러면 하늘의 장식은 진정한 장식을 배우기 위한 본보기로 사용되지 않으면 안 되네. 다이달로스[10]나 다른 제작자나 화가가 정성껏 손질해서 훌륭하게 그려낸 도형(圖形)들을 대하듯 해야 한다는 말일세. 기하학을 아는 사람이라면 그런 것들을 보고 훌륭하게 만들어졌다고 생각할지 몰라도, 같다든가 갑절이라든가 그 밖의 비례관계의 진리를 포착하기 위해 그런 것들을 열심히 관찰하는 것은 우스운 일이라고 생각할 테니 말일세."

e

530a

"어찌 우습지 않겠어요?" 하고 그가 말했네.

내가 말했네. "그런데 진정한 천문학자라면 별의 운행을 바라볼 때 이들과 똑같은 느낌을 받지 않을까? 그는 하늘과 하늘에 있는 것들이 하늘의 제작자에 의해 도형들로서 가능한 범위 안에서 최대한 아름답게 조립되었다고 생각할 것이네. 그러나 밤이 낮에 대해, 밤과 낮이 달

---

10 Daidalos. 아테나이 출신의 전설적 장인(匠人). 크레테 섬으로 건너가 미노스(Minos) 왕의 미궁을 지었으며 나중에는 아들 이카로스(Ikaros)와 함께 날개를 달고 크레테 섬에서 도주했다.

b 에 대해, 달이 해(年)에 대해, 다른 별들이 해와 달에 대해 그리고 상호 간에 갖는 비례관계와 관련하여, 그것들이 형체를 지니고 있어 가시적인데도 어김없이 언제나 똑같은 방법으로 움직인다고 믿는 사람이 있다면, 천문학자는 그를 멍청한 사람이라고 여기지 않을까? 또한 어떻게 해서라도 그것들의 진리를 포착하려 한다면 멍청한 짓이라고 생각하지 않을까?"

"지금 선생님 말씀을 듣고 보니 그런 것 같네요" 하고 그가 말했네.

내가 말했네. "따라서 우리가 올바른 방법으로 천문학에 관여함으로써 우리 혼에 내재하는 본성상 이성적인 부분을 무용한 것에서 유용한 c 것으로 만들려 한다면, 기하학에서 그랬듯이 천문학을 연구할 때도 문제점들만 취하고 하늘에 있는 것들은 내버려두기로 하세."

"선생님께서는 오늘날 천문학에서 다루고 있는 것의 몇 갑절이나 되는 일을 우리에게 떠맡기시는군요" 하고 그가 말했네.

"우리가 입법자로서 조금이나마 유익한 존재가 되려 한다면, 다른 교과목들도 똑같은 방법으로 정하지 않으면 안 될 것이네. 그런데 자네는 우리 목적에 적합한 다른 교과목을 들 수 있겠는가?" 하고 내가 말했네.

"지금 당장에는 들 수 없어요" 하고 그가 말했네.

그래서 내가 말했네. "그런데 내 생각에, 운동에는 한 가지가 아니라 d 여러 가지가 있는 것 같네. 이 방면의 전문가는 그것들을 다 열거할 수 있겠지만, 우리가 아는 것은 두 가지일세."

"어떤 것들인가요?"

"우리가 방금 논의한 것 이외에 그것과 짝을 이루는 것이 있네" 하고 내가 말했네.

"그게 뭐죠?"

내가 말했네. "마치 눈이 천문학을 위해 만들어졌듯이 귀는 화성법에 맞는 운동을 위해 만들어졌으며, 이 두 학문은 자매 관계에 있다는 것이 퓌타고라스학파의 주장일세. 글라우콘, 우리도 그들의 주장에 동의하려 하네. 아니면 우리는 어떻게 할까?"

"그러지요" 하고 그가 말했네.

"그러면 이 일은 엄청난 일이니까 우리는 그들이 이에 관해 어떻게 말하는지, 그 밖에도 그런 것이 있는지 그들에게 물어보기로 하세. 하지만 우리는 시종일관 우리의 원칙을 견지할 것이네" 하고 내가 말했네.

"그게 뭔가요?"

"우리 제자들이 그중 어떤 것을 배우되 불완전한 상태에서 중단함으로써 그동안 배운 것이 모든 사물이 반드시 귀착되는 곳에 언제나 도달하지 못하는 사태가 벌어지지 않게 해야 한다는 말일세. 이 점에 관해서는 방금 천문학에서도 이야기한 바 있네. 아니면 자네는 화성(和聲)에서도 똑같은 일이 일어난다는 것을 모르겠는가? 여기서도 귀로 들은 협화음과 소리를 서로 비교하며 재는데, 그들의 노력은 천문학자들의 노력과 마찬가지로 아무 쓸모가 없다네."

"신들에 맹세코, 그건 사실이에요" 하고 그가 말했네. "우습게도 그들은 무엇인지 아무도 알 수 없는 것을 조밀 음정이라고 부르며, 마치 가까운 곳에서 소리를 포착하려는 듯 현(絃)에다 귀를 바싹 갖다 대지요. 또 어떤 사람들은 두 음의 중간 음을 들었는데 이 음이 최소 음정이므로 음의 측정 단위가 되어야 한다고 주장하는가 하면, 다른 사람들은 그것이 이미 있었던 음과 같은 음이라고 이의를 제기해요. 그러나 아무튼 지성보다 귀를 더 높이 평가한다는 점에서는 양쪽이 매한가지이지요."

그래서 내가 말했네. "자네는 줄 조이개로 바싹 죔으로써 현을 괴롭히고 고문하는 착한 사람들을 말하는구먼. 그 밖에도 현을 막대기로 치며 꾸짖는다든가, 현이 말을 듣지 않고 허풍을 떤다든가 하는 비유를 계속해서 들 수 있지만, 그러면 지루해질 테니 그런 비유는 그만두겠네. 아무튼 나는 이들을 두고 말하는 것이 아니라, 방금 우리가 화성에 관해 물어보려 한 사람들[11]을 두고 말하고 있다는 점만 말해두겠네. 그들은 천문학자들과 똑같은 짓을 하고 있기 때문일세. 그들은 귀로 들은 협화음에서 수를 찾기는 하지만 문제점들을 향해 올라가서 어떤 수들이 화음을 이루고 어떤 수들이 그러지 않는지 그리고 각각 왜 그렇게 되는지 고찰하지 않기 때문이네."

"그것은 초인적 과업일 텐데요" 하고 그가 말했네.

"아름다움과 선을 추구할 목적에서 연구한다면 유용한 일이네" 하고 내가 말했네. "하지만 다른 목적으로 연구한다면 아무 쓸모가 없지."

"그런 것 같아요" 하고 그가 말했네.

내가 말했네. "생각건대 우리가 지금까지 말한 이 모든 교과목에 대한 연구도, 이 교과목들 상호 간의 공통성이나 동족 관계로까지 파고들어 가서 그것들이 어떤 점에서 유사한지 밝혀낼 수 있다면 우리 목적에 조금이나마 이바지하여 헛수고가 되지 않겠지만, 그러지 못한다면 헛수고가 되고 말 것이네."

"저도 그런 예감이 들어요. 하지만 소크라테스 선생님, 선생님께서 말씀하시는 것은 엄청난 일이에요."

그래서 내가 말했네. "서곡(序曲)을 두고 하는 말인가? 아니면 무엇을 두고 그렇게 말하는가? 자네는 이것들이 전부 우리가 배워야 할 노래의 서곡이라는 것을 모르겠는가? 자네는 설마 이 교과목들에 능한 사람들이 문답법에도 능하다고는 생각하지 않을 테니 말일세."

"제우스에 맹세코, 그렇게 생각하지 않아요. 제가 만난 극소수 사람들을 제외하고는요."

"그러면 자네는 문답을 주고받을 능력이 없는 사람이 우리가 반드시 알아야 한다고 주장하는 것을 언젠가는 알게 되리라고 생각해본 적이 있는가?" 하고 내가 말했네.

"그렇게 되리라고 생각해본 적도 없어요" 하고 그가 말했네.

그래서 내가 말했네. "글라우콘, 문답법이 연주하는 노래는 바로 이런 것일세. 이 노래는 지성에 의해 알 수 있는 것이지만 시각 능력에 의해 모방될 수 있네. 우리는 앞서[12] 시각 능력이 이미 동물 자체와 별 자체와 태양 자체를 바라보려 한다고 말한 적이 있는데, 이와 마찬가지로 문답법에 의해 감각은 일절 사용하지 않고 이성을 통해 각각의 사물 자체

---

11 퓌타고라스(Pythagoras)학파 철학자들.
12 516a~b 참조.

b 를 향해 나아가서는 지적 활동만으로 선(善) 자체를 포착할 때까지 물러서지 않는 사람이 있다면, 그는 지성에 의해 알 수 있는 영역의 궁극에 도달할 것이네. 마치 앞서 말한 저 동굴의 수감자가 가시적 영역의 궁극에 도달하듯 말일세."

"전적으로 동의해요" 하고 그가 말했네.

"어떤가? 자네는 이런 과정을 문답법[13]이라고 부르지 않는가?"

"물론 그렇게 부르지요."

그래서 내가 말했네. "그런데 쇠사슬에서 풀려나는 것, 그림자에서 모상과 불빛으로 방향을 바꾸는 것, 지하 동굴에서 햇빛 비치는 곳으로 올라가는 것, 그곳에서 아직은 동물과 식물과 햇빛을 보지 못하지만

c 이전처럼 태양과 비교하면 그 자체가 하나의 모상에 불과한 불빛에 의해 투영된 모상의 그림자를 보는 것이 아니라 물에 비친 신적인 영상과 실물의 그림자를 보는 것은 어떤가? 우리가 말한 여러 학술에 대한 연구에도 이런 힘이 있어서 모든 실재 가운데 가장 훌륭한 것을 관찰하도록 혼의 가장 훌륭한 부분을 위쪽으로 이끌어주는 것이 아닐까? 그것

d 은 앞서 몸의 가장 밝은 부분[14]이 물질계와 가시적 영역에서 가장 밝은 것을 보도록 인도되던 것과도 똑같네."

그러자 그가 말했네. "저도 그렇게 받아들일게요. 그대로 받아들이긴 어렵지만 받아들이지 않자니 그 또한 어렵군요. 하지만 우리는 이 문제에 관해 이번에만 들을 것이 아니라 차후에도 두고두고 토론해야 할 테니, 선생님께서 말씀하신 대로라고 가정하고 직접 본론으로 들어가 서곡을 검토한 것과 같은 방법으로 검토해보도록 해요. 자, 그럼 말씀

해주세요. 문답법의 힘이란 어떤 것이며, 어떤 종류로 나뉘는지, 거기에 도달하는 길은 어떤 것인지 말이에요. 우리가 그 길을 따라가면 여행의 목적지에 이르러 휴식을 취할 수 있을 것 같으니까요."

그래서 내가 말했네. "여보게 글라우콘, 자네는 더이상 따라올 수 없을 것이네. 물론 나는 열성을 다하겠지만, 이제 자네는 우리가 말하는 것의 모상이 아니라 내가 볼 수 있는 한도 내에서 진리 자체를 보게 될 테니 말일세. 하지만 내가 보는 것이 진실인지 아닌지는 단언하지 않는 것이 좋겠지. 그러나 뭔가 그런 것이 보인다고 주장할 수는 있겠지. 그렇지 않은가?"

"물론 그렇지요."

"그렇다면 문답법의 힘만이 우리가 방금 말한 여러 교과목을 알고 있는 사람에게 그것을 보여줄 수 있고, 다른 방법으로는 보여줄 수 없다고 단언해도 좋지 않을까?"

"단언해도 좋겠지요" 하고 그가 말했네.

"또한 우리의 다음과 같은 주장에 이의를 제기할 사람은 아무도 없을 걸세" 하고 내가 말했네. "우리 주장이란, 각 사물의 실재 자체를 체계적으로 보편적으로 파악하려는 것은 우리가 방금 언급한 여러 기술과는 다른 학문이며, 그 밖의 다른 기술은 모두 사람들의 의견이나 욕구, 생성이나 조립, 생성된 것이나 조립된 것을 보살피는 일에 관련된다는 것

---

13 dialektike. 문맥에 따라 '대화술' '변증술'로도 옮길 수 있다.
14 눈.

이네. 그 밖에 우리가 조금이나마 실재에 관여한다고 말했던 교과목들, 이를테면 기하학이나 그와 관련된 교과목들은 가설을 사용하면서도 그것을 움직이지 않은 채 그대로 내버려두고 증명하지 못하는 한, 우리가 보기에, 실재에 대해 꿈을 꿀 수는 있을지언정 깨어서 뜬 눈으로 실재를 볼 수는 없다는 것이네. 왜냐하면 누군가 자신이 설정한 제1원리가 무엇인지 모르고, 결말과 중간도 그가 모르는 것으로 구성되어 있다면, 그가 무슨 방법으로 이것들을 결합하여 하나의 지식으로 만들 수 있겠는가?"

"방법이 없어요" 하고 그가 말했네.

내가 말했네. "그렇다면 문답법적 방법만이 그 성과를 확실히 하기 위해 가설을 지양하고 곧장 제1원리를 향해 나아가면서 우리가 앞서 언급한 여러 기술을 협력자나 전향 조력자로 이용하여 그야말로 야만의 진흙 속에 묻혀 있던 혼의 눈을 조용히 이끌어 위쪽으로 인도하네. 우리는 이런 기술들을 습관적으로 대개 지식이라고 일컫지만, 이 기술들에는 의견보다는 더 명료하면서 지식보다는 덜 명료한 것을 암시하는 다른 이름이 필요하네. 우리는 앞서 어디선가[15] 그것을 (추론적) 사고라고 규정했지만, 우리처럼 중대한 문제를 고찰하는 사람들이 이름을 가지고 왈가왈부해서는 안 될 것이네."

"안 되고말고요" 하고 그가 말했네.

그래서 내가 말했네. "그렇다면 우리는 전처럼 첫째 부분은 지식, 둘째 부분은 사고, 셋째 부분은 신념, 넷째 부분은 상상이라고 부르는 것으로 만족하세. 그리고 나중 두 가지를 합쳐 의견이라 부르고, 처음 두 가지를 합쳐 지성[16]이라고 부르기로 하세. 의견은 생성에 관련되고, 지성은 존재에 관련되네. 또한 지성이 의견과 맺는 관계는 존재가 생성과 맺는 관계와 같으며, 지식이 신념과 맺는 관계나 사고가 상상과 맺는 관계는 지성이 의견과 맺는 관계와 같네. 하지만 글라우콘, 우리는 이것들을 관련되는 것들과 대응시키거나 의견의 대상과 지성의 대상을 각각 양분하는 일은 그만두기로 하세. 그러지 않으면 우리는 지금까지 거쳐온 것보다 몇 갑절이나 되는 토론에 휘말릴 테니 말일세."

"그러면 다른 점들에 관한 한 저는 선생님과 동감이에요" 하고 그가 말했네. "제가 따라갈 수 있는 한도 내에서 말이에요."

b

"자네는 각 사물의 실체를 파악하는 사람을 문답에 능한 사람이라고 할 테지? 하지만 그러지 못한 사람이 자신과 남에게 설명할 수 없는 이상, 자네는 그가 이에 관해 그만한 지성을 갖추고 있다고 주장하지 않겠지?"

"어떻게 갖추고 있다고 주장할 수 있겠어요?" 하고 그가 말했네.

"그렇다면 선에 대해서도 같은 말을 할 수 있겠지? 자네는 아마 논증에 의해 선의 이데아를 다른 모든 것과 구분해서 규정할 수 없는 사람이라면, 또한 싸움터에서처럼 모든 반론을 헤치고 나아가 선의 이데아를 의견이 아닌 존재에 따라 검토하려고 노력하면서 이 모든 과정을 불굴의 논증으로 헤치고 나아갈 수 없는 사람이라면, 그는 선 자체는 고사

c

---

15 511d~e 참조.
16 noesis.

하고 다른 선도 알지 못한다고 주장할 것이네. 오히려 자네는 그런 사람이 혹시 어떤 사물의 모상을 접한다면 그것은 의견에 의해서이지 지식에 의한 것이 아니며, 그런 사람은 현재의 삶을 꿈속에서 잠 속에서 보내다가 깨어나기도 전에 저승으로 내려가 영원한 잠에 빠져들 것이라고 주장하지 않을까?”

“제우스에 맹세코, 저는 하나도 빠짐없이 그런 말을 하겠지요” 하고 그가 말했네.

“그러나 자네가 지금 말로만 양육하며 교육하고 있는 자네 아이들을 언젠가 실제로 양육할 경우, 그들이 헤아릴 수 없는 무리수(無理數)[17]로서 국가를 통치하고 국가 대사를 관장한다면 자네는 이를 내버려두지 않을 것이네.”

“물론 내버려두지 않겠지요” 하고 그가 말했네.

“자네는 그들이 문답법에 관한 지식에 최대한 능통하게 해줄 교육에 전념하도록 법률로 정하겠지?”

“그래요. 저는 선생님과 더불어 법률로 정할 겁니다” 하고 그가 말했네.

내가 말했네. “그렇다면 자네는 문답법은 모든 교과목의 갓돌로서 모든 교과목 위에 놓여 있고, 다른 교과목을 그 위에 올려놓는다는 것은 부당하며, 모든 교과목은 거기에서 완결된다고 생각하지 않는가?”

“저는 그렇게 생각해요” 하고 그가 말했네.

“그러면 남은 것은 누구에게 어떻게 이 교과목들을 배정할 것이냐 하는 문제일세” 하고 내가 말했네.

"분명 그래요" 하고 그가 말했네.

"그런데 자네는 우리가 앞서[18] 치자를 선발할 때 어떤 사람을 선발했는지 기억나는가?"

"물론 기억나지요" 하고 그가 말했네.

내가 말했네. "다른 관점에서는 그런 품성의 소유자들이 선발되어야겠지. 우리는 역시 가장 견실하고 가장 용기 있는 사람을, 또한 되도록 용모가 가장 단정한 사람을 택해야 할 테니 말일세. 그 밖에도 우리는 성격이 고매하고 강건할뿐더러 그 품성이 이런 교육을 받기에 적합한 사람을 찾아야 하네."

b

"정확히 어떤 자질을 말씀하시는 건가요?"

"여보게, 그들은 학문에 대해 날카로운 이해력이 있어야 하며 힘겹게 배워서는 안 된다는 말일세. 혼은 체력단련을 할 때보다 힘든 교과목을 배울 때 훨씬 더 주눅들기 때문이네. 배우는 노고는 혼에만 국한되고 몸과는 무관하므로 본래 혼에 고유한 것이기 때문이네" 하고 내가 말했네.

"옳은 말씀이에요" 하고 그가 말했네.

"또한 기억력이 좋고 착실하고 항상 노력하기 좋아하는 사람을 찾지 않으면 안 되네. 아니면 자네는 그렇지 못한 사람이 도대체 어떻게 체력단련에 더하여 그토록 많은 교과목과 수련을 감당해내고 싶어할 것이

c

---

17 여기서는 '비이성적인 존재들'이라는 뜻이다.
18 375a 이하, 484a 이하 참조.

라고 생각하는가?"

"그런 품성을 구비한 사람이 아니고서는 아무도 그러고 싶지 않겠지요" 하고 그가 말했네.

"오늘날 철학이 곤란을 당하며 평판이 나쁜 이유는, 앞서 말했듯이[19] 철학에 걸맞지 않은 자들이 철학을 하기 때문이네. 철학은 철학의 서자들이 아니라 적자들이 할 일이니 말일세."

"무슨 말씀이신지요?" 하고 그가 물었네.

d 그래서 내가 말했네. "철학을 하는 사람은 우선 노력하기 좋아한다는 점에서 절름발이여서는 안 되네. 반쯤은 노력하기 좋아하고 반쯤은 노력하기 싫어하는 사람이서는 안 된다는 말일세. 예컨대 어떤 사람이 체육과 사냥 같은 육체적 노력은 무엇이든 다 좋아하면서도 배우거나 듣거나 연구하기를 좋아하지 않는 경우가 그렇다네. 그리고 노력하기 좋아한다는 점에서 방금 말한 것과 대척점에 서 있는 사람[20]도 절름발이이긴 마찬가지라네."

"지당한 말씀이에요" 하고 그가 말했네.

e "그리고 어떤 혼이 고의적인 거짓은 자기 것이든 남의 것이든 미워서 참지 못하고 화를 내지만, 고의성이 없는 과오에는 아주 관대하여 자신의 무지가 폭로되어도 언짢게 여기기는커녕 오히려 돼지처럼 쾌적한 기분으로 무지의 진창 속에서 뒹군다면, 우리는 이러한 혼은 진리라는 관점에서 역시 절름발이로 간주해도 되겠지?" 하고 내가 말했네.

536a "전적으로 동의해요" 하고 그가 말했네.

내가 말했네. "또한 절제와 용기와 넓은 도량은 물론이고 미덕의 그 밖의 다른 부분에서도 누가 서자이고 누가 적자인지 최대한 조심스럽게 구별해야 할 것이네. 개인이든 국가든 이런 것들에 수반되는 문제점을 고찰할 줄 모른다면 자기도 모르는 사이에 절름발이와 서자를 친구로서 또는 치자로서 그때그때 당면한 과제에 이용하게 될 테니 말일세."

"그야 물론이지요" 하고 그가 말했네.

"따라서 우리는 이런 모든 문제에 세심한 주의를 기울이지 않으면 안 되네" 하고 내가 말했네. "우리가 사지와 마음이 바른 사람들만 그처럼 엄청난 학습과 수련을 받게 하여 그들만을 교육한다면 정의 자체도 우리를 비난할 수 없고 우리도 국가와 정체를 보전할 수 있겠지만, 우리가 엉뚱한 사람들을 데려와 그러한 학습이나 수련을 받게 한다면 정반대되는 결과를 초래할뿐더러 철학을 지금보다 더 웃음거리로 만들 테니 말일세."

"그건 정말 부끄러운 짓이겠지요" 하고 그가 말했네.

"물론이지" 하고 내가 말했네. "한데 지금 웃음거리가 되고 있다는 점에서는 나도 마찬가지인 것 같네."

"어째서 그렇지요?" 하고 그가 말했네.

그래서 내가 말했네. "우리가 단순히 농담조로 이야기하고 있었다는 것을 잊고 내가 지나치게 흥분해서 말한 것 같기 때문이라네. 내가 이야

---

19 495c~496a 참조.
20 학문만 좋아하고 체육은 싫어하는 사람.

기 도중 철학 쪽으로 눈길을 돌려보니, 철학이 너무나 부당하게 모욕당하고 있기에 불쾌해져서 이에 책임이 있는 자들에게 분개한 나머지 방금 말한 것과 같은 너무 심각한 이야기를 한 것 같다는 말일세."

"제우스에 맹세코, 제 귀에는 전혀 그렇게 들리지 않았어요" 하고 그가 말했네.

"하지만 말하는 나에게는 그렇게 들렸다네" 하고 내가 말했네. "그건 그렇고 한 가지 잊어서는 안 될 것은, 우리가 앞서 치자를 선발할 때[21]는 연장자를 선발했지만 여기서는 그것이 허용될 수 없다는 것이네. 사람은 늙어가면서 많은 것을 배운다는 솔론[22]의 말은 믿을 수 없기 때문이네. 사람은 늙어갈수록 달리기보다 배우기가 더 어려우니 말일세. 오히려 큰 노고와 많은 노고는 모두 젊은이의 몫이라네."

"당연하지요" 하고 그가 말했네.

"그렇다면 계산, 기하학 등 문답법에 앞서 이수해야 할 모든 예비교육은 소년 시절에 제공되어야 하네. 하지만 교육방법은 배우도록 강요하는 것이어서는 안 되네."

"왜 그러지요?"

그래서 내가 말했네. "자유민은 어떤 교과목도 노예 같은 방법으로 배워서는 안 되기 때문일세. 육체적 노고는 강제로 수행된다 해도 몸을 전혀 해치지 않지만, 혼의 경우 강제로 배운 것은 아무것도 남지 않기 때문이네."

"옳은 말씀이에요" 하고 그가 말했네.

"그러니 여보게, 이들 교과목을 아이들에게 가르치되 강제적인 방법을 쓸 것이 아니라, 놀이 삼아 재미로 배우게 해야 하네. 그래야만 자네는 아이들이 저마다 어떤 적성을 타고났는지 더 잘 알 수 있을 걸세" 하고 내가 말했네.

"선생님 말씀에 일리가 있어요" 하고 그가 말했네.

그래서 내가 말했네. "우리는 앞서 아이들을 말에 태워 구경꾼으로서 전쟁터로 데려가야 하며, 위험하지 않을 때는 더 가까이 데려가서 어린 사냥개들처럼 피를 맛보게 해야 한다고 주장했는데,[23] 자네도 기억나겠지?"

"저도 기억나요" 하고 그가 말했네.

"이 모든 노고와 학습과 시련에서 언제나 가장 민첩한 것으로 판명되는 자는 선발 후보자 명단에 올려야 하네" 하고 내가 말했네.

"몇 살에요?" 하고 그가 물었네.

그래서 내가 대답했네. "필요한 체력단련을 마친 뒤일세. 2년이 걸리든 3년이 걸리든 이 기간에는 그 밖의 다른 것은 할 수 없기 때문이네. 피로와 졸음은 학습의 적일뿐더러, 저마다 체육에서 어떤 모습을 드러내는지 시험해보는 것도 젊은이들이 치르는 아주 중요한 시험의 하나가 될 테니 말일세."

---

21 412c 참조.
22 Solon(기원전 640년경~560년경). 아테나이의 입법자이자 시인으로, 고대 그리스 세계의 일곱 현인 중 한 명.
23 466e~467e 참조.

"왜 아니겠어요?" 하고 그가 말했네.

내가 말했네. "이 기간이 끝나면서 스무 살짜리 중에서 선발된 자들에게 남보다 더 큰 명예가 주어져야 하네. 또한 그들은 소년 시절에 아무 연관성 없이 배웠던 교과목들을 이제는 체계적으로 배워야 하네. 그래야만 그들은 교과목 상호 간의 유사성과 실재의 본성을 개관할 수 있을 것이네."

그러자 그가 말했네. "누구든 그렇게 배워야 확실히 자기 것이 되겠지요."

"그것은 또한 문답법과 관련한 자질을 구비하고 있는지 여부를 가리는 가장 큰 시험일세. 전체를 개관할 수 있으면 문답법에 대한 자질을 갖춘 자이고, 그러지 못하면 자질을 갖추지 못한 자이니 말일세" 하고 내가 말했네.

"저도 동의해요" 하고 그가 말했네.

내가 말했네. "따라서 자네는 이런 점들을 면밀히 살펴보면서 그들 중에서 이런 요구에 가장 잘 부응할뿐더러 학습이나 전쟁이나 그 밖에 법률로 정한 의무를 잘 견디는 자들이 있으면, 이들이 30세가 되기를 기다렸다가 앞서 선발된 자 중에서 다시 이들을 선발하여 더 큰 명예를 부여해야 하네. 그리고 문답법으로 이들을 시험함으로써 눈이나 다른 감각의 도움 없이 진리와 더불어 실재 자체를 향해 나아갈 수 있는 사람이 있는지 살펴봐야 하네. 그런데 여보게, 여기서는 특히 조심할 필요가 있네."

"특히 무엇을 조심해야 하죠?" 하고 그가 물었네.

그래서 내가 말했네. "자네는 오늘날의 문답법에 얼마나 큰 악(惡)이 얽혀 있는지 모르는가?"

"그게 어떤 악인가요?" 하고 그가 말했네.

"문답법 연구자들은 법률을 마구 무시하고 있단 말일세" 하고 내가 말했네.

"그야 그렇지요" 하고 그가 말했네.

"자네는 그런 그들이 놀랍다고 생각하며, 그들이 안됐다고 생각하지 않는가?" 하고 내가 말했네.

"왜 그들이 안됐다고 생각한다는 거죠?" 하고 그가 물었네.

그래서 내가 대답했네. "어떤 아이가 바꿔치기를 당해 재산도 많고 가족도 많고 세도도 당당한 큰 가문에서 많은 아첨꾼 속에서 자랐다고 가정해보게. 그리고 그가 성인이 된 뒤 그의 자칭 부모가 자기를 낳아준 부모가 아니라는 사실을 알게 되었지만 실제 부모는 영영 찾을 수 없다고 가정해보게. 이런 경우 자네는 그가 아첨꾼과 자기를 슬쩍 바꿔친 자들에게 어떤 감정을 느낄 것이라고 예상하는가? 먼저 자기가 바꿔치기당했다는 것을 모르고 있던 때와, 그 뒤 그런 사실을 알았을 때 말일세. 혹시 자네는 내 예상을 듣고 싶은가?"

"네, 듣고 싶어요" 하고 그가 말했네.

그래서 내가 말했네. "내 예상은 이렇네. 그가 진상을 모르는 동안에는 아첨꾼보다는 부모와 친족이라고 생각되는 사람들을 더 존중할 것이네. 또한 그들에게 무엇이 필요할 때 그대로 지나쳐버리거나 그들에게 불법적 언행을 하거나 중요한 일에서 그들에게 거역하는 일이 없을 걸세. 설령 그런 일이 있다 해도, 그 정도는 아첨꾼들에게 그런 일을 저지르는 정도에 견주면 미약할 것이라는 말이지."

"그럴 것 같아요" 하고 그가 말했네.

"그러나 사실을 알고 난 뒤로는, 내 예상에 그는 존경한다든가 열성을 보인다는 점에서 부모와 친족이라고 생각되었던 사람들에게는 소홀해지는 반면, 아첨꾼들에게는 열성적이 되고 이전보다 눈에 띄게 아첨꾼들의 말을 따를 것이네. 그리하여 그는 아첨꾼들의 생활 태도에 따라 삶을 꾸려가며 이들과 공공연히 사귈 것이네. 한편 그전의 부모나 친족이라고 생각되었던 사람들에게는 전혀 신경을 쓰지 않을 것이네. 그가 남달리 선량한 성격을 타고나지 않았다면 말일세."

"선생님께서 말씀하시는 것은 모두 있을 법해요" 하고 그가 말했네. "그런데 이 비유가 문답법에 관여하는 사람들에게 어떻게 적용되는 거지요?"

"이렇게 적용된다네. 우리는 어릴 때부터 정의와 아름다움에 대한 어떤 신념을 갖고 있어, 언제나 이것에 복종하고 이것을 존중하며 마치 부모에게 양육되듯 이것 속에서 양육되었네."

"네, 그래요."

"그리고 이것과는 정반대되는 활동이 있는데, 이것은 쾌락을 수반하면서 우리 혼에 아첨하고 우리 혼을 유혹하지만 다소나마 절제 있는 사람들을 설득하지는 못하네. 이들은 선조에게서 물려받은 가르침을 존중하며 거기에 따를 테니 말일세."

"그건 그래요."

"어떤가?" 하고 내가 물었네. "이런 사람이 아름다움이란 무엇인가 라는 질문을 받고 입법자한테 들은 대로 대답했다가 논증에 의해 반박당했다면, 또한 그런 반박이 여러 형태로 자주 되풀이되어 결국 그가 아름답다고 들었던 것이 추악한 것보다 조금도 더 아름답지 않으며 정의와 선과 그 밖에 그가 가장 존중한 것들마저도 이 점에서는 마찬가지라는 생각이 들었다면, 자네는 그가 그 뒤로 존중한다든가 복종한다는 점에서 이런 것들에 어떤 태도를 취할 것이라고 생각하는가?"

"그는 존중한다든가 복종한다는 점에서 필연적으로 종전과 같지 않겠지요."

내가 말했네. "한데 만약 그가 이런 것들에 대해 예전처럼 존중할 만하다든가 자기 것이라고 생각하지도 않고 진실한 것을 발견하지도 못한다면, 그는 어디로 향할 것 같은가? 그는 자신의 욕구에 아첨하는 삶으로 향하지 않을까?"

"그러겠지요" 하고 그가 말했네.

"그러면 그는 아마도 법을 지키는 자에서 법을 어기는 자가 되었다고 생각될 것이네."

"당연하지요."

"이것은 이런 식으로 문답법에 관여하는 사람이 으레 놓이는 처지가 아닐까?" 하고 내가 물었네. "그리고 그것은 방금 말했듯이, 용서할 여지가 많은 것이 아닐까?"

"동정의 여지도 있어요" 하고 그가 말했네.

"그렇다면 자네는 30세가 된 자들에게 그런 동정을 베풀 필요가 없도록 이들을 문답법에 관여시키되 각별히 조심해야겠지?"

"물론이지요" 하고 그가 말했네.

b "그렇다면 그들이 너무 젊을 때 문답법을 맛보지 못하게 하는 것도 한 가지 효과적인 예방책이 되지 않을까? 자네도 기억하겠지만, 젊은이가 처음 문답법을 맛보게 되면 그것을 장난삼아 사용하며 언제나 반박을 위해 써먹기 때문일세. 또한 그들은 자신들을 반박한 사람들을 흉내내어 다른 사람들을 반박하면서 가까이 다가오는 사람이면 누구나 강아지처럼 문답으로 끌어당겨 물어뜯는 데서 쾌감을 느낀다네."

"네, 굉장한 쾌감을 느끼지요."

c "그들이 많은 사람을 반박하기도 하고 많은 사람에게 반박당하기도 한다면, 여태까지 믿던 것을 하나도 믿지 않는 상태로 급격히 빠져들 것이네. 그 결과 그들 자신뿐 아니라 세상 사람들은 철학에 관련되는 모든 것을 회의적인 눈으로 볼 걸세."

"지당한 말씀이에요" 하고 그가 말했네.

그래서 내가 말했네. "그러나 나이 지긋한 사람들은 이런 미치광이 짓에 관여하려 하지 않을 것이네. 그리고 장난삼아 반박을 위한 반박을 일삼는 자보다는 오히려 문답법을 통해 진리를 탐구하려는 사람을 본보기로 삼을 것이네. 그리하여 그는 스스로 더 절제 있는 사람이 되는

d 동시에 자기가 하는 일도 더 불명예스럽게 만드는 대신 더 명예롭게 만들 것이네."

"옳은 말씀이에요" 하고 그가 말했네.

"우리가 이 예방책에 앞서 논의한 것도 단정하고 견실한 품성의 소유

자만이 문답법에 관여하게 하고, 지금처럼 아무나 적합하지도 않은 자가 문답법에 접근하는 일이 없도록 조심할 목적에서 논의되었던 것이겠지?"

"물론이지요" 하고 그가 말했네.

"그런데 문답법에 관여하되 다른 것은 아무것도 하지 않고 앞서 체력 단련의 경우처럼 지속적으로 집중적으로 거기에만 전념한다면, 그때보다 두 배 정도의 햇수를 잡으면 충분하겠지?"

"선생님께서 말씀하시는 것은 6년인가요 아니면 4년인가요?"

"아무래도 좋네" 하고 내가 말했네. "5년이라고 해두게. 그러나 이 기간이 지나면 그들은 다시 저 동굴로 내려가서 전쟁에 관한 일이나 그 밖에 젊은이에게 어울리는 일을 주관하지 않으면 안 되네. 그래야만 그들은 경험에서도 남에게 뒤지지 않을 테니까. 그리고 여기서도 그들은 여러 유혹을 받고도 잘 버티는지, 아니면 정도(正道)에서 이탈하는지 시험받지 않으면 안 되네."

"그 기간은 어느 정도로 잡으세요?" 하고 그가 물었네.

"15년일세" 하고 내가 말했네. "그러나 그들이 50세가 되면 모든 시험을 무사히 통과했으며 실무와 학문에서 어느 모로 보나 가장 우수한 것으로 판명된 자들을 최종 목적지로 인도해서는 그들로 하여금 혼의 찬란한 광채를 위쪽으로 향하게 하고 만물에 빛을 가져다주는 것을 직접 바라보게 해야 하네. 그리하여 그들이 선(善) 자체를 봤다면, 그것을 본 보기 삼아 국가와 개인과 자신을 차례차례 정돈하며 여생을 보내게 해야 하네. 물론 대부분의 시간은 철학으로 보내게 하되 자기 차례가 되면 저마다 나랏일을 위해 노력하고 국가를 위해 치자가 되게 해야 하네. 그러나 무슨 대단한 일을 하는 것처럼 하게 할 것이 아니라, 불가피한 일을 하는 것처럼 하게 해야 하네. 그리하여 다른 사람들을 그들 자신과 똑같은 자들로 꾸준히 교육하여 자기들 대신 국가의 수호자들로 남겨둔 뒤 '축복받은 자들의 섬들'[24]에 가서 살게 해야 하네. 또한 국가가 그들을 위해 기념비와 제물을 공적으로 바치게 하되, 예언녀 퓌티아가 승낙한다면 그들을 수호신으로 받들어 모시게 하고, 승낙하지 않으면 행복하고 신과 같은 자들로 받들어 모시게 해야 하네."

"소크라테스 선생님, 선생님께서는 조각가처럼 더없이 훌륭한 치자들의 상(像)을 만들어내셨군요" 하고 그가 말했네.

그래서 내가 말했네. "글라우콘, 나는 여자 치자들의 상도 만들어냈다네. 여자들도 치자로서의 자질을 충분히 타고날 수 있는 만큼, 내가 한 말이 여자들보다 남자들에게 더 많이 적용된다고 생각하지는 말게나."

"옳은 말씀이에요" 하고 그가 말했네. "우리가 앞서 말했듯이,[25] 여자들도 남자들과 마찬가지로 모든 일에 참여해야 한다면 말이에요."

"어떤가?" 하고 내가 말했네. "자네들은 우리가 국가와 정체에 관해 논의한 것이 한낱 소망에 불과한 것이 아니라, 어렵긴 하지만 어떤 방법으로는 가능하며 그 방법이라는 것도 우리가 논의한 방법 말고 다른 방법이 아니라는 것을 인정하는가? 말하자면 진정한 철학자들이 여러 명이든 한 명이든 국가의 권력을 장악해야 하네. 그러면 그들은 오늘날 명예로 간주되는 것들을 비천하고 무가치한 것으로 여겨 경멸하는 반면, 올바른 것과 올바른 것에서 비롯되는 명예를 가장 높이 평가할 것이네. 그리하여 그들은 정의를 가장 중요하고 가장 필요한 길라잡이로 삼아 정의에 봉사하고 정의를 증진시키면서 국가의 질서를 바로잡아갈 것이네."

"어떻게 말인가요?" 하고 그가 물었네.

그래서 내가 대답했네. "그들은 10세 이상의 시민들을 모두 농촌으로 내려보내고 아이들만 맡아서 부모가 지닌 현재 습성에서 벗어나게 한 뒤, 우리가 앞서 논의한 바 있는 그들 자신의 생활 태도와 법률로써 양육할 것이네. 그렇게만 된다면, 우리가 논의한 국가와 정체는 가장 빨리 그리고 가장 쉽게 실현될 것이네. 그리하여 그 국가는 스스로도 행복을 누리겠지만, 그런 국가를 이룩한 민족에게도 최대의 혜택을 얻을 것이네."

"단연코 그러겠지요" 하고 그가 말했네. "그리고 소크라테스 선생님, 언젠가 그런 국가가 생긴다면 어떻게 해서 생기는 것인지 선생님께서 훌륭하게 말씀해주신 것 같아요."

"그렇다면 우리는 이 국가에 대해서도, 이 국가를 닮은 사람에 대해서도 이미 충분히 논의한 것이겠지? 그가 어떤 사람이어야 하는지도 분명하니 말일세" 하고 내가 말했네.

"네, 분명해요" 하고 그가 말했네. "선생님께서 물으셨기에 말씀드립니다만, 이 주제는 이상으로 마무리된 것 같군요."

---

24 7권 주 3 참조.
25 451c~466d 참조.

제8권

543a "좋네. 그렇다면 글라우콘, 완벽하게 통치될 국가에서는 처자를 공유해야 하며 모든 교육은 물론이고 전쟁과 평화에 관한 업무도 공동으로 관리해야 한다는 점, 그리고 그들의 왕은 철학과 전쟁에서 가장 우수한 자여야 한다는 점에 우리는 의견이 일치했네."

"네, 의견이 일치했어요" 하고 그가 말했네.

b "또한 일단 치자들이 임명되면, 앞서 말했듯이 전사들을 사유재산을 갖지 않을 처소에 거주하게 한다는 점에도 우리는 의견이 일치했네.[1] 자네도 기억하겠지만, 우리는 처소뿐 아니라 어떤 종류의 재산을 그들에게 허용할 것인지에 대해서도 의견이 일치했네."[2]

"네, 기억하고 있어요" 하고 그가 말했네. "그들은 어느 누구도 오늘날 일반 시민들이 소유하는 것과 같은 것을 가져서는 안 되고, 진정한 c 전사로서 그리고 수호자로서 자신들이 행한 봉사의 대가로 그 봉사를 위해 필요불가결한 것만 해마다 다른 시민들한테 받되 그 대가로 자신과 국가를 돌봐야 한다는 것이 우리의 생각이었지요."

"옳은 말일세" 하고 내가 말했네. "이 문제도 일단락되었으니, 다시 본론으로 돌아가기 위해 우리가 무슨 이야기를 하다가 여기까지 이르렀는지 기억을 더듬어보기로 하세."

"그야 어렵지 않지요" 하고 그가 말했네. "선생님께서는 방금도 그러셨지만, 그때도 선생님께서 서술하신 국가가 훌륭한 국가이고 이 국가를 닮은 사람이 훌륭한 사람이라고 하심으로써 국가에 관한 논의를 벌써 끝마친 것처럼 말씀하셨어요.[3] 그런데 지금 제가 보기에, 선생님께서는 우리에게 더 훌륭한 국가와 더 훌륭한 사람을 보여주실 것 같군요. 하지만 그때는 이것이 올바른 국가라면 이와 다른 국가는 모두 잘못된 것이라고 말씀하셨어요. 제가 기억하기로는, 선생님께서는 잘못된 정체 가운데 언급할 가치가 있는 것은 네 가지인데 우리는 이것들의 결점과 이것들을 닮은 자들을 모두 고찰함으로써 그들 가운데 어떤 자가 가장 훌륭하고 어떤 자가 가장 나쁜지에 대해 의견이 일치할 수 있으며, 그런 다음 가장 훌륭한 자가 가장 행복한 자이고 가장 나쁜 자가 가장 불행한 자인지 아닌지 고찰할 수 있을 것이라고 말씀하셨어요. 그래서 선생님께서 말씀하시는 네 가지 정체란 어떤 것이냐고 제가 물었을 때 폴레마르코스와 아데이만토스가 끼어들었고,[4] 그래서 선생님께서 다시 논의를 시작하시다 보니 이야기가 여기까지 이른 것이지요."

"자네, 참으로 정확하게 기억하고 있구먼" 하고 내가 말했네.

1 415d 이하 참조.
2 416d 이하 참조.
3 445c~e 참조.
4 445a~449b 참조.

"그러면 선생님께서는 레슬링 선수처럼 다시 원래 자세를 취하세요. 그리고 제가 같은 질문을 할 테니, 선생님께서는 그때 하시려 한 말씀을 해주세요."

"할 수 있다면 해보겠네" 하고 내가 말했네.

그러자 그가 말했네. "저는 토론을 떠나 개인적으로도 선생님께서 말씀하시는 네 가지 정체가 어떤 것인지 정말 듣고 싶어요."

c "그 질문에 대한 내 답변은 어렵지 않네" 하고 내가 말했네. "내가 말하려는 네 가지 정체에는 모두 고유한 명칭이 있는데, 첫 번째는 많은 사람에게 칭찬받는 저 크레테 또는 스파르테[5]식 정체일세. 두 번째는 평가에서도 1위에 버금가는 것으로 과두정체(寡頭政體)[6]라 부르는데, 이 정체는 온갖 병폐로 가득차 있네. 그다음은 이와 대조적이면서도 이 정체에 이어서 생겨나는 민주정체[7]이고, 마지막은 모든 정체와 판이한 그 잘난[8] 참주정체(僭主政體)[9]인데, 이것이 국가의 네 번째이자 말기적인 질병이네. 혹시 자네는 그 밖의 다른 종류의 정체로서 성격이 뚜렷한

d 것을 아는가? 세습군주제[10]나 돈으로 사고파는 왕정[11]이나 그 밖에 그와 비슷한 정체는 앞서 말한 네 가지 정체 사이에 있을 법한 것들로, 헬라스인들뿐 아니라 이민족들 사이에서도 볼 수 있는 것이기에 하는 말일세."

"세상 사람들의 입에 오르내리는 이상한 정체는 한두 가지가 아니에요" 하고 그가 말했네.

그래서 내가 말했네. "인간의 성격도 정체의 수만큼 여러 종류가 있기 마련이라는 것을 아는가? 아니면 자네는 모든 것을 함께 휩쓸어감으

로써 방향 제시에 결정적 역할을 하는 국민성에서 정체가 유래하는 것이 아니라, 참나무나 바위에서 생겨났다[12]고 생각하는가?"

"저는 국민성 이외의 다른 곳에서는 생길 수 없다고 생각해요" 하고 그가 말했네.

"정체가 다섯 가지라면, 개인들 혼의 상태도 다섯 가지겠지?"

"물론이지요."

"그런데 훌륭하고 올바르다는 말을 듣기에 걸맞은, 저 최선자정체를 닮은 사람에 대해서는 우리가 이미 논의했네."

"네, 논의했어요."

"그러면 다음에는 더 열등한 자에 대해 서술하되, 먼저 스파르테식 정체에 해당하는, 승리를 사랑하는 자와 명예를 사랑하는 자를 서술하고, 이어서 과두제적 인간과 민주제적 인간과 참주제적 인간을 서술하기로 하세. 그런 다음 가장 불의한 자를 찾아내 가장 올바른 자와 비교하기로 하세. 그래야만 순수 정의와 순수 불의가 그 소유자에게 가져다

---

5   원어 Lakonike는 스파르테 주변 지역을 가리키지만, 여기에서는 스파르테와 동의어로 쓰였다.
6   oligarchia.
7   demokratia.
8   반어적인 표현이다.
9   tyrannis.
10 dynasteia.
11 basileia.
12 『오뒷세이아』 19권 163행, 『소크라테스의 변론』 34d 참조.

b 줄 행복과 불행과 관련하여 어떤 관계가 있는지를 살펴보는 우리의 고찰도 완결될 것이네. 그러면 우리는 트라쉬마코스의 조언에 따라 불의를 추구해야 할지, 아니면 지금 전개되는 논의에 따라 정의를 추구해야 할지 알 것이네."

"당연히 그래야겠지요" 하고 그가 말했네.

"우리는 처음에 문제를 더 명확하게 하기 위해 개인보다는 국가와 비교하며 여러 성격을 고찰하기로 했는데, 이번에도 그 방법에 따라 명예를 추구하는 정체[13]부터 고찰하기로 하세. 내가 이런 정체를 명예를 추구하는 정체라고 하는 이유는 다른 이름을 모르기 때문일세. 굳이 다른 이름으로 불러야 한다면 명예지상정체[14] 또는 명예지배정체[15]라고 하는 수밖에 없겠지. 그런 다음 이 정체에 해당하는 인간을 고찰해보세. 그다음에는 과두정체와 과두제적 인간을 고찰하고 이어서 민주정

c 체 쪽으로 눈을 돌려 민주제적 인간을 고찰하기로 하세. 그리고 나서 네 번째이자 마지막으로 참주제 국가로 가서 그것을 관찰하고 다시 참주제적인 혼을 들여다봄으로써, 우리가 스스로 제기한 문제를 처리하는 적절한 재판관이 되도록 해보세."

"그것이 우리가 문제를 고찰하고 판단하는 논리적인 방법이겠네요" 하고 그가 말했네.

내가 말했네. "자, 그렇다면 어떻게 해서 최선자정체에서 명예지상정

d 체가 생겨날 수 있는지 살펴보기로 하세. 그 답은 간단하네. 정치적 변혁은 지배계급이 분열될 때 일어나는 법이네. 지배계급이 소수라 해도 한마음 한뜻일 때는 정체가 바뀔 수 없겠지?"

"네, 그래요." 하고 그가 말했네.

그래서 내가 말했네. "그렇다면 글라우콘, 우리 나라의 정체는 어떻게 해서 바뀌며, 우리 보조자들과 우리 치자들 사이에 또는 각각의 계급 내에서 어떻게 하여 내분이 일어나는 것일까? 혹시 자네는 우리가 호메로스처럼, '처음에 어떻게 해서 내분이 일어났는지'[16] 말해달라고 무사[17] 여신들에게 간청하기를 원하는가? 그리고 여신들은 실은 우리를 어린아이들처럼 갖고 놀면서 희롱하는데도, 그들의 이야기가 모두 진심에서 우러나오기라도 한 것처럼, 고상하고 비극적인 어조로 말하더라고 전할까?"

"여신들이 어떻게 말한다는 거지요?"

"이렇게 말일세. '그렇게 구성된 국가는 변하기 어려울 것이다. 그러나 생성된 것은 모두 소멸하기 마련이므로, 너희가 구성한 것과 같은 정체도 영원히 지속되지 않고 해체되고 말 텐데, 해체 과정은 다음과 같을지니. 땅속에 뿌리내린 식물뿐 아니라 땅 위에 서식하는 동물도 저마다 주기(週期)[18]가 끝나면 혼과 몸이 풍요로워지거나 불모(不毛)가 되는

---

13 '명예를 추구하는 정체'는 he philotimos politeia이다. 그리스어 time는 대개 '명예'로 옮겨지지만, 관직이라는 뜻이 내포되어 있다.
14 timokratia.
15 timarchia.
16 『일리아스』 16권 112~113행을 조금 변형한 것이다.
17 무사에 관해서는 2권 주 16 참조.
18 여기서 '주기'란 동물의 경우 회임 기간을, 식물의 경우 씨가 뿌려져 열매를 맺는 기간을 말하는 것 같다.

데, 이 주기는 단명하는 생명의 경우에는 짧고 수명이 긴 생물의 경우에
b 는 길도다. 이번에는 너희들의 종(種)에 관해 말하자면, 너희가 국가의 지도자로 교육한 자들이 제아무리 지혜롭다 해도 그들의 계산에는 감각이 수반되기에 좋은 출산과 나쁜 출산의 시기를 알아맞히지 못할 것이다. 그래서 그들은 언젠가는 출산해서는 안 될 때 출산하게 되리라. 신적인 피조물[19]은 완전수(完全數)[20]를 포함하는 주기를 띠지만, 인간 피조물의 수는 같게도 하고 같지 않게도 하며 성장하게도 하고 쇠퇴하게도 하는 일련의 수(數)들[21]의 근(根)과 제곱이 세 개의 거리[22]와 네 개의 한계[23]를 포함하면서 성장함[24]으로써 만물이 상통하게 하는 최초의
c 수이다. 이 일련의 수들[25] 가운데 4와 3이 5와 결합한 뒤 다시 세 번 성장하면[26] 두 개의 하르모니아가 생기지. 그중 하나는 같은 수를 그 수만큼 곱한 데다 100을 더 곱한 정사각형이고, 다른 하나는 앞의 것과 길이는 같지만 직사각형이니라.[27] 이 직사각형의 한 변은 5의 유리수적 대각선의 제곱수에 100을 곱한 것에서 100을 하나 뺀 것[28]이거나 무리수적 대각선일 경우에는 그 제곱수에 100을 곱한 것에서 100을 두 개 뺀 것[29]이지. 다른 한 변은 3의 세제곱에 100을 곱한 것[30]이니라. 좋은 출산과 나쁜 출산은 이와 같은 기하학적인 전체 수[31]에 의해서 결정되도다. 너
d 희 수호자들이 생식에 관한 법칙을 몰라 적절하지 않은 시기에 신랑과 신부를 결합시키면 거기에서 태어나는 아이들은 아름답지도 행복하지도 못할 것이다. 그리고 선임자들이 이 아이들 중에서 가장 우수한 자들을 후임자로 임명하겠지만, 이 아이들은 역시 선임자들의 지위를 계승하기에는 적격이 아니기에 일단 수호자들의 자리에 앉으면 먼저 우리

19 우주.

20 고대 그리스 수학자들은 나눗수의 합과 같은 수, 예를 들면 6(=1+2+3) 또는 28(=1+2+4+7+14)을 완전수로 보았다. 그런가 하면 퓌타고라스학파에서는 십진법의 기본이 된다 하여 10을 완전수로 보았다.

21 애덤에 따르면 여기서 '일련의 수들'이란 퓌타고라스 직각삼각형의 세 변을 나타내는 수, 즉 3, 4, 5라고 한다. 이를 도형으로 나타내면 그림 2와 같다. 여기서 이 수들이 "같게도 하고 같지 않게도 하며 성장하게도 하고 쇠퇴하게도" 한다는 것은 이 수들의 결합에 따라 정사각형으로 표현되는 같은 하르모니아(harmonia)와 직사각형으로 표현되는 같지 않은 하르모니아가 만들어진다는 뜻이다.

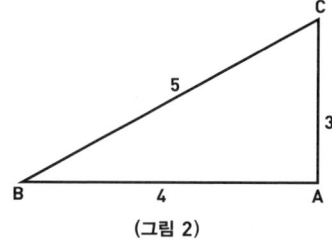
(그림 2)

22 '세 개의 거리'란 AB(길이), BC(너비), CD(깊이 또는 높이)를 뜻한다고 한다. 이를 도형으로 나타내면 그림 3과 같다.

23 '네 개의 한계'란 ABCD를 가리킨다고 한다.

24 "근(根)과 제곱이 세 개의 거리와 네 개의 한계를 포함하면서 성장"한다는 것은 애덤에 따르면 세제곱을 한다는 뜻이라고 한다.

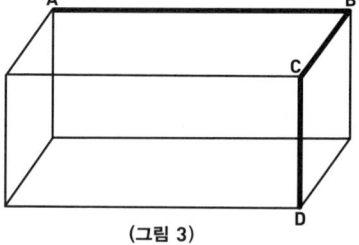
(그림 3)

25 그리하여 구성되는 수는 $3^3+4^3+5^3=216$인데, 이것이 인간의 주기, 즉 회임 기간이라는 뜻이다. 여기서 '최초의 수'란 수의 단위인 1 다음으로 최초의 수라는 뜻이다. 이 수가 "만물을 상통하게 한다"는 것을 두고 여러 해석이 가능하다. 퓌타고라스학파에 따르면, 태아는 '하르모니아' 또는 음계에 비례하여 발육하는데, 첫째 단계는 6일에, 둘째 단계는 8일에 끝난다고 한다. 그리고 8:6(또는 4:3)은 4도 음정이라는 것이다. 셋째 단계(이 기간에 살이 생긴다고 한다)는 9일 걸리는데 9:6(또는 3:2)은 5도 음정이라는 것이다. 다음 12일 동안에는 육체가 생성되는데 12:6(또는 2:1)은 8도 음정이라는 것이다. 이를 전부 합치면 6+8+9+12=35가 되는데, 이 35가 하나의 '하르모니아'라는 것이다. 그런데 216=(35×6)+6이므로, 216은 6개의 '하르모니아'와 만물의 근원인 1이라는 수를 6개 포함하고 있다. 1이라는 수가 만물의 근원이라는 것에 대해서는 딜스/크란츠, 『소크라테스 이전 철학자들의 단편들』 중 필롤라오스(Philolaos), 단편 8 참조.

무사 여신들을 홀대하며 시가 교육을, 다음에는 체력단련 교육을 지나치게 경시할 것이니라. 그러면 젊은이들은 더욱더 시가에 관심이 없어지겠지. 그리고 이들 중에서 치자들이 임명되겠지만 수호자로서는 적격이 아닌지라. 너희 종족을 헤시오도스의 종족[32]처럼 황금족과 은족과 청동족과 철의 종족으로 제대로 판별할 수 없을 것이다. 그러면 철이 은과 섞이고, 청동이 금과 섞여 동질성과 조화가 사라지고, 이것이 언제 어디서나 전쟁과 증오의 원인이 되지. 단언컨대, 어디서 내분이 일어나든 바로 이것이 원인이로다.'"[33]

"그러면 우리는 여신들의 말씀이 옳다고 말하겠지요" 하고 그가 말했네.

"그야 당연하지. 그분들은 여신들이니까" 하고 내가 말했네.

"그다음에는 무사 여신들이 무슨 말을 할까요?" 하고 그가 물었네.

그래서 내가 대답했네. "이렇게 말하겠지. '일단 내분이 일어나면 두 종족이 국가를 상반된 방향으로 이끌어가도다. 철의 종족과 청동족은 돈벌이와 토지와 주택과 황금과 은의 소유를 향해 국가를 이끌어가고, 황금족과 은족은 세속적 재산은 많지 않지만 혼의 부(富)는 넉넉히 타고났기에 미덕과 옛 질서를 향해 이끌어가지. 그들은 서로 대립하고 반목하다가 마침내 타협하고 토지와 주택을 분배해서 사유재산으로 만들도다. 또한 그들은 여태까지 자유민으로서 그리고 친구이자 부양자로서 자신들의 보호를 받던 자들을 노예로 삼아 농노나 하인으로 소유하고, 그들 자신은 전쟁을 수행하며 이들을 감시하는 일을 맡으리라.'"

"그래요. 제 생각에는 바로 그것이 정체가 바뀌는 원인인 것 같아요"

26 여기에서 "4와 3이 5와 결합한 뒤 다시 세 번 성장"한다는 것은 $3 \times 4 \times 5 = 60$, $60 \times (60 \times 60 \times 60) = 12,960,000$을 말한다.

27 즉 $36 \times 100 = 3,600$을 한 변으로 하는 정사각형이라는 뜻이다. $3,600^2 = 60 \times (60 \times 60 \times 60)$이다. 이를 도형으로 나타내면 그림 4와 같다.

28 $\sqrt{50}$에 가장 가까운 유리수는 7이다. 따라서 "5의 유리수적 대각선의 제곱수에 100을 곱한 것에서 100을 하나 뺀 것"은 수식으로 나타내면 $72 \times 100 - 100 = 4,800$이다. 이를 도형으로 나타내면 그림 5와 같다.

29 이를 수식으로 풀면 $\sqrt{50} \times 100 - 200 = 4,800$이다.

30 이를 수식으로 풀면 $3^3 \times 100 = 2,700$이며, 도형으로는 그림 6과 같다. $4,800 \times 2,700 = 3,600^2 = 12,960,000$이므로 이 직사각형은 앞의 정사각형과 수치가 같다. 이 정사각형과 직사각형을 '하르모니아'라고 하는 이유는 정확히 알 수 없지만, 애덤은 이 두 '하르모니아'가 우주의 두 주기 또는 대년(大年)을 뜻하는 것으로 본다. 즉 두 변이 같은 정사각형으로 표현되는 대년

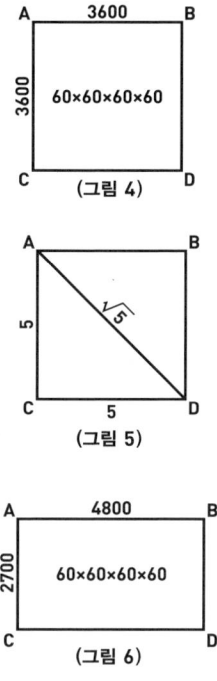

에는 동일성과 조화와 균형과 성장이 지배하고, 두 변이 서로 다른 직사각형으로 표현되는 대년에는 부동성과 부조화와 불균형과 쇠락이 지배하는 것으로 해석한다. 애덤은 또한 '하르모니아'의 면적 또는 수치인 12,960,000가 날수를 의미하는 것으로 보며, 이 수치를 해(年)로 환산하면 1년을 360일로 치고 36,000년이 되는데, 프톨레마이오스(Ptolemaios) 천문학에서는 36,000년을 '플라톤의 대년'(magnus Platonicus annus)이라고 한다는 점을 지적하고 있다. 대년이란 지구를 돌고 있는 7개 행성(토성, 목성, 화성, 수성, 금성, 태양, 달)과 항성의 궤도가, 우주의 한 주기가 처음 시작될 때 이들이 출발한 원위치에 동시에 도달하는 기간을 말한다.

31 여기서 '기하학적인 전체 수'는 기하학에 의해 얻을 수 있고, 기하학적 도형으로 나타낼 수 있는 수라는 뜻이다.

32 『일과 날』 109~202행 참조.

33 『일리아스』 6권 211행 참조.

하고 그가 말했네.

"그렇게 생겨나는 정체는 최선자정체와 과두정체의 중간에 위치하겠지?" 하고 내가 말했네.

"물론이지요."

"정체는 그렇게 바뀌겠지. 하지만 정체가 바뀐 뒤에 국가는 어떻게 경영될까? 새 정체는 최선자정체와 과두정체의 중간에 위치하기에 분명 어떤 점에서는 최선자정체를 모방하고 어떤 점에서는 과두정체를 모방하겠지만, 또 어떤 점에서는 독자적인 성격도 지니겠지?"

"네, 그래요" 하고 그가 말했네.

"그러면 새 정체는 치자에게 경의를 표한다든가, 전사 계급은 농사나 수공이나 돈벌이에는 일절 관여하지 않는다든가, 공공식사 제도를 도입한다든가, 체력단련 교육과 군사훈련을 중시한다는 점에서는[34] 최선자정체를 모방하겠지?"

"네, 그래요."

"그러나 이 정체에서는 이미 이질적 요소와 혼합되지 않은 순수하고 엄격한 현자(賢者)[35]들은 찾을 수 없기에 현자들을 치자 자리에 앉히기를 꺼린다든가, 기개 높은 더 단순한 자들, 즉 본성적으로 평화보다는 전쟁에 더 적합한 자들에게 호감을 품는다든가, 전쟁에서의 계략이나 창의성을 높이 평가한다든가, 끊임없이 전쟁을 수행한다는 점은 대체로 이 정체의 고유한 특징이겠지?"

"네, 그래요."

그래서 내가 말했네. "또한 그런 자들은 과두정체의 치자들처럼 돈을 탐해 남몰래 황금과 은을 숭상하겠지. 그들에게는 황금과 은을 은밀히 감춰둘 개인용 금고가 있으니까. 또한 이 모든 것을 보호하기 위해 집에 담장을 두를 텐데, 그들만의 이 보금자리에서 그들은 여자들이나 자신들이 좋아하는 사람들을 위해 돈을 물 쓰듯 쓸 수 있을 것이네."

"지당한 말씀이에요" 하고 그가 말했네.

"또한 그들은 돈에 인색하기도 한데, 그것은 그들이 돈을 숭상하는데다 공공연하게는 돈을 소유할 수 없기 때문이라네. 그러니 자신의 욕망을 충족시키기 위해 남의 돈을 낭비하기를 좋아하겠지. 그리고 아이들이 아버지의 눈을 피하듯 그들은 법망을 피해 몰래 쾌락을 추구하겠지. 그도 그럴 것이, 그들은 토론과 철학의 친구인 진정한 무사를 홀대하고 시가 교육보다는 체력단련 교육을 더 존중함으로써 설득이 아닌 강제에 의해 교육되었기 때문일세."

"선생님께서 말씀하시는 정체는 선과 악이 완전히 혼합된 것이군요" 하고 그가 말했네.

"그래, 혼합된 것이지" 하고 내가 말했네. "그러나 이 정체에서는 기개 높은 자들이 우세하기에 한 가지가 두드러지는데, 그것은 바로 승리에 대한 사랑과 명예에 대한 사랑일세."

"물론 그렇겠지요" 하고 그가 말했네.

"이 정체의 기원과 성격에 관해서는 이쯤 해두세" 하고 내가 말했네.

---

34 스파르테인들이 그랬듯이 중시한다는 말이다.
35 hoi sophoi.

d "우리는 이 정체를 밑그림만 그리고 세부 묘사를 생략했는데, 그것은 밑그림만으로도 가장 올바른 자와 가장 불의한 자를 식별하기에 충분할뿐더러, 정체와 인간의 성격을 빠짐없이 일일이 서술한다는 것은 끝없는 작업이 될 것이기 때문이네."

"옳은 말씀이에요" 하고 그가 말했네.

"그렇다면 이 정체에 상응하는 인간은 어떤 사람일까? 그는 어떻게 해서 생겨나며, 도대체 어떤 사람일까?"

그러자 아데이만토스가 말했네. "제 생각에, 그는 승리를 사랑한다는 점에서 여기 있는 글라우콘과 비슷할 것 같아요."

e 그래서 내가 말했네. "그 점에서는 비슷하겠지. 그러나 다른 점들에서는 비슷한 것 같지 않네."

"그게 어떤 점들이죠?"

내가 말했네. "그는 더 고집이 세고 시가를 좋아하긴 하지만 시가 교육이 부족한 편이고, 남의 말을 듣기 좋아하지만 자신은 결코 달변이 아549a 닌 자라야 할 것이네. 또한 그런 사람은 제대로 교육받은 사람이 노예를 얕잡아 보는 데 그치는 것과 달리 노예들을 가혹하게 다룰 것이네. 하지만 자유민에게는 온순하고, 치자들에게는 고분고분하겠지. 그는 권력과 명예를 사랑하지만, 자신이 치자가 되기를 요구한다면 달변 같은 것이 아니라 전공(戰功)이나 전쟁에 관한 일을 명분으로 내세울 것이네. 또한 그는 체력단련과 사냥을 좋아할 것이네."

"네, 그것은 분명 그 정체에 상응하는 성격이에요" 하고 그가 말했네.

b 그래서 내가 말했네. "그런 사람은 젊어서는 돈을 경멸하겠지만 나이

들수록 더욱더 돈을 밝힐 것이네. 그것은 그가 돈을 좋아하는 성격을 다소 타고난 데다 가장 훌륭한 수호자를 잃었기에 미덕에 대한 그의 태도가 완전하지 못하기 때문일세."

"어떤 수호자 말인가요?" 하고 아데이만토스가 물었네.

그래서 내가 대답했네. "시가 교육과 결합된 이성[36] 말일세. 이것이 내재하는 사람만이 평생 동안 미덕을 보전할 수 있는 법이라네."

"훌륭한 말씀이에요" 하고 그가 말했네.

"명예지상정체에 상응하는, 명예지상정체적 젊은이란 이런 사람일세" 하고 내가 말했네.

"물론이지요."

그래서 내가 말했네. "그가 생겨나는 과정은 다음과 같네. 그는 잘못 다스려지고 있는 나라에 살기에 명예나 관직이나 소송이나 그와 비슷한 일을 기피하며 성가신 일을 당하기보다는 차라리 손해 보기를 원하는 선량한 아버지의 젊은 아들일 경우가 종종 있네."

"그런 그가 어떻게 명예지상정체적 인간이 된다는 거지요?" 하고 그가 물었네.

그래서 내가 대답했네. "첫째, 그는 어머니의 불평을 들음으로써 그런 인간이 되네. 어머니는 남편이 아무런 관직도 맡지 않아 다른 여자들 사이에서 자기 체면이 깎인다고 생각하네. 그다음, 어머니는 남편이

36 logos.

재물에도 별로 관심이 없고 사적인 송사에서나 공적인 집회에서 모욕을 당해도 대항하는 일 없이 그 모든 것을 태연히 참고 견디는 모습을 보네. 또한 어머니는 남편이 언제나 그 자신만 생각하고, 아내인 자기를 무시하지도 않지만 존경하지도 않는다는 사실을 알게 되네. 이 모든 것에 화가 난 어머니가 아들에게 아버지는 남자답지 못하다는 둥 너무 안이하다는 둥, 그런 경우에 여자들이 흔히 늘어놓는 불평을 쏟아내는 거지."

e 그러자 아데이만토스가 말했네. "여자들은 그런 불평을 많이 늘어놓는데, 그야말로 여자다운 불평이지요."

그래서 내가 말했네. "또한 자네도 알다시피, 이런 집에서는 하인들도 가끔 호의를 가장하여 아버지가 듣지 않는 곳에서 아들들에게 같은 이야기를 늘어놓는다네. 하인들은 아버지가 채무자나 가해자에게 가혹하게 대하지 않는 것을 보고는 나중에 성인이 되면 이들을 응징하라

550a 고, 아버지보다 더 남자다운 남자가 되라고 아들을 부추기네. 마찬가지로 아들은 밖에 나가서도 시내에서 제 할 일만 하는 사람들은 바보라고 불리며 아무런 존경을 받지 못하는데, 그러지 않는 자들은 존경과 칭찬을 받는 것을 보고 듣네. 이와 같이 젊은이가 이 모든 것을 보고 듣는 한편, 아버지의 주장을 듣고 아버지의 생활 태도를 가까이에서 보며 그것을 다른 사람들의 생활 태도와 비교하면, 그는 양쪽 모두에게 끌리네.

b 말하자면 아버지는 그의 혼의 이성적 부분을, 다른 사람들은 욕구적 부분과 기개적 부분을 키우는 거지. 그래서 그는 본성이 나쁜 사람은 아니지만 나쁜 사람들과 교제한 탓에 결국 양쪽으로 끌려서 그 중간에

자리 잡네. 그리하여 그는 자신에 대한 지배권을 양쪽의 중간인 승리를 좋아하는 기개적 부분에 맡겨서 교만하고 명예를 사랑하는 인간이 된다네."

"선생님께서는 그가 생겨나는 과정을 아주 정확하게 서술하신 것 같아요" 하고 그가 말했네.

"그렇다면 두 번째 유형의 정체와 두 번째 유형의 인간에 관한 설명은 마무리되었네" 하고 내가 말했네.

"네, 그래요" 하고 그가 말했네.

"그러면 다음에는 아이스퀼로스의 말처럼 '다른 국가에 상응하는 다른 인간'[37]을 서술하기로 하세. 아니면 차라리 우리 계획대로 먼저 국가부터 서술할까?"

"네, 그렇게 해요" 하고 그가 말했네.

"그러면 다음 정체는 아마도 과두정체일 것이네."

"선생님께서는 어떤 정체를 과두정체라고 하시는 건가요?" 하고 그가 물었네.

그래서 내가 대답했네. "재산평가[38]에 근거한 정체 말일세. 그런 정체에서는 부자들이 통치하고, 가난한 사람은 통치에 관여하지 못하네."

"알겠어요" 하고 그가 말했네.

"그러면 먼저 어떻게 해서 명예지배정체가 과두정체로 바뀌는지 설

---

37 아이스퀼로스, 『테바이를 공격한 일곱 장수』 451, 579행 참조.
38 timema.

명해야겠지?"

"네, 그래요."

"하지만 그것이 바뀌는 과정은 장님이라도 알 수 있을 걸세" 하고 내가 말했네.

"어떻게 해서 바뀐다는 거죠?"

그래서 내가 말했네. "각자가 갖고 있는 황금으로 가득찬 금고가 이 정체를 파멸로 이끄네. 그들은 먼저 자기들을 위해 새로운 형태의 지출을 생각해낸 뒤 법률을 그런 방향으로 바꾸는데, 그들 자신도 그들의 아내들도 법률에 복종하지 않기 때문이네."

"그럴 것 같아요" 하고 그가 말했네.

"그다음, 누군가 다른 사람이 부자가 되는 것을 보고 경쟁하려 한다면 곧 주민 전체가 따라 할 것이네."

"그럴 것 같네요."

그래서 내가 말했네. "그러면 그들은 재산을 모으는 일에 열중할 것이고, 재산을 모으는 일이 높이 평가될수록 미덕은 그만큼 더 낮게 평가될 것이네. 아니면 미덕과 부의 관계는, 둘을 같은 저울에 달 경우 한 쪽이 올라가면 다른 쪽은 내려가는 것이 아닐까?"

"물론 그렇지요" 하고 그가 말했네.

"그렇다면 국가에서 부와 부자들이 존경받을수록 미덕과 훌륭한 사람들은 그만큼 존경받지 못할 것이네."

"확실히 그래요."

"그런데 언제나 존경받는 것은 실천으로 옮겨지지만, 존경받지 못하는 것은 홀대받기 마련이네."

"네, 그래요."

"그리하여 그들은 승리와 명예를 사랑하는 사람에서 결국 재물을 모으는 일과 재물을 사랑하는 사람이 되어, 부자는 찬양하고 감탄하며 권좌에 앉히는 반면 가난한 사람은 멸시하네."

"물론이지요."

"그런 다음 그들은 재산 자격을 규정함으로써 과두정체의 기초가 되는 법을 제정할 텐데, 그 액수는 과두정체의 성격이 더 강한 곳에서는 더 많고, 과두정체의 성격이 더 약한 곳에서는 보다 적을 것이네. 가진 재산이 일정 액수에 미달하는 자는 통치에 관여하지 못한다고 미리 선포할 것이며, 협박으로 이미 이런 종류의 정권을 수립하지 못했다면 무력으로 강행하겠지. 그렇지 않은가?"

"네, 그래요."

"말하자면 이것이 과두정체가 성립하는 과정일세."

"그래요. 하지만 이 정체의 특성은 무엇인가요? 그리고 이 정체가 지니고 있다고 우리가 말한 결점[39]은 어떤 것들인가요?" 하고 그가 물었네.

그래서 내가 대답했네. "첫 번째 결점은 이 정체의 기초가 되는 규정 자체일세. 그도 그럴 것이, 이처럼 재산 평가에 따라 배의 키잡이를 뽑는 까닭에 더 훌륭한 선원이라도 가난한 자는 키잡이가 될 수 없다면 어

---

[39] 544c 참조.

떻게 되겠는지 생각해보게나."

"그들의 항해는 순조롭지 못하겠지요" 하고 그가 말했네.

"그 점이 무엇이건 다른 것을 통치하는 경우에도 마찬가지겠지?"

"저는 그렇다고 생각해요."

"국가는 여기에서 제외되는가, 아니면 국가도 여기에 포함되는가?" 하고 내가 물었네.

그러자 그가 대답했네. "국가의 경우는 특히 그래요. 국가를 다스리는 것은 가장 어렵고 가장 중대한 일이니까요."

d "그렇다면 이것이 과두정체가 안고 있는 중대 결함 가운데 하나일세."

"그런 것 같아요."

"어떤가? 다음은 이보다 덜한 결함일까?"

"어떤 결함 말인가요?"

"이런 국가는 필연적으로 하나의 국가가 아니라 두 개의 국가, 즉 가난한 자들의 국가와 부자들의 국가로 나뉠 수밖에 없다는 점 말일세. 이들은 같은 곳에 살면서 언제나 서로 음모를 꾸밀 테니 말일세."

"제우스에 맹세코, 그건 결코 작은 결함이 아니에요" 하고 그가 말했네.

"또 한 가지 불미스러운 점은 그들에게는 십중팔구 전쟁을 수행할 능력이 없다는 것이네. 대중을 무장시켜 써먹자니 대중이 적보다 더 무섭

e 고, 그렇다고 그들이 대중을 써먹지 않는다면 전투에 임하여 말 그대로 통치자가 소수[40]라는 사실이 드러날 테니 말일세. 게다가 그들은 돈을 좋아하는지라 전비(戰費)를 부담하려 하지도 않을 것이네."

"그건 불미스럽군요."

"어떤가? 앞에서도[41] 이미 우리가 비난한 바 있지만, 이런 정체에서는 같은 사람이 농사도 짓고 돈벌이도 하고 전쟁도 수행하는 등 여러 일을 하는데, 자네는 그것이 옳다고 생각하는가?"

"결코 옳지 않다고 생각해요."

"그 밖에 이 모든 악(惡) 가운데 가장 큰 악이 이 정체에서 처음 생겨나는 것인지 살펴보게나."

"그게 어떤 악이죠?"

"한 사람은 자기 재산을 다 팔 수 있고, 다른 사람은 이를 살 수 있는 자유 말일세. 재산을 다 팔아버린 사람은 그 뒤에도 그 국가에 머무를 수 있지만 그는 이미 그 국가의 구성원이 아니라네. 그는 상인도 수공업자도 기사도 중무장 보병도 아니고, 이른바 빈민 또는 무산자(無産者)로 살아가기 때문일세."

"네, 그것은 이 정체에서 처음 생겨나는 악이에요" 하고 그가 말했네.

"또한 이 국가에는 그런 악을 막을 장치가 없네. 그런 장치가 있다면 어떤 자들은 지나치게 부자가 되고, 어떤 자들은 극빈자가 되지 않았겠지."

"옳은 말씀이에요."

"그렇다면 이런 점도 고찰해보게. 그런 가난뱅이가 이전에 부자로서

---

40 과두(寡頭)란 몇 안 되는 우두머리라는 뜻이다.
41 434a 이하 참조.

자기 재산을 탕진할 때 방금 말한 여러 목적을 위해 조금이나마 국가에 기여했을까? 아니면 그는 치자의 한 사람으로 보이기는 했지만 사실은 치자도 봉사자도 아닌 재산 낭비자에 불과한 것일까?"

c "네, 그래요. 그는 겉보기와는 달리 낭비자에 불과했어요" 하고 그가 말했네.

그래서 내가 말했네. "그렇다면 자네는 우리가 그를 수벌에 견주어, 마치 벌집 구멍에 들어 있는 수벌이 벌집의 우환이 되듯, 집안에 틀어박혀 있는 그가 국가의 우환이 된다고 말하기를 원하는가?"

"물론이죠, 소크라테스 선생님" 하고 그가 말했네.

"아데이만토스, 신은 날아다니는 수벌은 모두 침(針)이 없도록 만들었지만, 걸어다니는 수벌은 더러는 침이 없지만 더러는 침을 갖도록 만들었네. 그래서 침이 없는 것들에서는 늙어 죽을 때까지 거지 신세를 면

d 하지 못하는 자들이 생겨나고, 침을 가진 것들에서는 악당이라 불리는 자들이 생겨나는 것이겠지?"

"지당한 말씀이에요" 하고 그가 말했네.

내가 말했네. "그런데 거지가 보이는 나라에는 분명 어딘가 도둑과 소매치기와 신전털이범 같은 범죄꾼이 숨어 있네."

"확실히 그래요" 하고 그가 말했네.

"어떤가? 과두제 국가에서 자네는 거지를 보지 못하는가?"

"치자가 아닌 자들은 거의 모두가 거지예요" 하고 그가 말했네.

e "그렇다면 이런 나라에는 침을 가진 악당들이 많이 있다고 생각해도 괜찮지 않을까?" 하고 내가 말했네. "비록 치자들이 그들을 힘으로 조

심스레 억누르고 있긴 하지만 말일세."

"네, 그렇게 생각해도 괜찮겠네요" 하고 그가 말했네.

"그리고 이런 나라에서 그런 자들이 생겨나는 이유는 교육이 부족하고 양육 방법과 국가 제도가 나빴기 때문이라고 주장할 수 있지 않을까?"

"그렇게 주장할 수 있겠지요."

"그렇다면 과두제 국가는 이런 것이며, 그토록 많은 악을, 아니 어쩌면 더 많은 악을 지니고 있네."

"대체로 그런 것 같아요" 하고 그가 말했네.

내가 말했네. "그렇다면 재산 평가에 근거하여 치자를 선출하는 이른 바 과두제라는 정체에 관한 서술은 이상으로 마무리된 것으로 보고 다음에는 이 정체를 닮은 인간이 생겨나는 과정과 그 성격을 고찰하기로 하세." 553a

"그래야겠지요" 하고 그가 말했네.

"명예지상정체적 인간이 과두제적 인간으로 변하는 과정은 대체로 이렇겠지?"

"어떻다는 건가요?"

"명예지상정체적인 인간에게서 아들이 태어난다면, 그 아들은 처음에는 아버지 같은 사람이 되려고 노력하며 아버지의 발자취를 따르려 할 것이네. 그러다가 나중에 아버지가 갑자기 암초에 걸리듯 국가에 부딪혀 재 b 산은 물론이고 생존마저 포기하는 것을 보았다고 가정해보세. 이를테면 장군직이나 고위직에 있던 아버지가 법정으로 끌려가서 무고꾼의 모함으로 사형선고를 받거나 추방당하거나 시민권을 박탈당하고 전 재산을

제8권 471

몰수당하는 것을 보게 된다고 말일세."

"있을 법한 일이에요" 하고 그가 말했네.

"여보게, 이런 꼴을 보고 겪고 또한 스스로 재산을 잃게 되었다면,

c 아들은 주눅이 들어 명예에 대한 사랑과 저 기개적 부분을 자신의 혼 안에 있는 옥좌에서 당장 거꾸로 내동댕이치겠지. 그리고 가난 때문에 기가 꺾여 돈벌이에 나설 것이며, 구두쇠처럼 조금씩 모아 저축하거나 열심히 노력하여 돈을 조금은 모을 것이네. 그러면 자네는 그런 자가 자기 혼의 욕구적이며 돈을 사랑하는 부분을 앞서 말한 저 옥좌에 앉혀 자기 안에 군림하는 대왕(大王)⁴²으로 삼은 뒤 왕관과 목걸이와 단검으로 장식할 것이라고 생각하지 않는가?"

"그렇게 생각해요" 하고 그가 말했네.

d "그는 아마도 혼의 이성적 부분과 기개 높은 부분은 욕구적 부분이 앉아 있는 옥좌 양편 저 아래쪽에 자리 잡게 함으로써 노예로 만들 걸세. 그리고 이성적 부분으로는 오직 어떻게 하면 자신의 적은 재산이 늘어날 것인지 생각하고 고찰할 것이고, 기개 높은 부분으로는 오직 부와 부자만을 감탄하고 존경하거나 돈을 벌게 하는 것과 돈을 버는 데 도움이 되는 것만을 명예로운 일로 여길 걸세."

"그래요" 하고 그가 말했네. "명예를 사랑하는 젊은이가 다른 방법으

e 로는 그토록 급속하고 결정적으로 돈을 사랑하는 젊은이로 바뀌지는 않겠지요."

"이것이 과두제적 인간이겠지?" 하고 내가 물었네.

그러자 그가 대답했네. "그는 틀림없이 과두정체로 바뀌기 이전의 정

체를 닮은 인간이 바뀐 거예요."

"그러면 그가 과두정체를 닮았는지 고찰해보도록 하세."

"네, 고찰해보도록 해요."

554a

"우선 돈을 가장 높이 평가한다는 점에서 그는 과두정체를 닮았지?"

"왜 아니겠어요?"

"또한 인색하고 근면하기에 꼭 필요한 욕구는 충족시키되 다른 일에는 비용을 들이지 않으며, 오히려 다른 욕구는 아무 쓸모없다고 여기고 억제한다는 점에서도 그는 과두정체를 닮았네."

"물론이지요."

그래서 내가 말했네. "또한 그는 조금 치사하고 어디서나 이윤을 남기고 자기를 위해 축재하는 인간일세. 그리고 대중은 이런 인간을 칭찬하네. 그런데 혹시 이런 사람이 과두정체를 닮은 인간이 아닐까?"

b

"제가 보기에는, 확실히 닮은 것 같아요" 하고 그가 말했네. "아무튼 과두제 국가나 이런 인간은 돈을 가장 존중하니까요."

"생각건대, 그런 사람은 교육에 관심이 없기 때문인 것 같네" 하고 내가 말했네.

"저도 그렇게 생각해요" 하고 그가 말했네. "교육에 관심이 있다면 그는 장님[43]을 합창가무단의 지휘자로 삼음으로써 특별한 경의를 표하지 않았겠지요."

---

42 megas basileus. 대개 페르시아 왕을 가리킨다.
43 그리스 신화에서 부(富)의 신 플루토스(Ploutos)는 눈먼 장님이다.

"좋은 말일세" 하고 내가 말했네. "그렇다면 다음에 대해서도 고찰해 보게. 우리는 교육이 부족한 탓에 그의 마음속에 수벌 같은 욕구들이 생겨난다고, 또한 이들 욕구 가운데 일부는 거지 같은 욕구이고 일부는 악당 같은 욕구인데 조심스럽게 억제되고 있을 뿐이라고 말해도 좋지 않을까?"

c

"물론이지요" 하고 그가 말했네.

"그럼 자네는 그들의 악행을 확인하려면 어디로 시선을 향해야 하는지 아는가?" 하고 내가 말했네.

"시선을 어디로 향해야 하지요?" 하고 그가 말했네.

"그들이 고아들의 후견인이 되거나 그와 비슷한 일이 그들에게 일어나 마음대로 불의를 행할 수 있게 됐을 때, 자네는 그들에게 시선을 향해야 하네."

"옳은 말씀이에요."

"그렇다면 그런 사람은 올바른 사람이라는 호평을 듣는 다른 거래에서는 적절한 자제력으로 자기 안에 있는 나쁜 욕구를 억누르고 있음이 분명하지 않은가? 그것도 그러는 게 더 나은 것이 아니라고 나쁜 욕구를 설득하거나 이성으로 타이르는 것이 아니라, 다른 재산을 잃을까 겁이 나서 강제와 공포로 억누르는 것이라네."

d

"물론이지요" 하고 그가 말했네.

그래서 내가 말했네. "여보게, 제우스에 맹세코, 자네는 그들이 남의 돈을 써야 할 때는 그들 안에 대부분 수벌 같은 욕구가 깃들어 있다는 것을 발견할 걸세."

"물론이지요" 하고 그가 말했네.

"그렇다면 그런 사람은 내면이 분열되는 상태에서 자유로울 수 없을 것이며, 따라서 한 사람이 아니라 이중적 인간일 것이네. 비록 대개의 경우 그의 좋은 욕구가 나쁜 욕구를 억누르겠지만 말일세."

e

"네, 그래요."

"따라서 그런 사람은 아마도 상대적으로 좋은 인상을 주겠지만, 잘 조율된 조화로운 혼의 진정한 미덕은 그를 피해 멀리 달아날 걸세."

"저도 그렇게 생각해요."

"또한 이 구두쇠는 국가에서 개인 비용으로 승리나 그 밖의 명예로운 일을 위해 경쟁이 벌어질 때는 보잘것없는 경쟁 상대가 될 것이네. 그는 명성이나 명성을 위한 경기에 돈을 쓰기를 원하지 않을 테니 말일세. 그만큼 그는 낭비적 욕구를 불러일으켜 승리를 위해 자기를 도와 힘껏 싸워달라고 청하기를 두려워하네. 그래서 그는 과두제적 방법에 따라 자기 재산의 작은 부분만 들여 싸울 것이므로 대개는 지기 마련이지만 부자로는 남을 것이네."

555a

"물론이지요" 하고 그가 말했네.

그래서 내가 물었네. "그렇다면 우리는 이 인색하고 돈벌이만 생각하는 인간이 과두제 국가를 닮았다는 점을 아직도 의심할 텐가?"

b

"아니요" 하고 그가 대답했네.

"그러면 다음에는 민주정체에 관해 그것이 어떻게 생겨나며, 생겨난 뒤에는 어떤 성격을 띠는지 고찰해야 할 것 같네. 그다음에 우리는 민주정체를 닮은 인간을 알게 되어 그를 판단할 수 있을 걸세."

"그렇다면 우리가 지금까지 사용한 것과 같은 방법으로 논의가 진행되겠군요" 하고 그가 말했네.

"그런데 과두정체가 민주정체로 변하는 것은 과두정체가 지향하는 선(善), 즉 최대한 부자가 되어야 한다는 만족할 줄 모르는 욕망 때문인 것 같네" 하고 내가 말했네.

"어째서 그렇지요?"

c "그것은 과두제 국가의 치자들이 자신들의 권력이 부에 근거하고 있다는 것을 알기에 방탕한 젊은이들이 재산을 낭비하고 탕진해도 이를 법률로 제재하려 하지 않기 때문인 듯하네. 그들은 이런 젊은이들의 재산을 사들이거나 그것을 담보로 돈놀이를 하여 더욱더 부자가 되고 더 존경받을 수 있을 테니 말일세."

"그게 바로 그들이 노리는 것이지요."

"그런데 한 국가의 시민들이 부를 존중하면서도 동시에 충분히 절제

d 한다는 것은 불가능하므로, 필연적으로 둘 중 어느 한쪽은 소홀히 할 수밖에 없겠지?"

"그건 자명한 일이지요" 하고 그가 말했네.

"그렇다면 과두정체에서는 방탕을 제재하지 않고 내버려두므로 성품이 비천하지 않은 사람들도 때로는 가난뱅이가 될 수밖에 없을 것이네."

"물론이지요."

"그러면 이들은 더러는 빚을 지고 더러는 시민권을 박탈당하고 또 더러는 두 가지 불행을 다 당했기에 침을 갖추고 완전무장한 채 도시 안에

그대로 눌러앉아, 자신들의 재산을 빼앗아간 자들뿐 아니라 다른 사람들에게도 원한을 품고 음모를 꾸밀 것이며 혁명을 열망할 것이네."

"네, 그래요."

"그러나 돈벌이에 급급한 자들은 땅바닥만 내려다보며 이들을 못 본 체할 것이며, 나머지 시민 중에서 언제나 고분고분 말을 잘 듣는 자에게는 돈이라는 침으로 찔러 상처를 입히면서 원금의 몇 배나 되는 이자를 거두어들일 것이네. 그리하여 그들은 나라 안에 수벌과 거지를 많이 만들어낼 것이네."

"왜 아니겠어요?" 하고 그가 말했네.

"국가에 이런 재앙이 활활 타올라도 그들은 앞서 말한 대로 사유재산의 임의 처분권을 제한하는 방법이나, 아니면 다른 법률을 제정해 문제를 해결하는 방법으로 불을 끄려 하지 않는다네" 하고 내가 말했네.

"다른 법률이라니, 그건 어떤 법률인가요?"

"그것은 앞서 말한 것에 버금가는 법률로, 시민들이 미덕에 전념하게 하는 법률일세. 말하자면 각자가 대부분의 수의계약을 본인 위험 부담으로 체결하도록 법률로 정하면, 그 나라에서는 고리대금업이 덜 파렴치하게 행해질 것이며 우리가 잠시 전에 말한 해악도 줄어들 것이네."

"훨씬 줄어들겠지요" 하고 그가 말했네.

내가 말했네. "그러나 오늘날 과두제 국가에서는 앞서 말한 여러 이유 때문에 치자들이 피치자들을 그런 상태에 놔두는 것이라네. 한편 그들 자신이나 그들의 가족에 관해 말하자면, 그들은 젊은이들을 향락에 빠지게 하고 육체노동이나 정신노동을 감당할 수 없게 만들며 쾌락이나 고통에 대항하기에는 유약한 게으름뱅이로 만들지 않을까?"

"그러고말고요."

"또한 그들 자신은 돈벌이 말고는 아무것도 생각하지 않는 인간, 가난한 사람들보다도 미덕에 더 관심을 기울이지 않는 인간이 되지 않을까?"

"그들은 미덕에는 관심이 없어요."

"그런데 이런 상태에 있는 치자들과 피치자들이 여행길이나 행동을 같이하는 다른 기회에, 이를테면 축제 사절로 파견된다든가 출진한다든가 할 때 한 배를 타거나 전우로 만나게 된다면 어떻게 될까? 그들이 위기에 놓여 서로 상대방의 태도를 관찰한다면 어떻게 될까? 이런 경우 가난한 자가 부자에게 멸시당하는 일은 결코 없을 걸세. 오히려 깡마르고 햇볕에 그을린 가난한 자는 그늘에서 유약해졌으며 지나치게 비대해진 부자와 나란히 서서 싸울 때, 부자 전우가 숨이 차서 헐떡이거나 여러 어려움을 겪는 모습을 종종 보게 될 것이네. 이때 가난한 자는 이런 자들이 부자로 있는 것은 오직 자기가 못나기 때문이라고 생각하지 않을까? 그리고 가난한 사람들끼리 만나면 '저자들은 아무짝에도 쓸모없는 자들이라 우리가 마음대로 할 수 있어'라는 말로 서로 부추기지 않을까?"

"그들이 그러리라는 것쯤은 저도 잘 알고 있어요" 하고 그가 말했네.

"그리고 병약한 몸이 외부에서 오는 작은 충격에도 중태에 빠지듯, 아니 어떤 때는 외부의 영향을 받지 않아도 자기 분열을 일으키듯, 그런 상태에 있는 국가도 사소한 일을 계기로, 즉 한쪽은 과두제 국가에서 원군을 끌어들이고 다른 쪽은 민주제 국가에서 원군을 끌어들이면서 병들어 자기들끼리 싸울 것이며, 때로는 외부의 영향을 받지 않고도 내분이 일어나지 않을까?"

"그야 물론이지요."

"따라서 내 생각에, 민주정체는 빈민이 승리하여 반대파를 일부는 처형하고 일부는 추방하고 나머지 시민에게는 시민권과 통치권을 평등하게 분배할 때 생겨나는 것 같네. 그래서 민주제 국가에서는 치자들이 추첨으로 선출된다네."

"네, 그래요" 하고 그가 말했네. "무력에 의해서든 아니면 반대파가 겁에 질려 물러났기 때문이든, 민주정체는 그렇게 해서 성립돼요."

"그러면 이들은 어떤 방법으로 살아가며, 어떤 정체를 갖게 될까?" 하고 내가 말했네. "이렇게 묻는 이유는, 이 정체를 닮은 사람이 민주제적 인간으로 밝혀질 것이 분명하기 때문일세."

"네, 분명해요" 하고 그가 말했네.

"그렇다면 첫째, 그들은 자유롭겠지? 그리고 국가는 자유와 언론자유로 충만할 것이고, 이 나라에서는 저마다 자기가 하고 싶은 대로 해도 되겠지?"

"그런다고들 하더군요" 하고 그가 말했네.

"하고 싶은 대로 할 수 있는 나라에서는 분명 저마다 자기 생활을 자기 좋을 대로 꾸려나갈 것이네."

"분명 그래요."

"그런 정체에는 아마도 각양각색의 인간이 모여 있을 걸세."

"왜 아니겠어요?"

그래서 내가 말했네. "그러면 이 정체는 모든 정체 중에서 가장 아름다운 것 같네. 온갖 꽃을 수놓은 다채로운 외투처럼, 온갖 성격으로 다채롭게 장식된 이 정체는 가장 아름다워 보일 것이네. 그래서 대부분의 사람은 이 정체가 가장 매력적이라고 판단하겠지. 마치 아이들과 여자들이 다채로운 것을 보고 그렇게 판단하듯 말일세."

"그야 물론이지요" 하고 그가 말했네.

"그리고 여보게, 그곳에서는 어떤 정체든 쉽게 찾을 수 있네."

d "어째서 그렇지요?"

"그것은 이 정체가 하고 싶은 대로 할 수 있는 자유 때문에 온갖 종류의 정체를 내포하기 때문이라네. 따라서 잠시 전에 우리가 그랬듯이, 국가를 건설하려는 사람은 마치 온갖 종류의 정체를 파는 잡화점에 가듯 민주제 국가에 가서 마음에 드는 종류를 골라 그것을 본보기 삼아 국가를 건설해야 할 것이네."

"아마도 본보기가 부족하지는 않겠네요" 하고 그가 말했네.

e 내가 말했네. "그리고 민주제 국가에서는 설령 자네가 통치할 능력이 있다 해도 반드시 통치할 필요는 없으며, 또한 자네가 원하지 않는다면 통치받을 필요도 없네. 그리고 남들이 전쟁을 치르더라도 자네는 반드시 함께 싸울 필요가 없으며, 남들이 평화를 유지하더라도 자네가 원하지 않는다면 반드시 평화를 유지할 필요가 없네. 또한 어떤 법률이 자네
558a 에게 치자나 재판관이 되는 것을 금지한다 해도 자네만 원한다면 치자도 될 수 있고 재판관도 될 수 있네. 이런 생활방식은 우선은 멋지고 재

미나지 않겠는가?"

"우선은 그렇겠지요" 하고 그가 말했네.

"어떤가? 유죄를 선고받은 자들의 느긋함은 매력적이지 않은가? 아니면 자네는 이런 정체에서는 사형이나 추방형을 선고받은 자들이 도시에 그대로 머물며 사람들 사이를 걸어다니는 것을 보지 못했는가? 그런 자는 자기 행동에 주목하거나 눈길을 보내는 사람이 아무도 없다는 듯 영웅의 혼령처럼 활보하고 다닌다네."

"많이 보았지요" 하고 그가 말했네.

"이 정체의 관용 역시 매력적이지 않은가? 이 정체는 결코 사소한 것을 따지는 법이 없으며, 우리가 국가를 건설할 때 그토록 엄숙하게 선언한 것들을 무시해버리니 말일세. 우리는 특별히 뛰어난 품성을 타고난 자 말고는 어릴 때부터 곧장 아름다운 것들을 갖고 놀지 않거나 아름다움을 추구하지 않는 자는 어느 누구도 훌륭한 사람이 될 수 없다고 선언했건만, 이 정체는 이 모든 것을 당당하게 짓밟으면서, 어떤 사람이 국정을 맡으려고 해도 그의 과거 경력에는 아무 관심이 없으며 대중에게 호감을 느낀다고 말하기만 하면 그 사람을 존중한단 말일세."

"참으로 고상한 관용이군요" 하고 그가 말했네.

"그렇다면 이런 것들과 이와 비슷한 것들이 민주정체의 특징이네" 하고 내가 말했네. "그것은 아마도 즐겁고 무정부 상태이고 동등하건 동등하지 않건 모든 사람을 평등하게 대하는 정체일 걸세."

"네, 그것은 누구나 아는 이야기예요" 하고 그가 말했네.

내가 말했네. "그렇다면 어떤 인간이 이 정체를 닮았는지 살펴보기로 하세. 아니면 정체를 고찰했을 때처럼, 어떻게 해서 이런 인간이 생겨나는지를 먼저 고찰해야 할까?"

"네, 그래야 할 것 같아요" 하고 그가 말했네.

"그는 이렇게 생겨나는 것이 아닐까? 저 인색한 과두제적 인간에게 아들이 있다면, 아마도 아버지는 아들을 자기 습성에 따라 양육하겠지?"

"왜 아니겠어요?"

"그러면 그 아들도 자기 안의 낭비적이고 돈벌이에 도움이 되지 않는, 그래서 앞에서 불필요하다고 불렀던 쾌락을 모두 강제로 억누를 것이네."

"그야 자명하지요" 하고 그가 말했네.

"한데 자네는 우리가 암중모색하는 일이 없도록 먼저 필요한 욕구와 불필요한 욕구부터 규정하기를 원하는가?"

"네, 원해요" 하고 그가 말했네.

"그러면 우리가 벗어날 수 없는 욕구와 충족되면 우리에게 도움이 되는 욕구는 당연히 필요한 욕구라고 할 수 있지 않을까? 이 두 욕구는 우리가 본성적으로 반드시 추구하기 마련이니까."

"물론이지요."

"그러면 그런 욕구에 대해서는 '필요한'이라는 표현을 쓰는 것이 옳네."

"네, 옳아요."

"어떤가? 젊을 때부터 단련한다면 벗어날 수 있는 욕구와 마음에 품어봤자 아무 도움이 되지 않고 오히려 정반대의 결과를 가져다주는 욕구는 모두 불필요한 욕구라고 하는 것이 옳겠지?"

"네, 옳아요."

"그렇다면 이 욕구가 어떤 유형인지 파악하기 위해 각각 예를 하나씩 들어보기로 할까?"

"그래야 하지 않을까요?"

"건강과 체력을 유지하는 데 필요한 한도 내에서의 식욕, 바꿔 말해 기본적인 주식과 부식에 대한 욕구는 필요한 욕구라고 할 수 있지 않을까?"

b

"저는 그렇다고 생각해요."

"주식(主食)에 대한 욕구는 두 가지 관점에서 필요하네. 첫째, 유익하기 때문이고, 둘째, 그것을 충족시키지 않으면 생명이 멈추기 때문이네."

"네, 그래요."

"그러나 부식(副食)에 대한 욕구는 건강에 도움이 되는 한도 내에서만 필요하네."

"물론이지요."

"그렇다면 그 범위를 넘어선 그와는 다른 종류의 부식에 대한 욕구는 어떤가? 그것이 대부분의 사람의 경우 젊을 때부터의 단련과 교육에 의해 벗어날 수 있는 데다 몸에도 해롭고 지혜와 절제라는 관점에서 혼에도 해로운 것이라면, 불필요한 욕구라고 하는 것이 옳지 않을까?"

c

"옳고말고요."

"그렇다면 이런 욕구는 낭비적인 것이고, 먼저 말한 욕구는 우리가 일을 하는 데 도움이 되니 생산적인 것이라고 할 수 있겠지?"

제8권 **483**

"물론이지요."

"그렇다면 성욕(性慾)과 다른 욕구에 대해서도 같은 말을 할 수 있겠지?"

"네, 그래요."

"그런데 우리는 잠시 전에 이와 같은 쾌락과 욕구로 가득차 불필요한 욕구의 지배를 받는 자를 수벌이라 부르고, 필요한 욕구의 지배만 받는 자를 인색하고 과두제적 인간이라고 불렀지?"[44]

"네, 그랬지요."

d 그래서 내가 말했네. "그럼 본론으로 돌아가서, 어떻게 하여 과두제적 인간에서 민주제적 인간이 생겨나는지 논의하도록 하세. 그 과정은 대체로 다음과 같은 듯하네."

"어떻다는 거죠?"

"앞서 우리가 서술한 바와 같이 교육과는 거리가 먼 인색한 환경에서 자란 젊은이가 수벌이 즐기는 꿀을 맛보게 되고, 온갖 종류의 다채롭고 다양한 쾌락을 제공할 수 있는 사납고 위험한 짐승과 어울리게 되면,
e 그의 마음속에 자리 잡고 있던 과두정체는 민주정체로 바뀌기 시작할 것이네."

"당연하지요" 하고 그가 말했네.

"그리고 한 당파가 생각을 같이하는 동맹 세력을 외부에서 국내로 끌어들일 때 국가에 변혁이 일어나듯, 그 젊은이가 바뀌는 것도 그의 마음속에 자리 잡고 있는 욕구 가운데 한쪽을 도우려고 외부에서 그것과 동족이며 성질이 비슷한 욕구가 들어올 때겠지?"

"전적으로 동의해요."

"또한 그에 맞서 예컨대 아버지나 친족의 조언이나 비난을 통해 다른 동맹군이 나타나서 그의 마음속에 자리 잡고 있는 과두정체 쪽을 도우면, 당파싸움이 벌어져 그 자신 안에서 그 자신을 상대로 한 싸움이 시작될 것이네."

560a

"물론이지요."

"그러다가 그 젊은이의 혼 안에 수치심 같은 것이 생겨나면, 민주제적 요소는 과두제적 요소 앞에서 퇴각할 것이며 그의 욕구 가운데 일부는 소멸하고 일부는 추방당할 것이네. 그리하여 다시 질서가 회복될 것이네."

"네, 가끔은 그럴 때도 있겠지요" 하고 그가 말했네.

"그렇지만 아버지가 교육에 관해 무지하므로 아마도 추방당한 욕구와 비슷한 욕구가 다시 자라나 그 수가 점점 많아지고 강성해질 것이네."

b

"그렇게 되기 십상이지요" 하고 그가 말했네.

"그리고 이들 욕구는 그를 다시 옛 친구들에게로 끌고 갈 것이며, 몰래 다른 욕구와 결합함으로써 큰 무리의 욕구를 낳겠지?"

"물론이지요."

"그리고 마침내 이들 욕구는 아마도 젊은이의 혼의 성채에는 아름다

---

44 555c~556a 참조.

운 학식과 활동과 올바른 논리—이런 것들은 신을 가까이하는 사람의 마음속에서는 가장 훌륭한 감시자이며 수호자일세—가 없다는 것을 알아차리고 성채를 함락할 것이네."

c "그야 물론이지요" 하고 그가 말했네.

"또한 그런 수호자들이 없으니 거짓 논리와 교만한 의견이 돌격을 감행하여 젊은이의 혼의 성채를 점령해버릴 것이네."

"당연하지요" 하고 그가 말했네.

"그렇다면 그는 다시 로토스를 먹는 종족[45]에게 가서 공공연히 그들과 함께 살게 될 것이네. 그리고 그의 친족이 그의 혼의 인색한 부분을 돕고자 원군을 파견하면, 저 교만한 논리들은 그의 안에 있는 왕성(王

d 城)의 문을 닫아걸고는 원군 자체는 물론이고 연장자의 개인적 조언조차도 사절(使節)로 받아들이지 않을 걸세. 싸움에 이긴 이들 교만한 논리는 공경은 어리석음이라는 이름으로 시민권을 박탈해 국외로 추방하고, 절제는 비겁이라는 이름으로 얼굴에 먹칠을 해서 내쫓고, 중용과 절제된 지출은 촌스럽고 비루하다는 핑계로 수많은 무익한 욕구의 도움을 받아 국경 밖으로 쫓아내겠지?"

"물론이지요."

"그리고 그것들은 자기들이 점령하고 자기들에 의해 비교(秘敎)에 입

e 문한 젊은이의 혼에서 이들 여러 미덕을 깨끗이 쓸어내고 씻어낸 뒤 교만과 무질서와 방탕과 파렴치를 키워 화관을 씌워서는 이것들의 수많은 수행원과 함께 끌어들일 것이네. 이때 그것들은 교만을 교양이라고,

561a 무질서를 자유라고, 방탕은 호기(豪氣)라고, 파렴치는 용기라고 부르면

서 찬사와 아첨의 말을 늘어놓을 것이네" 하고 내가 말했네. "필요한 욕구 속에서 자란 사람이 젊어서 불필요하고 무익한 쾌락을 풀어주고 해방시키는 과정은 대체로 이렇지 않을까?"

"네, 확실히 그래요" 하고 그가 말했네.

"그런 다음 그런 인간은 아마도 필요한 쾌락 못지않게 불필요한 쾌락에도 돈과 노력과 시간을 들이며 살아갈 것이네. 하지만 그가 운이 좋아 완전히 도취하는 대신 나이를 먹으면서 마음속 격동이 대체로 진정되어 추방당한 것 중 일부를 받아들임으로써 침입자에게 자신을 완전히 내맡기지 않는다면, 쾌락들 사이에 일종의 균형이 잡힐 것이네. 그리하여 자신이 고른 쾌락의 즐거움에 자신을 내맡길 것이네. 마치 그 쾌락이 추첨으로 뽑히기나 한 것처럼 말일세. 그리고 그 쾌락이 충족되면 다시 다른 쾌락에 자신을 맡길 것이네. 그는 어떤 쾌락도 무시하지 않고 모든 쾌락을 똑같이 가꾸니 말일세."

"물론이지요."

내가 말했네. "그리고 예컨대 그에게 쾌락에는 아름답고 훌륭한 욕구에서 비롯되는 것도 있고 나쁜 욕구에서 비롯되는 것도 있는데 전자는 추구하고 존중해야 하지만 후자는 억누르고 굴복시켜야 한다고 말하는 사람이 있다면, 그는 이런 진리를 받아들이지도, 성채로 들여보내지도 않을 것이네. 오히려 그는 이런 말을 들으면 고개를 저으면서 모든

---

45 lotophagoi. 『오뒷세이아』 9권 91행 이하 참조. 로토스(lotos) 열매를 먹은 자는 황홀경에 빠져 고향을 잊어버린다고 한다. 여기서는 앞에 나온 수벌을 가리킨다.

제8권 **487**

쾌락은 동등하며 똑같이 존중되어야 한다고 말할 것이네."

"그런 상태에 있는 사람이라면 틀림없이 그렇게 나오겠지요" 하고 그가 말했네.

그래서 내가 말했네. "이처럼 그는 날마다 아무 쾌락이나 닥치는 대로 탐닉하며 세월을 보낼 것이네. 때로는 음주와 피리 소리에 도취하는가 하면, 다시 물만 마시며 살을 뺄 것이며, 때로는 체력단련에 몰두하는가 하면, 다시 게으름을 피우며 만사에 무관심해질 것이네. 때로는 철학에 몰입하는 척도 할 것이네. 그는 정치에도 자주 관여할 텐데, 그럴 때는 벌떡 일어나 생각나는 대로 말하고 행동할 것이네. 그리고 전사(戰士)가 부러우면 그쪽으로 향하고, 사업가가 부러우면 그쪽으로 향할 것이네. 말하자면 그의 생활에는 아무런 질서도 필연성도 없네. 그는 이런 생활을 즐겁고 자유롭고 행복한 생활이라 부르면서 평생토록 그렇게 지낼 것이네."

"선생님께서는 평등주의자의 삶을 정확하게 그리셨군요" 하고 그가 말했네.

"내 생각에 그런 사람은 변화가 많고 수많은 성격으로 가득차 있기에 우리가 앞서 말한 저 민주제 국가처럼 아름답고 다채로운 것 같네. 그리고 그의 생활에는 많은 정체와 성격의 본보기가 내포되어 있어 남녀를 불문하고 많은 사람이 그를 부러워할 것이네" 하고 내가 말했네.

"네, 그는 그런 인간이에요" 하고 그가 말했네.

"어떤가? 그런 인간은 민주제적 인간이라 불려 마땅한 만큼 우리는 그를 민주정체 옆에 배치해야겠지?"

"그래야겠지요" 하고 그가 말했네.

"그러면 우리에게는 가장 잘난 정체와 가장 잘난 체하는 인간에 관해 논의하는 일이 남았네. 참주와 참주정체 말일세" 하고 내가 말했네.

"네, 그래요" 하고 그가 말했네.

"자, 여보게 아데이만토스, 참주정체는 어떻게 생겨나지? 민주정체가 바뀌어 참주정체가 된다는 점은 거의 확실한 것 같네만."

"네, 확실해요."

"그런데 어떤 의미에서는 참주정체가 민주정체에서 생겨나는 방법은 민주정체가 과두정체에서 생겨나는 방법과 같겠지?"

"무슨 말씀이신지요?"

"과두정체가 선(善)으로 설정한 것, 과두정체의 성립 근거가 된 것, 그것은 부(富)였네. 그렇지 않은가?"

b

"네, 그래요."

"그리고 부를 바라는 만족할 줄 모르는 욕구와, 돈벌이 때문에 다른 일은 모두 소홀히 하는 것, 그것이 과두정체를 파멸로 이끌었네."

"옳은 말씀이에요" 하고 그가 말했네.

"그렇다면 민주정체 역시 그것이 선으로 규정하는 것을 바라는 만족할 줄 모르는 욕구 때문에 무너지는 것이 아닐까?"

"민주정체가 무엇을 선으로 규정한다는 거지요?"

그래서 내가 말했네. "자유 말일세. 자네도 민주제 국가에서 '자유야말로 이 나라의 가장 아름다운 재산이며, 따라서 본성이 자유로운 사람이 살 만한 곳은 이 나라뿐이라네'라고 말하는 것을 들을 수 있을 테

c

니 말일세."

"그런 말을 많이들 하더군요" 하고 그가 말했네.

"그러면 잠시 전에 내가 말했듯이 민주정체를 대신해서 참주정체를 요구하게 하는 것은, 자유를 바라는 만족할 줄 모르는 욕구와 다른 일에 대한 무관심이겠지?" 하고 내가 말했네.

"어째서 그런가요?" 하고 그가 물었네.

d "자유를 갈망하는 민주제 국가가 나쁜 작인(酌人)들을 지도자로 만나 물로 희석하지 않은 포도주에 지나치게 취한다면, 그때는 아마도 치자들이 고분고분 많은 자유를 제공하지 않는 한 이런 국가는 치자들을 더러운 과두제적 인간이라고 욕하며 처벌할 것이네."

"민주제 국가라면 그렇게 나오겠지요" 하고 그가 말했네.

그래서 내가 말했네. "또한 그런 국가는 치자에게 고분고분한 자들을 자진하여 노예가 되기를 원하는 아무 쓸모없는 자들이라고 욕하는가 하면, 피치자처럼 처신하는 치자와 치자처럼 처신하는 피치자를 사적으로 공적으로 칭찬하며 존중할 것이네. 그런 국가에서 자유를 향한 갈망이 극단으로 치닫는 것은 당연한 일이 아니겠는가?"

e "왜 아니겠어요?"

그래서 내가 말했네. "여보게, 또한 자유는 사삿집에도 스며들고, 종국에는 가축에게도 무정부 상태를 감염시킬 것이네."

"그게 무슨 말씀이시죠?" 하고 그가 물었네.

"이를테면 아버지는 자식을 닮아 아들들을 무서워하는 데 익숙해지고, 아들은 아버지를 닮아 부모를 어려워하거나 무서워하지 않는 데 익

숙해질 것이네. 자유로워지기 위해서 말일세. 또한 시민과 거류민⁴⁶과 563a
외국인 사이에 아무런 구별도 없어질 것이네" 하고 내가 대답했네.

"그렇게 되겠지요" 하고 그가 말했네.

내가 말했네. "그 밖에도 그와 비슷한 사소한 일들이 한두 가지가 아닐세. 그런 상황에서는 교사가 학생이 무서워 비위를 맞추고, 학생은 교사와 가정교사를 무시할 것이네. 젊은이는 전반적으로 연장자를 흉내내며 말과 행동에서 연장자와 경쟁할 것이며, 노인은 성미가 까다롭 b
다든가 독재적이라는 인상을 주지 않으려고 젊은이와 자리를 같이해서 젊은이를 흉내내어 익살을 부리며 재담을 늘어놓을 것이네."

"물론이지요" 하고 그가 말했네.

"하지만 여보게!" 하고 내가 말했네. "그런 국가에서 대중의 자유가 극단으로 치닫는 것은 팔려온 남녀 노예들이 자신들을 사들인 주인 못지않게 자유로울 때일세. 그런데 남자와 여자가 상호 간에 어느 정도의 평등과 자유를 누리는지에 대해 논의하는 일을 하마터면 잊어버릴 뻔 했구먼."

"그렇다면 아이스퀼로스의 말처럼 '아무 말이든 지금 입술에 떠오르 c
는 대로'⁴⁷ 우리가 말하도록 할까요?"

"물론이지" 하고 내가 말했네. "그러잖아도 나는 그렇게 말하고 있다네. 가축도 여기서는 다른 곳에서보다 얼마나 더 자유로운지, 실제로 경

---

46 거류민(metoikos 복수형 metoikoi)에 관해서는 1권 주 4 참조.
47 아이스퀼로스, 단편 351 (Nauck).

험해보지 못한 사람은 믿으려 하지 않을 것이네. 실제로 속담에도 그런 말이 있듯이[48] 개는 안주인과 같으며, 말과 당나귀는 아주 자유롭고 당당하게 길을 걷는 버릇이 있어서 길을 비켜주지 않는 사람은 누구든 들이받는다네. 그 밖의 다른 것도 모두 이처럼 자유로 충만해 있네."

d "말씀 안 하셔도 익히 알고 있어요" 하고 그가 말했네. "시골로 여행을 떠날 때면 저는 그런 일을 자주 경험했으니까요."

그래서 내가 말했네. "이런 것들이 모두 더해지면 어떤 결과를 가져오는지 자네도 알 걸세. 시민들의 혼은 몹시 민감해져서 누가 조금이라도 예속시키려 하면 화를 내며 받아들이지 않네. 그리하여 그들은 결국 어떤 방법으로든 어떤 주인도 갖지 않기 위해 성문율이든 불문율이든

e 모든 법률을 무시하는 지경에 이른다네."

"네, 저도 잘 알고 있어요" 하고 그가 말했네.

"여보게, 내 생각에는 바로 이것이 참주정체가 생겨나는 잘나고 방자한 근원인 것 같네" 하고 내가 말했네.

"정말 방자하군요. 하지만 그다음에는 어떻게 되나요?" 하고 그가 물었네.

그래서 내가 대답했네. "과두정체에서 생겨나 과두정체를 파멸로 이끈 것과 같은 질병이 민주정체에서는 마음대로 할 수 있는 자유 때문에 더 창궐하고 더 강해져서 민주정체를 노예로 만들어버리네. 실제로 무

564a 엇이든 지나치면 정반대 방향으로 역전되기 마련이네. 계절이나 식물이나 신체의 경우에도 그렇지만, 정체의 경우에는 특히 그렇다네."

"그런 것 같아요" 하고 그가 말했네.

"따라서 지나친 자유도 개인의 경우든 국가의 경우든 아마 지나친 예속 말고는 다른 어떤 것으로도 변하지 않을 것이네."

"네, 그런 것 같아요."

"그렇다면 당연히 참주정체는 민주정체 이외의 다른 어떤 정체에서 생겨나는 것이 아니네. 가장 가혹하고 가장 야만적인 예속은 지나친 자유에서 생겨나니 말일세" 하고 내가 말했네.

"선생님 말씀에 일리가 있어요" 하고 그가 말했네.

"하지만 자네가 물었던 것은 그게 아니라 과두정체와 민주정체에서 똑같이 생겨나서 민주정체를 노예로 만드는 질병이 무엇이냐 하는 것이었네" 하고 내가 말했네.

"옳은 말씀이에요" 하고 그가 말했네.

그래서 내가 말했네. "그렇다면 나는 저 게으르고 낭비적인 인간 족속을 두고 그렇게 말한 것이라네. 그들 가운데 가장 용감한 무리는 지도자가 되고 비겁한 무리는 추종자가 되는데, 우리는 앞서 이들을 수벌에, 다시 말해 전자는 침이 있는 수벌에, 후자는 침이 없는 수벌에 비긴 바 있네."

"그건 옳은 말씀이었어요" 하고 그가 말했네.

"그런데 이들 두 무리는 어떤 정체에서 생겨나건 어디서나 소란을 피

---

48 "그 안주인에 그 개"라는 속담인데, 원래는 "그 안주인에 그 시녀"라는 뜻으로 쓰였다고 한다.

c 우네. 그것은 마치 가래나 담즙이 몸에 이상(異狀)을 일으키는 것과도 같네. 따라서 국가의 훌륭한 의사와 입법자는 현명한 양봉가 못지않게 사전에 대책을 세워 되도록 두 족속이 들어오지 못하게 막아야 하네. 그러나 일단 들어왔다면 그들이 들어 있는 벌집과 함께 그들을 되도록 속히 잘라내야 하네."

"제우스에 맹세코, 반드시 그래야겠지요" 하고 그가 말했네.

"그러면 우리가 원하는 것을 더 명확하게 볼 수 있도록 이렇게 해보도록 하세" 하고 내가 말했네.

"어떻게 말인가요?"

"우리는 이론상 민주제 국가를 세 부분으로 나누도록 하세. 실제로
d 그러기도 하니까. 그중 한 부분은 방금 말한 수벌의 족속인데, 이 족속은 마음대로 할 수 있는 자유 때문에 과두제 국가 못지않게 민주제 국가에서 많이 생겨나네."

"네, 그래요."

"그리고 이 족속은 민주제 국가에서는 과두제 국가에서보다 훨씬 더 사나울 걸세."

"어째서 그렇지요?"

"이 족속은 과두제 국가에서는 존경받지 못하고 관직에서 배제됨으로써 훈련되지 않아 강성해질 수 없지만, 민주제 국가에서는 소수를 제외하고는 주로 이 족속이 지도층을 형성하기 때문이네. 그리고 그들 가운데 가장 사나운 자들[49]은 말과 행동을 도맡고, 다른 자들은 연단(演
e 壇)을 둘러싸고 웅성거리며 다른 말을 하는 사람은 놔두지 않네. 그래

서 이런 정체에서는 거의 모든 일이 이 족속에 의해 처리된다네."

"네, 확실히 그래요" 하고 그가 말했네.

"또 다른 족속은 다음과 같은 족속인데, 언제나 대중과 구별되네."

"어떤 족속이지요?"

"모두가 돈벌이에 나선다면 본성상 가장 절제 있는 사람들이 대개 가장 큰 부자가 될 걸세."

"그러겠지요."

"그러면 수벌에게는 이곳에 꿀이 가장 많이 있으니, 이곳에서 꿀을 짜내기가 가장 쉬울 것이네."

"하긴 조금밖에 갖지 못한 자들에게서 어떻게 짜내겠어요?" 하고 그가 말했네.

"수벌의 밥이 되는 이 족속은 부자라고 불린다네."

"십중팔구 밥이 되겠지요" 하고 그가 말했네.

"세 번째 족속은 민중[50]이네. 이들은 모두 제 손으로 벌어먹으며 정치에 관여하지 않으며 그다지 많지 않은 재산을 소유한 자들이네. 그러나 민주정체에서는 이 족속이 가장 많은 수를 차지하며, 한곳에 모이기만 하면 민주정체에서는 세력이 막강하다네."

565a

"네, 그래요" 하고 그가 말했네. "그러나 이 족속은 꿀을 한몫 챙기지 못하면 자주 한곳에 모이려 하지 않지요."

49 민중 선동가들.
50 demos.

"하지만 이 족속이 꿀을 한몫 챙기는 것은 그들의 지도자가 부자들의 재산을 빼앗아 물론 대부분은 자기가 차지하지만 그 가운데 일부를 민중에게 나눠줄 기회를 잡는 한도 내에서겠지?" 하고 내가 말했네.

b "네, 이 족속은 그렇게 한몫 챙겨요" 하고 그가 말했네.

"그렇게 되면 재산을 빼앗기는 자들은 아마도 민중 앞에서 연설하거나 자신들이 취할 수 있는 행동을 통해 자기방어를 하지 않으면 안 될 것이네."

"왜 아니겠어요?"

"그러면 그들은 사실은 혁명을 바라지도 않는데, 수벌은 민중에게 그들이 음모를 꾸미는 과두제적 인간이라고 누명을 씌울 걸세."

"당연하지요."

"그들은 민중이 자기들에게 불의를 행하려 한 것은 자의(自意)에서가 아니라 아무 영문도 모르고 모함꾼에게 속았기 때문이라는 사실을 알
c 게 되면, 그때는 좋든 싫든 정말로 과두제적 인간이 될 것이네. 그들도 자의에서 그렇게 되는 것이 아니라, 저 수벌이 그들을 침으로 찔러 그런 불행이 생겨나는 것 아닐까?"

"물론이지요."

"그러면 양쪽은 서로 고발하고 소송하고 법에 호소할 것이네."

"물론이지요."

"한데 민중은 언제나 한 사람을 눈에 띄게 앞장세우며 그를 길러주고 키워주는 습성이 있지?"

"네, 그런 습성이 있어요."

"그렇다면 참주는 분명히 민중의 지도자라는 뿌리에서 생겨나는 것이지 다른 데서 싹트는 것이 아닐세" 하고 내가 말했네.

"확실히 그래요."

"그렇다면 어떻게 해서 민중의 지도자가 참주로 변하기 시작하는 것일까? 혹시 그것은 민중의 지도자가 아르카디아 지방에 있는 제우스 뤼카이오스[51] 신전에 관한 전설에 나오는 인물과 똑같은 행동을 하기 시작할 때일까?"

"그게 어떤 전설이지요?" 하고 그가 물었네.

"그것은 제물로 바친 동물의 내장에 인간의 내장이 한 조각 섞여 있는데, 이 인간의 내장을 맛본 자는 반드시 늑대가 된다는 전설일세. 자네는 그런 이야기를 들은 적이 없는가?"

"들은 적이 있어요."

"민중의 지도자도 그와 마찬가지가 아닐까? 민중의 지도자도 군중이 자기 말을 고분고분 잘 듣는 것을 기화로 동족의 피에서 손을 떼지 않고, 오히려 그런 자들이 늘 그렇듯 누군가를 모함하여 법정으로 끌고 가서 살인을 하고, 그렇게 사람의 목숨을 빼앗은 다음에는 불경한 혀와 입으로 동족의 피를 맛본다면 말일세. 그런 자는 사람들을 추방하고 살해하며, 채무면제와 토지 재분배를 암시하다가 필연적으로 정적들에

---

51 Zeus Lykaios('뤼카이온 산의 제우스'). 펠로폰네소스 반도 내륙지방인 아르카디아(Arkadia)에 있던 이 신전에서 치르는 제사는 늑대(lykos)와 관계가 있다고 한다.

게 살해당하거나, 아니면 참주가 되어 인간에서 늑대로 변하는 운명을 피할 수 없지 않을까?"

"필연적이고말고요" 하고 그가 말했네.

"그렇다면 재산을 가진 자들에게 반란을 일으킨 주동자는 바로 이자일세."

"네, 이자예요."

"그가 추방당했다가 정적들의 반대를 무릅쓰고 돌아온다면 완전한 참주가 되어 돌아오겠지?"[52]

"확실히 그래요."

b "그리고 그의 정적들은 그를 추방하거나 시민들에게 모함하여 죽일 수 없다면, 그를 폭력으로 암살할 음모를 꾸밀 것이네."

"그러기 십상이지요" 하고 그가 말했네.

"그런 상황에서는 참주의 길을 여기까지 걸어온 자라면 누구나 저 유명한 참주의 요구를 생각해내어, 민중의 옹호자가 민중을 위해 무사 안전하도록 민중에게 경호대를 요청할 것이네."[53]

"네, 틀림없이 그러겠지요" 하고 그가 말했네.

"그러면 민중은 아마도 자신들의 안전보다는 그의 안전을 더 염려해서 경호대를 내줄 것이네."

"분명히 그러겠지요."

c "그런데 재산이 많아 민중의 적이라는 혐의를 받던 부자가 이 꼴을 보면 크로이소스에게 주어진 신탁에 따라

자갈이 많은 헤르모스 강의 강변을 따라 도망치며

비겁자가 되는 것도 부끄러워하지 않을 것이네."[54]

"그렇겠지요. 도망치지 않다가는 부끄러워할 기회마저 두 번 다시 없을 테니까요" 하고 그가 말했네.

"그렇지. 붙잡히면 죽을 테니까" 하고 내가 말했네.

"당연하지요."

"그러나 우리의 저 지도자는 싸움에 져서 '큰대자로 누워 있는'[55] 것이 아니라, 많은 적을 쓰러뜨린 뒤 이제는 지도자가 아닌 완전한 참주가 되어 국가라는 전차(戰車)에 버티고 서 있을 것이 분명하네."

d

"왜 아니겠어요?" 하고 그가 말했네.

"그럼 이 사람과 이런 인간이 생겨나는 국가의 행복을 논의해보도록 할까?" 하고 내가 물었네.

그러자 그가 대답했네. "물론이죠. 논의하도록 해요."

내가 말했네. "그는 처음 얼마 동안에는 만나는 사람이면 누구에게

---

52 아테나이의 참주 페이시스트라토스(Peisistraos 기원전 600년경~527년)처럼 돌아온다는 말이다.
53 페이시스트라토스처럼 요청할 것이라는 말이다.
54 헤로도토스, 『역사』 1권 55장 참조. 크로이소스(Kroisos)는 소아시아 뤼디아 (Lydia) 지방의 왕으로 페르시아 왕 퀴로스(Kyros)에게 패해 나라를 잃는다. 헤르모스(Hermos)는 뤼디아 지방을 지나 에게 해로 흘러드는 강이다.
55 『일리아스』 16권 776행.

e 나 웃음 지으며 반가워할 것이고, 자기는 참주가 아니라고 말하며 사적으로 공적으로 많은 것을 약속하지 않을까? 그리고 부채를 탕감해주고 민중과 자신의 추종자들에게 토지를 분배해주며 누구에게나 친절하고 온순한 인간인 체하지 않을까?"

"당연하지요" 하고 그가 말했네.

"그러나 일부와는 화해하고 일부는 파멸시킴으로써 국외로 망명한 정적들을 염려할 필요가 없어지면, 그는 아마도 민중에게 지도자가 필요하다는 것을 알리기 위해 우선 계속해서 전쟁을 일으킬 것이네."

"그럴 것 같아요" 하고 그가 말했네.

567a "그가 전쟁을 일으키는 또 다른 목적은, 과도한 세금 탓에 가난해진 민중이 그날그날의 생계를 꾸리는 데 여념이 없어 그에 대해 음모를 꾸밀 엄두를 내지 못하게 하는 것이겠지?"

"확실히 그래요."

"끝으로, 자유사상을 품고는 자신의 통치에 복종하지 않을 것으로 의심 가는 자들이 있다면, 그는 이들을 적에게 내주어 제거할 수 있는 그럴듯한 핑계를 댈 수 있겠지? 이런 모든 이유 때문에 참주는 계속해서 전쟁을 일으켜야겠지?"

"당연하지요."

"그런 짓을 자꾸 하면 그는 시민들에게 미움받겠지?"

"왜 아니겠어요?"

b "그러면 그를 권좌에 앉히는 데 협력하여 권세가 당당한 자 가운데 일부는 그의 면전에서 또는 자기들끼리 모인 자리에서 거리낌없이 자기

의견을 말하며 사태가 그렇게 전개되어가는 것을 비판하겠지? 적어도 그들 가운데 가장 용감한 자들은 말일세."

"그럴 것 같아요."

"그런데 참주가 권력을 유지하려면 이들을 모두 제거해야 하네. 친구든 정적이든 쓸 만한 자가 한 명도 남지 않을 때까지 말일세."

"확실히 그래요."

"따라서 그는 누가 용감하고, 누가 도량이 넓고, 누가 현명하고, 누가 부자인지 예의 주시해야 하네. 또한 그는 행복하게도 좋든 싫든 이들 모두를 적대시해야 하며 이들에 대해 음모를 꾸며야 하네. 나라를 정화할 때까지 말일세."

c

"거참 아름다운 정화로군요" 하고 그가 말했네.

그래서 내가 말했네. "그렇다네. 그러나 의사들이 신체에 행하는 것과는 정반대되는 정화라네. 의사들은 가장 나쁜 것을 제거하고 가장 좋은 것은 남겨두지만 그는 그 반대로 하니까 말일세."

"하지만 그가 권력을 유지하려면 그럴 수밖에 없을 것 같네요" 하고 그가 말했네.

"그는 참 행복한 진퇴양난에 빠져 있네" 하고 내가 말했네. "그는 보잘것없는 대중과 더불어 이들의 미움을 받아가며 살아가거나, 아니면 아예 살지 말아야 하니 말일세."

d

"네, 그는 그런 진퇴양난에 빠져 있어요" 하고 그가 말했네.

"그가 그런 짓을 해서 시민들에게 미움 받을수록, 그에게는 그만큼 더 많은 충성스러운 경호원이 필요하지 않을까?"

"왜 아니겠어요?"

"그런데 이들 충성스러운 자는 어떤 자들인가? 그는 그들을 어디에서 데려올까?"

"그가 보수만 준다면 얼마든지 날아올걸요" 하고 그가 말했네.

"개에 걸고 맹세하건대, 자네는 외국에서 날아온 각양각색의 수벌을 두고 그렇게 말하는 것 같구먼" 하고 내가 말했네.

"네, 맞아요" 하고 그가 말했네.

"어떤가, 국내에서 조달한다면? 그는 시민들한테서 노예들을 빼앗아 해방시켜준 다음 자신의 경호대의 일부로 삼으려 하지 않을까?"

"물론이지요" 하고 그가 말했네. "이들은 그에게 누구보다도 충성스러운 자들일 테니까요."

그래서 내가 말했네. "자네가 말하는 참주라는 자는 참으로 행복하네그려. 옛 친구들을 제거하고 이런 자들을 심복으로 삼는다면 말일세."

"네, 그는 실제로 그런 자들을 심복으로 삼아요" 하고 그가 말했네.

"그리고 그의 친구가 된 이들 신참 시민들은 그를 찬탄하며 그와 함께하겠지만, 점잖은 사람은 그를 증오하며 피할 것이네."

"왜 아니겠어요?"

"그러면 비극이 일반적으로 지혜의 보고(寶庫)라고, 에우리피데스가 비극의 대가라고 여겨지는 것도 다 이유가 있었네그려."

"어째서 그렇지요?"

"그것은 에우리피데스가 '참주는 현자와 교제하기에 현자이다'[56]라는 의미심장한 말을 했기 때문인데, 그는 참주가 교제하는 자는 현자라는 뜻에서 그렇게 말했음이 분명하네."⁵⁷

그가 말했네. "또한 그는 참주정체를 '신과 같은 것'⁵⁸이라고 찬미하며, 그 밖의 여러 방법으로 찬미하고 있어요. 하지만 에우리피데스만 그런 것이 아니라 다른 시인도 마찬가지예요."

"따라서 비극 시인도 현자인 만큼 그들이 참주정체의 찬미자라는 이유로 우리가 그들을 받아들이지 않는다 해도, 우리를 그리고 우리와 비슷한 정체를 가진 사람들을 틀림없이 용서해줄 것이네" 하고 내가 말했네.

"적어도 그들 가운데 세련된 자라면 용서해주겠지요" 하고 그가 말했네.

"그러면 그들은 다른 나라를 순회하면서 군중을 끌어모으고 목소리가 아름답고 우렁차고 설득력 있는 배우를 고용해 그 나라 정체를 참주정체와 민주정체로 바꾸도록 할 것이네."

"물론이지요."

"그 대가로 그들은 보수와 존경을 받을 텐데, 당연한 일이지만 주로 참주에게서, 그다음은 민주정체에서 받을 것이네. 그러나 정체의 사닥

---

56 이것은 에우리피데스가 아니라 소포클레스가 한 말이다. 소포클레스, 단편 13 (Nauck).
57 당시 많은 시인이 후원을 받기 위해 참주의 궁전을 찾았는데, 에우리피데스도 아테나이를 떠나 마케도니아(Makedonia) 왕의 궁전에서 말년을 보냈다.
58 에우리피데스, 『트로이아 여인들』(*Troiades*) 1169행.

제8권 503

다리를 타고 높이 오를수록, 마치 숨이 가빠 더 나아갈 수 없는 것처럼, 그들에 대한 존경은 그만큼 더 시들해질 것이네."

"물론이지요."

그래서 내가 말했네. "그런데 이야기가 곁가지로 흘렀구먼. 우리는 참주의 군대로 되돌아가서 저 아름답고 많고 다채롭고 항상 변하는 군대가 어떻게 유지되는지 논의해보기로 하세."

그러자 그가 말했네. "나라의 신전들에 보물이 있다면 참주는 틀림없이 그 보물을 쓰겠지요. 그것으로 충분한 동안에는 말이에요. 또한 그에게 희생당한 자들의 재산을 쓰겠지요. 그동안에는 민중에게 그만큼 세금을 적게 부과하겠고요."

"그러나 그것이 다 떨어지고 나면 어떻게 될까?"

"그러면 그와 그의 술친구들과 그의 남녀 패거리는 틀림없이 그의 아버지의 재산으로 살아가겠지요" 하고 그가 말했네.

그래서 내가 말했네. "알겠네. 참주를 낳아준 민중이 그와 그의 패거리를 먹여 살릴 것이라는 말이로구먼."

"선택의 여지가 없으니까요."

"하지만 어떤가?" 하고 내가 말했네. "민중이 화가 나 이렇게 명령한다면, 자네는 과연 어떤 일이 일어날 것이라고 생각하는가? '다 큰 아들을 아버지가 양육하는 것은 옳지 못하고, 오히려 그 반대로 아버지를 아들이 부양해야 하며, 우리가 너를 낳아주고 권좌에 앉힌 까닭은 네가 권력을 잡으면 우리가 우리 노예의 노예가 되어 네 패거리와 함께 네 노예들을 부양하기 위해서가 아니었으며, 그것은 오히려 우리가 너를 지도자로 삼아 부자들과 이른바 귀족들[59]에게서 해방되기 위해서였다'고 말하면서, 마치 아버지가 아들을 그의 성가신 술친구들과 함께 집에서 내쫓듯 그와 그의 패거리에게 나라를 떠나라고 한다면 말일세."

"제우스에 맹세코, 그때는 민중이 자기들이 어떤 괴물을 낳아주고 귀여워해주고 키워주었는지 그리고 자기들은 약하고 자기들이 내쫓으려는 자들은 더 강하다는 사실을 알게 되겠지요" 하고 그가 말했네.

그래서 내가 물었네. "자네, 무슨 말을 하는가? 참주는 감히 아버지에게 폭력을 행사하고, 말을 듣지 않으면 아버지를 칠 것이라는 말인가?"

"네, 그렇지만 먼저 아버지를 무장해제시키겠지요" 하고 그가 대답했네.

그래서 내가 말했네. "그러니까 자네 말인즉 참주는 친부 살해자이며 잔혹한 노인 부양자라는 뜻이로구먼. 이것이 참주정체라는 것에는 누구나 다 동의할 것이네. 그리하여 민중은 사람들 말마따나 자유민을 얽매는 예속이라는 연기를 피하려다가 노예에 의한 전제(專制)라는 불구덩이에 빠진 꼴이 되었네그려. 저 지나치고 때 이른 자유라는 옷 대신 가장 가혹하고 가장 쓰라린, 노예에 의한 예속이라는 옷으로 갈아입고서 말일세."

"틀림없이 그렇게 되겠지요" 하고 그가 말했네.

---

59 kaloi kågathoi.

"어떤가?" 하고 내가 말했네. "민주정체가 어떻게 해서 참주정체로 바뀌며, 일단 생겨난 참주정체는 어떤 성질을 띠는지 충분히 논의했다고 우리가 주장하더라도, 이의를 제기할 사람은 없겠지?"

"네, 우리는 충분히 논의했어요" 하고 그가 말했네.

제9권

그래서 내가 말했네. "그럼 이제 남은 것은 참주제적 인간에 관하여, 민 571a
주제적 인간이 어떻게 참주제적 인간으로 바뀌는지, 일단 생겨난 참주
제적 인간은 어떤 사람이며 어떤 삶을 사는지, 비참한 삶을 사는지 행
복한 삶을 사는지 고찰하는 일이겠구먼."

"그에 관해 고찰하는 일이 남았어요" 하고 아데이만토스가 말했네.

"자네는 내가 아직도 아쉬워하는 게 무언지 알겠는가?" 하고 내가 물
었네.

"그게 뭔가요?"

"우리는 욕구들에 관해 그 종류와 수가 얼마나 되는지 충분히 분류
하지 못한 것 같네.[1] 그런데 이 문제를 명확하게 규명하지 않고서는 우리
가 지금 탐구하고 있는 일도 그만큼 명료하지 못할 것이네."

"아직은 늦지 않았겠지요?" 하고 그가 말했네. b

"물론이지. 내가 욕구들에 관해 알고자 하는 바는 이런 걸세. 불필요

---

1 558d~559d 참조.

c 한 쾌락이나 욕구 중에는 도리에 어긋나는 것으로 여겨지는 것들이 있네. 그런 욕구는 누구나 타고나지만, 어떤 사람들에게서는 법률이나 더 훌륭한 욕구나 이성에 의해 억제되기에 완전히 소멸되거나 아니면 줄어들고 약해지는 데 반해, 어떤 사람들에게서는 더 강해지고 더 많아지는 듯하다는 것이네.”

"어떤 욕구를 두고 그렇게 말씀하시는 건가요?" 하고 그가 물었네.

d 그래서 내가 대답했네. "혼의 다른 부분, 즉 이성적이고 유순하며 통제력을 행사하는 부분이 잠들어 있는 동안, 잔뜩 먹고 마신 동물적이고 광포한 부분이 벌떡 일어나 자신의 본능을 충족시키기 위해 나아갈 때 잠 속에서 깨어나는 욕구 말일세. 자네도 알다시피, 이 동물적 부분은 이때 온갖 수치심과 이성에서 벗어나기 때문에 무슨 일이든지 해치운다네. 말하자면 상상을 통해 인간이나 신이나 동물과는 물론이고 어머니와도 거리낌없이 불륜을 저지르며, 서슴지 않고 살인을 하며, 아무 음식에나 가리지 않고 손을 내민다네. 한마디로, 그것이 저지르지 않는 바보짓이나 파렴치한 행위는 아무것도 없네.”

"지당한 말씀이에요" 하고 그가 말했네.

e
572a "그러나 자신과 건전한 관계를 유지하는 절제 있는 사람은 잠들기 전에 스스로 명상에 잠기면서 자신의 이성적 부분을 깨워 고매한 사상과 고찰로 잘 접대하는 한편 욕구적 부분은 지나치거나 모자라지 않게 충족시켜준 뒤 잠들게 함으로써, 혼의 가장 훌륭한 부분이 혼자서 순수하게 무엇을 관찰하거나 동경하거나 과거의 것이든 현재의 것이든 미래의 것이든 아직 모르는 것을 깨닫고자 하는 경우 환락이나 고통으로 이

를 방해하는 일이 없게 할 것이네. 마찬가지로 그는 기개 높은 부분도 좋게 타일러 누군가를 향한 분노 때문에 격앙된 상태로 잠드는 일이 없게 할 것이네. 그가 이 두 부분을 진정시키고 이성이 깃든 제3의 부분을 깨운 뒤 휴식을 취한다면, 그런 상태에서는 진리를 가장 잘 파악하게 될 것이며 극악무도한 환영(幻影)이 꿈에 보이는 일도 최소한으로 줄어들 것이네."

"전적으로 동의해요" 하고 그가 말했네.

"이야기가 곁가지로 흘렀네만, 내가 알고 싶은 것은 모든 인간 안에는, 심지어 우리 가운데 매우 절제 있다고 생각되는 사람들 안에도 무시무시하고 광포하고 도리에 어긋나는 욕구들이 도사리고 있다는 점이네. 그리고 이런 사실은 우리가 잠자고 있을 때 드러난다는 점이네. 자네는 내 말에 일리가 있는지, 내 말에 동의하는지 생각해보게."

"네, 동의해요."

"이번에는 우리가 민주제적 인간을 어떤 인간으로 규정했는지[2] 상기해보게. 자네도 기억하겠지만, 민주제적 인간이 생겨나는 과정은 이러했네. 우선 그는 돈벌이에 관계되는 욕구만 존중하고, 유희나 사치에 관계되는 불필요한 욕구를 멸시하는 인색한 아버지에 의해 어려서부터 양육되었네. 그렇지 않은가?"

"네, 그래요"

---

[2] 561a 이하 참조.

d "그러다가 방금 우리가 말한 여러 욕구로 가득찬 더 세련된 자들과 교제하면서부터 그는 아버지의 인색함이 싫어져 그들의 온갖 방종한 생활 태도를 받아들이게 되었네. 그러나 그는 이들 유혹자보다 더 훌륭한 품성을 타고났기에 양쪽으로 끌리다가 결국 양쪽의 중간에 머물러 모든 것을 알맞게 즐긴답시고, 치사하지도 않고 그렇다고 도리에 어긋나지도 않는 그런 생활을 하네. 그리하여 그는 과두제적 인간에서 민주제적 인간이 되었네."

"그래요. 그것이 그런 인간에 대한 우리의 의견이었고 의견이에요" 하고 그가 말했네.

"그렇다면 세월이 흘러 그런 인간이 늙었을 때, 이번에는 그와 똑같은 생활 태도 속에서 양육된 젊은 아들이 있다고 가정해보게" 하고 내가 말했네.

"네, 가정할게요."

e "이 아들에게도 아버지에게 일어났던 것과 똑같은 일이 일어난다고 가정해보게. 말하자면 그는 완전히 불법적인 생활로 끌려 들어가고 있네. 물론 유혹자는 그것을 완전한 자유라고 부르겠지만 말일세. 그리고 그의 아버지와 친족은 중용을 지키는 그의 욕구를 편들지만 반대쪽에서는 그와 반대되는 욕구를 편드네. 그러나 이들 교활한 마술사와 참주 제조자는 달리 젊은이를 붙잡아둘 수 없다 싶으면 게으르고 방탕한 욕구의 지도자라 할 수 있는 애욕(愛慾)[3]을 젊은이에게 심어주려 하는데,
573a 우리는 애욕을 날개 달린 거대한 수벌이라고 해도 좋을 것이네. 아니면 자네는 이런 인간의 애욕을 또 다른 말로 표현할 수 있을 것이라고 생각

하는가?"

"다른 말로는 표현할 수 없겠지요" 하고 그가 말했네.

"그리고 다른 욕구가 향 연기와 향료와 화관과 포도주와 그 밖에 그런 모임에서 흔히 볼 수 있는 온갖 방종한 쾌락과 함께 수벌 주위를 맴돌며 수벌을 양육하여 최대한 자라게 하면서 연모(戀慕)의 침을 심어준다면, 그때는 이 혼의 지도자는 광기의 호위를 받으며 미치광이가 되고 말 걸세. 그러면 그는 혼 안에서 쓸모 있거나 아직도 수치를 안다고 생각되는 의견이나 욕구를 발견하는 족족 죽여 없애거나 혼 밖으로 내쫓을 것이네. 그리하여 혼은 마침내 완전히 절제를 잃고 밖에서 들어온 광기로 가득찰 것이네."

"선생님께서는 참주제적 인간이 생겨나는 과정을 완벽하게 그려 보여주셨어요" 하고 그가 말했네.

"그러니 옛날부터 에로스[4]를 참주라고 한 것도 이 때문이겠지?" 하고 내가 말했네.

"그런 것 같아요" 하고 그가 말했네.

그래서 내가 말했네. "여보게, 술 취한 사람 또한 참주다운 구석이 있겠지?"

"있고말고요."

"또한 미치거나 제정신이 아닌 사람은 인간뿐 아니라 신들까지도 지

---

3 eros.
4 Eros. 에로스는 애욕의 신이다.

배하려 들 것이며, 그럴 수 있다고 생각할 것이네."

"물론이지요" 하고 그가 말했네.

그래서 내가 말했네. "그러면 여보게, 엄밀한 의미의 참주제적 인간은 어떤 사람이 본성적으로 그러하든, 습관에 의해 그렇게 되었든, 아니면 이 두 가지가 다 원인이 되었든 술에 취하거나 애욕에 빠지거나 미치광이가 될 때 생겨나는 것이네."

"전적으로 동의해요."

"참주제적 인간이 생겨나는 과정은 분명 그런 것 같네. 한데 그는 어떤 삶을 살까?"

d "공을 도로 선생님에게 넘길 테니, 이것도 선생님께서 말씀해주셔야겠네요."

"그럼 내가 말해보겠네. 그다음에는 아마도 연회와 더불어 술자리와 잔치와 창녀와 그와 비슷한 모든 것이 그와 함께할 것이네. 에로스가 참주로서 그의 안에 머물러 살면서 그의 혼을 완전히 지배할 테니 말일세" 하고 내가 말했네.

"당연하지요" 하고 그가 말했네.

"그러면 에로스 곁에 가공할 욕구들이 밤낮으로 수없이 자라나서 많은 것을 요구하지 않을까?"

"네, 수없이 자라나겠지요."

"그러면 수입이 좀 있어도 금세 탕진되고 말 걸세."

"왜 아니겠어요?"

e "그다음에 그는 빚을 지고 재산을 축내기 시작할 것이네."

"그러고말고요."

"그러나 모든 것이 탕진되고 나면, 새로 알을 깨고 나온 수많은 욕구가 틀림없이 아우성치지 않을까? 그리고 그는 다른 욕구에, 특히 다른 욕구를 모두 호위병으로 거느리는 에로스의 침에 쫓겨서 미치광이가 된 채 사기나 폭력으로 누구의 재산을 빼앗을 수 있을까 하고 살피기 시작하지 않을까?"

574a

"그야 물론이지요" 하고 그가 말했네.

"그래서 그는 아무 데서나 가리지 않고 거두어들이든지, 아니면 크나큰 고통과 고뇌로 괴로워하지 않을 수 없을 것이네."

"당연하지요."

"그리고 마치 그의 내부에서 나중에 생겨난 쾌락이 먼저 자리 잡고 있던 쾌락을 누르고 그것의 재산을 빼앗아버리듯, 그는 나이가 더 젊으면서도 아버지나 어머니보다 더 많이 가지려 할 것이며, 자기 몫을 탕진한 뒤에는 아버지의 재산을 나누어 가지려고 빼앗으려 들겠지?"

"그야 물론이지요" 하고 그가 말했네.

"하지만 부모가 거절하면, 그는 처음에는 도둑질을 하거나 부모를 속이려 하지 않을까?"

b

"분명히 그러겠지요."

"그럴 수도 없으면 그다음에는 폭력을 휘두르며 강탈하려 하겠지?"

"아마 그러겠지요" 하고 그가 말했네.

"그런데 여보게, 노부모가 이에 저항하며 싸우려 한다면, 그는 자숙하고 부모에게 참주 노릇을 하기를 삼갈까?"

제9권 **513**

"저는 그런 자식을 둔 부모가 적잖이 마음에 걸려요" 하고 그가 말했네.

c "그러면 아데이만토스, 제우스에 맹세코, 자네는 그런 인간이 얼마 전에야 비로소 친해졌으며 아무런 혈연관계도 없는 창녀 때문에 오랜 친구이자 혈연관계가 있는 어머니를, 또는 얼마 전에야 비로소 친해졌으며 아무런 혈연관계도 없는 아름다운 젊은이[5] 때문에 이제는 비록 아름답지 않지만 혈연관계가 있고 가장 오랜 친구인 늙은 아버지를 때릴 것이라고 생각하는가? 또한 그가 부모와 친구들을 한집으로 끌어들인다면, 부모를 친구들의 노예로 삼을 것이라고 생각하는가?"

"제우스에 맹세코, 그는 그럴 거예요" 하고 그가 말했네.

"그러면 참주 아들을 낳는다는 것은 참으로 축복받은 일이겠구먼" 하고 내가 말했네.

"물론이지요" 하고 그가 말했네.

d "그러나 부모의 재산도 탕진하고 쾌락의 무리가 그의 안에 많이 모여들었다면 어떻게 될까? 그는 처음에는 남의 집 담을 뛰어넘거나 밤늦게 다니는 행인의 겉옷을 빼앗다가 그다음에는 신전을 털지 않을까? 그리고 이런 모든 행동에서 그가 어릴 때부터 지니고 있던, 올바른 것으로 간주되던 이전의 의견은 비로소 얼마 전에 예속 상태에서 해방되어 에로스를 호위하고 있는 의견에 압도당할 텐데, 이때 에로스가 후자를 도
e 와줄 것이네. 그런데 이 나중의 의견은 그가 전에 아직도 법과 아버지에게 복종하면서 자기 안에서 민주제적 삶을 살 때는 잠든 동안 꿈속에서만 해방될 수 있었네. 그러나 에로스의 참주적 지배를 받으면서 꿈속에

서만 가끔 될 수 있던 그런 인간이 언제나 그리고 실제로 되어버린 그는 지금에 와서는 무시무시한 살인이나 먹어서는 안 될 음식이나 가공할 행위 앞에서도 물러서지 않을 걸세. 오히려 법과 질서를 무시하며 참주처럼 그 안에 군림하고 있는 에로스는 스스로 독재자가 되어 자기가 군림하는 도시나 다름없는 그 사람에게 자신과 자신을 둘러싸고 있는 요란한 무리를 부양하기 위해서라면 아무리 어처구니없는 짓이라도 대담하게 해치우라고 할 것이네. 그런데 에로스를 둘러싸고 있는 무리 가운데 더러는 나쁜 교제를 통해 밖에서 들어온 것들이고, 더러는 그도 이 무리와 기질이 같기에 그의 내부에서 풀려나고 해방된 것들이네. 이것이 그런 인간의 삶이 아닐까?"

575a

"네, 맞아요" 하고 그가 말했네.

그래서 내가 말했네. "나라 안에 그런 인간이 소수에 불과하고 다른 사람들은 모두 생각이 건전하다면, 그자들은 다른 곳으로 가서 참주의 호위병이 되거나 전쟁이 일어난 곳에서 용병이 될 것이네. 그러나 세상이 평화롭고 조용할 때는 그대로 국내에 머무르며 온갖 사소한 범행을 저지를 것이네."

b

"어떤 범행을 저지른다는 거죠?"

"이를테면 그들은 도둑질하고, 남의 주거에 침입하고, 소매치기하고, 남의 옷을 빼앗고, 신전을 털고, 자유민을 납치하여 노예로 팔아먹을

5   연동(戀童).

것이네. 그리고 마음대로 할 수 있다면 무고꾼이 되거나 거짓 증인이 될 것이며 뇌물을 받을 것이네."

"그들의 수가 적을 때는 그런 범행은 작다고 할 수 있겠지요" 하고 그가 말했네.

c "작은 것이 작은 것은 큰 것과 비교할 때일세" 하고 내가 말했네. "이 모든 것도 국가에 끼치는 해악이라는 점에서 참주와 비교하면 사람들 말마따나 그 근처에도 못 가기에 하는 말일세. 그러나 나라에 이런 자들이 많이 생기고 다른 자들도 이들을 추종하여 자신들의 수가 많다는 것을 의식하게 되면, 그들은 대중의 무지에 힘입어 자기들 중에서 가장 위대하고 가장 강력한 참주를 혼 안에 간직하고 있는 자를 골라내어 진짜 참주로 만들 것이네."

d "그럴 것 같아요. 그는 가장 참주제적인 인간일 테니까요" 하고 그가 말했네.

"물론 대중이 자진해서 복종한다면 그렇게 되겠지. 그러나 국가가 이에 응하지 않으면, 그는 전에 어머니와 아버지에게 폭력을 휘둘렀듯이,[6] 그럴 수만 있다면 새로 사귄 친구들을 끌어들여 조국에 폭력을 휘두를 것이네. 또한 크레테인들의 표현을 빌리자면 옛날부터 사랑해온 '모국'[7]과 조국을 이들 친구 밑에서 종노릇하도록 유지하고 부양할 것이네. 그리

e 고 바로 이것이 그런 인간이 지닌 욕구의 궁극적 목표일 것이네."

"전적으로 동의해요" 하고 그가 말했네.

그래서 내가 말했네. "그런데 그들은 아직 국가를 통치하지 못하고 사인(私人)으로 머물러 있는 동안에는 이렇게 처신할 것이네. 먼저 그

들이 교제하는 자들에 관해 말하자면, 그들은 자기들에게 아부하거나 자기들을 위해 무슨 일이든 할 각오가 되어 있는 자들과 교제할 것이네. 그러나 무엇이 필요할 때는 그들 스스로 무릎을 꿇고 한 가족인 양 거리낌없이 온갖 애정 표현을 하겠지만, 일단 목적을 달성한 뒤에는 언제 봤냐는 식으로 대할 것이네."

576a

"그러고도 남을 거예요."

"그렇다면 그들은 평생 동안 남을 지배하거나 남의 노예가 될지언정 어느 누구와도 친구가 될 수 없는 사람들이네. 참주적 성향을 타고난 자는 진정한 자유와 우정은 맛볼 수 없는 사람이라는 말일세."

"물론이지요."

"그렇다면 그런 자들을 의리 없는 자들이라고 해도 옳지 않겠는가?"

"당연하지요."

"또한 앞서 정의가 무엇인지를 두고 우리가 합의한 것이 옳다면, 그들을 가장 불의한 자들이라고 불러도 옳을 것이네."

b

"그런데 우리가 합의한 것은 옳았어요" 하고 그가 말했네.

그래서 내가 말했네. "간단히 말해, 가장 사악한 인간이란 깨어 있는 상태에서 우리가 꿈속에서만 그렇다고 말한 바 있는 그런 인간이 된 자일세."[8]

---

6   574c 참조.
7   크레테인들은 '조국'(patris)이라는 말 대신 '모국'(metris)이라는 말을 즐겨 썼던 것 같다.

"네, 확실히 그래요."

"그리고 본성적으로 가장 참주제적 인간이기에 독재자가 된 자는 그런 인간이 될 것이네. 그는 또한 참주적 삶을 오래 살수록 그만큼 더 그런 인간이 될 것이네."

"당연한 일이지요" 하고 글라우콘이 논의를 넘겨받았네.

그래서 내가 물었네. "그렇다면 가장 사악한 자로 판명된 자가 또한 가장 불행한 자로 판명되겠지? 그리고 가장 극단적인 참주로서 가장 오랫동안 지배한 자가 또한 가장 오랫동안 가장 극단적으로 불행한 자로 밝혀지겠지? 대중은 여러 다른 의견을 갖고 있겠지만 말일세."

"그야 물론이지요" 하고 그가 대답했네.

그래서 내가 말했네. "그리고 참주제적 인간은 참주제 국가와 비슷하고 민주제적 인간은 민주제 국가와 비슷하며, 그 밖의 다른 인간들도 이 점에서는 마찬가지겠지?"

"그렇고말고요."

"그리고 미덕과 행복이라는 측면에서도 한 국가의 다른 국가에 대한 관계는 한 인간의 다른 인간에 대한 관계에 그대로 적용되겠지?"

"왜 아니겠어요?"

"그러면 미덕이라는 측면에서 참주제 국가는 우리가 맨 먼저 언급한 바 있는 왕도정체 국가와 어떤 관계일까?"

"모든 것이 정반대이지요. 한쪽은 최선의 국가이고, 다른 쪽은 최악의 국가이니까요" 하고 그가 말했네.

"양쪽 가운데 어느 쪽을 말하는지는 묻지 않겠네" 하고 내가 말했네.

"너무나 자명하니까. 그런데 자네는 행복과 불행이라는 측면에서도 똑같이 판단하는가, 아니면 다르게 판단하는가? 그러나 이를 판단하기 위해서 우리는 한낱 개인에 불과한 참주와 그를 둘러싸고 있는 소수의 인간만 보고 거기에 현혹되어서는 안 되네. 오히려 우리는 도시로 들어가 그 전체를 관찰할 필요가 있는 만큼 내부를 구석구석 찾아다니면서 관찰한 뒤 우리 의견을 말하기로 하세."

e

"선생님의 요구는 정당해요. 그러나 참주제 국가보다 더 불행한 국가는 없고, 왕도정체 국가보다 더 행복한 국가는 없다는 것은 누구에게나 분명한 사실이에요" 하고 그가 말했네.

그래서 내가 말했네. "그렇다면 인간을 판단하는 데에도 똑같은 요구를 해도 옳지 않을까? 마음의 눈으로 인간의 성격 속으로 깊숙이 들어가서 그것을 꿰뚫어볼 수 있는 자라야, 다시 말해 어린아이처럼 겉모습만 보고는 참주제적 인간이 과시하는 화려한 외관에 현혹되지 않고 그것을 충분히 꿰뚫어볼 수 있는 자라야 인간을 평가할 수 있을 것이라는 말일세. 또한 내가 생각하기에, 우리는 판단할 수 있는 능력만 가진 것이 아니라 몸소 그와 살면서 그의 가정생활이라든가, 비극적인 장엄한 외양을 벗어던진 그의 적나라한 모습을 그 어느 곳에서보다 더 잘 볼 수 있는 가족 내에서의 대인관계라든가, 국가적 위기에 처했을 때의 그의 태도를 직접 목격한 사람의 말을 들어봐야 할 것이네. 그러니 우리는

577a

b

---

8 574d~e 참조.

이 모든 것을 목격한 사람에게 행복과 불행이라는 측면에서 참주와 다른 사람들이 어떤 관계인지 말해달라고 요구해야 하지 않을까?"

"선생님의 요구는 지극히 정당해요" 하고 그가 말했네.

"그렇다면 우리 질문에 대답할 수 있는 사람을 구하기 위해, 자네는 우리 자신을 판단 능력이 있을 뿐 아니라 일찍이 참주제적 인간을 만난 적이 있는 그런 사람들에 포함시키기를 원하는가?" 하고 내가 말했네.

"네, 물론이지요."

"자, 그러면 문제를 이렇게 고찰해주게" 하고 내가 말했네. "국가와 인간 사이의 유사점을 명심하고 양쪽을 차례차례 자세히 관찰한 다음 그것들이 저마다 어떤 상태에 놓여 있는지 말해달라는 말일세."

"어떤 상태 말인가요?" 하고 그가 물었네.

그래서 내가 대답했네. "먼저 국가에 관해 말하자면, 자네는 참주가 지배하는 국가를 자유로운 국가라고 할 것인가, 아니면 노예화된 국가라고 할 것인가?"

"최대한 노예화된 국가라고 하겠어요" 하고 그가 말했네.

"그렇지만 자네도 보다시피, 그런 나라에도 주인과 자유민은 있다네."

"있기는 하지요. 하지만 그들은 소수에 불과해요. 그런 나라에서는 말하자면 대다수가 그리고 가장 선량한 부류가 아무 권리도 없는 비참한 노예이니까요" 하고 그가 말했네.

그래서 내가 말했네. "그런데 개인이 국가와 유사하다면 개인에게도 필연적으로 똑같은 질서가 내재하지 않을까? 그래서 개인의 혼도 여러 예속과 부자유로 충만하며, 개인의 혼의 가장 선량한 부분은 노예화된 반면 작은 부분에 불과한 가장 사악하고 가장 광포한 부분이 주인 행세를 하는 것이 아니겠는가?"

"당연하지요" 하고 그가 말했네.

"어떤가? 자네는 그러한 혼을 자유롭다고 할 것인가, 아니면 노예화되었다고 할 것인가?"

"저는 노예화되었다고 말할 겁니다."

"그리고 참주의 노예가 된 국가는 자신이 원하는 바를 가장 적게 행할 수 있겠지?"

"네, 단연코 가장 적게 행할 수 있겠지요."

"혼을 하나의 전체로 본다면, 내면에서 참주의 지배를 받는 혼 역시 자신이 원하는 바를 할 수 있는 가능성이 가장 적을 것이네. 그런 혼은 언제나 등에[9]에게 쫓겨 불안과 후회로 가득할 테니 말일세."

"왜 아니겠어요?"

"그런데 참주의 지배를 받는 국가는 부유할까, 아니면 가난하기 마련일까?"

"가난하기 마련이지요" 하고 그가 말했네.

"그렇다면 참주제적 혼 역시 언제나 가난하며, 만족할 줄 모르는 욕구에 시달리기 마련이네."

---

9 쇠파리의 일종.

"네, 맞아요" 하고 그가 말했네.

"어떤가? 그런 국가와 그런 인간은 당연히 두려움으로 가득차 있지 않을까?"

"당연하지요."

"그렇다면 자네는 참주제 국가가 아닌 다른 국가에서 더 많은 비탄과 탄식과 신음과 고통을 발견할 것이라고 생각하는가?"

"아니요."

"또한 자네는 이러한 비탄과 탄식과 신음과 고통이 욕구와 애욕 탓에 미치광이가 된 참주제적 인간보다 다른 인간 안에 더 많이 깃들어 있을 것이라고 생각하는가?"

"어떻게 그렇게 생각할 수 있겠어요?" 하고 그가 말했네.

b "그렇다면 자네는 아마도 이 모든 점과 이와 유사한 다른 점들을 응시하면서 이런 국가가 모든 국가 중에서 가장 비참한 국가라고 판단한 것 같네."[10]

"그것이 옳은 판단이겠지요?" 하고 그가 물었네.

그래서 내가 대답했네. "옳다마다. 한데 자네는 바로 이런 점들을 응시하며 참주제적 인간에 대해서는 어떻게 말할 텐가?"

"그가 세상에서 가장 비참한 인간이라고 말하겠어요" 하고 그가 말했네.

"자네의 그 말은 옳지 않네" 하고 내가 말했네.

"어째서죠?" 하고 그가 말했네.

"아직은 그가 가장 비참한 인간이라고 생각되지 않기 때문일세" 하고 내가 말했네.

"그러면 누가 가장 비참한가요?"

"자네는 아마 이런 인간이 그런 인간보다 더 비참하다는 데에 동의할 것이네."

"어떤 인간 말인가요?"

"참주제적 인간이면서 일생을 사인(私人)으로 마치지 못하고, 불행히도 운이 나빠 참주가 된 자 말일세" 하고 내가 말했네.

"앞서 우리가 논의한 바에 따르면 선생님 말씀이 옳은 것 같아요."

"그렇다네" 하고 내가 말했네. "그러나 이런 문제에 관해서는 단순히 생각하는 것으로 만족해서는 안 되네. 우리는 문제의 두 인간[11]을 토론을 통해 조심스레 고찰하지 않으면 안 되네. 우리는 여기서 가장 중요한 문제인 선한 삶과 악한 삶을 고찰하고 있기 때문이네."

"지당한 말씀이에요" 하고 그가 말했네.

"그럼 내 말에 일리가 있는지 고찰해주게. 내 생각에, 우리는 여기에서 출발해 문제를 고찰해야 할 것 같네."

"어디에서 출발한다는 거죠?"

"여러 도시에서 수많은 노예를 거느리고 있는 부유한 개인들에게서 출발한다는 말일세. 이들은 많은 사람을 지배한다는 점에서 참주와 비슷하기 때문이네. 차이점이라면 단지 참주가 더 많은 사람을 지배한다

---

10 576e 참조.
11 참주제적 인간과 참주.

는 것뿐이지.”

“네, 그런 차이점이 있네요.”

“그런데 자네도 알다시피, 이들은 불안해하지도 않으며 노예를 두려워하지도 않네.”

“왜 두려워하겠어요?”

“그들은 두려울 게 없지” 하고 내가 말했네. “한데 자네는 그 이유를 아는가?”

“네. 그 이유는 이들 개인이 저마다 국가 전체의 지원을 받기 때문이지요.”

e “옳은 말일세” 하고 내가 말했네. “어떤가? 어떤 신이 50명 또는 그 이상의 노예를 거느린 사람을 처자와 다른 재산과 노예들과 함께 도시에서 들어올려 어떤 자유민의 도움도 기대할 수 없는 황야에 내려놓는다고 가정해보게. 그럴 경우 자네는 그가 처자와 함께 노예들에게 살해당할까 봐 두려워할 텐데 얼마나 큰 두려움에 떨 것이라고 생각하는가?”

“엄청난 두려움에 떨겠지요” 하고 그가 말했네.

579a “그는 자기 노예들 가운데 몇 명에게 아부하고 많은 것을 약속하고 그럴 필요가 없는데도 자유의 몸으로 만들어주지 않을 수 없을 것이며, 그러다가 결국 자기 노예들의 비위나 맞춰주는 알랑쇠가 되고 말 걸세.”

“그럴 수밖에 없겠지요. 그러지 않으면 살해당할 테니까요” 하고 그가 말했네.

“그리고 그 신이 누구든지 다른 사람의 주인이 되겠다고 나서는 자를 붙잡아 가차없이 엄벌에 처하는 그런 사람들을 그의 주위에 가서 살도록 다수 보내주었다고 가정해보게" 하고 내가 말했네.

"그는 온통 적들에 포위되었으니 더 심한 곤경에 빠지겠지요" 하고 그가 말했네.

"그런데 참주야말로 이런 감옥에 갇혀 있는 것이 아닐까? 그는 우리가 말한 그런 본성을 타고나 온갖 두려움과 애욕으로 가득차 있으니 말일세. 그리하여 생각은 굴뚝같지만 온 나라에서 그만이 나라 밖으로 여행할 수도 없고 자유민이 보고 싶어하는 것들을 구경할 수도 없어 대부분의 시간을 여자처럼 집안에 처박혀 지내면서, 다른 시민 가운데 외국에 나가서 좋은 구경이라도 하고 돌아오는 사람이 있으면 부러워한다네."

"전적으로 동의해요" 하고 그가 말했네.

"그러니 자네가 잠시 전에[12] 가장 비참하다고 판단했을 만큼 스스로 잘못 통치되고 있는 인간인 참주제적 인간이 사인(私人)으로 일생을 마치지 않고 어떤 운명에 의해 참주가 되도록 강요받아 자신도 통치하지 못하는 주제에 남들까지 통치하려 한다면, 그는 앞서 말한 불행들에 더하여 이런 불행만큼의 수확을 더 거둬들일 것이네. 그것은 어떤 사람이 병들어 자기 한몸도 감당하지 못하는 주제에 집안에서 조용히 지내지 못하고 평생토록 남들과 체력을 다투거나 싸우면서 살아가도록 강요받

---

12 578b 참조.

는 것과 같네."

"소크라테스 선생님, 참으로 적절한 비유인 것 같아요" 하고 그가 말했네.

그래서 내가 말했네. "여보게 글라우콘, 그렇다면 이것이 가장 비참한 상태겠지? 그리고 참주야말로 자네가 가장 비참한 삶을 산다고 판단한 자보다 더 비참한 삶을 사는 것이겠지?"

"물론이지요" 하고 그가 말했네.

"그렇다면 진짜 참주는, 남이야 믿건 말건, 사실은 가장 저질스러운 아부와 예속을 감수해야 하는 노예이며, 가장 사악한 자들의 비위를 맞추는 알랑쇠일세. 또한 그는 자신의 욕구를 결코 충족시키지 못해 무엇이든 모자라는 가난뱅이로 드러날 것이네. 그의 혼을 꿰뚫어볼 수 있는 사람이 있다면 말일세. 그리고 그가 자신이 통치하는 국가와 비슷한 상태에 놓여 있다면, 그는 평생 동안 공포와 전율과 고통으로 가득차 있을 것이네. 한데 그는 자신이 통치하는 국가와 비슷한 상태에 놓여 있네. 그렇지 않은가?"

"물론 그렇지요" 하고 그가 말했네.

"우리는 이것들에 덧붙여 앞서[13] 말한 것들도 그에게 내주어야 할 걸세. 우리는 앞서 그는 원래 그런 인간이지만 권력을 쥔 뒤로는 전보다 더 시기심이 많고, 더 불성실하고, 더 불의하고, 더 친구가 없고, 더 불경하고, 더욱더 온갖 악의 옹호자이자 양육자가 되지 않을 수 없으며, 이러한 모든 이유 때문에 먼저 그 자신이 가장 불행해지고, 다음에는 주위 사람들을 불행하게 만들지 않을 수 없다고 말한 바 있네."

"지각 있는 사람이라면 아무도 선생님 말씀에 이의를 제기하지 못할 거예요" 하고 그가 말했네.

내가 말했네. "자, 그렇다면 최종 판정관이 경연 결과를 발표하듯, 자네도 이제 자네 의견에 따르면 행복이라는 측면에서 누가 첫째이고 누가 둘째인지, 또 다른 사람들의 서열은 어떻게 되는지 판정해주게. 그들은 모두 다섯인데, 왕도정체적 인간, 명예지상정체적 인간, 과두제적 인간, 민주제적 인간, 참주제적 인간이 그것이네."

"판정하기는 쉬워요" 하고 그가 말했네. "저는 미덕과 악덕, 행복과 불행이라는 측면에서, 마치 합창가무단에 자리를 정해주듯, 등장한 순서대로 그들의 서열을 정해줄 작정이니까요."

그래서 내가 말했네. "그러면 전령[14]을 한 명 고용할까, 아니면 내가 몸소 알릴까? '아리스톤의 아들[15]이 내린 판정에 따르면 가장 선량하고 가장 올바른 자가 가장 행복한 사람인데, 가장 왕도정체적이며 따라서 자신을 가장 왕답게 다스리는 자가 그런 사람이라는군요. 그리고 가장 사악하고 가장 불의한 자가 가장 비참한 사람인데, 가장 참주제적이며 따라서 자신과 국가를 가장 참주답게 다스리는 자가 그런 사람이라는군요'라고 말일세."

"선생님께서 알리시죠" 하고 그가 말했네.

---

13   565e, 567a~568a, 573d~575a, 575e~576b 참조.
14   경기에서 우승한 자의 이름은 전령이 큰 소리로 알렸다.
15   글라우콘.

그래서 내가 말했네. "그리고 '그들이 그런 자들이라는 사실을 모든 인간과 신들이 알건 모르건 간에'라는 말도 덧붙일까?"

"네, 덧붙이세요" 하고 그가 말했네.

"좋네. 이것이 우리의 첫 번째 증명이 될 것이네. 두 번째 증명으로는 다음이 쓸 만한지 살펴보게나" 하고 내가 말했네.

d "어떤 증명이지요?"

그래서 내가 말했네. "국가가 세 부류로 나뉘었듯 개인의 혼도 세 부분으로 나뉜 만큼, 또 다른 증명이 가능할 것 같다는 말일세."

"그게 어떤 증명인가요?"

"이런 증명일세. 혼의 세 부분에 대응하여 각 부분에 하나씩 세 가지 즐거움과, 세 가지 욕구와, 세 가지 통치 원리가 있는 것 같다는 말일세."

"무슨 말씀이신지요?" 하고 그가 물었네.

"우리 주장에 따르면,[16] 인간은 그중 한 부분으로는 배우고, 다른 부분으로는 화를 내네. 하지만 세 번째 부분은 형태가 다양하기 때문에

e 단 하나의 이름을 붙일 수가 없어서 그 안에 내재한 가장 크고 가장 강한 것에 따라 이름을 붙였네. 말하자면 우리는 이 부분이 음식과 성적 쾌락 등에 관련되는 것들을 바라는 욕구가 강렬하기에 '욕구적 부분'이라는 이름을 붙였네. 또한 이런 종류의 욕구는 무엇보다도 돈에 의해

581a 충족되기에 '돈을 좋아하는 부분'이라는 이름을 붙이기도 했네."

"그리고 그것은 옳은 일이기도 했어요" 하고 그가 말했네.

"이 부분의 즐거움과 애착이 이익 지향적이라고 말한다면, 우리는 이

로써 이 부분의 한 가지 주된 특징에 의지할 수 있게 된 셈이니 앞으로 혼의 이 부분에 관해 말할 때마다 언제나 뭔가 확실한 것을 떠올릴 걸세. 그러니 우리가 이 부분을 '돈을 좋아하는 부분' 또는 '이익을 탐하는 부분'이라고 불러도 괜찮겠지?"

"저는 그렇다고 생각해요" 하고 그가 말했네.

"어떤가? 우리 주장에 따르면, 기개 높은 부분은 언제나 권력과 승리와 명성만을 지향하지 않는가?"

"물론 그러지요."

"그러면 이 부분을 '승리를 사랑하는 부분' 또는 '명예를 사랑하는 부분'이라고 부르는 것이 적절하지 않을까?"

"가장 적절하겠지요."

"한편 그것에 의해 우리가 배우는 부분은 전적으로 진리만을 추구하며, 돈과 명예에 대해서는 이들 세 부분 가운데 가장 관심이 적다는 것은 누구에게나 명백하네."

"관심이 훨씬 더 적지요."

"그렇다면 우리가 이 부분을 '배우기를 좋아하는 부분' 또는 '지혜를 사랑하는 부분'이라 부른다면, 이 부분의 성질에 맞는 이름이겠지?"

"왜 아니겠어요?"

그래서 내가 말했네. "그런데 상황에 따라, 어떤 사람의 혼 안에서

---

16 436a 이하 참조.

는 이 부분이 지배하고, 다른 사람의 혼 안에서는 다른 부분이 지배하겠지?"

"네, 그래요" 하고 그가 말했네.

"그래서 우리는 인간도 지혜를 사랑하는 자,[17] 승리를 사랑하는 자, 이익을 탐하는 자라는 세 가지 기본 유형이 있다고 말하는 것이겠지?"

"그렇지요."

"그리고 즐거움도 각 유형에 하나씩 세 종류가 있겠지?"

"물론이지요."

그래서 내가 말했네. "자네도 알다시피, 이 세 유형의 인간에게 세 가지 생활 가운데 어느 것이 가장 즐거우냐고 차례차례 묻는다면, 저마다 틀림없이 자신의 생활을 가장 찬양할 것이네. 그래서 축재가(蓄財家)는 축재에 도움이 되지 않는 한 명예나 지식의 즐거움은 돈벌이에 견주면 아무 가치도 없다고 말하겠지?"

"맞는 말씀이에요" 하고 그가 말했네.

"명예를 사랑하는 자는 어떨까?" 하고 내가 물었네. "그는 재산의 즐거움을 천하다고 여기는가 하면, 지식이 명예를 가져다주지 않는 한 지식의 즐거움 역시 연기나 바보짓에 불과하다고 생각하지 않을까?"

"그렇게 생각하겠지요" 하고 그가 대답했네.

내가 말했네. "지혜를 사랑하는 사람은 진리가 어디에 있다는 것을 아는 즐거움이나 언제나 진리 탐구에 몰입하는 즐거움에 견주어 다른 즐거움들이 어떻다고 생각할 것 같은가? 그는 다른 즐거움들을 훨씬 열등한 것으로 여기지 않을까? 또한 불가피한 경우가 아니면 그에게는 이들 다른 즐거움이 필요하지 않을 테니, 이것들을 진실로 '필요한'[18] 즐거움이라고 부르지 않을까?"

"우리는 그가 그럴 것이라고 확신해도 좋겠지요" 하고 그가 말했네.

그래서 내가 말했네. "이들 세 유형의 인간이 저마다 자기 즐거움과 자기 삶이 더 훌륭하다고 다투되 어떤 삶이 더 아름답고 어떤 삶이 더 수치스러운가, 또는 어떤 삶이 더 낫고 어떤 삶이 더 못한가가 아니라 어떤 삶이 더 즐겁고 어떤 삶이 더 고통스러운가 하는 관점에 근거하고 있으니, 우리는 누구 말이 옳은지 어떻게 알 수 있겠는가?"

582a

"저로서는 뭐라고 대답해야 할지 모르겠어요" 하고 그가 말했네.

"그러면 이렇게 생각해보게. 올바르게 판단하자면 무엇을 판단 기준으로 삼아야 할까? 경험과 실천적 지혜와 이성이 판단 기준이 되어야 하지 않을까? 이보다 더 나은 판단 기준이 있을까?"

"어찌 있겠어요?" 하고 그가 말했네.

"생각해보게. 이 세 사람 중 우리가 말한 모든 즐거움을 가장 많이 경험한 사람은 누굴까? 이익을 탐하는 자가 진리가 무엇인지 알게 될 경우 지식의 즐거움에 대한 그의 경험이, 지혜를 사랑하는 자가 이익을 얻음으로써 느끼고 경험하는 즐거움을 능가할 것이라고 생각하는가?"

b

"큰 차이가 나겠지요" 하고 그가 말했네. "지혜를 사랑하는 자는 어릴 때부터 반드시 다른 즐거움도 맛보지 않으면 안 되지만, 이익을 탐하

---

17 그리스어 philoposos는 문맥에 따라 '철학자' '철인'으로도 옮겼다.
18 '강요된'이라는 뜻이다.

는 자는 존재가 무엇인지 배운다 해도 이런 종류의 즐거움이 얼마나 달콤한지 반드시 맛보거나 경험할 필요는 없으니까요. 또한 그것은 원한다고 해서 쉽게 되는 일도 아니고요."

그래서 내가 말했네. "그렇다면 이 두 가지 즐거움을 경험한 데서 지혜를 사랑하는 자가 이익을 탐하는 자보다 훨씬 우월하네."

c "네, 훨씬 우월해요."

"명예를 사랑하는 자에게 견주면 어떤가? 명예를 사랑하는 자가 지혜를 얻음으로써 느끼고 경험하는 즐거움에 견주어 지혜를 사랑하는 자가 명예를 누림으로써 느끼고 경험하는 즐거움이 더 적은 것일까?"

"아니요" 하고 그가 말했네. "이 세 사람이 목표를 달성하게 되면 저마다 명예를 얻기 마련이니까요. 부자도 용감한 사람도 지혜로운 사람도 똑같이 많은 사람에게 존경받으니 말이에요. 따라서 이들은 누구나 다 명예의 즐거움이 어떤 것인지 경험을 토대로 알고 있어요. 그러나 존재를 관조하는 즐거움은 지혜를 사랑하는 자가 아닌 다른 사람은 맛볼 수 없어요."

d "그렇다면 이 세 사람 가운데 지혜를 사랑하는 자가 경험이 가장 많은 만큼 가장 훌륭하게 판단하겠구먼" 하고 내가 말했네.

"훨씬 훌륭하게 판단하겠지요."

"그리고 지혜를 사랑하는 자만이 지혜와 경험을 겸비하고 있네."

"물론이지요."

"그러니까 판단하는 데 사용해야 할 도구[19]는 이익을 탐하는 자나 명예를 사랑하는 자의 것이 아니라, 지혜를 사랑하는 자의 것일세."

"어떤 도구 말인가요?"

"우리는 이성적 논증이 판단 기준이 되어야 한다고 주장한 바 있네. 그렇지 않은가?"

"네, 그래요."

"그런데 이성적 논증은 어느 누구보다도 지혜를 사랑하는 자의 도구일세."

"왜 아니겠어요?"

"부와 이익이 판단 기준이 된다면, 이익을 탐하는 자가 칭찬하거나 비난하는 것이 당연히 가장 옳은 말이 되겠지?"

e

"당연히 그러겠지요."

"그러나 명예와 승리와 용기가 판단 기준이 된다면, 명예를 사랑하는 자와 승리를 사랑하는 자가 칭찬하거나 비난하는 것이 가장 옳은 말이 되겠지?"

"그야 자명하지요."

"그러나 경험과 지혜와 이성이 판단 기준이 된다면?"

"지혜를 사랑하는 자와 이성을 사랑하는 자가 칭찬하는 것이 당연히 가장 옳은 말이 되겠지요."

"그러면 세 가지 즐거움 가운데 혼의 지적인 부분의 즐거움이 가장 즐겁겠지? 그리고 우리 중에서 혼의 이 부분의 지배를 받는 자의 삶이

583a

---

19 organon.

가장 즐겁겠지?"

"왜 아니겠어요?" 하고 그가 말했네. "지혜로운 사람이 자기 삶을 찬양할 때는 전문가의 의견을 말하는 것이니까요."

그래서 내가 말했네. "그렇다면 우리 판정관은 어떤 삶과 어떤 즐거움이 두 번째라고 말할까?"

"분명 호전적이며 명예를 사랑하는 자의 즐거움이 두 번째라고 말하겠지요. 그의 즐거움은 축재가의 즐거움보다는 지혜를 사랑하는 자의 즐거움에 더 가까우니까요."

"그렇다면 이익을 탐하는 자의 즐거움이 꼴찌가 되겠구먼."

"물론이지요" 하고 그가 말했네.

b "이상으로 정의가 불의를 두 판 거푸 이겼네. 그러면 셋째 판은 올림피아 경기[20]에서처럼 구원자 제우스에게 바치기로 하세. 나는 어떤 현자한테서 현자를 제외한 다른 사람들의 즐거움은 진실하지도 순수하지도 못해 한낱 환영에 불과하다는 말을 들은 적이 있는 것 같은데, 자네도 이 말을 곰곰이 생각해보게. 그 말이 사실이라면, 그것은 분명 가장 중대하고 결정적인 한판승이 될 것이네."

"분명 그렇겠지요. 하지만 정확히 무슨 말씀이신지요?"

c "내가 설명해주겠네" 하고 내가 말했네. "그런데 내 질문에 답변함으로써 자네가 나를 도와주어야겠네."

"그럼 질문하세요" 하고 그가 말했네.

"대답해주게. 우리는 고통이 즐거움에 반대된다고 말하지 않는가?" 하고 내가 말했네.

"물론 그렇게 말하지요."

"그런데 즐거움도 느끼지 못하고 고통도 느끼지 못하는 그런 상태도 있겠지?"

"네, 있어요."

"그러니까 자네가 말하는 것은 이 양쪽의 중간 상태, 즉 양쪽 가운데 어느 쪽도 아닌 혼의 휴식 상태 같은 것이겠지? 아니면, 그런 뜻이 아닌가?"

"네, 그런 뜻이에요" 하고 그가 말했네.

"그런데 자네는 환자들이 아플 때 무슨 말을 하는지 기억나는가?" 하고 내가 말했네.

"무슨 말을 하지요?"

"건강보다 더 즐거운 것은 없다며, 그렇지만 아프기 전에는 건강이 가장 즐거운 것이라는 사실을 몰랐다고 말하네."

d

"네, 기억나요" 하고 그가 말했네.

"또한 자네는 심한 고통에 시달리는 사람이 고통이 멈추는 것보다 더 즐거운 것은 하나도 없을 것이라고 말하는 것을 들은 적이 있는가?"

20 기원전 776년부터 펠로폰네소스 반도 서북부의 소도시 올림피아(Olympia)에서 제우스를 기리기 위해 개최되던 축제 경기로, 고대 그리스의 4대 경기 가운데 가장 규모가 컸으며 근대 올림픽 경기의 전신이다. 이 경기에서 세 번째 판은 승패를 결정짓는 중요한 판으로 올림포스의 제우스에게 바쳐졌다고 한다. 또한 고대 그리스인들은 주연을 시작하기에 앞서 세 번 술을 바쳤는데, 첫째 잔은 올림포스의 제우스와 그곳의 여러 신에게, 둘째 잔은 영웅들에게, 셋째 잔은 구원자 제우스(Zeus soter)에게 바쳤다고 한다.

제9권 **535**

"들은 적이 있어요."

"또한 자네는 사람들이 괴로울 때는 진정한 의미의 즐거움이 아니라 고통으로부터의 해방이나 휴식을 가장 즐거운 것으로 찬양하는 경우가 그 밖에도 허다하다는 것을 아마 알고 있을 걸세."

"그런 경우엔 아마도 휴식이 즐겁고 만족스럽게 느껴질 테니까요."

e "그리고 누군가에게 즐거움이 그친다면, 이러한 즐거움으로부터의 휴식은 고통스러울 것이네."

"아마 그렇겠지요" 하고 그가 말했네.

"그렇다면 우리가 잠시 전에 양쪽의 중간 상태라고 말한 휴식은 고통일 수도 있고 즐거움일 수도 있는 셈이네."

"그런 것 같아요."

"그러나 둘 중 어느 쪽도 아닌 것이 둘 다 될 수 있을까?"

"그렇지 않다고 생각해요."

"게다가 혼 안에 즐거움이나 고통이 생겨난다면, 이것들은 둘 다 일종의 운동[21]이겠지? 그렇지 않은가?"

"네, 그래요."

584a "그런데 즐거움도 아니고 고통도 아닌 것은 방금 양쪽의 중간에 있는 일종의 휴식 상태로 밝혀지지 않았던가?"

"네, 그렇게 밝혀졌지요."

"그러면 고통스럽지 않은 것을 즐거움이라 여기고, 즐겁지 않은 것을 고통이라 여기는 것을 어떻게 옳다고 할 수 있겠는가?"

"결코 옳다고 할 수 없지요."

"그렇다면 휴식은 사실은 즐거움도 아니고 고통도 아닐세. 고통과 견주면 즐거움으로 보이고, 즐거움과 견주면 고통으로 보일 뿐이네. 그러니 이런 환상은 진정한 즐거움이라는 관점에서 본다면 건전하지 못한 일종의 기만에 지나지 않네" 하고 내가 말했네.

"아무튼 우리 논의는 그렇게 암시하고 있어요" 하고 그가 말했네.

그래서 내가 말했네. "그렇다면 고통에서 생겨나지 않는 즐거움을 바라보게나. 그러면 자네는 더이상 사실은 고통의 멈춤이 즐거움이고, 즐거움의 멈춤이 고통이라고는 생각하지 않을 것이네."

"그런 즐거움은 어떤 것이며, 어디에서 찾아야 하나요?" 하고 그가 물었네.

그래서 내가 대답했네. "얼마든지 있지. 예컨대 향기의 즐거움을 생각해보게. 향기의 즐거움은 고통이 선행되지 않고도 갑자기 놀랄 만큼 강렬하게 찾아오는가 하면, 멈춘 뒤에도 아무런 고통을 남기지 않는다네."

"지당한 말씀이에요" 하고 그가 말했네.

"그렇다면 우리는 고통의 멈춤이 순수한 즐거움이고, 즐거움의 멈춤이 고통이라고 믿지 않기로 하세."

"네, 믿지 않기로 해요."

"하지만 이른바 몸을 통해 혼에 전달되는 즐거움은 거의 대부분 그렇

21　kinesis. 여기서는 '이동' 또는 '변화'라는 뜻이다.

지만 그중에서도 특히 강렬한 즐거움은 고통의 멈춤에 불과한 만큼 이 종류에 속하네" 하고 내가 말했네.

"네, 그래요."

"또한 즐거움이나 고통을 예상함으로써 미리 느끼는 즐거움과 고통도 이 점에서는 마찬가지겠지?"

"네, 마찬가지예요."

d "그런데 자네는 이런 즐거움과 고통이 어떤 성질을 지녔으며, 무엇을 가장 닮았는지 아는가?" 하고 내가 말했네.

"무엇을 닮았지요?" 하고 그가 말했네.

그래서 내가 말했네. "자네는 자연계에는 위, 아래, 중간도 있다는 데에 동의하는가?"

"네, 동의해요."

"그런데 아래에서 중간을 향해 움직이는 사람이 있다면, 그는 위를 향해 움직인다고 생각하겠지? 그리고 그가 진짜 위를 보지 못했다면, 중간에 와 있으면서도 출발점을 뒤돌아보며 벌써 위에 와 있다고 생각하겠지?"

"제우스에 맹세코, 제가 그런 처지에 있는 사람이라면 달리 생각하지 않을 것이라고 확신해요" 하고 그가 말했네.

e "반대로, 출발점으로 되돌아간다면 그는 아래로 내려간다고 생각하며 자기 생각이 옳다고 믿겠지?"

"당연하지요."

"이 모든 일이 일어나는 것은 그가 위와 중간과 아래가 실제로 무엇인지 경험하지 못했기 때문이겠지?"

"확실히 그래요."

"따라서 진리를 경험하지 못한 자들이 다른 많은 사물은 물론이고 즐거움과 고통과 이 양자의 중간 상태에 대해서도 그릇된 의견을 취한다는 것은 그리 놀랄 일이 못 되네. 그러기에 그들은 고통스러운 것을 향하여 움직이기만 해도 그것이 진짜 고통인 줄 알고 실제로 고통을 느끼는가 하면, 고통에서 중간 상태로 움직이기만 해도 벌써 충족과 즐거움에 도달했다고 확신한다네. 그리하여 그들은 즐거움을 경험한 적이 없기에 착각을 일으켜 고통 없는 상태를 고통에 견주는데, 이는 흰색을 경험해보지 못한 사람이 회색을 검은색에 견주는 것과도 같네."

585a

"제우스에 맹세코, 저는 놀라지 않아요" 하고 그가 말했네. "오히려 그렇지 않다면 놀라겠지요."

그래서 내가 말했네. "그러면 문제를 이렇게 고찰해보게. 허기나 갈증이나 이와 유사한 것들은 몸의 결핍 상태라고 할 수 있지 않을까?"

b

"물론이지요."

"무지와 무분별 역시 혼의 결핍 상태라고 할 수 있지 않을까?"

"그야 물론이지요."

"그렇다면 음식물을 섭취하거나 분별력이 생기는 사람은 충족 상태겠지?"

"왜 아니겠어요?"

"덜 존재하는 것에 의한 충족과 더 존재하는 것에 의한 충족 가운데 어느 쪽이 더 진실한가?"

"더 존재하는 것에 의한 충족이 분명 더 진실하겠지요."

"자네는 어느 부류가 순수 존재에 더 많이 관여한다고 생각하는가? 주식과 음료와 부식과 각종 먹을거리인가, 아니면 올바른 의견과 지식과 분별과 미덕 일반인가? 문제를 이렇게 판단해보게. 자네는 어느 쪽이 더 충실하게 존재한다고 생각하는가? 항상 자기와 같은 것과 불멸의 것과 진리에 관계되며 스스로 이런 성질을 띠고 있을뿐더러 이런 성질의 사물에서 발견되는 것인가, 아니면 항상 변하는 것과 필멸의 것과 관계되며 스스로 이런 성질을 띠고 있을뿐더러 이런 성질의 사물에서 발견되는 것인가?"

"항상 자기와 같은 것에 관계되는 것이 훨씬 더 존재한다고 생각해요" 하고 그가 말했네.

"항상 같지 않은 것[22]의 존재는 지식에 관여하는 것보다도 존재에 더 많이 관여하는가?"

"아니요."

"어떤가? 진리에는 더 많이 관여하는가?"

"그것도 아니에요."

"지식에 덜 관여한다면, 존재에도 덜 관여하지 않을까?"

"당연하지요."

"그렇다면 대체로 몸에 대한 배려에 관련되는 부류가 혼에 대한 배려에 관련되는 부류보다 진리와 존재에 덜 관여하겠지?"

"훨씬 덜 관여하겠지요."

"자네는 몸 자체도 혼보다 진리와 존재에 덜 관여할 것이라고 생각하지 않는가?"

"그렇다고 생각해요."

"그러면 더 존재하는 것들에 의해 충족되고 그 자체가 더 존재하는 것은 덜 존재하는 것들에 의해 충족되고 그 자체가 덜 충실하게 존재하는 것보다 진실로 더 충족되겠지?"

"왜 아니겠어요?"

"그러니 만약 우리 본성에 맞는 것에 의해 충족되는 것이 즐겁다면, 더 진실하고 더 충실하게 존재하는 것에 의해 충족된 것은 더 진실하고 더 실제로 진정한 즐거움을 누리겠지만, 덜 존재하는 것에 관여하는 것은 덜 진실하고 더 불확실하게 충족될 것이며, 따라서 더 의심스럽고 덜 진실한 즐거움에 관여할 것이네."

e

"그야 지극히 당연한 일이지요." 하고 그가 말했네.

"따라서 지혜와 미덕에는 경험이 없고 언제나 연회 같은 것에만 열중하는 자들은 아래로 움직이다가 다시 중간까지 올라가겠지. 그들은 평생토록 이 범위 안에서 제멋대로 움직이겠지만, 그것을 넘어서서 진짜 위를 쳐다본 적도 없고, 위를 향해 움직인 적도 없네. 또한 존재에 의해 진실하게 충족된 적도 없고, 확실하고 순수한 즐거움을 맛본 적도 없네. 그들은 가축처럼 언제나 시선을 아래로 향한 채 대지(大地), 즉 식탁 쪽으로 고개를 숙이고는 배불리 먹고 교미한다네. 그리고 이런 것들

586a

---

22 '항상 같은 것의'(aei homoiou) 대신 '항상 같지 않은 것의'(aei anomoiou)로 읽는 텍스트도 있는데, 그렇게 읽는 것이 오히려 문맥이 잘 통하는 듯하다.

b 을 남보다 더 많이 차지하려고 쇠로 된 뿔과 발굽으로 서로 차고 서로 들이받고 서로 죽인다네. 그들의 욕구는 충족될 수 없으니까. 그도 그럴 것이, 그들은 존재하는 것들로 충족시키는 것도 아닌 데다, 그들이 충족시키는 그들 자신의 부분도 존재하는 것이 아니며 밑 빠진 독과 같기 때문일세."

그러자 글라우콘이 말했네. "소크라테스 선생님, 선생님께서는 대중의 삶에 관해 신탁 같은 말씀을 하시는군요."

"따라서 그들이 열중하는 즐거움은 필연적으로 고통과 뒤섞인 즐거움으로, 진정한 즐거움의 영상이나 환영에 지나지 않겠지? 하지만 그것은 즐거움과 고통이 서로 대비됨으로써 강하게 채색되어 있기에 분별없는

c 자들의 마음에 광적인 욕구를 불러일으키네. 그리하여 트로이아인들이 영문도 모른 채 헬레네의 환영을 둘러싸고 격렬하게 싸웠다는 스테시코로스[23]의 말처럼, 그들은 그것을 둘러싸고 격렬하게 싸운다네."

"그건 아주 당연한 일이에요" 하고 그가 말했네.

"어떤가? 혼의 기개 높은 부분에도 필연적으로 같은 일이 일어나지 않을까? 명예를 사랑하기에 시기하거나 승리를 사랑하기에 폭력을 휘두르거나 불만이 쌓여 분노해서는 이성과 분별을 잃고 명예와 승리와

d 분노의 감정만을 충족하려는 사람이 있다면 말일세."

"기개 높은 부분에도 당연히 그런 일이 일어나겠지요" 하고 그가 말했네.

그래서 내가 말했네. "어떤가? 우리는 이렇게 장담해도 좋겠지? 이익을 탐하는 부분과 승리를 사랑하는 부분에 관계되는 욕구라도 지식과

이성에 따라 이것들과 함께 즐거움을 추구하며 지혜가 가리키는 즐거움만을 추구한다면, 진리를 따르고 있으니 자기에게 가능한 범위 안에서 가장 진정한 즐거움을 얻으리라고. 그리고 각자에게 가장 훌륭한 것이 각자에게 가장 고유한 것이라면, 또한 고유한 즐거움을 얻으리라고 말일세." e

"그래요. 각자에게 가장 훌륭한 것이 가장 고유한 것이기도 해요" 하고 그가 말했네.

"따라서 혼 전체가 지혜를 사랑하는 부분을 따르며 서로 반목하지 않는다면, 각 부분은 제 할 일을 하며 올바르게 될 뿐만 아니라, 자기에게 고유한 즐거움을, 가장 훌륭한 즐거움을, 가능한 범위 내에서 가장 587a 진정한 즐거움을 누릴 것이네."

"그러고말고요."

"반면 다른 부분이 우세해지면, 이 부분은 스스로도 고유한 즐거움을 발견하지 못할뿐더러 다른 부분들에도 그것들에 고유하지도 않고 진실하지도 못한 즐거움을 추구하도록 강요할 것이네."

"네, 그래요" 하고 그가 말했네.

"그러면 지혜에 대한 사랑[24]과 이성에서 가장 멀리 떨어져 있는 것들

---

23 Stesichoros. 기원전 6세기 전반에 활동하던 그리스 서정시인. 스테시코로스는 어떤 시에서 헬레네를 비방한 까닭에 장님이 되었지만, 파리스(Paris)가 트로이아로 데려간 것은 헬레네 자신이 아니라 헬레네의 환영이라고 말하자 곧 시력을 되찾았다고 한다.
24 philosophia. 문맥에 따라 '철학'으로도 옮겼다.

이 그런 결과를 가장 심하게 초래하겠지?"

"네, 단연코 그러겠지요."

"그런데 법과 질서에서 가장 멀리 떨어져 있는 것이 이성에서 가장 멀리 떨어져 있지 않을까?"

"확실히 그래요."

"그런데 애욕적 욕구와 참주적 욕구가 법과 질서에서 가장 멀리 떨어져 있는 것으로 밝혀지지 않았던가?"

b

"분명히 가장 멀리 떨어져 있지요."

"그리고 왕도정체적이고 절제 있는 욕구가 가장 적게 떨어져 있겠지?"

"네, 그래요."

"그러면 고유하고 진정한 즐거움에서 가장 멀리 떨어져 있는 자는 참주이고, 가장 조금 떨어져 있는 자는 왕[25]인 것 같네그려."

"그야 당연하지요."

그래서 내가 말했네. "자네는 참주의 삶이 왕의 삶보다 얼마나 더 즐겁지 못한 것인지 알겠는가?"

"선생님께서 말씀해주시면 알겠지요" 하고 그가 말했네.

"이미 밝혀진 바에 따르면, 즐거움에는 세 종류가 있네. 그중 한 가지는 순수하고, 다른 두 가지는 불순하네. 그런데 참주는 법과 이성을 피해 불순한 즐거움의 저편으로 넘어가서 노예나 호위병에게나 어울릴 즐거움과 동거하고 있네. 하지만 그가 얼마나 열등한 인간인지는 이런 방법이 아니면 쉽게 설명할 수 없네."

c

"그게 어떤 방법이지요?" 하고 그가 물었네.

"참주는 과두제적 인간으로부터 세 번째[26]라고 할 수 있을 걸세. 그들 사이에는 민주제적 인간이 있었으니까."

"네, 그래요."

"그런데 우리가 앞서 말한 것이 옳다면, 그가 누리는 즐거움은 진실성이라는 관점에서 보면 과두제적 인간의 즐거움에서 세 번째인 즐거움의 영상에 불과하겠지?"

"그래요."

"과두제적 인간도 왕도정체적 인간으로부터 세 번째[27]일세. 만약 최선자정체적 인간과 왕도정체적 인간을 동일한 것으로 가정한다면 말일세."

"네, 세 번째예요."

그래서 내가 말했네. "그러니까 숫자로 나타내면 참주는 진정한 즐거움에서 3의 3배만큼 떨어져 있네."

"그런 것 같군요."

"그렇다면 참주적 즐거움의 영상은 그 거리를 숫자로 나타내면 제곱수[28]가 되는 것 같네" 하고 내가 말했네.

"확실히 그래요."

25 여기에서는 철인 치자를 말한다.
26 첫 번째를 포함하여 세 번째라는 말이다.
27 둘 사이에는 명예지상정체적 인간이 있기 때문이다.
28 3×3=9를 말한다.

"그런데 이 제곱수를 제곱한 데다 세 번째로 한 번 더 곱해주면,²⁹ 참주가 왕에게서 얼마나 떨어져 있는지 분명해질 걸세."

"산술에 밝은 사람에게는 분명하겠지요" 하고 그가 말했네.

e "반대로 즐거움의 진실성이라는 관점에서 왕이 참주로부터 얼마나 떨어져 있는지 밝히려는 사람이 있다면, 그는 곱셈을 마친 뒤 왕은 참주보다 729배나 더 즐거운 삶을 사는 반면, 참주는 그만 한 거리만큼 더 비참한 삶을 산다는 사실을 발견할 것이네."

588a "선생님께서는 올바른 자와 불의한 자가 즐거움과 고통이라는 측면에서 얼마나 차이가 나는지 놀라운 계산을 해내셨군요" 하고 그가 말했네.

그래서 내가 말했네. "그러나 이것은 참될뿐더러 인간의 삶에 적용되는 숫자라네. 낮과 밤과 달과 해(年)가 인간의 삶에 적용된다면 말일세."³⁰

"물론 그것들은 인간의 삶에 적용되지요" 하고 그가 말했네.

"따라서 선량하고 올바른 사람이 사악하고 불의한 자를 즐거움에서 그만큼 능가한다면, 삶의 우아함이나 아름다움이나 미덕에서는 헤아릴 수 없을 만큼 더 능가하겠지?"

"제우스에 맹세코, 헤아릴 수 없을 만큼 능가하겠지요" 하고 그가 말했네.

b "좋네" 하고 내가 말했네. "우리 논의가 여기에 이르렀으니, 논의의 출발점으로 되돌아가도록 하세. 우리 논의가 여기까지 이른 것도 그 때문이었으니까. 그때 우리는 철저히 불의한 자이면서도 올바른 자라는 평

을 듣는 자에게는 불의를 행하는 것이 이익이 된다고 말했네. 그렇게 말하지 않았던가?"

"그렇게 말했지요."

"이제 우리는 불의를 행하는 것과 옳은 일을 하는 것이 각각 어떤 가치가 있는지에 의견이 일치했으니, 그렇게 말한 사람과 토론해보세" 하고 내가 말했네.

"어떻게 말인가요?" 하고 그가 말했네.

"그렇게 말한 사람이 자기가 무슨 말을 했는지 알도록, 말로 혼의 상(像)을 만들어보자는 말일세."

"어떤 상을 만든다는 거지요?" 하고 그가 물었네.

그래서 내가 대답했네. "신화에서 옛날에 살고 있었다는 키마이라나 스퀼라나 케르베로스[31] 같은 괴물 가운데 하나를 만들어보자는 말일세. 이런 것들 말고도 여러 형상이 하나로 결합된 것들이 많았다고 전해오고 있네."

c

"네, 그렇게 전해오고 있어요" 하고 그가 말했네.

"그렇다면 얼룩덜룩하고 머리가 여럿이고 사방에 가축과 야수의 머

---

29 $9 \times 9 = 81$, $81 \times 9 = 729$.
30 729라는 수가 어떻게 인간의 삶에 적용되는지에 대해서는 의견이 분분하다.
31 키마이라(Chimaira)는 사자의 머리에 염소의 몸통과 용의 꼬리를 가진 괴물로 입에서 불을 내뿜었다. 스퀼라(Skylla)는 6개의 머리와 12개의 발을 가진 괴물로, 동굴에 살면서 그곳을 지나는 선원을 6명씩 잡아먹었다고 한다. 케르베로스(Kerberos)는 저승의 출입문을 지키는 머리 셋 달린 괴물 개이다.

리를 갖고 있을뿐더러 마음대로 변신할 수 있고 또한 스스로 이런 동물을 낳을 수 있는 어떤 동물의 상을 하나 만들어주게."

그러자 그가 말했네. "그것은 웬만큼 솜씨 좋은 조각가가 아니고는 할 수 없는 일인데요. 하지만 말(語)은 밀랍이나 그와 비슷한 것들보다 다루기 쉬우니 벌써 만든 것으로 하지요."

d

"이번에는 사자의 상 하나와 인간의 상 하나를 만들어주게.³² 단, 첫 번째 것이 단연코 가장 커야 하고 두 번째 것이 그다음으로 커야 하네."

"그건 비교적 쉬운 일이군요. 벌써 만들었어요."

"그럼 이번에는 그 셋이 함께 붙어 살도록 하나로 합쳐주게."

"합쳤어요" 하고 그가 말했네.

"그럼 이번에는 그것들의 바깥을 하나의 상으로, 즉 인간의 상으로 둘러싸주게. 안은 보지 못하고 겉만 보는 사람에게는 하나의 동물, 즉 인간으로 보이도록 말일세."

e

"둘러쌌어요" 하고 그가 말했네.

"그럼 우리는 불의를 행하는 것은 이익이 되지만 옳은 일을 하는 것은 도움이 되지 않는다고 주장하는 사람에게 이렇게 말해주도록 하세. '당신의 주장이야말로 인간이 여러 형상으로 이루어진 괴물과 사자와 사자에 관계되는 것들은 잘 대접해서 강하게 해주는 반면, 자신은 굶주려 기력이 쇠한 나머지 두 동물 가운데 어느 한쪽이 끌어당기는 대로 아무 데나 끌려가도록 내버려두는 것이, 그리고 그들이 서로 친해져서 친구가 되는 대신 서로 물어뜯고 서로 싸우고 서로 잡아먹게 하는 것이 인간에게 이익이 된다는 주장과 다름없다오'라고 말일세."

589a

"불의를 찬양하는 자가 주장하는 것은 바로 그것이에요" 하고 그가 말했네.

"반면 정의가 이익이 된다고 말하는 자는 이렇게 주장하겠지? '내면의 인간이 인간 전체의 완전한 지배자가 되어, 마치 농부가 유순한 것은 기르고 가꾸되 사나운 것은 자라나지 못하게 하듯, 사자의 본성을 동맹자로 삼아 머리가 여럿인 괴물을 감시하되 저희끼리도 자기 자신과도 친구가 되게 하면서 다 같이 보살펴주고 부양할 수 있도록 우리가 행동과 말로 도와주지 않으면 안 되오.'"

"정의를 찬양하는 자가 주장하는 것은 분명 그것이에요" 하고 그가 말했네.

"그러니까 어떤 관점에서 보건 정의를 찬양하는 자는 진리를 말하는 데 반해, 불의를 찬양하는 자는 거짓말을 하고 있네. 즐거움에 관해 고찰하든 명성에 관해 고찰하든 이익에 관해 고찰하든 정의의 찬미자는 진리를 말하지만, 정의의 비방자는 무엇을 비방하는지도 모르고 건전하지 못한 비방을 하기 때문이네."

"그는 전혀 알지도 못하면서 비방하는 것 같아요" 하고 그가 말했네.

"그렇다면 그가 일부러 실수를 저지른 것은 아니니까 좋게 타이르면서 그에게 이렇게 물어보도록 하세. '여보시오, 고매한 것이 고매한 것으로 통하고 수치스러운 것이 수치스러운 것으로 통하는 이유는 바로

---

32 여기서 머리가 여럿인 괴물과 사자와 인간은 각각 혼의 욕구적 부분, 기개 높은 부분, 이성적 부분을 가리킨다.

고매한 것은 본성의 동물적 부분을 인간에게, 아니 그보다 신적인 것에 종속시키지만, 수치스러운 것은 유순한 것을 사나운 것에 예속시키기 때문이 아니겠소?' 그는 여기에 동의할까? 아니면 어떻게 나올까?"

"제 조언을 받아들인다면 동의하겠지요" 하고 그가 말했네.

그래서 내가 말했네. "이 주장대로라면 불의하게 황금을 가지는 것이 누구에게나 이익이 될 수 있을까? 그가 황금을 가짐으로써 자신의 가장 훌륭한 부분이 가장 사악한 부분의 노예가 된다면 말일세. 황금을 받고서 아들이나 딸을 그것도 가장 야만적이고 가장 사악한 자에게 노예로 파는 사람이 있다면, 아무리 많은 대가를 받는다 해도 그에게는 이익이 되지 못할 것이네. 그렇다면 자신의 가장 신적인 부분을 신과는 가장 인연이 멀고 가장 불경한 부분의 노예로 삼고도 연민의 정을 느끼지 않는 사람이 있다면, 그는 비참해지지 않을까? 그리고 남편의 목숨을 대가로 치르고 목걸이를 받은 에리퓔레[33]보다 훨씬 더 무서운 대가를 치르고 황금을 받은 셈이 되지 않을까?"

그러자 글라우콘이 말했네. "그를 대신해서 제가 대답하지요. 훨씬 더 무서운 대가를 치른 셈이에요."

"그러니 방종한 생활이 옛날부터 비난받는 까닭은 그런 생활에서는 여러 형상으로 이루어진 저 가공할 거대 괴물에게 지나친 자유가 허용되기 때문이겠지?"

"네, 분명히 그래요" 하고 그가 말했네.

"또한 아집과 괴퍅한 성미가 비난받는 것은 이것들이 우리 안의 사자나 뱀 같은 부분을 지나치게 키우고 자극할 때가 아닐까?"

"물론이지요."

"반대로 사치와 유약이 비난받는 것은 이 부분이 이완되고 풀어져 비겁해질 때가 아닐까?"

"네, 그래요."

"또한 아첨과 비굴이 비난받는 것은 바로 이 부분, 즉 기개 높은 부분이 난폭한 괴물에게 예속될 때가 아닐까? 그리하여 이 부분이 돈과 저 괴물의 만족할 줄 모르는 욕구 탓에 심한 굴욕을 감수한 나머지 젊어서부터 사자 대신 원숭이가 되는 데 익숙해질 때가 아닐까?"

"그야 물론이지요."

"또한 자네는 천한 일[34]이나 손재주가 비난받는 이유는 무엇이라고 생각하는가? 그것은 누군가의 가장 훌륭한 부분이 천성적으로 약해서 내부의 동물들을 지배하기는커녕 오히려 그것들을 보살펴주고 그것들의 비위를 맞춰주는 것밖에 배울 수 없기 때문이 아닐까?"

"그런 것 같아요" 하고 그가 말했네.

"그래서 우리는 이런 사람도 가장 훌륭한 사람과 똑같은 지배를 받을 수 있도록, 자신 안에 신적인 지배자를 둔 가장 훌륭한 사람의 종이 되

---

33 Eripyle. 테바이(Thebai)를 공격한 일곱 장수 중 한 명인 암피아라오스(Amphiaraos)의 아내. 암피아라오스는 예언자인지라 일곱 장수 가운데 아드라스토스(Adrastos)만이 살아남으리라는 것을 알고는 종군하기를 거부하지만, 폴뤼네이케스(Polyneikes)한테서 황금 목걸이를 선물로 받은 에리퓔레가 한사코 종군하기를 강요하자 마지못해 종군했다가 전사한다.

34 banausia.

어야 한다고 주장하는 것이라네. 물론 트라쉬마코스가 생각한 것처럼 종이 되어 손해를 보기 위해 지배를 받아야 한다는 뜻이 아니라, 신적이고 이성적인 것의 지배를 받는 것은 누구에게나 더 나은 일이기 때문일세. 신적이고 이성적인 것이 그의 내부에 있다면 가장 바람직하겠지만, 그렇지 않다면 외부에서라도 부과해야 할 것이네. 그렇게 되면 우리는 모두 같은 지도를 받기에 가능한 범위 내에서 서로 같아지고 친구가 될 걸세."

"옳은 말씀이에요" 하고 그가 말했네.

그래서 내가 말했네. "모든 시민의 동맹자인 법률이 원하는 것도 분명 이것이며, 자녀들을 지도함으로써 추구하는 것도 바로 이것이네. 그러기에 우리는 국가에 정치체제를 확립하듯 자녀들 안에 체제를 확립하여 그들 내부의 가장 훌륭한 부분을 계발함으로써 여태까지 그들을 인도해준 우리 자신의 가장 훌륭한 부분 대신 우리 것과 같은 수호자와 지배자를 그들 내부에 심어줄 때까지는 그들에게 자유를 허용하지 않다가, 이런 과정이 다 끝난 뒤에야 비로소 마음대로 하게 내버려두는 것이라네."

"네, 확실히 그래요" 하고 그가 말했네.

"그러면 글라우콘, 우리는 어떤 관점과 어떤 논거에서 불의와 방종과 수치스러운 행위가 이익이 된다고 말할 수 있을까? 그로 인해 더 많은 돈이 생기고 더 많은 권력을 쥔다 해도 그로 인해 더 사악해진다면 말일세."

"우리는 결코 그렇게 말할 수 없어요" 하고 그가 말했네.

"또한 우리는 어떤 관점에서 불의를 행하고도 발각되지 않아 벌받지 않는다면 이익이 된다고 말할 수 있을까?[35] 오히려 발각되지 않는 자는 더더욱 사악한 인간이 되겠지만, 발각되어 벌받은 자는 그의 동물적 부분이 억제되어 유순해지는 반면 그의 유순한 부분은 자유로워지지 않을까? 그리하여 그의 혼 전체가 가장 훌륭한 품성에 따라 정돈되고, 지혜와 더불어 분별과 정의를 가짐으로써 건강과 더불어 힘과 아름다움을 가진 몸보다도 더 고매한 상태를 유지하지 않을까? 혼이 몸보다 더 고매한 그만큼 말일세."

b

"전적으로 동의해요" 하고 그가 말했네.

"그러니 지각 있는 사람이라면 평생토록 이를 위해 진력하겠지? 우선 그는 자기 혼을 그렇게 만들어줄 교과목은 존중하되 다른 교과목은 소홀히 할 것이네."

c

"확실히 그래요" 하고 그가 말했네.

그래서 내가 말했네. "그다음으로 그는 몸의 상태와 양육을 동물적이고 비이성적인 즐거움에 맡기거나 그런 방향으로 살아가지 않을 것이네. 오히려 그는 그것 때문에 절제 있게 되지 않는다면 건강조차 무시할 것이며 힘세고 건강하고 아름다워지는 것조차 가장 중요한 일로 여기지 않을 걸세. 그보다도 그는 언제나 혼의 화음을 위해 몸을 조율할 것이 틀림없네."

d

---

35 361a 이하, 365c 이하 참조.

"그가 진실로 시가(詩歌)에 밝은 사람이 되려면 당연히 그래야겠지요" 하고 그가 말했네.

그래서 내가 말했네. "또한 그는 돈을 버는 일에서도 질서와 조화를 유지하겠지? 대중이 행복이라고 간주하는 것에 현혹되어 엄청난 부를 축적함으로써 자신을 한없이 괴롭히는 일은 없을 것이네."

"없겠지요" 하고 그가 말했네.

"또한 그는 자기 내부에 있는 정체를 살피면서 재산의 과잉이나 결핍으로 그곳에 혼란이 일어나지 않도록 조심할 것이네. 따라서 그는 재산을 늘리는 데나 쓰는 데서 되도록 그런 방향으로 조정해나갈 것이네" 하고 내가 말했네.

"물론이지요" 하고 그가 말했네.

"같은 원칙에 따라 그는 명예도 자기를 더 나은 인간으로 만들어줄 것으로 여겨지면 받아들여 즐기되, 기존 질서를 파괴하리라 여겨지면 사적인 것이든 공적인 것이든 피할 걸세."

"그것이 자신의 주된 관심사라면 그는 정계에 입문하지 않겠군요" 하고 그가 말했네.

그래서 내가 말했네. "개에 걸고 맹세하건대, 그는 정말로 자기가 속해 있는 국가에서는 당연히 정계에 입문하겠지. 그러나 자기가 태어난 국가에서는 기적이 일어나지 않는 한 정계에 입문하지 않을 걸세."

"무슨 말씀인지 알겠어요" 하고 그가 말했네. "선생님께서는 방금 우리가 논의하고 건설한 가상 국가를 두고 그렇게 말씀하시는군요. 그런 국가는 지상에는 아무 데도 존재하지 않는 것으로 생각되니 말이에요."

그래서 내가 말했네. "하지만 그 국가는 아마 본보기로서 하늘에 비치되어 있을 것이네. 누구든지 원하면 그것을 보고, 본 것에 따라 자신 안에 국가를 건설할 수 있도록 말일세. 그 국가가 어디엔가 존재하느냐 또는 존재할 것이냐는 문제 되지 않네. 그는 오직 그 국가의 나랏일에만 관여할 뿐, 다른 국가의 나랏일에는 관여하지 않을 테니까."

"그럴 것 같군요" 하고 그가 말했네.

제10권

595a "확실히 우리의 이상 국가는 여러 다른 점에서도 제대로 건설되었지만, 시(詩)에 관해 생각하면 특히 그렇다고 말하고 싶네" 하고 내가 말했네.

"시에 관한 무엇 말인가요?" 하고 글라우콘이 물었네.

"시 중에서도 모방적인 것은 결코 용납해서는 안 된다는 것 말일세.[1] 혼이 여러 부분으로 구분된 지금은 모방적인 시를 결코 용납해서는 안
b 된다는 것이 더더욱 분명히 밝혀진 듯해서 하는 말일세."

"무슨 말씀이신지요?"

"우리끼리 하는 말이네만 ─ 설마 자네들이 나를 비극 시인이나 그 밖의 다른 모방 시인에게 일러바치지는 않겠지 ─ 모방적인 시는 무엇이든 듣는 이들의 마음에 파괴적인 영향을 끼칠 것으로 생각되네. 그에 대한 해독제로서 그것의 본성을 미리 알고 있지 않다면 말일세."

"무슨 뜻으로 그런 말씀을 하시는 건가요?" 하고 그가 물었네.

"역시 말해야겠지" 하고 내가 대답했네. "비록 내가 어릴 때부터 호메
c 로스에게 품어온 사랑과 경외심 같은 것이 말하는 것을 방해하지만 말일세. 호메로스야말로 이들 위대한 비극 시인 전부의 최초의 스승이자

지도자였던 것 같으니까. 하지만 어떤 인간도 진리보다 더 존중되어서는 안 되네. 그래서 방금 말했듯이 말하지 않을 수 없네."

"물론이지요" 하고 그가 말했네.

"들어보게. 아니, 그보다도 대답해주게."

"물으십시오."

"자네는 모방[2]이 과연 무엇인지 내게 말해줄 수 있겠나? 실은 나 자신도 모방이 원하는 것이 무언지 잘 모르기에 하는 말이네."

"저는 알고 있을 것이라는 말씀인 것 같네요" 하고 그가 말했네.

"그렇다고 해서 이상할 것도 없지 않은가!" 하고 내가 말했네. "눈이 좋은 사람들보다 눈이 나쁜 사람이 먼저 보는 경우도 비일비재하니까."

596a

그러자 그가 말했네. "그야 그렇지요. 하지만 선생님 면전에서는 무엇이 보인다 해도 그렇다고 말할 엄두가 나지 않아요. 그러니 선생님께서 몸소 보시도록 해요."

"그러면 자네는 우리가 늘 하던 방식대로 고찰을 시작하기를 원하는가? 말하자면 우리는 이름이 같은 개별 사물의 집단마다 늘 하나의 형상[3]을 가정하곤 했네. 무슨 말인지 모르겠나?"

"알겠어요."

"그러면 이번에는 자네가 고른 집단을 가정해보세. 예컨대 자네가 좋

---

1 394b~398b 참조.
2 mimesis.
3 eidos. 여기서는 이데아(idea)라는 뜻이다.

제10권 **557**

다면, 침대와 식탁은 많이 있네."

"왜 아니겠어요?"

b "그러나 이 가구들의 이데아는 두 가지뿐인데, 하나는 침대의 이데아이고 다른 하나는 식탁의 이데아일세."

"네, 그래요."

"그리고 우리는 보통 개개의 가구를 만드는 제작자[4]가 이데아를 보면서 어떤 이는 침대를, 어떤 이는 우리가 사용하는 식탁을 만들며, 다른 것들도 같은 방법으로 만든다고 말하겠지? 이데아 자체를 만드는 제작자는 아무도 없으니까."

"그걸 어떻게 만들 수 있겠어요?"

"결코 만들 수 없겠지. 한데 자네는 이런 제작자를 무엇이라고 부를지 생각해보게."

c "어떤 제작자 말인가요?"

"개개의 기술자가 만드는 것을 전부 다 만드는 제작자 말일세."

"그는 놀라운 재주꾼이로군요."

"잠깐만 기다리게. 그러면 자네는 아마 더욱 놀랍다고 말할 것이네. 이 재주꾼은 모든 가구뿐 아니라 대지에서 자라는 모든 것과 자신을 포함한 모든 동물을 만들어낼 수 있고, 더욱이 대지와 하늘과 신들과 하늘에 있는 모든 것과 저승의 지하 세계에 있는 모든 것을 만들어내니 말일세."

d "그런 사람이라면 정말로 놀라운 재주꾼이겠네요" 하고 그가 말했네.

"믿어지지 않는가?" 하고 내가 말했네. "그렇다면 말해보게. 자네는 그런 제작자가 전혀 존재할 수 없다고 생각하는가, 아니면 어떤 의미에서는 이 모든 것을 만드는 자가 있을 수 있지만 어떤 의미에서는 있을 수 없다고 생각하는가? 자네는 어떤 의미에서는 자네도 이 모든 것을 만들 수 있다는 것을 모르겠는가?"

"어떤 의미에서 그렇다는 건가요?" 하고 그가 물었네.

그래서 내가 대답했네. "어려운 일이 아니네. 여러 손쉬운 방법이 있지만, 자네가 거울을 들고 사방으로 돌아다닌다면, 그것이 가장 빠른 방법이네. 그러면 자네는 곧 태양과 하늘에 있는 것들을 만들어낼 것이고, 곧 대지를 만들어낼 것이며, 곧 자네 자신과 다른 동물과 가구와 식물과 방금 말한 모든 것을 만들어낼 것이네."

"그러겠지요. 하지만 그것들은 가상(假象)일 뿐 실재는 아니지요" 하고 그가 말했네.

"좋네" 하고 내가 말했네. "자네는 정곡을 찔렀네. 그런데 나는 화가도 그런 제작자에 포함된다고 생각하네. 그렇지 않은가?"

"왜 아니겠어요?"

"자네는 아마도 그가 만드는 것이 실물이 아니라고 말하겠지. 하지만 어떤 의미에서는 화가도 침대를 만든다네. 그렇지 않은가?"

"그래요. 그렇지만 그가 만드는 것은 가상에 불과해요" 하고 그가 말

---

4   demiourgos.

했네.

597a "침대 제작자는 어떤가? 방금 자네는 그가 만드는 것은 우리가 침대 자체라고 부르는 형상[5]이 아니라 특정한 침대라고 말하지 않았던가?"

"네, 그렇게 말했지요."

"따라서 그가 만드는 것이 침대 자체가 아니라면, 그는 실재하는 것을 만드는 것이 아니라 실재하는 것과 비슷하지만 실재하지는 않는 것을 만드는 게 아닐까? 그러니 목수나 다른 기술자의 제작물을 완전한 의미에서 존재하는 것이라고 말하는 사람이 있다면, 그는 아마 진실을 말하는 것이 아닐 걸세."

"적어도 이런 논의로 소일하는 사람들에게는 진실을 말하는 것이 아니라고 생각되겠지요" 하고 그가 말했네.

"그러면 목수의 제작물이 진리에 견주어 흐릿하다 해도 조금도 놀랄 일이 아닐 것이네."

"네, 전혀 놀랄 일이 아니에요."

b "그렇다면 자네는 우리가 이런 예에 근거하여 이 모방자가 대체 어떤 사람인지 규명하기를 원하는가?"

"네, 선생님께서 좋으시다면요" 하고 그가 말했네.

"그러니까 침대에는 세 종류가 있네. 그중 하나는 자연 속에 존재하는 것으로, 우리는 그것을 만든 이는 신이라고 말하는 것 같네. 아니면 우리는 다른 이가 만들었다고 말하는가?"

"다른 이가 만들었다고 말하는 것 같지 않아요" 하고 그가 말했네.

"두 번째 것은 목수가 만든 것이네."

"네, 맞아요" 하고 그가 말했네.

"세 번째 것은 화가가 만든 것이네. 그렇지 않은가?"

"그렇다고 해요."

"그러니까 화가, 목수, 신, 이 셋에서 세 종류의 침대를 관장하네."

"네, 그 셋이서요."

"그런데 신은 자연 속에 하나 이상의 침대를 만들기를 원하지 않았든 지, 아니면 하나 이상을 만들어서는 안 될 피치 못할 사정이 있었든지 저 침대 자체를 하나만 만들었네. 아무튼 신에 의해서는 둘 또는 둘 이상의 침대가 만들어진 적도 없고 또한 없을 것이네."

"왜 그렇지요?" 하고 그가 물었네.

그래서 내가 대답했네. "그것은 신이 두 개만 만들었다 해도 이 두 침대의 형상인 하나의 침대가 다시금 나타나, 두 침대 대신 침대 자체가 되기 때문이네."

"옳은 말씀이에요" 하고 그가 말했네.

"신은 이런 사실을 알고 특정 침대의 특정 제작자가 되는 대신 실재하는 침대의 실재하는 제작자가 되기를 원했고, 그래서 자연 속에 하나뿐인 침대를 만들었던 것 같네."

"그런 것 같아요."

"그러니 자네는 우리가 신을 침대의 창조자[6] 또는 그와 유사한 이름

---

5   10권 주 3 참조.
6   phytourgos.

으로 부르기를 원하는가?"

"그렇게 부르는 것이 옳겠지요" 하고 그가 말했네. "신은 침대뿐 아니라 다른 모든 것의 창조자이기도 하니까요."

"목수는 무엇이라고 할까? 침대의 제작자라고 하면 안 될까?"

"그렇게 불러야겠지요."

"화가도 침대의 제작자 또는 제작공이라고 부를까?"

"그건 안 돼요."

"그렇다면 자네는 화가를 침대의 무엇이라고 부를 텐가?"

e "제 생각에는 그를 앞서 말한 제작자들이 만든 것의 모방자라고 부르는 것이 가장 적절할 것 같아요" 하고 그가 말했네.

"좋네. 그러니까 자네는 본질(physis)에서 3단계 떨어져 있는 제작물의 제작자를 모방자라고 부른단 말이지?" 하고 내가 말했네.

"물론이지요" 하고 그가 말했네.

"이 점은 비극 작가도 마찬가지일 것이네. 그도 모방자라면 말일세. 그는 본성상 왕과 진리에서 3단계 떨어져 있으니까. 이 점은 다른 모방자들도 모두 마찬가지일세."

"그런 것 같아요."

598a "그렇다면 우리는 모방자에 대해 의견이 일치했네그려. 그러나 화가에 관해 이 점을 말해주게. 화가가 모방하려는 것은 자연 속에 실재하는 것인가, 아니면 제작자들의 제작물들인가? 자네는 어느 쪽이라고 생각하는가?"

"제작자들의 제작물들이지요" 하고 그가 말했네.

"그 제작물들을 있는 그대로 모방하는가, 아니면 보이는 대로 모방하는가? 자네는 이 점도 구분해야 하네."

"무슨 말씀이신지요?" 하고 그가 말했네.

"이런 말일세. 침대는 옆에서 보건 정면에서 보건 그 밖의 다른 방향에서 보건 그 자체가 달라지지는 않겠지? 그 자체는 조금도 달라지지 않고 겉으로만 달라 보이겠지? 그리고 다른 것들도 이 점에서는 마찬가지겠지?"

"겉으로만 달라 보일 뿐, 그 자체는 조금도 달라지지 않아요" 하고 그가 말했네.

"그러면 이 점도 고찰해주게. 회화(繪畫)는 개개의 사물과 관련하여 어느 쪽을 지향하는가? 실재를 있는 그대로 모방하는가, 아니면 보이는 것을 보이는 그대로 모방하는가? 다시 말해 현상의 모방인가, 아니면 진리의 모방인가?"

"현상의 모방이에요" 하고 그가 말했네.

"그렇다면 모방술(模倣術)은 진실에서 멀리 떨어져 있네. 또한 모방술이 무엇이든 만들 수 있는 것도 그것이 각 대상의 작은 부분을 다루는 데다 그 부분마저 영상에 지나지 않기 때문인 것 같네. 이를테면 화가는 우리에게 제화공이나 목수나 그 밖의 다른 제작자를 그려 보이겠지만, 그런 기술에 관해 아무것도 아는 것이 없네. 하지만 그가 훌륭한 화가라면, 목수를 그려 적당한 거리에서 내보임으로써 그것이 진짜 목수인 것처럼 어린아이들과 어리석은 사람들을 속일 수 있을 것이네."

"물론이지요."

"그렇다면 여보게, 이 모든 것과 관련해 우리는 이 점을 명심해야 하네. 어떤 사람이 우리에게 말하기를 자기는 온갖 제작술(製作術)을 알고 있을 뿐더러 남들이 개별적으로 알고 있는 모든 것을 어느 누구보다 더 잘 알고 있는 사람을 만난 적이 있다고 한다면, 우리는 그에게 이렇게 대답해야 하네. '당신은 어수룩해서 어떤 사기꾼이나 모방자를 만나 그자의 속임수에 넘어간 것이오. 그자가 모든 것을 다 아는 인간이라고 믿게 된 것은 당신에게 지식과 무지와 모방을 구분할 능력이 없기 때문이란 말이오.'"

"당연히 그렇게 대답해야겠지요" 하고 그가 말했네.

그래서 내가 말했네. "다음에는 비극 시인들과 그들의 지도자인 호메로스를 고찰해야겠지? 우리는 그들이 온갖 기술은 물론이요, 미덕과 악덕에 관계되는 제반 인간사와 신들에 관한 일도 알고 있다는 말을 듣고 있으니까. 그런 말을 하는 사람들의 주장에 따르면, 훌륭한 시인이 훌륭한 시를 지으려면 알고서 작시(作詩)해야 하며, 그러지 않으면 작시할 수 없다는 것일세. 따라서 우리는 이런 말을 하는 사람들이 시인이라는 모방자를 만나 속아서 그들의 작품을 보고도 그것이 실재(to on)에서 3단계나 떨어져 있으며 진리를 모르는 사람이라도 쉽게 만들어낼 수 있다는 것을 알지 못했는지 ― 그들이 만드는 것은 실재가 아니라 현상에 불과하니까 ―, 아니면 이들의 주장에도 일리가 있어 훌륭한 시인들은 대중이 듣기에 훌륭하게 말했다고 여겨지는 일을 실제로 알고 있는지 고찰하지 않으면 안 될 것이네."

"당연히 고찰해야겠지요" 하고 그가 말했네.

"그런데 모방의 대상과 그것의 영상을 둘 다 만들 수 있는 사람이 있다면, 자네는 그가 영상 제작에 몰두하여 이를 자신의 인생의 최대 업적으로 내세울 것이라고 생각하는가?"

"저는 그렇게 생각하지 않아요."

"만약 그가 자신이 모방하는 것들에 관해 실제로 알고 있다면, 그는 아마도 그것들에 몰두하고 그것들의 모방에 몰두하지 않을 것이네. 또한 그는 자신을 기념하기 위해 많은 훌륭한 업적을 후세에 남기려 할 것이고, 남을 찬양하기 위해 시를 쓰기보다는 자신이 찬양받고 싶어할 것이네."

"저도 동감이에요" 하고 그가 말했네. "명예라는 점에서나 이익이라는 점에서는 그러는 편이 훨씬 유리하니까요."

"그럼 우리는 다른 점들에 관해서는 호메로스나 다른 시인에게 해명을 요구하지 않기로 하세. 이를테면 우리는 그들에게 시인 가운데 의술 용어의 모방자에 불과한 것이 아니라 실제로 의술에 관해 알고 있는 사람이 있다면 고금(古今)의 시인 가운데 누가 아스클레피오스[7]처럼 병을 고쳤다고 전해지는지, 또는 아스클레피오스가 후예[8]를 남겼듯이 누가 제자를 남겼는지 묻지 않기로 하자는 말일세. 그러나 우리에게는 호메로스가 말하려 했던 가장 중차대한 일들, 즉 군사작전이나 국가의 통치나 인간의 교육에 관해서는 이렇게 물을 권리가 있네. '친애하는 호메

---

7 아폴론의 아들로, 의술의 신이다.
8 의사.

제10권 **565**

로스 님, 그대가 미덕과 관련하여 진리에서 3단계 떨어져 있는 사람, 즉 우리가 모방자를 그렇다고 규정한 바 있는 영상의 제작자가 아니라 진리에서 2단계 떨어져 있어서 어떤 생활 태도가 개인이나 공동체를 더 낫게 또는 더 못하게 만들 수 있는지 구별할 수 있다면, 어느 나라가 그대 덕분에 더 잘 다스려지고 있는지 말해주십시오. 이를테면 라케다이몬[9]은 뤼쿠르고스[10] 덕분에, 그 밖에도 크고 작은 많은 나라가 다른 많은 사람 덕분에 잘 다스려지고 있습니다. 한데 어느 나라가 그대를 자신들의 훌륭한 입법자라고, 자신들의 은인이라고 주장합니까? 이탈리아와 시켈리아[11]는 카론다스[12]가 그렇다고 주장하고, 우리 아테나이인들은 솔론[13]이 그렇다고 주장합니다. 하지만 그대가 그렇다고 주장하는 나라는 어느 나라입니까?' 그러면 호메로스는 그런 나라의 이름을 댈 수 있을까?"

그러자 글라우콘이 말했네. "댈 수 없을걸요. 호메로스의 찬미자들[14]조차도 그런 주장은 하지 않으니까요."

"그러면 호메로스 시대의 어떤 전쟁이 그의 지휘와 조언으로 성공적으로 치러졌다는 기록은 있는가?"

"그런 전쟁은 없어요."

"그럼 호메로스가 실무가(實務家)답게 밀레토스의 탈레스[15]나 스퀴타이족인 아나카르시스[16]처럼 기술이나 그 밖의 활동 분야에서 여러 가지 유용한 발명을 했다는 이야기는 전해오는가?"

"그런 이야기는 전혀 전해오지 않아요."

"그러면 공적으로는 이렇다 할 업적이 없다 해도 사적으로는 호메로스가 살았을 때 사람들을 가르치고 지도했으며, 그리하여 사제지간의 교분을 통해 그를 존경하게 된 사람들이 호메로스적인 생활 태도를 후계자들에게 전했다는 이야기는 전해오는가? 마치 퓌타고라스가 그 때문에 크게 존경받고, 그의 후계자들이 자신들의 생활 태도를 퓌타고라스적이라고 표현함으로써 오늘날에도 남들 사이에서 돋보이듯이 말일세."

    그러자 그가 말했네. "그런 이야기도 전해오지 않아요. 소크라테스 선생님, 호메로스에 관해 전해오는 이야기가 사실이라면 호메로스의 친구인 크레오퓔로스[17]는 그의 이름보다 더 우스운 자였던 것 같아요. 그자는 호메로스가 살아 있을 때도 그를 몹시 홀대했다고 하니 말이에요."

9   Lakedaimon. 여기에서는 스파르테를 달리 부르는 이름이다.
10 Lykourgos. 스파르테의 전설적 입법자.
11 시칠리아의 그리스어 이름.
12 Charondas. 기원전 6세기에 활동한 시칠리아 카타네(Katane) 시의 입법자.
13 7권 주 22 참조.
14 Homeridai. 호메로스의 서사시를 음송하는 일을 생업으로 삼았던 방랑시인 집단.
15 Thales. 기원전 600년경에 활동한 소아시아 밀레토스(Miletos) 시 출신의 자연철학자로, 일곱 현인 중 한 명이다.
16 Anacharsis. 기원전 6세기에 활동한 스퀴타이족 출신 현인인데, 도공의 돌림판과 갈고리 모양의 닻은 그의 발명품이라고 한다. 아나카르시스에 관해서는 헤로도토스, 『역사』 4권 76장 이하 참조. 스퀴타이족(Skythai)은 흑해 북동쪽에 살던 기마 유목민족이다.
17 Kreopylos. '육(肉)의 종족'이라는 뜻.

"아닌 게 아니라 나도 그런 이야기를 들었네" 하고 내가 말했네. "그런데 글라우콘, 자네 생각은 어떤가? 호메로스가 모방만 하는 것이 아니라 그런 일들을 알고 있어서 실제로 사람들을 교육하여 더 훌륭하게 만들 수 있었다면 많은 제자가 모여들어 그들에게 존경받고 사랑받지 않았을까? 압데라의 프로타고라스나 케오스의 프로디코스[18]나 그 밖의 많은 사람이 사적인 교분을 통해 동시대인에게, 자기들의 문하생이 되지 않으면 가정도 국가도 다스릴 수 없다는 확신을 심어줄 수 있었네. 그리하여 그들은 그런 지혜 덕분에 많은 사랑을 받아, 제자들이 그들을 머리에 이고 다니다시피 했네. 한데 호메로스와 헤시오도스가 사람들을 미덕으로 이끌어줄 수 있었다면, 그들이 음유시인으로 떠돌아다니도록 그들의 동시대인들이 내버려두었겠는가? 오히려 황금보다도 그들에게 더 집착하여 억지로라도 자기들 집에 머무르게 하지 않았을까? 또한 자기들의 청을 들어주지 않으면, 충분한 가르침을 받을 때까지 어디든 그들이 가는 곳으로 따라다니지 않았을까?"

"소크라테스 선생님, 제 생각에는 선생님 말씀이 지당한 것 같아요" 하고 그가 말했네.

"그렇다면 호메로스를 비롯하여 모든 시인은 미덕이나 그 밖에 그들이 작시하는 것에 관해서 그 영상의 모방자에 불과할 뿐 진리를 파악하는 것이 아니라고 규정할까? 예컨대 방금 우리가 말했듯이 화가는 제화공처럼 보이는 것을 그리지만, 그 자신도 관람객도 제화술이 무엇인지 모르고 색채와 형태로만 판단하네."

"물론이지요."

"마찬가지로 우리는 시인도 모방하는 것 말고는 아무것도 모르면서 개개의 기술을 단어와 어구(語句)로 채색한다고 말할 수 있을 것이네. 따라서 마찬가지로 아무것도 모르면서 시인의 말에 근거하여 판단하는 사람들은 시인이 제화술에 관해서든 전술에 관해서든 또 다른 사물에 관해서든 운율과 리듬과 선법에 맞춰 말하기만 하면 아주 훌륭하게 말한 것으로 생각하네. 이런 것들은 본래 아주 매력적인 것들이니까. 시인의 작품들이 이런 음악적 색채를 벗고 단순한 산문으로 말해진다면, 그것들이 어떻게 보일는지 자네는 아마 잘 알 걸세. 자네는 틀림없이 그런 예를 본 적이 있을 테니까."

"네, 본 적이 있어요" 하고 그가 말했네.

그래서 내가 물었네. "그것은 청춘의 꽃이 시들었을 때의, 젊기는 하지만 아름답지는 못한 사람들의 얼굴과 비슷했겠지?"

그러자 그가 대답했네. "전적으로 그렇습니다."

"자, 이 점도 고찰해주게. 영상의 제작자인 모방자는, 우리 주장에 따르면 실재에 대해서는 아무것도 모르고 그것의 현상에 대해서만 알고 있네. 그렇지 않은가?"

"네, 그래요."

---

18 프로타고라스(Protagoras)는 기원전 5세기에 주로 아테나이에서 활동한 직업적 소피스트로, "만물의 척도는 인간이다"라는 유명한 말을 남겼다. 프로디코스(Prodikos)는 소크라테스 당시의 직업적 소피스트이다. 압데라(Abdera)는 에게 해 북쪽 기슭에 있는 트라케(Thraike) 지방의 도시이고, 케오스(Keos)는 퀴클라데스 군도(Kyklades)에 속하는 섬으로 앗티케 지방의 수니온(Sounion) 곶에서 멀지 않다.

"우리는 이 문제에 관한 논의를 중간에서 그만두지 말고 충분히 고찰하도록 하세."

"말씀해보세요" 하고 그가 말했네.

"화가는 고삐와 재갈을 그린다고 할 수 있겠지?"

"네, 그래요."

"그것들을 만드는 것은 제혁공과 대장장이겠지?"

"물론이지요."

"그런데 고삐와 재갈이 어떠해야 하는지 화가는 알고 있을까? 아니면 제작자인 제혁공과 대장장이도 모르고, 그것들을 사용할 줄 아는 유일한 사람인 기수(騎手)만이 알고 있지 않을까?"

"지당한 말씀이에요."

"우리는 모든 것이 다 그렇다고 말할 수 있지 않을까?"

"어째서 그렇지요?"

d "모든 것에는 사용하는 기술, 제작하는 기술, 모방하는 기술, 이렇게 세 가지 기술이 있다고 할 수 있겠지?"

"네."

"그런데 가구든 동물이든 행위든 그것의 개별적 미덕과 아름다움과 정당성은 사용에만 관계되는 것이 아닐까? 그것들은 각각 사용되기 위해 인간 또는 자연에 의해 만들어졌으니 말일세."

"네, 그래요."

"그러면 어떤 물건이든 당연히 그 사용자가 가장 사용해본 경험이 많을 테니, 사용자는 제작자에게 자기가 사용하는 물건이 어떤 점에서 사용하기 좋고, 어떤 점에서 사용하기 나쁘게 만들어졌는지 알려줄 것이네. 예컨대 피리 연주자는 피리 제작자에게 피리 중에서 어떤 것이 연주하기 좋은지 알려주며 피리를 어떻게 만들어야 하는지 지시할 것이고, 제작자는 그의 지시에 따를 걸세."

"왜 아니겠어요?"

"그러니까 한 사람은 알고서 좋은 피리와 나쁜 피리에 관해 알려주고, 다른 사람은 그의 말을 믿고서 피리를 만들겠지?"

"네."

"그러니까 어떤 도구건 그 제작자는 지식을 가진 사람과 접촉하며 그의 말을 듣지 않을 수 없기에 그 도구의 좋은 점과 나쁜 점에 대해 올바른 소신을 갖겠지만, 지식을 가진 사람은 사용자일세."

"물론이지요."

"그런데 모방자는 자기가 그리는 것이 아름답고 올바른지 아니면 그렇지 않은지, 사용해봄으로써 지식을 얻게 될까? 아니면 지식을 가진 사람과 접촉하도록 강요받아 어떻게 그려야 하는지 그에게 지시받음으로써 올바른 의견을 갖게 될까?"

"어느 쪽도 아니에요."

"그렇다면 모방자는 자기가 모방하는 것의 좋은 점과 나쁜 점에 대해 지식도 올바른 의견도 갖지 못할 것이네."

"분명 갖지 못하겠지요."

"그렇다면 시를 통한 모방자도 자기가 작시하는 것에 관해 대단한 지혜를 갖고 있겠구먼!"

"전혀 그렇지 않아요."

b   "하지만 그는 자기가 작시하는 것이 나쁜지 좋은지 알지도 못하면서 모방을 계속할 것이네. 또한 그는 아마도 무지한 대중에게 아름다워 보일 만한 것을 모방할 걸세."

"그 밖에 무엇을 모방하겠어요?"

"그러면 우리는 모방자는 자기가 모방하는 것에 대해 언급할 가치가 있는 것은 아무것도 모르고, 모방은 진지한 것이 아니라 일종의 유희이며, 비극 시인은 단장격 운율[19]로 작시하건 서사시 운율[20]로 작시하건 철저한 모방자라는 점에는 의견이 꽤 일치한 것 같네."

"물론이지요."

c   그래서 내가 말했네. "제우스에 맹세코, 그러면 모방은 진리에서 3단계 떨어져 있는 것에 관계되는 것이네. 그렇지 않은가?"

"네, 그래요."

"그것이 가진 힘은 인간의 어느 부분에 영향을 주는가?"

"무슨 말씀이신지요?"

"이런 말이네. 같은 물건이라도 우리 눈에서 먼가 가까운가에 따라 그 크기가 달라 보이네."

"네, 달라 보여요."

"또한 같은 물건이라도 물속에 있느냐 물 밖에 있느냐에 따라 보는 사람에게 구부러져 보이기도 하고 곧게 보이기도 하네. 또한 색채에 관한 착시 때문에 같은 것이라도 오목해 보이기도 하고 볼록해 보이기도 하

d   네. 이런 혼란은 모두 우리 혼에 내재하는 것이 분명하네. 음영 기법[21]은

우리 본성의 이런 약점을 노리고 온갖 마술을 부리는 것이며, 그 점에서는 요술과 그 밖에 그와 비슷한 수많은 속임수도 마찬가지일세."

"옳은 말씀이에요."

"그래서 잰다든가 센다든가 저울에 단다든가 하는 일은 그와 같은 착각을 가장 유용하게 구제할 대책으로서 발명된 것 아니겠는가? 더 커 보이거나 더 작아 보이거나 더 많아 보이거나 더 무거워 보이는 것 대신 계산된 것이나 잰 것이나 저울에 단 것이 우리 마음을 지배하도록 말일세."

"왜 아니겠어요?"

"그런데 이것은 혼의 이성적 부분이 하는 일일 것이네."

"확실히 그 부분이 하는 일이에요."

"하지만 이 부분이 재보고 나서 어떤 것이 다른 것보다 더 크다든가 더 작다든가 똑같다고 우리에게 일러줄 경우, 같은 것들이 동시에 상반되어 보일 때도 비일비재하네."

"네, 그래요."

"그런데 우리는 앞서 혼의 동일한 부분이 같은 사물에 대해 상반된

---

19 이암보스(iambos ∪–) 운각(3권 주 70 참조)으로 구성된 운율은 비극의 대화에서 많이 사용된다.
20 서사시에서 사용되는 헥사메터(hexameter –∪∪–∪∪–∪∪–∪∪–∪∪–∪∪) 운율을 말한다. 여기에서 소크라테스는 호메로스의 서사시를 비극의 일종으로 보는 것 같다.
21 고대의 원근 기법.

의견을 가질 수 없다고 주장하지 않았던가?"²²

"그리고 우리의 주장은 옳은 것이기도 했어요."

603a "그렇다면 측정된 것에 상반되는 의견을 갖는 혼의 부분은 측정된 것과 일치하는 의견을 갖는 혼의 부분과 동일한 부분일 수 없네."

"네, 같을 수 없어요."

"그런데 측정된 것과 계산된 것을 신뢰하는 부분이 혼의 최선의 부분일 것이네."

"물론이지요."

"그렇다면 이 부분에 대립되는 부분은 우리 안의 열등한 부분 가운데 하나일 것이네."

"당연하지요."

"나는 바로 이 점에 대해 동의를 구하고 싶었던 걸세. 내가 회화를 포함한 모든 모방술은 진리에서 멀리 떨어진 작품을 만들어낼 뿐 아니라,
b 건전하지도 진실하지도 않은 일을 위해 우리 안의 이성에서 멀리 떨어진 부분과 교제하고 친구가 된다고 이야기했을 때 말일세."

"전적으로 동의해요" 하고 그가 말했네.

"그러니까 모방술은 열등한 것으로서 열등한 것과 결합하여 열등한 것들을 낳네."

"그런 것 같아요."

그래서 내가 물었네. "시각에 관계되는 모방술만 그런가, 아니면 우리가 시(詩)라고 부르는 청각에 관계되는 모방술²³도 마찬가지인가?"

"그것도 마찬가지인 것 같아요" 하고 그가 말했네.

그래서 내가 말했네. "하지만 우리는 회화에서 유추한 개연성만 믿을 것이 아니라, 시의 모방술이 호소하는 마음의 부분에 직접 접근하여 그것이 열등한 부분인지 고매한 부분인지 살펴보기로 하세."

"당연히 그래야겠지요."

"그러면 문제를 이렇게 설정해보세. 우리 주장에 따르면, 모방술은 강요되거나 자발적인 인간 행위를, 행위의 결과라고 믿어지는 행복과 불행을, 이 모든 것 가운데서 슬퍼하거나 기뻐하는 모습을 모방하네. 그 밖의 다른 것은 없겠지?"

"없어요."

"한데 이 모든 상황에 처해 인간은 시종일관 같은 마음일까? 아니면 시각의 경우 내분이 일어나 같은 사물에 대해 상반된 의견을 동시에 자신 안에 가졌듯이, 행위의 경우에도 내분이 일어나 자신이 자신과 싸울까? 그런데 이에 대해서는 새삼스럽게 동의를 구할 필요가 없을 것 같네. 내가 기억하기에, 우리는 이전 논의에서 우리의 혼이 그처럼 동시에 일어나는 무수한 대립으로 충만해 있다는 점에 대해 충분히 의견이 일치했으니 말일세."[24]

"옳은 말씀이에요" 하고 그가 말했네.

"옳고말고" 하고 내가 말했네. "그러나 우리가 그때 빠뜨렸던 것을 이

---

22 436b 이하 참조.
23 당시에 시는 읽히기 위해서라기보다는 낭송되기 위해 작시되었다.
24 439c~441c 참조.

제는 논의해야 할 것 같네."

"그게 뭐지요?" 하고 그가 물었네.

그래서 내가 대답했네. "그때 우리는 훌륭한 사람은 아들이나 그 밖에 가장 소중하게 여기던 것을 잃더라도 다른 사람보다 더 쉽게 자신의 불행을 견뎌낼 수 있을 것이라고 말한 바 있네."[25]

"확실히 그렇게 말했어요."

"이번에는 이 점에 대해 고찰하도록 하세. 그는 전혀 고통스러워하지 않을까, 아니면 그건 불가능하여 슬픔을 느끼되 절도를 지킬까?"

"후자의 경우가 사실에 가깝겠지요" 하고 그가 말했네.

604a "이번에는 그에 관해 이 점을 말해주게. 자네는 그가 어느 때 슬픔에 대항하여 더 잘 싸울 것이라고 생각하는가? 동료들이 그를 보고 있을 때일까, 아니면 그가 혼자 있을 때일까?"

"남이 보고 있을 때 훨씬 더 잘 싸우겠지요" 하고 그가 말했네.

"그러나 그가 혼자 있을 때는 아마 남이 들으면 창피스러울 말을 거침없이 내뱉을 것이고, 남에게 보이고 싶지 않은 짓을 많이 할 것이네."

"네, 그래요" 하고 그가 말했네.

"그런데 슬픔에 대항하도록 그에게 명령하는 것은 이성과 관습이고, 그를 슬픔으로 이끄는 것은 불행 자체겠지?"

"네, 맞아요."

b "어떤 사람이 같은 것과 관련하여 동시에 상반된 방향으로 이끌린다면, 우리는 그 사람 안에 필연적으로 두 요소가 있다고 말할 수 있을 걸세."

"왜 아니겠어요?"

"그중 한 요소는 관습이 이끄는 대로 기꺼이 따라가겠지?"

"어떻게요?"

"관습은 아마 이렇게 말할 것이네. '불행을 당했을 때는 되도록 침착하고 화를 내지 않는 것이 상책이야. 그런 일은 결과가 좋을지 나쁠지 분명하지 않을뿐더러 화를 내봤자 이로울 것이 없으며, 무릇 인간사에는 심각하게 받아들일 만한 것이 아무것도 없을뿐더러 슬퍼하는 것은 우리가 되도록 신속하게 필요한 도움을 받는 데 방해만 되니까 말이야.'"

"어떤 도움을 받는 데 방해가 된다는 건가요?" 하고 그가 물었네.

그래서 내가 대답했네. "일어난 일에 대해 심사숙고하는 데, 그리고 주사위를 던질 때처럼 던져진 주사위에 따라 이성이 최선책이라고 결정하는 대로 계획을 세우는 데 방해가 된다는 말일세. 우리는 넘어졌다고 해서 어린아이처럼 다친 곳을 움켜잡고 울고불고하는 일로 시간을 보내서는 안 되네. 오히려 우리는 넘어져 다친 곳을 되도록 빨리 치료하고 고침으로써 의술로 비탄의 노래를 그치게 하는 습관을 들이도록 항상 혼을 단련해야 하네."

"확실히 불행에는 그렇게 대처하는 것이 상책이겠네요" 하고 그가 말했네.

"우리 주장에 따르면, 우리의 가장 훌륭한 부분은 이와 같은 이성의

---

25 376d~e 참조.

지시에 기꺼이 따르겠지?"

"분명 그러겠지요."

"반면 고통에 대한 회상과 비탄에 끌려 아무리 회상하고 비탄해도 물리지 않는 부분은 비이성적이고 게으르고 비겁하다고 말할 수 있지 않을까?"

"그렇게 말할 수 있겠지요."

e "그렇다면 우리 안의 화를 잘 내는 이 부분은 여러 가지 다양한 모방이 가능하겠지만, 현명하고 침착한 성격은 언제나 태도가 일관되므로 모방하기가 쉽지도 않거니와 모방한다 해도 이해하기가 쉽지 않을 것이네. 특히 축제나 극장에 모인 잡다한 군중에게는 말일세. 그것은 그들에게는 생소한 상태의 모방이니까."

605a "전적으로 동의해요."

"따라서 모방적 시인이 원하는 것이 대중적 인기라면, 그는 분명 본성상 혼의 가장 훌륭한 부분을 지향하는 것도 아니며, 그의 지혜 또한 혼의 이 부분을 즐겁게 해주기 위한 것이 아닐세. 오히려 그는 화를 잘 내며 변화무쌍한 성격에 관심이 많은데, 이런 성격은 모방하기가 쉽기 때문이네."

"확실히 그래요."

"그렇다면 우리는 그를 붙잡아 와서 화가의 짝으로 화가 옆에 세워도 좋겠지? 진리에 견주어 열등한 것을 만들어낸다는 점에서나, 혼의 열등한 부분과 교제하고 가장 훌륭한 부분과 교제하지 않는다는 점에서 화

b 가를 닮았기 때문일세. 그러니 시인을 우리의 이상 국가에 받아들이지

않는다 해도 우리의 행동은 정당하네. 그는 혼의 열등한 부분을 깨워 가꾸어주고 강하게 만들어줌으로써 이성적 부분을 훼손하기 때문이네. 그것은 마치 어떤 국가에서 누군가가 악당들이 권력을 장악하게 만들어 이들에게 국가를 넘기는 반면, 더 훌륭한 사람들은 몰락하게 만드는 것과도 같네. 마찬가지로 모방적 시인도 더 큰 것과 더 작은 것을 구별하지 못하고, 똑같은 것을 때로는 크다고, 때로는 작다고 믿는 혼의 비이성적 부분에 영합하여 진리에서 아주 멀리 떨어진 영상을 만들어 냄으로써 개개인의 혼 안에 나쁜 정체(政體)를 만든다고 할 수 있을 것이네."

"물론이지요."

"하지만 우리는 시에 대한 가장 중대한 고발은 아직 하지 않았네. 시가 소수의 예외를 제외하고는 훌륭한 사람들마저도 망칠 수 있다는 것은 참으로 두려운 일이기에 하는 말일세."

"시가 정말로 그럴 수 있다면, 어찌 두렵지 않겠어요?"

"그러면 내 말을 들어보고 고찰해보게. 호메로스나 비극 시인 가운데 누가 어떤 영웅이 비탄에 잠겨 장탄식을 늘어놓거나 노래를 부르거나 괴로워서 가슴을 치는 장면을 모방하는 것을 들으면, 자네도 알다시피 우리 가운데 가장 훌륭한 사람들조차 즐거워하며 우리의 감정이 이끄는 대로 따라가네. 그리고 우리는 이런 감정을 강하게 느끼게 하는 시인일수록 훌륭한 시인이라며 정색을 하고 칭찬하네."

"저도 알아요. 어찌 모르겠어요?"

"하지만 우리 자신에게 걱정거리가 생기면, 자네도 알다시피 그와는 반대로 침착하게 잘 견뎌내는 것을 자랑스럽게 여기네. 이것이 남자다운 태도이고, 우리가 방금 칭찬한 것은 여자다운 태도라고 여기기 때문이지."

"저도 알아요" 하고 그가 말했네.

그래서 내가 물었네. "자신은 그렇게 되기를 원하기는커녕 오히려 부끄러워하게 될 그런 사람을 무대 위에서 보고 혐오감을 느끼는 대신 즐거워하며 칭찬한다면, 그런 칭찬은 과연 옳은 칭찬일까?"

"제우스에 맹세코, 그건 사리에 맞지 않아요" 하고 그가 대답했네.

그래서 내가 말했네. "맞지 않겠지. 특히 자네가 이 문제를 이렇게 고찰한다면 말일세."

"어떻게요?"

"이 점을 생각해보게. 본래 실컷 울고불고하며 비탄하고 싶은 욕구가 있으면서도 우리 자신이 불행을 당했을 때는 억압되어 이런 욕구를 충족시킬 수 없었던 그 부분이 바로 시인들에 의해 충족되어 즐거워하는 부분이라고 말일세. 한편 우리의 본성상 가장 훌륭한 부분은 이성과 습관에 의해 제대로 교육받지 못한 터라 비탄하는 부분에 대한 감시를 늦춰버리네. 그것이 지켜보는 것은 남의 고통이고, 선량한 인간으로 자처하는 누군가가 어울리지 않게 슬퍼할 때 그를 칭찬하거나 동정하는 것은 우리에게는 전혀 수치스러운 일이 아니기 때문이네. 오히려 우리는 거기에서 얻는 즐거움을 이익이라고 생각하기에, 시(詩) 전체를 경멸함으로써 즐거움을 포기하려 하지 않을 것이네. 그도 그럴 것이, 남의 것을 즐기면 그중 일부는 필연적으로 자기 것이 된다는 사실을 생각해보는 사람은 극소수에 불과하니까. 아닌 게 아니라 우리가 연민의 정을 느끼는 부분을 남의 불행 속에서 가꾸어주고 강하게 만들어준다면, 정작 우리 자신이 불행을 당했을 때 이 부분을 억제하기가 쉽지 않을 것이네."

"지당한 말씀이에요" 하고 그가 말했네.

"우스꽝스러운 것에 대해서도 같은 말을 할 수 있지 않을까? 만약 자네가 몸소 행한다면 부끄러워할 익살을 희극 공연장이나 사적인 모임에서 듣고 아주 큰 즐거움을 느끼고는 나쁜 것이라고 싫어하지 않는다면, 자네의 행동은 연민의 정을 불러일으키는 장면에서 보이던 행동과 똑같은 것이네. 자네는 이번에도 광대라는 평을 들을까 두려워서 자네 안에 억제하고 있던 부분, 즉 익살을 부려보고 싶은 부분을 늦춘 것이라는 말일세. 그리고 만약 자네가 극장에서 이 부분의 기를 살려준다면 자신도 모르는 사이에 일상생활에서도 자꾸만 희극배우가 되어갈 것이네."

"물론이지요" 하고 그가 말했네.

"또한 시적 모방은 애욕과 분노, 우리가 우리의 모든 행동에 수반된다고 주장하는 혼 안의 욕구와 고통과 즐거움과 관련해서도 우리에게 똑같이 작용하네. 그런 것들은 시들어 없어져야 하는데도 시는 물을 주어 가꾸고 있으며, 우리가 사악하고 비참해지는 대신 선량하고 행복해지려면 우리가 그런 것들을 지배해야 하는데도 오히려 시는 그런 것들을 우리의 지배자로 만드니 말일세."

"선생님 말씀에 이의를 제기할 수가 없네요" 하고 그가 말했네.

그래서 내가 말했네. "따라서 글라우콘, 자네가 호메로스야말로 헬라스의 스승이었으니 제반 인간사를 경영하고 교육하는 데서 이 시인의 말을 들춰 배워야 하며, 자신의 삶을 이 시인을 따라 정돈하며 살아가야 한다고 주장하는 호메로스의 찬미자들을 만난다면, 그들도 나름대로 가장 훌륭한 자들이니 친절하고 공손하게 대해주어야 하고 호메로스가 가장 시인다운 시인이며 비극 시인 중 제1인자라는 것도 인정해주어야 하네. 그러나 자네는 시 가운데 신에게 바치는 찬가와 훌륭한 인간에게 바치는 송가(頌歌)만이 우리 나라에 받아들여져야 한다는 것도 알아야 하네. 자네가 서정시나 서사시를 통해 감미로운 무사 여신을 받아들인다면, 자네 나라에서는 쾌락과 고통이 관습과 만인에 의해 언제나 최선의 것으로 간주되던 원칙을 대신해서 군림할 것이네."

b "지당한 말씀이에요" 하고 그가 말했네.

그래서 내가 말했네. "우리는 시에 관해 시는 그런 성질이 있는 만큼 우리가 그때 시를 우리 나라에서 추방한 것은 당연한 일이었다고 회고해봤는데, 이상으로 시를 대하는 우리의 태도를 변호한 것으로 해두세. 그렇지만 우리가 시한테 완고하고 세련되지 못했다는 비난을 듣지 않기 위해, 철학과 시는 옛날부터 사이가 나빴다는 사실을 시에게 말해주기로 하세. '주인을 향해 깽깽 짖어대는 개'라든가, '어리석은 자들의 쓸데없는 잡담으로 우쭐대는 자'라든가, '지나치게 영리한 자들의 떼거리'

c 라든가, '어쩌다 거지가 되고 말았는지 섬세하게 사색하는 자들'[26]이라든가 그 밖의 수많은 험담이 철학과 시 사이의 오랜 대립을 입증해주니 말일세. 그럼에도 우리는 이렇게 말해두기로 하세. '만약 즐거움을 목적으로 삼는 시적 모방이, 훌륭하게 다스려지고 있는 국가에 자기가 필

요하다는 증거를 댈 수 있다면, 우리는 그것의 귀국을 환영하겠네. 우리도 시의 매력에 끌리는 것을 의식하고 있으니까. 그러나 진리라고 생각되는 것을 배반하는 것은 불경한 짓이다.' 여보게, 자네도 시가 매력적이라고 생각하지 않는가? 특히 호메로스를 통해서 시를 보게 되면 말일세."

"아주 매력적이라고 생각해요."

"그러니까 시도 서정시나 그 밖의 다른 운율로 자기변호를 한 뒤에 귀국하는 것이 옳겠지?"

"물론이지요."

"자신은 시인이 아니지만 시인의 친구인 시의 옹호자에게도 시는 즐거움을 줄 뿐만 아니라 정체와 인간 생활에도 유익하다는 것을 시를 위해 산문으로 증명할 기회를 주되 그들의 말을 호의적으로 경청하도록 하세. 시가 즐거움을 줄 뿐 아니라 유익하기도 하다는 점이 밝혀지면 우리에게도 이익이 될 테니까."

"왜 이익이 되지 않겠어요?"

"하지만 여보게, 그러지 못하면 마치 누군가를 사랑하던 사람이 그 사랑이 무익하다고 생각될 때는 아무리 괴롭더라도 사랑을 단념하듯, 우리 역시 괴롭더라도 시를 단념할 것이네. 우리는 이런 훌륭한[27] 정체에서 교육받은 덕분에 모방적인 시를 사랑하게 된 만큼, 그런 시가 가장

---

26 여기에 인용된 구절들의 출전은 확실하지 않지만 일부는 희극에서 인용된 것 같다.
27 여기에서는 반어적인 표현이다.

훌륭하고 가장 진실한 것으로 밝혀지면 기뻐할 것이네. 그러나 시가 자기변호를 하지 못하면, 우리는 다시는 대중이 시에 대해 품고 있는 유치한 사랑에 빠지지 않기 위해 시를 들을 때마다 우리 자신을 향하여 지금의 이 주장을 주문(呪文)처럼 되뇔 것이네. 사람들은 이런 종류의 시를 진리를 파악하는 진지한 것으로 여겨서는 안 되며, 시를 듣는 자는 누구나 자기 내부에 있는 정체(政體)를 염려하여 시를 경계하고 시에 관한 우리의 주장을 믿어야 한다고 말일세."

"전적으로 동의해요" 하고 그가 말했네.

그래서 내가 말했네. "여보게 글라우콘, 인간이 선량해지느냐 사악해지느냐 하는 것은 중대한 싸움이며 보기보다 훨씬 중대하네. 따라서 우리는 명예나 돈이나 권력이나 무엇보다 시에 홀려 정의나 그 밖의 다른 미덕을 소홀히 해서는 안 되네."

"지금까지 우리가 논의한 것에 전적으로 동의해요. 다른 사람도 누구나 동의할 거예요" 하고 그가 말했네.

그래서 내가 말했네. "하지만 우리는 미덕이 받게 될 최대의 보답과 상(賞)에 관해서는 아직 논의하지 않았네."

"지금까지 말한 것보다 더 큰 것이 있다면 그것은 엄청나겠군요" 하고 그가 말했네.

"그렇지만 짧은 시간에 무슨 큰 것이 생기겠는가?" 하고 내가 말했네. "소싯적부터 노후까지의 시간을 다 합해도 영원에 견주면 짧디 짧은 시간에 지나지 않으니 말일세."

"사실 아무것도 아니지요" 하고 그가 말했네.

"어떤가? 자네는 불멸의 존재가 영원에 대해서가 아니라 그런 짧은 시간에 대해 진지한 관심을 기울여야 한다고 생각하는가?"

"저는 그렇게 생각하지 않아요. 그런데 왜 그런 말씀을 하시는 건가요?" 하고 그가 물었네.

그래서 내가 반문했네. "자네는 우리의 혼이 불사불멸한다는 것을 모르는가?"

그러자 그가 놀라서 나를 빤히 쳐다보며 말했네. "제우스에 맹세코, 저는 몰라요. 선생님께서는 그렇다고 주장할 수 있으세요?"

그래서 내가 말했네. "주장할 수 있고말고. 내가 잘못 생각하고 있는 것이 아니라면. 나는 자네도 마찬가지라고 생각하네. 그것은 어려운 일이 아니니까."

"제게는 어려워요" 하고 그가 말했네. "그래서 그 어렵지 않은 것을 선생님한테서 기꺼이 듣고 싶어요."

"그럼 들어보게" 하고 내가 말했네.

"말씀하세요" 하고 그가 말했네.

"자네는 어떤 것은 좋다고 하고, 어떤 것은 나쁘다고 하겠지?" 하고 내가 물었네.

"네, 그렇게 해요."

"한데 그것들에 대한 자네의 의견이 내 의견과 같을까?"

"선생님 의견은 어떤 것이지요?"

"소멸하게 하고 파멸하게 하는 것은 모두 나쁜 것이고, 보전하게 하고 유익한 것은 좋은 것이라는 게 내 의견일세."

"저도 그렇다고 생각해요" 하고 그가 말했네.

609a "어떤가? 자네는 개개의 사물에는 나름대로 나쁜 것이 있고 좋은 것이 있다고 말하겠지? 이를테면 눈에는 안질이 있고, 몸에는 병이 있으며, 곡식에는 시들병이 있고, 나무에는 부패가 있으며, 청동과 철에는 녹이 있네. 내 말인즉 이처럼 거의 모든 사물에는 타고난 악과 병이 있다는 것일세."

"네, 저는 그렇다고 말해요"

"이와 같은 병 가운데 하나가 어떤 사물을 습격하면, 그 사물은 망가져서 완전히 해체되겠지?"

"당연하지요."

b "그렇다면 개개의 사물을 파괴하는 것은 그것이 타고난 악과 약점이네. 그것이 그 자체를 파괴하지 않는다면, 다른 것은 파괴할 수 없다네. 선은 아무것도 파괴할 수 없고, 선도 아니고 악도 아닌 것 역시 그 점에서는 마찬가지니까."

"어찌 파괴할 수 있겠어요?" 하고 그가 말했네.

"고유한 악을 지니고 있지만 그 악에 의해 악화되기는 할지언정 파괴되어 해체될 수 없는 무언가를 발견한다면, 우리는 그런 사물이 본성상 파괴될 수 없다는 점을 당장 알게 되지 않을까?"

"그럴 것 같아요" 하고 그가 말했네.

"어떤가?" 하고 내가 말했네. "혼에도 그것을 악화시키는 그 무엇이 있지 않을까?"

"물론 있겠지요" 하고 그가 말했네. "우리가 앞서 언급한 모든 것, 즉 불의와 방종과 비겁과 무지가 거기에 속해요."

"그중 어느 것이 혼을 해체하고 파괴할까? 그런데 한 가지 유념해야 할 점은, 불의하고 비이성적인 인간이 불의한 짓을 하다가 붙잡혀 죽는 경우, 우리는 그가 죽게 된 원인이 혼의 악인 불의 때문이라고 착각해서는 안 된다는 것이네. 오히려 이렇게 생각해보게. 몸을 쇠약하게 하고 파괴하여 전혀 몸이 아닌 상태에 이르게 하는 것은 병이라는 몸의 악이라고. 마찬가지로 앞서 우리가 언급한 모든 것도 그것에 고유한 악이 들러붙어 내부에 기생하며 파괴하기 때문에 존재하기를 멈춘다고 말일세. 그렇지 않은가?"

"네, 그래요."

"자, 그러면 혼에 대해서도 같은 방법으로 고찰해보게. 혼이 손상되고 약해져서 결국 몸에서 분리되며 죽음에 이르는 이유는 불의나 그 밖의 다른 악이 혼의 내부에 들러붙어 기생하기 때문인가?"

"결코 그렇지 않아요" 하고 그가 말했네.

그래서 내가 말했네. "하지만 어떤 것이 다른 것의 고유한 악에 의해 파멸할 수는 있어도 자신의 고유한 악에 의해서는 파멸할 수 없다면, 그것은 불합리하네."

"네, 불합리해요."

"명심하게, 글라우콘" 하고 내가 말했네. "우리는 오래됐건 상했건 그 밖의 다른 이유 때문이건 음식물에 있는 고유한 악에 의해 몸이 파멸한다고 생각하지 않는다네. 오히려 우리는 음식물에 있는 고유한 악이 몸속에서 몸에 고유한 악을 유발할 경우, 몸이 음식물로 말미암아 몸 자체의 고유한 악인 병에 걸려 파멸했다고 말할 것이네. 그러나 몸과 음식물은 별개의 것인 만큼 몸이 음식물의 악에 의해 파멸했다고 주장하지는 않을 것이네. 그로 인해 몸에 고유한 악이 유발되지 않는 한, 몸은 외부의 악에 의해 파멸할 수 없기 때문일세."

"지당한 말씀이에요" 하고 그가 말했네.

그래서 내가 말했네. "그렇다면 같은 이치에 따라 우리는 몸의 악이 혼의 내부에 혼의 악을 유발하지 않는 한, 혼이 자신에게 고유한 악도 없는데 다른 것의 악에 의해, 즉 자신과는 별개의 것에 속하는 악에 의해 파멸한다고 주장해서는 안 되네."

"선생님 말씀이 일리가 있어요" 하고 그가 말했네.

"그렇다면 우리는 우리 주장이 옳지 않다고 반박하든지, 아니면 반박될 때까지는 열이 나거나 병에 걸리거나 살해되어도, 심지어는 몸 전체가 아주 잘게 토막 나더라도 이 때문에 혼이 파멸한다고 주장하지 않기로 하세. 몸의 이런 고통으로 인하여 혼 자체가 더 불의해지고 더 불경해진다는 점이 증명되기 전에는 말일세. 또한 다른 것에 속하는 악이 자신 안에 생겨나더라도 그로 인해 자기에게 고유한 악이 생겨나지 않는 한, 혼이나 다른 어떤 것이 그로 인해 파멸한다고 주장하는 사람이 있다면 우리는 그의 주장을 받아들이지 않기로 하세."

"하지만 죽어가는 사람들의 혼이 죽음 때문에 더 불의해진다는 것을 증명할 사람은 아무도 없을 거예요" 하고 그가 말했네.

"그러나 혼의 불멸성을 인정하지 않을 수 없는 처지에 놓이지 않으려고 감히 우리 논의에 맞서서 죽어가는 자는 더 사악해지고 더 불의해진다고 주장하는 사람이 있다면, 우리는 이렇게 생각할 것이네. '그의 주장이 맞다면, 불의는 그것을 지닌 자에게 병처럼 치명적이다. 그리고 이 병은 자체의 본성에 의해 죽게 만들므로 이 병에 걸린 자들은 바로 이 병 때문에 죽어가는 것이다. 가장 심한 자는 더 빨리 죽고, 덜 심한 자는 더 천천히 죽는다. 그러면 불의한 자들이 죽는 것은 지금처럼 그 불의에 대해 남이 과하는 형벌 때문이 아니다'라고 말일세."

그러자 그가 말했네. "제우스에 맹세코, 불의가 실제로 그것을 지닌 자에게 치명적이라면, 그렇게까지 무서워 보이지는 않겠지요. 불의는 수많은 고통에서 벗어나게 해줄 테니까요. 사실은 아마 그와 정반대이겠지요. 불의는 가능하다면 남을 죽이지만, 그것을 지닌 자에게는 많은 생기를, 아니 생기에 더하여 잠까지 잊을 정도의 활기를 불어넣어주는 것으로 밝혀질 테니까요. 그만큼 불의는 치명적인 것과는 거리가 먼 것 같아요."

"좋은 말일세" 하고 내가 말했네. "그러므로 혼에 고유한 약점과 악이 혼을 죽이거나 파멸시킬 수 없다면, 다른 것을 파멸시킬 임무를 맡은 악이 자기가 맡은 것 외에 혼이나 그 밖의 다른 것을 파멸시키기는 어려울 걸세."

"아마도 어렵겠지요" 하고 그가 말했네.

"그렇다면 자신에게 고유한 악에 의해서든 다른 것에 속하는 악에 의해서든, 그 어떤 악에 의해서도 파멸하지 않는 것은 당연히 항상 존재하는 것임이 분명하네. 그리고 항상 존재하는 것은 불멸의 것이네."

"당연하지요" 하고 그가 말했네.

"그렇다면 그것은 그렇다고 해두세" 하고 내가 말했네. "그게 그렇다면, 자네도 알다시피, 존재하는 혼들은 항상 같은 혼들이네. 어떤 혼도 파멸하지 않는다면, 혼의 수는 줄어들지도 늘어나지도 않을 테니까. 자네도 짐작하겠지만, 불멸의 것이 늘어난다면 그것은 필멸의 것에서 충당되어야 하는데, 그렇게 되면 모든 것이 불멸의 것이 되고 말 테니 말일세."

"옳은 말씀이에요."

b "그렇다면 우리는 그렇게 생각하지 않기로 하세" 하고 내가 말했네. "이성이 용납하지 않으니까. 또한 우리는 혼이 그 가장 진실한 본성에서 다양하고 자기와 다르고 모순투성이라고도 생각하지 않기로 하세."

"무슨 말씀이신지요?" 하고 그가 물었네.

그래서 내가 대답했네. "앞서 혼이 그런 것으로 보였듯이,[28] 여러 부분으로 구성된 것은 그 구성 방법이 더없이 정교하지 못하면 불멸의 것이 되기가 쉽지 않네."

"아마도 쉽지 않겠지요."

"그런데 혼이 불멸한다는 것은 잠시 전의 논의와 또 다른 논의[29]를 바탕으로 충분히 증명되었네. 그러나 혼이 진실로 어떤 것인지 알려면, 지금 우리가 보고 있는 것처럼, 혼이 몸과의 결합이나 또 다른 악에 의해
c 일그러진 모습을 봐서는 안 되네. 오히려 그와 같은 악에서 정화된 모습을 사유(思惟)[30]에 힘입어 철저히 고찰해야 하네. 그러면 우리는 혼이 훨씬 더 아름답다는 것을 발견할 것이며, 나아가 정의와 불의와 우리가 방금 언급한 모든 것을 훨씬 더 명확하게 꿰뚫어볼 것이네. 혼의 현재의

모습에 관한 한 우리가 지금까지 말한 것이 옳을지도 모르지. 그렇지만 우리가 보고 있는 것은 해신(海神) 글라우코스[31]와 흡사한 상태에 놓여 있네. 사람들은 해신 글라우코스를 봐도 본래 모습을 쉽게 식별하지 못하네. 타고난 그의 신체 부분은 더러는 떨어져나가고, 더러는 부러지거나 파도에 완전히 일그러진 데다 조가비와 해초와 돌멩이들이 달라붙어, 그는 본래의 자기보다는 오히려 괴물과 흡사해 보이니 말일세. 지금 우리가 보고 있는 혼도 수많은 악으로 말미암아 이런 상태에 놓여 있네. 하지만 글라우콘, 진리를 찾으려면 우리는 다른 곳으로 눈길을 돌려야 하네."

"어느 쪽인가요?" 하고 그가 말했네.

"혼의 지혜 사랑 쪽으로 눈길을 돌려야 하네. 그래서 우리는 혼이 신적인 것과 불멸의 것과 영원한 것의 동족으로서 무엇을 포착하고 어떤 교제를 원하는지 주시해야 하네. 또한 우리는 혼이 전적으로 이 신적인 것을 좇게 되어 바로 그 충동의 힘에 의해 지금 가라앉아 있는 해저에서 인양되어 돌멩이와 조가비를 벗으면 어떤 것이 될지 주시해야 하네. 흙과 돌이 이렇듯 거칠게 혼 주위에 쌓이고 달라붙은 것은 사람들이 지상

---

28 435b 이하에서 논의된 혼의 3분설을 두고 하는 말인 듯하다.
29 플라톤의 다른 대화편 『파이돈』(Phaidon)에서 전개되는 논의를 가리키는 것으로 추측된다.
30 logismos.
31 Glaukos. 그리스 보이오티아(Boiotia) 지방의 어부였는데, 영험한 약초를 먹고 바닷물에 뛰어들어 해신이 되었다고 한다.

에서 이른바 '행복한 잔치'를 즐긴 탓이라네. 혼이 이런 것들을 벗으면 사람들은 혼이 복합적인 것인지, 단일한 것인지, 어떤 방법으로 어떻게 구성되었는지 혼의 진정한 본성을 보게 될 걸세. 하지만 지금으로서는 혼이 인간의 삶 속에서 받아들인 여러 상태와 형태에 관해 우리가 충분히 논의한 것으로 생각되네."

"전적으로 동의해요" 하고 그가 말했네.

b 그래서 내가 말했네. "그러면 우리는 논의를 통해 다른 문제들은 다 해결했네그려. 그것도 호메로스와 헤시오도스가 그랬다고 자네들이 주장한 것처럼[32] 정의의 보수와 명성에 관해서는 전혀 언급하지 않고 말일세. 오히려 우리가 찾아낸 것은 정의 자체가 혼 자체에 최선이라는 것과, 혼은 귀게스의 반지[33]를 가졌건 갖지 않았건, 이 반지에 더하여 하데스의 투구[34]를 가졌건 갖지 않았건 반드시 옳은 일을 해야 한다는 것이었네."

"지당한 말씀이에요" 하고 그가 말했네.

c 그래서 내가 말했네. "그러니 글라우콘, 이제는 지금까지 인정한 것들에 더하여 우리가 정의와 그 밖의 다른 미덕에 보수를 준다 해도 아무도 이의를 제기하지 않겠지? 정의가 혼을 위해 살아생전에 그리고 죽은 뒤에 인간들과 신들에게서 어떤 보수를 얼마나 많이 마련해주는지 말해도 말일세."

"물론이지요" 하고 그가 말했네.

"그렇다면 토론할 때 자네들이 빌려간 것을 내게 돌려주겠는가?"

"도대체 무엇을 빌렸다는 거지요?"

"앞서 나는 자네들에게 양보하여 올바른 자는 불의한 자처럼 보이고 불의한 자는 올바른 자처럼 보인다고 인정했네. 정의와 불의가 신들과 인간들을 속인다는 것은 사실상 불가능하다 해도, 정의 자체를 불의 자체와 비교해서 판단할 수 있으려면 토론을 위해 그 점을 인정해야 한다고 자네들이 요구했기 때문이네. 기억나지 않는가?"

"기억나지 않는다면 제가 불의한 짓을 하는 것이겠지요" 하고 그가 말했네.

내가 말했네. "그러면 이제는 재판도 끝났으니 나는 정의의 이름으로 그것을 되돌려주기를 요구하네. 우리도 정의에 대해 신들과 인간들이 실제로 평가하는 그대로 평가해야 한다는 말일세. 그래야만 정의는 평판을 거쳐 획득한 승리자의 상을 정의를 지닌 자들에게 나눠줄 수 있을 것이네. 정의가 자신의 존재를 통해 여러 좋은 것을 나누어주며, 정의를 진심으로 받아들이는 자들을 속이지 않는다는 사실은 벌써 밝혀졌으니 말일세."

"그것은 정당한 요구예요" 하고 그가 말했네.

그래서 내가 말했네. "그렇다면 자네들은 먼저 올바른 자도 불의한 자도 자신이 어떤 자인지 신들을 속일 수 없다는 사실을 인정해야

---

32 363a 참조.
33 359c 이하 참조.
34 쓰면 남에게 보이지 않는다는 투구. 『일리아스』 5권 844~845행 참조. 저승의 신 하데스(Hades)는 '보이지 않는 자'라는 뜻이다.

제10권 **593**

겠지?"

"인정할게요" 하고 그가 말했네.

"신들을 속일 수 없다면, 우리가 처음에 의견이 일치했듯,[35] 한 사람은 신들의 사랑을 받고 다른 사람은 신들의 미움을 받을 것이네."

"네, 그래요."

"그러면 신들의 사랑을 받는 자는 신들이 가능한 온갖 복을 자기에게 내려줄 것이라고 기대해도 좋겠지? 그가 전생에 처벌을 면할 수 없는 죄를 짓지 않았다면 말일세."

"물론이지요."

"그렇다면 우리는 올바른 사람이 가난하게 살든 병에 걸렸든 그 밖에 불행으로 여겨지는 어떤 상황에 놓이든, 이런 불행이 살아생전에 또는 죽은 뒤에 결국은 좋게 끝날 것이라고 봐야 할 걸세. 올바른 사람이 되려고 열심히 노력하며 미덕을 추구함으로써 인간으로서 가능한 한 최대한 신을 닮으려고 애쓰는 자가 신에게 홀대받는 일은 결코 없을 것이기 때문이네."

"그런 사람이 신에게 홀대받는 일은 결코 없겠지요" 하고 그가 말했네. "그가 신을 닮았다면 말이에요."

"불의한 자는 그와 정반대라고 생각해야겠지?"

"물론이지요."

"그렇다면 올바른 자에게는 신들로부터 이런 것들이 승리자의 상으로 주어질 것이네."

"제 생각에도 그래요" 하고 그가 말했네.

내가 물었네. "올바른 자가 인간에게서는 무엇을 받게 될까? 사실대로 말해야 한다면, 영리하고 불의한 자들은 출발선에서 반환점까지는 잘 달리지만 반환점에서 돌아올 때는 그러지 못하는 달리기 선수와 같지 않을까? 그들은 출발선에서는 재빨리 달려나가지만 경기장을 떠날 때는 지쳐빠진 개처럼 어깨 위로 귀를 늘어뜨리고는 상도 받지 못한 채 웃음거리가 된다네. 그러나 진정한 달리기 선수는 결승선에 도달하여 상을 타고 영관(榮冠)을 쓴다네. 올바른 사람들도 대개 그러지 않을까? 그들은 개별 행위나 남들과의 교제는 물론이고 인생에서도 마지막에 좋은 평판을 듣고 사람들에게서 상을 받는 것이 아닐까?"

c

"물론이지요."

"그렇다면 앞서 자네가 불의한 자들에 대해 말한 것³⁶을 내가 올바른 자들에 대해 말하더라도 자네는 언짢아하지 않겠지? 올바른 자들은 그럴 나이가 되면 자기들이 원할 경우 자기들 나라에서 치자가 될 수 있고, 자기들이 원하는 사람과 결혼할 수 있으며, 자기들이 원하는 사람과 자식들을 결혼시킬 수 있을 것이라는 말일세. 그 밖에도 자네가 불의한 자들에 대해 말한 모든 것을 나는 지금 올바른 자들에 대해 말하고 있네. 한편 불의한 자들에 대해 내가 말하려고 하는 것은, 그들은 대부분 젊을 때는 정체가 드러나지 않는다 해도 경주 마지막에는 붙잡혀 웃음거리가 되고, 노년에 이르러서는 외국인과 동포에게 심한 모

d

---

35 352b 참조.
36 361e 이하 참조.

e 욕을 당하고 매를 맞으며, 그 밖에도 [고문을 당하고 인두에 살이 지져지는 등] 자네가 당연하게도 참혹한 일이라고 했던 그런 일들을 당하게 되리라는 것이네. 내가 되풀이할 필요가 없도록, 자네는 불의한 자들이 이 모든 일을 당하게 된다는 것을 나한테서 들은 것으로 해두게. 앞서 말했듯이, 자네는 내가 이런 말을 해도 언짢아하지 않겠는지 생각해보게."

"그야 물론이지요. 선생님께서 하신 말씀은 옳으니까요" 하고 그가 말했네.

614a "그렇다면 정의 자체가 가져다주는 좋은 것들에 더하여, 신들과 인간들이 살아생전에 올바른 사람에게 주는 상과 보수와 선물은 이상과 같은 것들이네" 하고 내가 말했네.

"그리고 그것들은 매우 아름답고 건실한 것들이에요" 하고 그가 말했네.

"하지만 그것들은 올바른 자와 불의한 자가 각각 사후에 받게 될 것들에 견주면 수에서나 크기에서나 아무것도 아니라네. 자네들은 이에 관해서도 들어야 하네. 우리의 논의가 올바른 자와 불의한 자에게 빚지고 있는 것을 다 갚을 수 있도록 말일세" 하고 내가 말했네.

b "말씀해주세요. 제가 이보다 더 기꺼이 듣고 싶은 것도 많지 않을 거예요" 하고 그가 말했네.

그래서 내가 말했네. "내가 이야기하려는 것은 알키노오스의 이야기[37]가 아니라 어떤 용감한 남자, 즉 팜필리아[38] 출신인 아르메니오스의 아들 에르[39]의 이야기일세. 에르는 언젠가 전사(戰死)한 적이 있는데,

열흘 뒤 시신들을 수습할 때 다른 시신들은 이미 썩어가고 있었지만 그의 시신만은 썩지 않았네. 고향으로 운구된 그는 열이틀째 되던 날 장례를 치르기 전에 화장용 장작더미 위에 누워 있다가 되살아나서 저승에서 본 것들을 들려주었네.

에르에 따르면, 그의 혼은 다른 많은 혼과 함께 길을 떠나 어떤 불가사의한 장소[40]에 도착했다고 하네. 그곳에는 땅에 구멍 두 개가 나란히 나 있고, 그 맞은편 하늘 쪽에도 다른 구멍 두 개가 나 있었다고 해. 이들 하늘 쪽 구멍들과 땅 쪽 구멍들 사이에는 재판관들이 앉아 있었는데, 이들은 판결을 내린 뒤 올바른 자들에게는 판결 내용을 나타내는

c

---

37 '알키노오스의 이야기'란 오뒷세우스가 귀향하던 도중 스케리아(Scheria) 섬에 표류하여 그곳 왕인 알키노오스에게 들려준 이야기로, 『오뒷세우스』 9~12권을 가리키는 말이다. 여기에서는 길고 지루한 이야기라는 뜻도 내포되어 있는 듯하다. '알키노오스의 이야기'와 '에르의 이야기'는 주인공이 저승에 다녀왔다는 점에서 공통점이 있다.

38 Pamphylia. 소아시아 남해안 지방으로, 그 남동쪽에 퀴프로스(Kypros) 섬이 자리 잡고 있다.

39 에르(Er)는 히브리계 이름인 것 같다. 「누가복음」 3장 28절 참조.

40 애덤은 불가사의한 장소 또는 초원을 오른쪽 그림과 같이 상상하고 있다.

AB : 재판관들이 앉아 있는 초원
BC, AC' : 재판받은 혼들이 보답받거나 벌받기 위해 떠나는 두 길
DA, D'B : 보답받거나 벌받기를 마친 혼들이 다시 태어나기 위해 초원으로 돌아오는 두 길

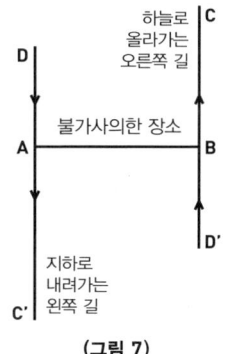

(그림 7)

표지를 앞에 달고 하늘로 통하는 오른쪽 길로 올라가도록 명령하고, 불의한 자들에게는 이들 역시 지금까지 행한 모든 것을 나타내는 표지를 등 뒤에 달고 아래로 내려가는 왼쪽 길로 가도록 명령했다는 거야. 한데 에르가 재판관들 앞에 나타나자, 그들은 그가 저승의 일을 인간들에게 전하는 사자(使者)가 되어야 하는 만큼 저승에서 일어나는 일을 하나도 빠짐없이 듣고 보라고 이르더라는군.

　　그리하여 그는 혼들이 재판받은 다음 하늘 쪽 구멍 하나와 땅 쪽 구멍 하나를 통해 떠나가는 모습을 봤으며, 나머지 두 구멍 가운데 땅 쪽 구멍에서는 때와 먼지에 찌든 혼들이 올라오고, 하늘 쪽 구멍에서는 정결한 혼들이 내려오는 모습이 보였다고 하네. 그런데 도착하는 혼들은 언제나 긴 여행에서 돌아온 듯이 보였고, 이 초원에 도착한 것을 몹시 기뻐하며 마치 축제장에 도착한 듯 그곳에서 야영하더라는군. 서로 아는 혼들끼리는 인사를 나누었고, 땅 쪽에서 온 혼들은 다른 혼들에게 그곳 사정을 묻고, 하늘 쪽에서 온 혼들은 땅 쪽에서 온 혼들에게 그곳 사정을 묻더라네. 이들은 서로 이야기를 주고받았는데, 한쪽에서는 천 년이나 걸린 지하 여행에서 얼마나 많은 것을 보고 겪었는지 회상하고는 비탄의 눈물을 흘리며 이야기하고, 하늘 쪽에서 내려온 혼들은 그곳에서 누린 행복과 그곳에서 본 이루 말할 수 없이 아름다운 광경을 이야기하더라는군.

　　글라우콘, 이런 것들을 세세히 다 이야기하자면 시간이 많이 걸릴 것이네. 그가 들려준 이야기의 요지는 이렇다네. 혼들은 누구에게 무슨 불의를 저지르건 그 하나하나의 불의와 피해자 한 사람 한 사람에 대해

10번을 되풀이해서 차례차례 벌을 받아야 한다는군. 그러니까 자기가 저지른 불의에 10배로 보상하기 위해, 인생을 100년으로 치고 100년마다 한 번씩 벌을 받아야 한다는 거야. 예컨대 국가나 군대를 배반하여 많은 사람이 죽게 만들거나, 많은 사람을 노예로 만들거나 또 다른 악행에 가담한 자들이 있다면, 이들은 이러한 모든 악행 하나하나에 대해 10배의 고통을 받아야 한다는 게지. 마찬가지로 선행을 행한 적이 있거나 올바르고 경건하게 처신한 적이 있으면, 같은 비율에 따라 그에 대한 보답을 받는다는군. 에르는 그 밖에도 태어나자마자 죽었거나 잠시밖에 살지 못한 영아들에 관해서도 다른 이야기들을 들려주었지만 여기서 언급할 가치는 없네. 또한 그에 따르면, 신들에 대한 경건이나 불경, 부모에 대한 효도나 불효 또는 살인 행위에 대해서는 훨씬 더 큰 보답이 주어지거나 더 큰 벌이 내려진다고 하네.

에르에 따르면, 자기는 어떤 혼이 다른 혼에게 아르디아이오스[41] 대왕이 어디 있느냐고 물었을 때 그 자리에 있었다고 하네. 전해오는 이야기에 따르면, 아르디아이오스라는 자는 그때부터 천년 전에 늙은 아버지와 형을 죽이는 등 불경한 짓을 많이 저지르고 팜필리아 지방에 있는 어느 나라의 참주가 됐다는군. 그런데 에르에 따르면, 질문을 받은 혼이 이렇게 대답했다고 하네. '그자는 여기에 오지 않았고, 아마 오지 못할 걸세. 우리는 끔찍한 광경을 많이 봤는데 이것도 그중 하나일세. 우

---

41 Ardiaios. 그에 관해서는 달리 알려진 것이 없다.

제10권 **599**

리가 다른 고통을 모두 받은 뒤 출구 가까이 다가가서 막 빠져나오려는데 갑자기 그자가 다른 자들과 함께 있는 것이 눈에 띄었네. 이들은 대개 참주였지만, 사인(私人)으로서 큰 죄를 지은 자도 더러 있었네. 이들은 이제는 빠져나갈 수 있으리라고 믿었지만, 출구가 이들을 받아주지 않았네. 출구는 개과천선이 불가능한 자나 아직도 충분히 벌받지 않은 자가 나가려고 하면 노호했으니까.' 질문받은 자는 이렇게 말을 잇더라는 거야. '그러자 그곳에 대기하고 있던, 보기에 불과 같은 사나운 자들이 그 소리를 알아듣고 그중 일부는 꼭 붙잡은 다음 데리고 가버렸지만, 아르디아이오스와 다른 자들은 손발과 머리를 함께 묶고 나서 쓰러뜨리더니 마구 때렸네. 그러고는 출구 밖으로 끌고 나가 길가의 가시덤불[42]로 그들의 살을 훑으면서, 지나가는 자들에게 그들이 왜 끌려가는지 설명하며 그들은 이제 타르타로스[43]에 던져질 것이라고 말했네.' 에르에 따르면, 그들은 그곳에서 수많은 공포를 경험했지만 누구에게나 가장 두려웠던 것은 출구를 지나 위쪽으로 올라가려고 할 때 노호하는 소리가 들리지 않을까 하는 것이었다고 하네. 그래서 출구가 침묵할 때 각자는 말할 수 없이 기뻐하며 올라갔다는군. 그곳에서 이루어지는 벌과 보상은 이상과 같은 것이었으며, 축복도 거기에 상응하는 것이었다네.

각 집단은 초원에서 이레를 머문 뒤 여드렛날에 그곳을 떠나 다시 여행을 계속해야 했는데, 이들은 길을 떠난 지 나흘 만에 어떤 곳에 도착했다네. 그리고 그곳에서 그들은 곧은 광선이 기둥처럼 위에서부터 하늘 전체와 대지를 꿰뚫고 뻗어 있는 것을 보았다는군.[44] 그 광선은 무엇보다도 무지개와 비슷했지만 더 선명하고 더 순수했다네. 하룻길을 더 가서 광선이 있는 곳에 도착한 그들은 광선 가운데에 서서 하늘의 띠의 양끝이 하늘에서 뻗어 내려와 있는 것을 보았다고 하네. 이 광선은 삼단 노선[45]의 아랫부분에 두르는 밧줄처럼 회전하는 천구 전체를 졸라매는 하늘의 띠이기 때문이라는군. 또한 그 양끝에서 필연의 여신 아낭케[46]의 방추(紡錘)가 뻗어 있는 것을 봤는데, 이 방추에 의해 모든 천구가 회전하게 되어 있더라는 거야. 이 방추의 굴대와 갈고리는 아다마스[47]로 되어 있었지만, 회전바퀴는 일부는 아다마스로, 일부는 다른 소재로 되어 있었다고 하네.

42 가시덤불(aspalathos)을 고문 도구로 보는 이들도 있다.
43 Tartaros. 신들에게 대항하거나 큰 죄를 지은 자들이 영겁의 벌을 받는 저승의 가장 깊은 곳.
44 이 광선은 우주의 중심을 관통할뿐더러 그림에서 볼 수 있듯이 우주 전체를 바깥에서 졸라매고 있는데, 은하수를 가리키는 것 같다.

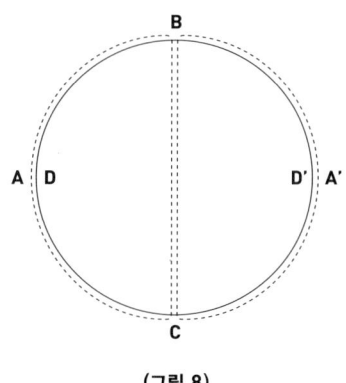

DD′ : 천체(배에 비유)
B : 북극(배의 이물에 비유)
C : 남극(배의 고물에 비유)
CAB는 좌현에, CA′B는 우현에 비유

(그림 8)

45 고대 그리스의 전함. 3권 주 48 참조.
46 Ananke.
47 adamas. 고대 그리스에서 가장 견고한 금속으로, 강철을 가리키는 말인 것 같다.

d 이 회전바퀴는 이런 것이었다고 하네. 모양은 여기에 있는 것과 같지만, 에르가 들려준 이야기로 미루어 이 회전바퀴는 마치 꽉 끼어 있는 그릇처럼 속을 몽땅 드러낸 하나의 커다란 회전바퀴 안에 그보다 작은 또 다른 회전바퀴가 끼워져 있었던 것 같네. 이런 식으로 세 번째 바퀴와 네 번째 바퀴가 끼워지고, 그 밖에도 다른 바퀴 네 개가 더 끼워져 있었던 것 같네. 회전바퀴는 모두 여덟 개였는데, 이것들은 꽉 끼워져 있
e 었기 때문에 위에서 보면 그 가장자리들이 원(圓)으로 보였을뿐더러, 전체가 여덟 번째 바퀴를 관통하는 굴대를 중심으로 연속된 표면을 가진 단 하나의 회전바퀴를 이루고 있었다니 말일세.[48]

이들 회전바퀴 중에서 맨 바깥쪽 첫 번째 원이 가장 넓고, 여섯 번째 것이 그다음으로 넓고, 그다음으로 넓은 것은 네 번째 것이며, 넷째로 넓은 것은 여덟 번째 것, 다섯째로 넓은 것은 일곱 번째 것, 여섯째로 넓은 것은 다섯 번째 것, 일곱째로 넓은 것은 세 번째 것, 여덟째로 넓은 것은 두 번째 것이었다는군. 또한 가장 큰 회전바퀴의 가장자리는 번쩍번쩍 빛나고, 일곱 번째 회전바퀴의 가장자리는 가장 밝고, 여덟 번째
617a 회전바퀴의 가장자리는 일곱 번째 회전바퀴에 반사되어 색채를 얻고, 두 번째와 다섯 번째 회전바퀴의 가장자리는 서로 비슷한데 다른 것들보다 더 노르스름하고, 세 번째 회전바퀴의 가장자리는 가장 하얀빛을 띠고, 네 번째 회전바퀴의 가장자리는 불그스름하고, 여섯 번째 회전바퀴의 가장자리는 세 번째 회전바퀴 가장자리 다음으로 가장 희었다고 하네. 방추 전체는 같은 방향으로 회전운동을 하는데, 회전하는 방추 전체 안에서 안쪽의 일곱 원은 전체와 반대 방향으로 천천히 회전하더

라는 거야. 그리고 이 일곱 원 중에서 바깥쪽에서 여덟 번째 것이 가장 빨리 움직이고, 일곱 번째와 여섯 번째와 다섯 번째 것이 그다음으로 빠른데, 이것들은 함께 움직이더라는군. 회전운동에서 셋째로 빠른 것은 그들이 보기에 전체와 반대 방향으로 움직이는 네 번째 것이고, 넷째로 빠른 것은 세 번째 것이고, 다섯째로 빠른 것은 두 번째 것이더래.[49] 그리고 방추는 아낭케 여신의 무릎에서 돌고 있더라는 거야.

b

48 그림으로 나타내면 다음과 같다. 아라비아 숫자는 너비순을 말한다.

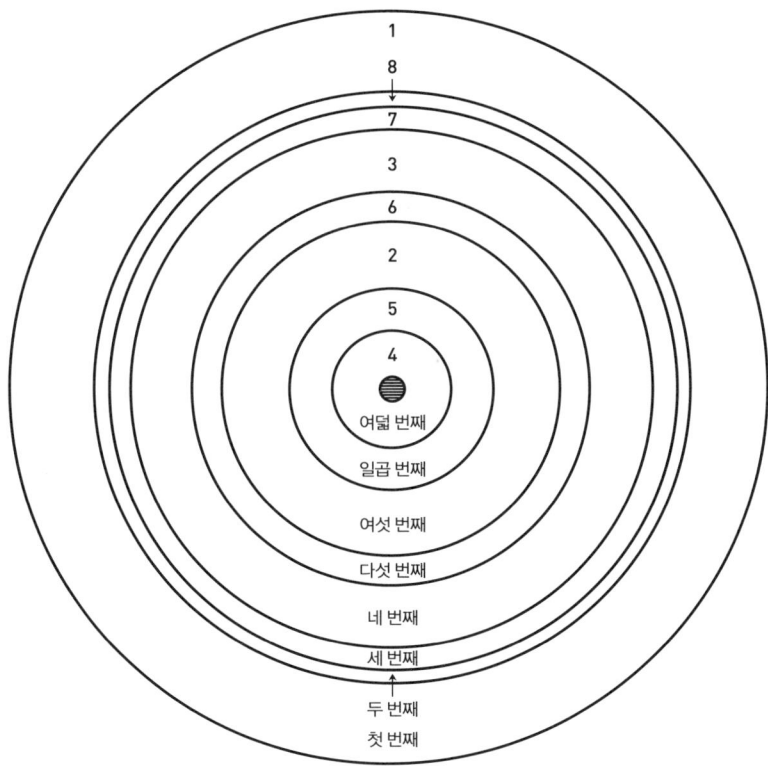

방추의 원마다 세이렌[50]이 한 명씩 타고 앉아 원과 함께 돌면서 단 하나의 소리와 단 하나의 음을 내는데, 이 여덟 음이 서로 어우러져 하나의 화음을 이루더라는군. 이들 주위에는 다른 세 여신이 같은 간격을 두고 각자 자기 옥좌에 앉아 있었는데, 이름이 라케시스, 클로토, 아트로포스[51]인 이들은 아낭케 여신의 딸들인 운명의 여신들[52]로 소복 차림에 머리에 화관을 쓰고 있었다고 하네. 이들은 세이렌의 화음에 맞춰 라케시스는 과거의 일을, 클로토는 현재의 일을, 아트로포스는 미래의 일을 노래하더라는군. 그리고 클로토는 방추의 바깥쪽 가장자리들에 오른손을 얹으며 이따금 같이 돌리고, 마찬가지로 아트로포스도 안쪽 가장자리들에 왼손을 얹으며 같이 돌리고, 라케시스는 양쪽 가장자리들에 양손을 번갈아가며 얹더라네.

그곳에 도착한 혼들은 곧바로 라케시스 앞으로 나아가야 했는데, 어떤 대변자가 먼저 그들을 정렬시킨 뒤 라케시스의 무릎 사이에서 제비와 삶의 견본들을 가져오더니 높은 단(壇) 위에 올라 이렇게 말하더라는군. '이는 아낭케 여신의 따님이신 처녀신 라케시스의 분부이시다. 하루살이 혼들이여, 죽기 마련인 족속의 죽음을 가져다줄 또 다른 주기(週期)가 시작된다. 수호신[53]이 너희를 선택하는 것이 아니라, 너희가 수호신을 선택할 것이다. 첫 번째 제비를 뽑은 자가 먼저 삶을 선택하라. 일단 선택하면 그는 반드시 그 삶과 함께해야 한다. 미덕은 누구의 지배도 받지 않는다. 각자가 미덕을 존중하느냐 경시하느냐에 따라 미덕을 더 많이 갖거나 더 적게 가질 것이다. 책임은 선택한 자에게 있고, 신은 아무 책임이 없다.'

그렇게 말하고 나서 대변자는 제비를 그들 모두를 향해 던졌는데, 에르를 제외하고는 모두 자기 옆에 떨어진 제비를 집더라는 거야. 에르에게는 대변자가 그렇게 하는 것을 허용하지 않았대. 제비를 집은 자들은 자기 순번을 알게 되었다고 하네. 그리고 나서 이번에는 대변자가 그들 앞 땅바닥에 삶의 견본들을 갖다 놓았는데, 그 수는 그곳에 있는 혼들

618a

49 도표로 나타내면 다음과 같다.

바깥쪽부터의 순서	1	2	3	4	5	6	7	8
천체 이름	항성	토성	목성	화성	수성	금성	태양	달
너비순	1	8	7	3	6	2	5	4
속도순		5	4	3	2	2	2	1

50 Seiren(복수형 Seirenes). 지나가는 선원들을 노래로 유혹하여 난파당하게 한다는 요정. 『오뒷세우스』 12권 39~52행 참조.

51 Lachesis('배분하는 여자'), Klotho('실 잣는 여자'), Atropos('되돌릴 수 없게 하는 여자').

52 Moirai.

53 daimon. 고대 그리스인들은 사람이 태어날 때 운명을 지켜주는 수호신이 배정된다고 믿었다.

보다 훨씬 많더라는군. 견본들은 여러 가지였는데 모든 동물의 삶은 물론이고 인간의 삶도 없는 것이 없더래. 그중에는 참주들의 삶도 있었는데, 평생 동안 계속되는 것들도 있고, 도중에 망해서 가난과 추방과 거지 신세로 끝나는 것들도 있었다고 하네. 명망가들의 삶도 있었는데, 더러는 잘생긴 외모나 강한 체력이나 경기(競技)로 유명해진 자들의 삶이고, 더러는 가문이나 선조의 미덕으로 유명해진 자들의 삶이더라는 거야. 또한 그런 점에서 유명하지 못한 자들의 삶도 있었는데, 그 점에서는 여자들의 삶도 마찬가지였대. 그러나 거기에 혼의 성향은 포함되지 않았는데, 다른 삶을 선택한 혼은 필연적으로 다른 혼이 되기 때문이라네. 또 다른 점에서 삶들은 섞여 있었는데, 부와 가난이 섞인 것도 있고 질병과 건강이 섞인 것도 있었으며, 이런 것들을 적당량 가진 것들도 더러 있더라는군.

여보게 글라우콘, 인간에게는 모든 운명이 바로 이 순간에 달려 있는 것 같네. 그러므로 선한 삶과 악한 삶을 구별하여 가능한 모든 삶 중에서 언제 어디서나 더 선한 삶을 선택할 수 있는 능력과 지식을 줄 수 있는 사람이 누구인지 알아내고 찾아내게 해주는 공부가 있다면, 우리는 저마다 다른 공부는 다 뒤로 미루고 그런 공부에 전념해야 할 것이네. 그러니 우리는 오늘 이 자리에서 논의된 모든 것이 함께 또는 따로따로 훌륭한 삶에 어떤 영향을 끼칠는지 심사숙고해야 할 것이네. 또한 우리는 아름다움이 가난이나 부나 여러 성향의 혼과 결합할 때 어떤 일이 생기는지, 좋은 일이 생기는지 나쁜 일이 생기는지 알아야 하네. 또한 좋은 가문과 나쁜 가문, 사인으로 남는 것과 관직에 진출하는 것, 체력이 강한 것과 약한 것, 이해가 빠른 것과 느린 것 등등 혼의 선천적인 또는 후천적인 모든 특성이 혼합될 때 어떤 일이 생기는지도 알아야 하네. 그래야만 우리는 이 모든 점을 고려하여 혼을 더 불의하게 만드는 쪽으로 인도하는 삶은 더 악한 삶이라 부르고 혼을 더 올바르게 만드는 쪽으로 인도하는 삶은 더 선한 삶이라고 부르면서, 혼의 본성과 관련하여 더 악한 삶과 더 선한 삶 중에서 선택할 수 있을 것이네. 그렇게 되면 우리는 다른 일에는 완전히 무관심해질 것이네. 우리는 살아생전에나 죽은 뒤에나 이것이 최선의 선택이라는 것을 보았기 때문이네. 따라서 우리는 이 점을 철석같이 믿고 저승으로 가야 하네. 그곳에 가서도 부나 그와 비슷한 다른 악에 현혹되어 참주적인 행위나 그 밖에 그와 유사한 행위에 빠져들어 돌이킬 수 없는 악행을 수없이 저지르고 우리 자신은 더 큰 불행을 당하는 일이 없도록 말일세. 그래야만 우리는 그런 일들에 항상 중용을 지키며, 금생에서나 내생에서나 되도록 양극단을 피할 수 있을 것이네. 그것이 인간에게는 최고의 행복에 이르는 길이니까.

저승에서 살아 돌아온 사자(使者)에 따르면, 그때도 대변자는 이렇게 말하더라는군. '마지막에 온 자라도 현명하게 선택하고 진지하게 살아간다면 결코 나쁘지 않은 바람직한 삶이 마련되어 있다. 맨 먼저 선택하는 자는 방심하지 말고, 맨 마지막에 선택하는 자는 낙담하지 말지어다.'

에르에 따르면, 대변자가 그렇게 말하자 맨 먼저 선택하는 자가 곧장 앞으로 나아가더니 가장 큰 참주정체를 선택하더라네. 그는 어리석음과 탐욕 때문에 깊이 생각해보지 않고 선택했고, 그래서 제 자식들의 고기를 먹을 운명과 또 다른 불행이 거기에 포함되어 있는 것을 보지 못했다고 하네. 그러나 그는 시간 여유를 두고 곰곰이 생각해보더니 가슴을 치며 자신의 선택을 후회하더라네. 그리고 대변자가 미리 일러준 말을 귓등으로 들은 그는 자신의 불행을 자기 탓으로 돌리기는커녕 운수와 수호신들과 자기 아닌 모든 것을 원망하더라는군. 그는 하늘 쪽에서 도착한 자들 가운데 한 명으로, 전생에서는 질서정연한 국가에 살면서 지혜를 사랑하는 일 없이 습관적으로 미덕에 관여했던 자라네. 대체로 말해서 하늘 쪽에서 도착한 자들 가운데 적잖은 자들이 그런 실수를 저질렀는데, 그들은 고난을 통해 단련되지 않았기 때문이지. 반면 땅 쪽에서 도착한 자들은 대부분 자신들도 고통받고 남들이 고통받는 것도 보아왔기에 섣불리 선택하지 않더라는군. 이런 이유도 있고 제비뽑기의 운도 있고 해서 대부분의 혼들에게 악한 삶과 선한 삶이 뒤바뀌더라네. 이승에 올 때마다 언제나 건전한 생각을 갖고 지혜를 사랑하는 사람이 있다면 선택을 위한 순번이 마지막 쪽에 속하지만 않는다면, 저승으로부터의 보고로 미루어 그는 아마도 이승에서만 행복한 삶을 사는 것이 아니라, 이승에서 저승으로 갈 때나 저승에서 이승으로 돌아올 때나 땅속의 험한 길이 아니라 하늘의 순탄한 길을 지나게 될 테니 말일세.

에르에 따르면, 개개의 혼들이 자신들의 삶을 선택하는 광경이야말로 참으로 볼 만하더라는군. 그것은 가련해 보이기도 하고, 우스꽝스러워 보이기도 하고, 놀랍기도 한 광경이었다고 하네. 그도 그럴 것이, 대부분이 전생의 습관에 따라 선택하더라는 거야. 이를테면 그는 일찍이

오르페우스⁵⁴에게 속했던 혼이, 오르페우스가 여자들의 손에 죽은 까닭에 여자의 뱃속에 잉태되었다가 태어나기 싫어서 백조의 삶을 선택하는 것을 보았다고 하네. 그는 타뮈리스⁵⁵의 혼이 꾀꼬리의 삶을 선택하는 것도 보았다네. 또한 그는 백조가 인간으로 태어나기 위해 인간의 삶을 선택하고, 마찬가지로 다른 음악적인 동물들도 그러는 것을 보았다고 하네. 스무 번째 제비를 뽑은 혼은 사자의 삶을 선택했는데, 그것은 무구 재판을 잊지 못해 인간이 되기가 싫어진 텔라몬의 아들 아이아스⁵⁶의 혼이었다는군. 그다음 차례는 아가멤논⁵⁷의 혼이었는데, 이 혼도 자기가 당한 불행 때문에 인간 종족이 싫어져서 독수리의 삶을 선택하더라는 거야. 중간쯤의 제비를 뽑은 혼 중에는 아탈란테⁵⁸의 혼이 있었는데, 이 혼은 달리기 선수에게 주어지는 큰 상을 보고는 그냥 지나칠 수가 없어 그것을 집더라네. 에르는 그다음으로 파노페우스의 아들 에페이오스⁵⁹의 혼이 손재주가 뛰어난 여자로 바뀌는 것을 보았고, 저

b

c

---

54 2권 주 17 참조. 오르페우스는 훗날 고향인 트라케 여인들의 손에 찢겨 죽었다.
55 Thamyris. 뛰어난 가인으로, 무사 여신들에게 음악 경연을 자청했다가 지는 바람에 눈이 멀고 음악적 재능까지 박탈당했다고 한다. 『일리아스』 2권 594행 이하 참조.
56 텔라몬(Telamon)의 아들 아이아스(Aias)는 트로이아 전쟁 때 아킬레우스에 버금가는 장수였다. 아킬레우스가 죽은 뒤 그의 무구를 둘러싸고 아이아스와 오뒷세우스 사이에 재판이 벌어졌을 때 그리스군 장수들이 오뒷세우스에게 표를 몰아주자, 아이아스는 충격을 받아 자살한다.
57 트로이아 전쟁 때 그리스군 총사령관으로, 귀향하던 날 아내의 손에 살해당한다.
58 Atalante. 미녀 사냥꾼으로 달리기 선수였다.
59 Epeios. 트로이아의 목마(木馬)를 만든 목수.

멀리 마지막 순번 쪽에 서 있던 어릿광대 테르시테스[60]가 원숭이로 바뀌는 것도 보았다네. 마침 그때 모든 혼 가운데 맨 마지막 순번을 뽑은 오뒷세우스의 혼이 선택하기 위해 앞으로 나섰는데, 전쟁의 갖가지 노고를 잊지 못한 그는 명예욕도 시들해져서 아무 걱정거리 없는 사인(私人)의 삶을 찾아 한참 헤매다가 그런 삶이 다른 자들에게 무시당한 채 한쪽 구석에 처박혀 있는 것을 겨우 발견하고는, 자기는 설령 첫 번째 순번을 뽑았어도 같은 것을 선택했을 것이라며 기꺼이 그 삶을 선택하더라는군. 마찬가지로 동물도 더러는 인간이 되고 더러는 다른 동물이 되었는데, 불의한 것들은 야수가 되고 올바른 것들은 유순한 동물이 됨으로써 온갖 가능한 혼합이 이루어지더라네.

d

모든 혼이 삶의 선택을 마치고 제비 뽑은 순서대로 라케시스 앞으로 나아가니, 라케시스는 그들에게 각자가 선택한 수호신을 삶의 수호자로, 선택한 것의 집행자로 붙여주더라는군. 그러자 수호신은 자기가 맡은 혼을 먼저 클로토에게 안내하여 방추를 돌리고 있는 그녀의 손 밑으로 데려감으로써 그 혼이 추첨을 통해 선택한 운명을 확실한 것으로 만들더라네. 그러고는 클로토에게 인사하고 나서 이번에는 실을 잣고 있는 아트로포스에게 혼을 데려가 주어진 운명의 실을 되돌릴 수 없는 것으로 만들었다고 하네. 거기서부터 수호신은 뒤돌아보지 않고 아낭케 여신의 옥좌 밑으로 가서 그곳을 통과했고, 다른 혼들도 모두 통과하자 그들은 다 함께 푹푹 찌는 무시무시한 더위를 뚫고 망각(忘却)의 들판[61]으로 나왔는데, 그곳에는 나무는 물론이고 무릇 땅에서 자라는 것은 하나도 없더라는군. 저녁이 되자 그들은 어떤 그릇으로도 그 물을

e

621a

담을 수 없는 무념(無念)의 강[62]가에서 야영했다네. 각자는 이 강물을 일정 양만큼 마셔야 했는데, 지혜의 도움을 받지 못한 자들은 정해진 양보다 더 많이 마셨다네. 그리고 그 물을 마신 자는 누구나 모든 일을 잊어버렸다네. 그러고 나서 그들은 잠자리에 들었는데, 한밤중이 되자 천둥이 치고 땅이 흔들리더니 별안간 저마다 태어나기 위해 유성처럼 사방으로 흩어져가더라는군. 에르 자신은 강물을 마시는 것이 금지되어 있었지만 어디로 어떻게 해서 몸속으로 돌아왔는지 알 수 없고, 이른 아침에 갑자기 눈을 떠보니 자기가 화장용 장작더미 위에 누워 있더라는 거야.

그리하여 글라우콘, 이 이야기는 없어지지 않고 구제되었네. 그리고 우리가 이 이야기를 믿으면, 이 이야기는 우리를 구제해줄 걸세. 그리하여 우리는 망각의 강을 무사히 건널 것이고, 우리의 혼을 더럽히지 않을 것이네. 따라서 내가 충고하고 싶은 것은, 우리는 혼이 불멸하며 어떤 악도 어떤 선도 감당할 수 있다는 것을 믿고 끊임없이 향상의 길로 나아가며 가능한 방법을 다해 지혜와 더불어 정의를 추구해야 한다는 것이네. 그래야만 우리는 이승에 머무르는 동안에도, 경기의 우승자들이 상을 타듯 우리가 나중에 정의의 상을 탈 때도, 우리 자신이나 신들과 친

---

60 Thersites. 트로이아 전쟁에 참가한 그리스인 가운데 제일 못생긴 험담가. 『일리아스』 2권 212행 이하 참조.

61 Lethes pedion. 아리스토파네스(Aristophanes), 『개구리』(*Batrachoi*) 186행에 처음 나오는 말이다.

62 Ameletes potamos. 망각의 강(ho tes Lethes potamos)을 달리 부르는 이름.

구가 될 것이네. 또한 우리는 이승에서도, 앞서 우리가 이야기한 천년의 여로에서도 행복할 걸세."

참고문헌

플라톤에 관한 자세한 참고문헌은 R. Kraut (ed.), *The Cambridge Companion to Plato*, Cambridge University Press 1992, 493~529쪽; G. R. F. Ferrari (ed.), *The Cambridge Companion to Plato's Republic*, Cambridge University Press 2007, 474~510쪽; C. Schäfer (Hrsg.), *Platon-Lexikon*, Darmstadt 2007, 367~407쪽 참고.

1. 텍스트
S. R. Slings (ed.), *Platonis Respublica*, Oxford 2003.
J. Burnet (ed.), *Platonis Opera*, 5 vols., Oxford 1900~1907.

2. 주석
J. Adam, *The Republic of Plato*, 2 vols., Cambridge University Press ²1963.
C. Emlyn-Jones, *Plato: Republic 1~2, 368c4*, Aris & Phillips Classical Texts 2007.
S. Halliwell, *Republic 5*, Aris & Phillips Classical Texts ²1998.
_____, *Republic 10*, Aris & Phillips Classical Texts ²2005.

3. 번역
일러두기 참조.

4. 연구서
J. Annas, *An Introduction to Plato's Republic*, Oxford 1981.
W. K. C. Gutherie, *A History of Greek Philosophy*, IV, Plato, Cambridge University

Press 1975.

N. R. Murphy, *The Interpretation of Plato's Republic*, Oxford 1951.

R. L. Nettleship, *Lectures on the Republic of Plato*, London: Macmillan 1962.

N. P. White, *A Companion to Plato's Republic*, Oxford: Blackwell 1979.